刑法罪名精释与案例百选

经济犯罪

罪名精释与案例百选

陈洪兵　著

JINGJI FANZUI
ZUIMING JINGSHI YU ANLI BAIXUAN

法律出版社 LAW PRESS · CHINA | 北京

图书在版编目(CIP)数据

经济犯罪罪名精释与案例百选／陈洪兵著. -- 北京：法律出版社，2023(2025.5 重印)
(刑法罪名精释与案例百选)
ISBN 978-7-5197-8516-1

Ⅰ.①经… Ⅱ.①陈… Ⅲ.①经济犯罪－法律解释－中国②经济犯罪－案例－中国 Ⅳ.①D924.335

中国国家版本馆 CIP 数据核字(2023)第 210518 号

经济犯罪罪名精释与案例百选
JINGJI FANZUI ZUIMING JINGSHI YU ANLI BAIXUAN

陈洪兵 著

策划编辑 张　珺
责任编辑 张　珺
装帧设计 汪奇峰

出版发行 法律出版社
编辑统筹 法商出版分社
责任校对 王晓萍　王语童
责任印制 胡晓雅
经　　销 新华书店

开本 710 毫米×1000 毫米　1/16
印张 30　**字数** 400 千
版本 2023 年 12 月第 1 版
印次 2025 年 5 月第 2 次印刷
印刷 北京盛通印刷股份有限公司

地址：北京市丰台区莲花池西里 7 号(100073)
网址：www.lawpress.com.cn
投稿邮箱：info@lawpress.com.cn
举报盗版邮箱：jbwq@lawpress.com.cn

销售电话：010-83938349
客服电话：010-83938350
咨询电话：010-63939796

书号：ISBN 978-7-5197-8516-1　**定价**：119.00 元

凡购买本社图书，如有印装错误，我社负责退换。电话：010-83938349

出版说明

新中国成立以来，在几代刑法学者和实务工作者的辛勤耕耘下，我国刑法学和刑事审判实践取得了辉煌的历史成就，积累了丰富的实践经验，逐步建立健全了有中国特色的刑法学体系及其知识结构、话语体系等。[①] 刑法是维护社会秩序、保持社会稳定的利器，是具有现实引导意义的规范，谦抑性是对其的基本要求，但同时，“刑法是时代的一面镜子，敏感地反映着社会的各种变化”[②]，面对着纷繁复杂的社会关系和云谲波诡的客观变化，刑事立法必须紧紧跟随。

每一次刑事立法，无论是条文修改还是增设新罪，对于刑事法律适用过程中的每一位参与者而言，对每一项罪名的理解可能都有出入。如何准确理解立法本意，如何将言词简洁的条文适用于错综复杂的实践中，如何运用刑法逻辑推理出符合罪刑法定原则的结果，如何确保同案同判、统一裁判尺度等问题现于每一起刑事案件中，也是每一位刑法学人面临的现实问题，而解决这些问题的最佳路径就是研究《刑法》分则中的罪名和尽可能多的案例。

在笔者看来，写进《刑法》分则的每一项罪名都是悬在头上的“达摩克利斯之剑”，可能随时吞噬每一个人，“刑法学并不是一个智力游戏，它背后是沉甸甸的社会责任”[③]。研究关系生杀予夺、关乎每个人命运的《刑法》分则，是让每个

① 参见高铭暄：《习近平法治思想指导下中国特色刑法学高质量发展论纲》，载《中国应用法学》2023 年第 2 期。

② 张明楷：《外国刑法纲要》（第 3 版），法律出版社 2019 年版，“第二版前言”。

③ 张明楷：《张明楷刑法学讲义》，新星出版社 2021 年版，“序言”。

人在合法的范围内充分发挥社会主体作用的保障,更是真正实现《宪法》规定的“国家尊重和保障人权”的抓手。创制法律条文是为了适用于个案,抽象、概括、原则的法律条文具象后形成了案例。案例本身是具有重要法治价值的,是法律生命的住所,也是法治的生成方式,法律规则及法治经验多潜藏于已经处理的各类案例之中。[①] 对法学学科发展和法治社会建设而言,案例研究具有重大意义。

研究离不开阅读,笔者在教学研究工作中发现,市面上的刑法书大多是有关客观归责、不作为、因果关系、故意、过失、正当防卫、紧急避险、被害人承诺、共犯、罪数之类理论性极强的小众图书,或是实务人员编写的实操性很强但理论深度有所欠缺的汇编图书,抑或有关罗列类罪概念、特征、主体、客体、主观方面、客观方面、此罪与彼罪的区别等的教科书式图书,却少见对《刑法》分则的理论和实务都深入研究,将罪名阐释与案例充分恰当结合的图书。鉴于此,笔者在长期研究和积累的基础上,在法律出版社的策划和支持下,为广大司法实务工作者、研究人员和法科生献出这样一套《刑法》分则“宝典”——《刑法罪名精释与案例百选》,以丰富的案例贯穿于对抽象法律条文的解释之中,旨在打通刑法理论与司法实务的脉络,展现刑事司法逻辑的推演过程。

本丛书内容追求简洁、明快、实用,对每一项罪名的犯罪构成和实务疑难问题作精准阐释和解读,对收录的大量案例作精简呈现,不罗列理论学说和司法解释条文。对于分册安排,由于《刑法》分则第一章危害国家安全罪、第七章危害国防利益罪与第十章军人违反职责罪理论研究和实务适用较少,本丛书未特别设置相应分册;渎职罪内容不多,故将其与贪污贿赂罪合并为职务犯罪分册。各分册中详细解读了相关的每一项罪名,均按照“导读”“条文”“罪名精释(穿插案例)”三个部分编排。

本丛书分册包括:

《职务犯罪罪名精释与案例百选》;

《财产犯罪罪名精释与案例百选》;

《经济犯罪罪名精释与案例百选》;

---

① 参见胡云腾:《加强案例法学研究　提高案例研究水平》,载《法律适用》2020年第10期。

《人身犯罪罪名精释与案例百选》;

《危害公共安全罪罪名精释与案例百选》;

《妨害社会管理秩序罪罪名精释与案例百选》。

见出以知人,观往以知来。在刑法研究之路上,笔者真心希望能为解释《刑法》分则尽一位刑法学人应尽的责任,为我国犯罪治理体系优化,治理能力提高贡献微薄之力。

2023 年 4 月

目　录 | CONTENTS

第一章　生产、销售伪劣商品罪

第一节　生产、销售伪劣产品罪

·导　读·

生产、销售伪劣产品罪不是身份犯，不是选择性罪名。生产行为不是本罪的实行行为。建造劣质房屋也能构成生产、销售伪劣产品罪。不能根据是否签订书面合同和约定违约条款，区分民事责任、行政责任与刑事责任。从立法论上讲，生产、销售伪劣产品罪没有存在的必要。将二锅头酒冒充茅台酒销售，不成立生产、销售伪劣产品罪，只可能成立假冒注册商标罪和诈骗罪。“销售金额”不应以实际标价计算，而应统一以正品的市场零售价计算。“销售金额 5 万元以上”，是犯罪成立条件，而非既遂条件，销售金额实际未达到 5 万元的，是不成立本罪，而不是成立本罪的未遂。本罪所保护的最终法益是消费者的财产权，向消费者说明出售伪劣产品的真相，不构成本罪。本罪与诈骗罪之间是竞合关系。有关生产、销售伪劣产品罪共犯的司法解释，只是提示性规定，并未封堵中立帮助行为的出罪通道。《刑法》第 149 条是注意规定，而非特殊规定。

条 文

第一百四十条 【生产、销售伪劣产品罪】生产者、销售者在产品中掺杂、掺假，以假充真，以次充好或者以不合格产品冒充合格产品，销售金额五万元以上不满二十万元的，处二年以下有期徒刑或者拘役，并处或者单处销售金额百分之五十以上二倍以下罚金；销售金额二十万元以上不满五十万元的，处二年以上七年以下有期徒刑，并处销售金额百分之五十以上二倍以下罚金；销售金额五十万元以上不满二百万元的，处七年以上有期徒刑，并处销售金额百分之五十以上二倍以下罚金；销售金额二百万元以上的，处十五年有期徒刑或者无期徒刑，并处销售金额百分之五十以上二倍以下罚金或者没收财产。

罪名精释

1. 生产者是犯罪主体，本罪是身份犯吗？

从条文表述看，生产者似乎是犯罪主体，本罪似乎是身份犯。其实，本罪并非身份犯，因为任何自然人和单位都可能成为生产者、销售者。条文如此表述，旨在强调国家禁止生产伪劣产品，生产伪劣产品后加以销售的要作为犯罪处理。

2. 生产行为是否系实行行为，本罪是选择性罪名吗？

通说教科书认为，本罪是选择性罪名，在司法实践中应根据行为的情况分别定为生产伪劣产品罪、销售伪劣产品罪或者生产、销售伪劣产品罪。① 周光权教授也认为，本罪的实行行为是生产、销售。②

如后文所述，"销售金额5万元以上"是本罪成立的条件，只是生产，尚未销售的，由于没有销售金额，不可能成立本罪。所以，生产行为只是本罪的预备行为，不是实行行为。本罪并非选择性罪名，不能分解为生产伪劣产品罪，销售伪

---

① 参见高铭暄、马克昌主编:《刑法学》(第10版)，北京大学出版社、高等教育出版社2022年版，第374页。

② 参见周光权:《刑法各论》(第4版)，中国人民大学出版社2021年版，第238页。

劣产品罪与生产、销售伪劣产品罪3个罪名,而只有销售伪劣产品罪一个罪名。

3. 何谓“掺杂、掺假”“以假充真”“以次充好”“以不合格产品冒充合格产品”?

案1:甲负责的A工厂挂靠在B企业,B企业生产电动车,但A工厂却生产出摩托车。电动车和摩托车有不同的生产标准,A工厂生产的电动车达到了摩托车的质量要求(按规定,电动车不应达到摩托车的质量标准),由于电动车不用上牌照,顾客愿意购买;如果顾客想以摩托车使用,也只需加价100元就可办理摩托车牌照。在当地,很多人购买了A工厂生产的这种车,以电动车的名义上路行驶。案发后,公安机关进行了两次鉴定。第一份鉴定通过测试该车的排气量、速度和刹车距离,发现该车排气量和速度基本符合电动车标准,只是刹车距离较电动车长,鉴定认为该车为电动车的伪劣产品。第二份鉴定首先认为该车为摩托车,然后以摩托车标准为根据鉴定该车不是伪劣产品。

应该说,销售伪劣产品罪主要表现为行为人销售时所宣称的产品质量和真实的产品质量不相符。本案中,虽然行为人所销售的“电动车”达到了摩托车的质量标准,但由于刹车距离长而不符合电动车的质量要求,属于伪劣产品,甲的行为构成销售伪劣产品罪。

案2:甲高价回收废旧高档酒瓶,将自己生产的劣质酒装入高档酒瓶后销售。

如果劣质酒不具有酒类的通常使用性能,则属于伪劣产品,甲的行为构成销售伪劣产品罪。倘若这种酒不符合食品安全标准,饮用这种劣质酒足以造成严重食物中毒事故或者其他严重食源性疾病,则甲的行为还可能构成生产、销售不符合安全标准的食品罪。假如这种劣质酒有毒有害,甲的行为可能构成生产、销售有毒、有害食品罪。甲假冒商标,还可能构成假冒注册商标罪。当然,将劣质酒冒充高档酒销售,还可能构成诈骗罪。由于只有一个行为,只能作为想象竞合从一重处罚。

案3:被告人胡某于2015年6月至2016年7月,在自己经营的食品店里销售自酿的散装白酒。为了使散装白酒的口感更好、销量更大，胡某就在白酒中加入了甜蜜素、食用酒精等添加剂进行调味，销售金额总计30多万元。后来，执法人员在其店里发现了5斤甜蜜素、25斤食用酒精、1400斤散装白酒。检测后发现白酒中甜蜜素含量不符合国家规定的标准，该白酒属于不合格食品。

本案中，被告人在所销售的散装白酒中添加的甜蜜素含量不符合国家规定的标准，属于不合格食品，即伪劣产品，其行为构成销售伪劣产品罪。如果该散装白酒不符合食品安全标准，还可能同时构成生产、销售不符合安全标准的食品罪，两罪形成竞合，应从一重处罚。

案4：王某经营一家商贸公司，2017年3月低价购进了2017年1月生产的保质期为一年的汤圆4000余盒，运到冷库储存。2018年元宵节期间从冷库中把汤圆拿出来，将生产日期由2017年1月改成2018年1月后销售。王某销售的是A公司品牌的汤圆，但A公司本身不知道王某的销售行为，也未授权王某销售，且2018年未生产过该类产品。

本案中，王某将过期的食品冒充未过期的食品销售，系以低等级、低档次产品冒充高等级、高档次产品销售，属于以次充好，构成销售伪劣产品罪。

相关司法解释规定，所谓"掺杂、掺假"，是指在产品中掺入杂质或者异物，致使产品质量不符合国家法律、法规或者产品明示质量标准规定的质量要求，降低、失去应有使用性能的行为。所谓"以假充真"，是指以不具有某种使用性能的产品冒充具有该种使用性能的产品的行为。所谓"以次充好"，是指以低等级、低档次产品冒充高等级、高档次产品，或者以残次、废旧零配件组合、拼装后冒充正品或者新产品的行为。所谓"不合格产品"，是指不符合《产品质量法》第26条第2款规定的质量要求的产品。[①] 该款规定，产品质量应当符合下列要求：（1）不存在危及人身、财产安全的不合理的危险，有保障人体健康和人身、财产安全的国家标准、行业标准的，应当符合该标准；（2）具备产品应当具备的使用性能，

① 参见2001年4月9日最高人民法院、最高人民检察院《关于办理生产、销售伪劣商品刑事案件具体应用法律若干问题的解释》第1条；2008年6月25日最高人民检察院、公安部《关于公安机关管辖的刑事案件立案追诉标准的规定（一）》第16条。

但是，对产品存在使用性能的瑕疵作出说明的除外；（3）符合在产品或者其包装上注明采用的产品标准，符合以产品说明、实物样品等方式表明的质量状况。

在是否伪劣产品的判断上，应注意以下几点。（1）销售伪劣产品罪主要表现为行为人销售时所宣称的产品质量和真实的产品质量不相符。（2）对于“掺杂、掺假”，并不必要规定“致使产品质量不符合国家法律、法规或者产品明示质量标准规定的质量要求”这一要素。因为即使在柴油中掺入少量燃料油，柴油依然符合质量标准，也属于在产品中掺杂、掺假。而且，由于一些产品（如原材料）具有特殊性，对掺杂、掺假的认定也需要考虑买卖双方的约定以及购买方知情与否。例如，购买方每次验货和付款时按掺杂、掺假程度降低购买价格的，对销售方不应按犯罪处理。（3）掺杂、掺假行为，与产品质量不符合国家法律、法规或者产品明示质量标准规定的质量要求以及产品使用性能的降低、失去之间，必须具有因果关系。如果行为人虽然有掺杂、掺假行为，但伪劣产品的形成并非由故意的掺杂、掺假行为所造成，而是由其他过失行为造成，不能认定为本罪。（4）对于《产品质量法》第 26 条第 2 款第 3 项的规定，应当联系本罪所保护的法益进行实质判断，而不能仅依据此项规定扩大本罪伪劣产品的范围。也就是说，如果从实质上看，行为并未侵害市场经济秩序和消费者的合法权益，即便符合该项规定，也不能认定为伪劣产品而以本罪论处。（5）《刑法》第 140 条所规定的第 4 种情形，即以不合格产品冒充合格产品，相当于兜底性规定，不符合其他 3 种情形的，一般会符合第 4 种情形。（6）上述司法解释是将生产、销售伪劣产品罪当作诈骗罪来规定的，要求过高。比如关于以假充真的规定，就要求过高，只从有无某种使用性能的角度讲真假，而没有从性能的差异上讲真假。

4. 建造、销售劣质房屋，能成立生产、销售伪劣产品罪吗？

我国刑法理论通说认为，根据我国《产品质量法》规定，生产、销售伪劣产品罪中的“产品”，不包括建设工程，[①]但是建设工程使用的建筑材料、建筑构配件

---

① 参见高铭暄、马克昌主编：《刑法学》（第 10 版），北京大学出版社、高等教育出版社 2022 年版，第 374 页。

和设备,仍属于产品的范畴。① 可是,生产、销售伪劣产品罪条文并未规定“违反《产品质量法》”,将伪劣“产品”限定为《产品质量法》所规定的产品,是没有根据的。一方面认为伪劣产品不包括建设工程,另一方面却认为建设工程使用的建筑材料、建筑构配件和设备仍属于产品的范畴,这恐怕就有本末倒置之嫌了。理由在于,普通民众倾其一生的积蓄购买的房屋不受生产、销售伪劣产品罪保护,而装修房屋所用的材料、门窗、玻璃、锁等,却受生产、销售伪劣产品罪保护。因此,不应将建设工程排除在伪劣产品之外。

5. 能否根据有无签订书面合同约定违约条款区分有关产品质量的民事责任、行政责任与刑事责任?

张明楷教授认为,对《刑法》第 140 条的“销售”应当作出合理的限制解释。例如,合同双方当事人签订买卖合同或者承揽合同,合同约定了产品质量标准、违约责任;倘若出卖人、承揽人提供了不合格产品,不应认定为《刑法》第 140 条的“销售”。这是因为,出卖人、承揽人只是向特定的合同当事人生产、销售产品,而不是向不特定人生产、销售产品,难以认为破坏了市场经济秩序。而且,既然合同双方明确约定了产品质量标准与违约责任,那么,当出卖人、承揽人提供了不合格产品时,就完全可以通过合同约定的退货、退款、支付违约金等民事方式处理,根本不需要适用《刑法》第 140 条。② 言外之意是,只要双方签订了合同、约定了违约责任条款,出现了产品质量问题,出卖人、承揽人就只需承担民事责任,而无须承担刑事责任,因此排除本罪的适用。如果这种观点成立,菜场老板卖一棵白菜、一个鸡蛋,零售店卖一盒香烟都应不厌其烦地与顾客签订书面合同、约定违约责任条款,这样就可以免受刑事处罚。其实,即便不签订书面合同,一般也认为存在口头合同,产品质量出现问题时也应承担“缺一罚十”等责任。所以,问题的关键并不在于是否签订书面合同和约定违约责任,而在于是否值得科处刑罚。

---

① 参见王新:《刑法分论精解》,北京大学出版社 2023 年版,第 72 页。

② 参见张明楷:《刑法学》(第 6 版),法律出版社 2021 年版,第 948 页。

6. 从立法论上讲，生产、销售伪劣产品罪有存在的必要吗？

尽管《刑法》规定了生产、销售伪劣产品罪，现实中伪劣产品也比比皆是，但实际极少以本罪处罚。实践中，以本罪论处的基本上限于生产、销售伪劣烟草的案件，之所以如此，是因为有烟草专卖局的强势推动。应该说，由于《刑法》对关系到国计民生的药品、食品、医疗器械、农用资料、安全产品、化妆品，都根据对人体健康、农业生产的危害程度单独设置了罪名和犯罪成立条件。其余的基本上是不关涉消费者人身安全的服装、鞋帽、烟草等普通伪劣产品。而对于生产、销售普通伪劣产品，构成犯罪的，以假冒注册商标罪、诈骗罪追究刑事责任，不构成犯罪的，仅追究民事和行政责任，就足以规制这类行为。所以从立法论上讲，生产、销售伪劣产品罪罪名没有存在的必要。

7. 给本罪下定义时，能否加上"违反国家产品质量管理法规"的内容？

周光权教授认为，违反国家产品质量管理法规，是构成本罪的前提。① 然而，这种观点存在疑问。一则，《刑法》第 140 条并无这样的表述。因为本罪实际上是自然犯，即使《刑法》没有规定本罪，对本罪也能以诈骗等罪论处。二则，对于某些新型产品，未必存在"国家产品质量管理法规"，但只要符合了"行为人销售时所宣称的产品质量和真实的产品质量不相符"这一生产、销售伪劣产品罪的本质，就应肯定本罪的成立。三则，在法条明文规定了"违反……法规"的情况下，是否要求行为人明知该法规，是一个存在严重分歧的重大问题。所以，在法条没有明文规定的情况下，不宜随意添加"违反……法规"的表述。

8. 将"二锅头"装在茅台酒瓶里冒充茅台酒出售，构成销售伪劣产品罪吗？

理论上认为，将二锅头酒冒充茅台罪出售，属于以次充好，构成销售伪劣产品罪。② "实践中，在涉及茅台酒等高档白酒的制假售假案件中，有的假酒质量还是不错的，甚至有时检测不出与茅台酒的区别，只是能够肯定这个瓶子里的酒

① 参见周光权：《刑法各论》（第 4 版），中国人民大学出版社 2021 年版，第 238 页。

② 参见王新：《刑法分论精解》，北京大学出版社 2023 年版，第 73 页。

不是茅台酒厂生产的"[1]。更何况"二锅头酒"本身是合格的,具有白酒通常的使用性能,难以认为属于"掺杂、掺假"、"以假充真"、"以次充好"或者"以不合格产品冒充合格产品"。所以,对于将二锅头酒冒充茅台酒出售的,不宜认定构成生产、销售伪劣产品罪,只能认定为假冒注册商标罪和诈骗罪。

9."销售金额"是以实际标价计算,还是应统一以正品的市场零售价计算?

司法解释认为,《刑法》第 140 条所规定的"销售金额",是指生产者、销售者出售伪劣产品后所得和应得的全部违法收入。[2] 司法实践中,即便经过中间商层层加价,各自也只是按照实际销售价格计算销售金额。[3] 问题是,在存在中间商的情况下,按照实际销售价格计算的销售金额能否实际反映行为的法益侵害程度,是否可能导致罪刑失衡?例如,甲生产了 400 条假中华牌香烟,以每条 100 元的单价分别卖给乙、丙各 200 条,乙又以每条单价 300 元的价格全部卖给丁,丙以每条 600 元的单价全部卖给戊,丁与戊最终以每条 1000 元的正品市场零售价全部卖给消费者。若按照行为人各自的实际销售价格计算销售金额,则甲的实际销售金额仅 4 万元,不成立生产、销售伪劣产品罪;乙的实际销售金额为 6 万元,构成销售伪劣产品罪,应被判处 2 年以下有期徒刑或者拘役,并处或者单处销售金额 50% 以上 2 倍以下罚金;丙的实际销售金额为 12 万元,构成销售伪劣产品罪,应被判处 2 年以下有期徒刑或者拘役,并处或者单处销售金额 50% 以上 2 倍以下罚金;丁与戊的实际销售金额为 20 万元,构成销售伪劣产品罪,应被判处 2 年以上 7 年以下有期徒刑,并处销售金额 50% 以上 2 倍以下罚金。很显然,甲为制售假烟的源头,生产、销售了 400 条假烟,法益侵害性最为严重,本应承担最重的刑事责任,却因实际销售金额不足 5 万元不构成犯罪;乙与丙系"二道贩子",各自销售的假烟数量仅为甲的一半,却构成了犯罪;而丙与乙销售的假烟数量同为 200 条,却因实际销售金额是乙的两倍,就必须承担更重的刑

---

① 张明楷:《刑法的私塾》,北京大学出版社 2014 年版,第 287 ~288 页。

② 参见 2001 年 4 月 9 日最高人民法院、最高人民检察院《关于办理生产、销售伪劣商品刑事案件具体应用法律若干问题的解释》第 2 条。

③ 参见江苏省徐州市中级人民法院刑事裁定书,(2015)徐刑二终字第 168 号。

罚;丁与戊虽然销售的假烟数量只有甲的一半,但实际销售金额达到了适用生产、销售伪劣产品罪第二档次法定刑的条件,不仅构成犯罪,还面临加重的刑罚。这显然是不合理的,但却是司法实践中的普遍做法,因而值得我们反思:生产、销售伪劣产品罪所保护的法益到底是什么?如何认定销售金额,才能准确反映行为的法益侵害程度和实现罪刑均衡?本书的立场是,为有效保护法益和实现罪刑均衡,无论经过多少中间销售环节,都应统一以正品的市场零售价计算销售金额,理由包括以下几点。

首先,生产、销售伪劣产品罪所保护的主要法益或者说最终法益应是消费者的财产权,唯以正品的市场零售价计算销售金额,才能准确反映制售伪劣产品的行为对消费者财产权的侵害程度。虽然刑法理论关于该罪所保护的法益有市场经济秩序、产品质量的管理制度等各种表述,但应认识到,“不能分解成或者还原为个人法益的所谓公法益,不是刑法保护的法益”①。换言之,所谓社会法益、国家法益,最终都应还原为值得保护的个人法益。无论保护市场经济秩序还是所谓产品质量的管理制度,最终都是着眼于保护消费者的人身、财产权。虽然伪劣产品的制售者通常以低于正品市场零售价的价格卖给中间商,但不明真相的消费者最终都是以正品的市场零售价购买伪劣产品,从而遭受财产损失。因此,以市场的正品零售价计算销售金额,才能准确反映行为的法益侵害程度,才能避免上述罪刑失衡的现象。

其次,行为人制售的伪劣产品只是犯罪行为孳生之物,而非犯罪对象,生产、销售伪劣产品的行为所真正指向,即实际受到侵害的犯罪对象是零售市场上的正品(合格产品),故以正品的市场零售价计算销售金额,才能准确反映行为对犯罪对象的侵害程度。

最后,实践中制售伪劣产品的企业通常没有建立严格的账簿制度,即便有清晰的账簿,司法人员也难以查获,致使实际销售价格和销售金额往往难以查清。因此,统一以正品的市场零售价计算销售金额,有利于最大限度地降低侦控犯罪

① 张明楷:《避免将行政违法认定为刑事犯罪:理念、方法与路径》,载《中国法学》2017年第4期。

的难度,从而节省司法资源。

10."销售金额5万元以上",是犯罪成立的条件还是既遂的条件?

案5:油脂经销者李四向饲料生产企业销售豆油等食用油,张三明知这一点,仍打算把用"地沟油"加工而成的劣质油脂销售给李四。但还没卖出时,张三的销售点就被工商部门查处了。

若认为《刑法》第140条规定的"销售金额5万元以上"是犯罪既遂的条件,则李四的行为构成生产、销售伪劣产品罪的未遂。如果认为其是犯罪成立条件,则李四的行为不构成犯罪。

关于"销售金额5万元以上"要素的性质,有"犯罪既遂条件说"和"犯罪成立条件说"之争。司法解释所谓"货值金额达到15万元以上成立生产、销售伪劣产品罪未遂"的观点其实是一种折中立场。司法解释的思路是,虽然销售金额未达5万元的成立生产、销售伪劣产品罪的未遂,但由于实务中一般只处罚情节严重的未遂犯,所以只有货值金额达到15万元以上的未遂犯才值得科处刑罚。

应该认为,"销售金额5万元以上"是犯罪成立条件。因为立法者已经根据伪劣产品对于消费者的重要程度区分食品药品等特殊伪劣产品与服装鞋帽等普通伪劣产品。而对于生产销售特殊伪劣产品,根据对人体健康的危害程度、农业生产影响的大小等设置了特别的犯罪成立条件。而对于其余普通伪劣产品,根据销售金额所反映的生产、销售伪劣产品的规模,行为持续时间长短,危害的范围大小,确定对市场经济秩序和消费者合法权益的侵害程度。也就是说,在立法者看来,只有销售金额达到5万元以上,行为对市场经济秩序的破坏和消费者合法权益的侵害,才达到值得科处刑罚的程度。所以,从犯罪类型来看,生产、销售伪劣产品罪相当于过失犯、滥用职权罪、骗取贷款罪之类的实害犯,不发生实际的法益侵害结果,就不成立犯罪,而非不成立犯罪既遂。

11. 销售金额4万元的,不构成销售伪劣产品罪,能否以诈骗罪定罪处罚?

周光权教授认为,“在生产、销售伪劣产品过程中,使用欺骗方法掩饰掺杂掺假、产品质量低劣等事实骗取财物的,欺骗行为包含于生产、销售行为之中,只应构成本罪(生产、销售伪劣产品罪——引者注),不构成诈骗罪;无商品交易或以虚拟的交易骗取他人财物的,不构成销售伪劣产品罪,而构成诈骗罪”①。也就是说,只要有实际的商品销售,就只能构成生产、销售伪劣产品罪,而不构成诈骗罪。

应该说,从《刑法》第140条的以假“充”真、以次“充”好、以不合格产品“冒充”合格产品的表述就可以看出,本罪与诈骗罪之间是一种竞合关系。其实,国外基本上没有规定生产、销售伪劣产品之类的犯罪,就是因为对他人销售伪劣产品时,完全可能成立诈骗罪。这反过来说明,销售伪劣产品的行为,肯定符合诈骗罪的构成要件,所以这种情形完全符合想象竞合犯的特征。既然该罪与诈骗罪之间是竞合关系,行为人销售伪劣产品时被当场识破,为窝藏赃物、抗拒抓捕、毁灭罪证而当场使用暴力或者以暴力相威胁,则能转化为抢劫;若是以假“充”真、以次“充”好、以不合格产品“冒充”合格产品销售伪劣产品,销售金额4万元,此种行为虽不构成销售伪劣产品罪,但完全可以诈骗罪定罪处罚。

可能有人担心,由于本罪的成立条件是“销售金额5万元以上”,远远高于诈骗罪的3000元的立案标准,若承认本罪与诈骗罪之间是一种竞合关系,则会导致本罪的虚置。应该说,这种担心完全是多余的。因为销售伪劣产品通常会经过若干中间批发环节,而中间批发商通常是知情的,既然知情,当然不可能构成诈骗罪。末端的零售商隐瞒真相,将伪劣产品冒充合格产品出售给消费者时,因消费者不知情,零售商的行为才可能构成诈骗罪。而零售商的销售金额通常不会很大。所以,承认本罪与诈骗罪的竞合,不会导致本罪的虚置化。

12. 购买者知情,是否影响销售伪劣产品罪的认定?

现实生活中,经常存在消费者知假买假的现象。比如,有人买不起奢侈品,花一两千元购买仿制的名牌包。对于这种情况,能否追究出售者的生产、销售伪

---

① 周光权:《刑法各论》(第4版),中国人民大学出版社2021年版,第241页。

劣产品罪的刑事责任，就是个问题。

张明楷教授曾经认为，“这个罪（指生产、销售伪劣产品罪——引者注）保护的是市场经济秩序，而不是消费者的财产。所以，一般来说，消费者有没有受骗并不影响本罪的认定”[①]。但张明楷教授后来认为，“生产、销售伪劣产品罪当然属于侵犯公法益的犯罪，在以不合格产品冒充合格产品的场合，如果行为人说明了真相，就不成立本罪（指生产、销售伪劣产品罪——引者注）。不是因为被害人有承诺，而是因为行为就不符合‘冒充’的构成要件。以次充好、以假充真，也是如此。如果行为人说明自己的产品是次品，说明自己的产品是假的，当然就不符合以次充好、以假充真的构成要件，因而不成立本罪。但是，掺杂、掺假本身不是一个冒充行为，只要行为人生产、销售掺杂、掺假的产品，即使说明了真相，也依然是生产、销售掺杂、掺假的产品，符合了构成要件。这种情形下的被害人承诺，也不可能阻却违法性”[②]。

本书认为，虽然生产、销售伪劣产品罪所侵害的主要法益是所谓的市场经济秩序或者产品质量管理制度，是社会法益。但刑法是为了保护个人的利益而存在的，所有的社会法益、国家法益，最终都应该也能够还原为个人人身、财产法益。不能还原为个人人身、财产法益的社会法益、国家法益，是不值得刑法保护的。刑法设立本罪，表面上是为了保护市场经济秩序或者产品质量管理制度，而保护市场经济秩序或者产品质量管理制度，最终还是为了保护消费者的人身、财产权。否则，市场经济秩序和产品质量管理制度，就成了无源之水、无本之木。既然购买者知情，就说明并没有侵犯消费者的财产权益。当然，由于生命的承诺无效，伪劣产品可能危及消费者生命时，即便购买者知情，也不能阻却销售伪劣产品行为的违法性。张明楷教授一方面认为，购买者知情的，因为不符合“冒充”的构成要件，不构成本罪；另一方面又认为，只要掺杂、掺假的，即便说明真相，依然构成生产、销售伪劣产品罪，因为不存在“冒充”行为。其实，所谓掺杂、掺假，也是以假充真、以次充好、以不合格产品冒充合格产品。而且，“掺杂、掺

① 张明楷：《刑法的私塾（之二）》（上），北京大学出版社2017年版，第322页。

② 张明楷：《刑法的私塾（之三）》（上），北京大学出版社2022年版，第268页。

假”，是与“以次充好”“以假充真”“以不合格产品冒充合格产品”并列规定的。没有理由认为，说明真相后销售掺杂、掺假产品的，构成销售伪劣产品罪，而说明真相销售“以假充真”“以次充好”“以不合格产品冒充合格产品”的，就不构成销售伪劣产品罪。

总之，由于生产、销售伪劣产品罪最终是为保护消费者人身、财产权益而存在的，购买者知情的，应当阻却生产、销售伪劣产品罪的违法性，销售者不构成生产、销售伪劣产品罪。

13. 销售时不明知，销售后得知产品存在缺陷而拒绝召回的，构成销售伪劣产品罪吗？

我国刑法理论通说认为，凡是可以由作为构成的犯罪基本上都可以由不作为构成，从而过于扩大了不真正不作为犯的处罚范围。应该说，只有不作为与作为具有等价性时，才能肯定不真正不作为犯的成立。对于事后不召回缺陷产品的行为，难以认为其与作为的销售具有等价性。销售伪劣产品罪只能由作为构成，不能由不作为构成。销售时不明知，事后明知而不召回缺陷产品的，不能构成销售伪劣产品罪，只可能构成过失致人重伤罪或者过失致人死亡罪。

14. 生产、销售伪劣产品罪可谓集合犯，其共犯、溯及力、追诉时效等如何处理？

集合犯不同于继续犯。行为人只对参与的部分承担共犯的责任。持续销售期间法律发生变更的，也不能适用新法。追诉时效也只能从每次销售行为完成之日起开始计算。

15. 有关“知道或者应当知道他人实施生产、销售伪劣商品犯罪，而为其提供贷款、资金、账号、发票、证明、许可证件，或者提供生产、经营场所或者运输、仓储、保管、邮寄等便利条件……以生产、销售伪劣商品犯罪的共犯论处”的司法解释规定，是否意味着封堵了中立帮助行为的出罪通道？

《关于办理生产、销售伪劣商品刑事案件具体应用法律若干问题的解释》旨在提醒司法人员注意，不要忽略对于深度参与他人生产、销售伪劣产品犯罪活动,犯罪分子之间存在分工协作的犯罪团伙的打击。而不是说,对于提供中立的、业务的、非针对特定对象的、非追求犯罪目的的中立帮助行为,也作为共犯予以处罚。因而该规定并非意味着封堵了中立帮助行为的出罪通道。例如,明知他人生产、销售伪劣产品,而为其提供银行贷款服务、原材料、通用机器设备、仓储保管、邮政快递、货运服务,由于不是专门为其提供违法的帮助或者服务的,行为本身具有中立的业务性质,不可能作为生产、销售伪劣产品罪的共犯予以处罚。

16."国家机关工作人员参与生产、销售伪劣商品犯罪的,从重处罚"的司法解释规定,有无疑问?

《关于办理生产、销售伪劣商品刑事案件具体应用法律若干问题的解释》中规定的从重处罚在理论与实务中存在争议。本书认为,《刑法》第4条明文规定,"对任何人犯罪,在适用法律上一律平等。不允许任何人有超越法律的特权",国家机关工作人员也是一种普通职业,只要国家机关工作人员不利用职权生产、销售伪劣产品,如工商部门,其就与非国家机关工作人员实施的行为的违法性没有什么不同。所以,对国家机关工作人员不应从重处罚,否则就违反了平等适用刑法原则。

17.《刑法》第140条的生产、销售伪劣产品罪与第141条至第148条的生产、销售特殊伪劣产品犯罪之间,是法条竞合还是想象竞合关系?

有观点认为是想象竞合关系。其实《刑法》第141条至第148条规定的是特殊伪劣产品,因为对象特殊,所以生产、销售伪劣产品罪可谓普通法条,第141条至第148条可谓特别法条,二者之间是特别关系的法条竞合。若认为二者是想象竞合,根据想象竞合犯的所谓明示机能,就必须在判决书中说明行为既构成特殊伪劣产品犯罪又构成生产、销售伪劣产品罪,这显然没有必要。

18.《刑法》第 149 条，是注意规定还是特殊规定？

周光权教授认为，《刑法》第 149 条的规定是特殊规定。[①] 应该说，该条只是一种注意规定。

《刑法》第 149 条第 1 款规定："生产、销售本节第一百四十一条至第一百四十八条所列产品，不构成各该条规定的犯罪，但是销售金额在五万元以上的，依照本节第一百四十条的规定定罪处罚。"第 2 款规定："生产、销售本节第一百四十一条至第一百四十八条所列产品，构成各该条规定的犯罪，同时又构成本节第一百四十条规定之罪的，依照处罚较重的规定定罪处罚。"该条规定很受"重法优先"论的"青睐"，被视为一种注意性规定，而"特别法优先"论认为其是一种特殊、例外规定。

《刑法》分则第 3 章第 1 节将伪劣商品分为两类。一类是药品、食品、医用器材、电器、农药、化妆品等特殊伪劣产品。生产、销售特殊伪劣产品所侵害的法益主要是消费者的人身安全或者国家的农业安全，因而通常以危及人体健康的程度（伪劣农产品犯罪除外）作为犯罪成立或法定刑升格的标准。另一类是上述特殊伪劣产品之外的普通伪劣产品。生产、销售普通伪劣产品通常只是侵害消费者的财产权和扰乱市场经济秩序，而不会侵害消费者的人身权，故以实际销售伪劣产品的金额作为犯罪成立和法定刑升格的条件。两类伪劣产品性质不同，成立犯罪的要求自然也不同，但特殊伪劣产品也是伪劣产品，生产、销售假药之类的特殊伪劣产品，也会侵害到消费者的财产权和扰乱市场经济秩序。当生产、销售特殊伪劣产品对消费者人身权的侵害达不到值得作为生产、销售特殊伪劣产品犯罪科处刑罚的程度时，如果这种行为对次要法益，即消费者财产权的侵害以及对市场经济秩序的破坏，达到了值得作为生产、销售普通伪劣产品犯罪科处刑罚的程度，就理所应当以生产、销售伪劣产品罪定罪处罚。例如，甲因不知情而购买了乙价值 5 万元的伪劣皮鞋，乙的行为构成生产、销售伪劣产品罪，甲受到了刑法的保护。而丙购买了丁价值 5 万元的劣药，因丙服用劣药尚未对人体健康造成严重危害，丁的行为不构成生产、销售劣药罪，若因此宣告丁的行为无罪，则意味着法益受到了更大侵害的丙反而不能受到刑法的保护。因此，即便没

---

① 参见周光权：《刑法各论》（第 4 版），中国人民大学出版社 2021 年版，第 241 页。

有《刑法》第 149 条第 1 款的规定，也应如此处理，该款规定可谓注意性规定。

因特殊伪劣产品犯罪与普通伪劣产品犯罪所保护法益的侧重点不同，二者成立犯罪及法定刑升格的条件存在差异。当生产、销售特殊伪劣产品达到了特殊伪劣产品犯罪成立犯罪的要求，但根据行为对次要法益，即消费者财产权的侵害和市场经济秩序的破坏，值得以更重的刑罚予以评价时，理所应当以生产、销售伪劣产品罪定罪处罚；否则，也是对生产、销售普通伪劣产品与生产、销售特殊伪劣产品犯罪行为的歧视性对待。例如，A 因不知情购买了 B 价值 50 万元的假药，因尚未对人体健康造成严重危害，也没有其他严重情节，对 B 以生产、销售假药罪定罪最高只能判处 3 年有期徒刑。而 C 因不知情购买了 D 价值 50 万元的伪劣服装，D 的行为构成生产、销售伪劣产品罪，可被判处 7 年以上有期徒刑。两相比较，显然处罚不公。因此，《刑法》第 149 条第 2 款的规定也不过是“自明之理”，系提醒司法人员注意的注意性规定。

第二节　生产、销售、提供假药罪

·导　读·

生产、销售、提供假药罪是抽象危险犯、选择性罪名。生产行为是本罪的实行行为，可能单独成立生产假药罪。从境外代购具有疗效的特定药品交付给特定个人的，不构成销售假药罪。司法解释将单纯生产、销售假药达到一定数额认定为“其他严重情节”与“其他特别严重情节”存在疑问。曾经的已失效的关于“医疗机构、医疗机构工作人员为出售而购买、储存假药的，应当认定为销售假药罪”的司法解释规定，属于不当的类推解释。骗取批准证明文件后生产、销售药品的，只要实际生产、销售的不是危害公众健康的药品，就不能成立生产、销售假药罪，而只可能成立妨害药品管理罪。不应对“药品使用单位”作限制解释。

条　文

第一百四十一条　【生产、销售、提供假药罪】生产、销售假药的，处三年以下有期徒刑或者拘役，并处罚金；对人体健康造成严重危害或者有其他严重情节的，处三年以上十年以下有期徒刑，并处罚金；致人死亡或者有其他特别严重情节的，处十年以上有期徒刑、无期徒刑或者死刑，并处罚金或者没收财产。

药品使用单位的人员明知是假药而提供给他人使用的，依照前款的规定处罚。

罪名精释

1. 生产行为是本罪的实行行为吗？

本罪属于抽象危险犯，只要实施了生产、销售、提供假药的行为就构成犯罪。不过，即便是抽象危险犯，对于有无危险也允许进行反证。若未经批准所生产、销售、提供的药品，不具有危害患者健康的危险，则不构成该罪，可能构成妨害药品管理罪。本罪是选择性罪名，生产行为是实行行为。本罪可以拆分为五个罪名：生产假药罪，销售假药罪，提供假药罪，生产、销售假药罪，生产、提供假药罪。

2. 从境外代购具有疗效的特定药品交付给特定个人的，构成销售假药罪吗？

案1：甲是白血病患者，由于从国外买药治疗比在国内买药便宜得多，所以一直从国外购买药品。其他患者知道后委托甲代为购买，甲购买后略微加价卖给其他患者，销售金额达到上百万元。

应该说，按照以前《刑法》和《药品管理法》的规定，未取得批准文号擅自从国外进口的药品也属于假药，即所谓拟制的假药。但从“刑法的目的是保护法益，犯罪的本质是侵害法益”的实质解释的角度看，由于甲代购的药品与取得批准文号进口的药品具有同样的疗效，也就是说，甲所代购的药品不仅没有危害公众健康的危险，反而有利于患者的健康，所以不是生产、销售假药罪中的“假药”，代购这种药品的不构成生产、销售假药罪。该案还可能从为特定个人代购不属于“销售”的角度进行出罪。

3. 销售根据民间偏方私自加工的药品，构成销售假药罪吗？

案2：甲有风湿病，民间医生为甲配制了一剂药（草乌药酒，含乌头碱），甲服用后见效，便从民间医生处购买了配方后大量生产该草乌药酒。甲自己饮用的同时，也将该药酒拿到当地的农贸市场，以每瓶100元出售。乙患有风湿病，向甲购买了一瓶。甲依民间医生所述叮嘱乙该药每周只能喝一次，每次只能喝20毫升，如果过量饮用会中毒致死，并向乙演示用量。乙遵叮嘱，服用无恙。某日，乙的丈夫丙误将该酒当作普通药酒招待客人，丙与两位客人一起饮用了200毫升草乌药酒，10分钟后两位客人死亡。

本案中，民间医生只是出卖了偏方，并没有生产、销售假药，也不能认为民间医生是生产、销售假药罪的教唆犯或者帮助犯，所以民间医生的行为不构成犯罪。甲未经批准私自加工、销售含有乌头碱成分的药酒，应当成立生产、销售假药罪。由于乙并没有因为饮用该药而死亡，所以甲仅成立普通的生产、销售假药罪，不对两位客人的死亡负责。从交代的案情来看，乙与丙都可能成立过失致人死亡罪，至少其中一人肯定成立过失致人死亡罪。

4. 司法解释将单纯生产、销售假药达到一定数额认定为“其他严重情节”与“其他特别严重情节”，有无疑问？

生产、销售、提供假药罪的基本犯可谓抽象危险犯、法定犯，但加重犯只能是实害犯、自然犯。根据同类解释规则，“或者”后面的“其他严重情节”与“其他特别严重情节”，就应该是与“或者”前面表述的内容是同质的，即都应该是侵害公民身体健康和生命安全的情形，而不能单纯看生产、销售金额的大小。单纯的生产、销售、提供假药的金额大，与非法制造、持有枪支一样，只是说明抽象危险性大，而不意味着对人体健康危害严重。所以，应当将“其他严重情节”与“其他特别严重情节”限定为危害人的生命和健康的情节，而不能以生产、销售假药的金额大小为标准进行判断。也就是说，如果销售的药品不会危害人的生命和健康，无论销售金额有多大，都不能适用第二档和第三档的法定刑。司法解释的规定存在疑问,应当坚决予以废除。

5. 已失效的关于“医疗机构、医疗机构工作人员为出售而购买、储存假药的,应当认定为销售假药罪”的司法解释规定,是否属于类推解释?

如果认为购买等同于销售,立法者完全可以像规定“非法买卖枪支罪”“出售、购买假币罪”一样,规定非法买卖假药罪。将“购买”“储存”认定为“销售”,显然属于类推解释。医疗机构或其工作人员为了出售而购买、储存的行为,只是销售、提供假药的预备行为,而非实行行为,即使将该行为认定为犯罪,也只能认定为预备犯。

6. 骗取药品批准证明文件生产、进口药品销售的,是否成立生产、销售假药罪?

有关药品生产、销售的批准证明文件,可谓控制性许可。即使批准证明文件是骗取的,只要实际生产、销售的不是危害公众健康的药品,就不能成立生产、销售假药罪,而只可能成立妨害药品管理罪。

7. 行为人在广告中声称所销售的物品可以治疗白血病、胰腺癌等疾病,但同时在说明书中载明,该物品不是药品只是保健品的,属于销售假药吗?

按照一般人的观念和医学常识,能治疗白血病、胰腺癌等疾病的物品当然是药品。既然行为人声称可以治疗上述疾病,就表明行为人知道自己在销售假药。同时声称该物品是保健品,只不过是为了逃避生产、销售、提供假药罪的刑事责任,所以不妨碍销售假药罪的成立。

8.《刑法修正案(十一)》为何增设提供假药罪?

由于销售必须是有偿转让,而即使是无偿转让药品,也会危害公众健康。为了保护公众健康,《刑法修正案(十一)》增设了无须证明有偿还是无偿的提供假药罪。司法解释曾经的“医疗机构、医疗机构工作人员为出售而购买、储存假药的,应当认定为销售假药罪的规定引起了非议,今后,对于医院这种药品使用单位而言，只要明知是假药而提供给患者使用的，就能构成本罪。

9. 对本条第2款中的“药品使用单位”，应否作限制解释？

对本条第2款中的“药品使用单位”，不应作限制解释。只要可能提供药品的都可谓药品使用单位。一般而言，所谓药品使用单位的人员，主要是指医院、敬老院、保健院、疾病预防控制中心、乡镇卫生院、幼儿园等可能为病人或被照护人员提供药品的单位的工作人员。药品使用单位免费提供假药的，成立提供假药罪；有偿提供的，成立销售假药罪。

第三节 生产、销售、提供劣药罪

·导 读·

生产、销售、提供劣药罪，属于实害犯，没有未遂成立的余地。本罪不属于选择性罪名，生产行为不是实行行为，没有单独成立生产劣药罪的余地。生产、销售、提供劣药罪与生产、销售、提供假药罪构成要件之间不是对立关系，而是包容竞合关系，在事实难以查明时，可以成立生产、销售、提供劣药罪。

条 文

第一百四十二条 【生产、销售、提供劣药罪】生产、销售劣药，对人体健康造成严重危害的，处三年以上十年以下有期徒刑，并处罚金；后果特别严重的，处十年以上有期徒刑或者无期徒刑，并处罚金或者没收财产。

药品使用单位的人员明知是劣药而提供给他人使用的，依照前款的规定处罚。

罪名精释

1. 该罪属于何种犯罪类型，有无未遂成立的余地？

有观点认为，“生产、销售、提供劣药罪则属于具体危险犯。只有生产、销售、提供劣药的行为达到‘对人体健康造成严重危害’的程度，才能构成犯罪”①。应该说，该观点存在疑问。既然认为“只有生产、销售、提供劣药的行为达到‘对人体健康造成严重危害’的程度，才能构成犯罪”，就必须承认该罪属于实害犯，而非危险犯。实害犯只有成立不成立的问题，没有未遂成立的余地。

2. 该罪是选择性罪名，生产行为是实行行为吗？

我国刑法通说教科书认为，生产、销售伪劣商品罪一节中的罪名都可谓选择性罪名，生产、销售、提供劣药罪当然也是选择性罪名。也就是说，该罪可以分解成生产劣药罪，销售劣药罪，提供劣药罪，生产、销售劣药罪，生产、提供劣药罪。可是，只是生产劣药而尚未销售、提供的，怎么可能已经“对人体健康造成严重危害”呢？所以，该罪并非选择性罪名，生产行为不是实行行为，实行行为只有销售和提供，该罪名应确定为“销售、提供劣药罪”。

3. 生产、销售、提供劣药罪与生产、销售、提供假药罪构成要件之间，是对立、排斥关系吗？

假药也是劣药，符合生产、销售、提供假药罪构成要件的，也必然符合生产、销售、提供劣药罪的构成要件。在是假药还是劣药难以查明时，至少成立生产、销售、提供劣药罪（以对人体健康造成严重危害为前提）。甲教唆乙生产、销售劣药，乙实际生产、销售了假药的，甲与乙在构成要件重合的范围内成立生产、销售劣药罪的共犯。

---

① 王新：《刑法分论精解》，北京大学出版社 2023 年版，第 79 页。

第四节 妨害药品管理罪

·导 读·

妨害药品管理罪的立法目的在于,将单纯违反行政法规、破坏药品管制秩序的法定犯,如“陆某代购抗癌药物案”,纳入刑事处罚的范畴。“足以……”要素并非具体危险犯的标志,而是对行为对象性质或者属性的要求。只要生产、销售了足以严重危害人体健康的药品,就成立该罪,而无须生产、销售药品行为本身产生具体、现实、紧迫的危险。生产行为是本罪的实行行为。该罪的几种行为类型的危险程度存在明显差异,糅合规定在一个条文中明显不当。未取得药品相关批准证明文件生产、进口药品或者明知是上述药品而销售,并不足以严重危害人体健康而不成立本罪的,也不能以非法经营罪论处。司法解释将生产、销售金额达到50万元以上认定为“有其他严重情节”,明显不妥。妨害药品管理罪的加重犯是自然犯、实害犯,不是法定犯、危险犯。生产、销售金额大,只能说明危险程度严重,而不是对公众健康造成的实际危害严重。

条 文

第一百四十二条之一 【妨害药品管理罪】违反药品管理法规,有下列情形之一,足以严重危害人体健康的,处三年以下有期徒刑或者拘役,并处或者单处罚金;对人体健康造成严重危害或者有其他严重情节的,处三年以上七年以下有期徒刑,并处罚金:

(一)生产、销售国务院药品监督管理部门禁止使用的药品的;

(二)未取得药品相关批准证明文件生产、进口药品或者明知是上述药品而销售的;

（三）药品申请注册中提供虚假的证明、数据、资料、样品或者采取其他欺骗手段的；

（四）编造生产、检验记录的。

有前款行为，同时又构成本法第一百四十一条、第一百四十二条规定之罪或者其他犯罪的，依照处罚较重的规定定罪处罚。

罪名精释

1. 该罪的立法目的是什么？

该罪的立法目的在于，将单纯违反行政法规、破坏药品管理秩序的法定犯纳入刑事处罚的范畴。从理论上讲，因为药品关系到公众健康，只要未经批准擅自生产、进口、销售药品，如“陆某代购抗癌药物案”，就破坏了药品管理秩序而值得被科处刑罚，以区别于生产、销售、提供假药、劣药罪这类自然犯。但同时规定成立妨害药品管理罪要求“足以严重危害人体健康”，则有可能导致这一弥补处罚空隙的立法目的落空。

2. 如何理解“足以严重危害人体健康”？

刑法理论主流观点认为“足以”严重危害人体健康是所谓具体危险犯的标志，即妨害药品管理罪是具体危险犯，只有发生了具体、现实、紧迫的危险才成立犯罪。例如，周光权教授认为，本罪是具体危险犯，但同时认为，生产、销售国务院药品监督管理部门禁止使用的药品，以及未经批准擅自生产药品，或者随意添加各种成分自创新药等，都可以直接认定为“足以严重危害人体健康”，按照本罪追究刑事责任。对销售少量根据民间传统配方私自加工的药品等少数情形，需要进一步判断是否足以严重危害人体健康。药品申请注册中提供虚假的证明、数据、资料、样品或者采取其他欺骗手段，或者编造生产、检验记录，但据此生产、销售的药品从功效上看并不足以严重危及人体健康的，不构成本罪。[①] 可

① 参见周光权：《刑法各论》（第4版），中国人民大学出版社2021年版，第245页。

是，如果像要求放火罪这种典型的具体危险犯一样，必须产生具体、现实、紧迫的危险才成立犯罪，则妨害药品管理罪的立法目的恐难实现。

其实，“足以”要素并非具体危险犯的标志，而是介于具体危险犯与抽象危险犯之间的一种所谓准抽象危险犯的标志。行为人只要实施一定的行为，然后进行具有危险与否的一定的具体判断，但又不需要形成具体、现实、紧迫的危险。或者说，“足以”其实是对行为对象性质或者属性的要求，而不是对行为本身具体危险的要求。就妨害药品管理罪而言，只要生产、销售了足以严重危害人体健康的药品，就成立该罪，而无须生产、销售药品行为本身产生具体、现实、紧迫的危险。事实上，主张本罪是具体危险犯的张明楷教授也认为，“未取得药品相关批准证明文件生产、进口药品或者明知是上述药品而销售的”行为，如果不足以危害人体健康，就不以犯罪论处，对这种行为按照《药品管理法》的相关规定处罚即可。特别需要强调的是，不能为了认定为妨害药品管理罪而忽略“足以危害人体健康”的要件，也不能认为凡是实施了上述行为的均足以危害人体健康。换言之，司法机关不能将本罪当作抽象的危险犯对待。[①] 2022 年 3 月最高人民法院、最高人民检察院《关于办理危害药品安全刑事案件适用法律若干问题的解释》（以下简称《药品解释》）关于“足以严重危害人体健康”的理解，也持这一立场。例如，该解释规定，“生产、销售国务院药品监督管理部门禁止使用的药品，综合生产、销售的时间、数量、禁止使用原因等情节，认为具有严重危害人体健康的现实危险的”，以及“未取得药品相关批准证明文件生产药品或者明知是上述药品而销售，涉案药品没有国家药品标准，且无核准的药品质量标准，但检出化学药成分的”，就应认定为“足以严重危害人体健康”，而并未要求生产、销售行为本身必须产生具体、现实、紧迫的危险。

综上，“足以……”并非具体危险犯的标志，本罪并非具体危险犯，而是一种介于具体危险犯与抽象危险犯之间的准抽象危险犯；本罪中的“足以严重危害人体健康”要素，是为了限制处罚范围，而对生产、销售的药品的属性或者性质的要求，并非意味着只有生产、销售行为本身对消费者的健康产生具体、现实、紧

① 参见张明楷：《刑法学》（第 6 版），法律出版社 2021 年版，第 952 页。

迫的危险时才成立犯罪,而是只要所生产、销售的药品具有“足以严重危害人体健康”的性质,就构成本罪。

3. 生产行为是本罪的实行行为吗?

从条文规定看,似乎生产、销售、进口、申请、编造都是本罪的实行行为,但由于“足以严重危害人体健康”的项前规定,若像通说那样认为本罪是具体危险犯,则只有销售行为因为可能产生具体、现实、紧迫的危险而成为本罪的实行行为,生产行为就不是该罪的实行行为。若将本罪看作准抽象危险犯,则生产行为也是本罪的实行行为。也就是说,只要生产出了足以严重危害人体健康的药品,就如生产假药罪、非法制造枪支罪一样,不待销售,就成立妨害药品管理罪的既遂。

4. 本罪的几种行为类型的危险程度相同吗?

本罪几种行为类型的危险程度存在明显差异,糅合规定在一个条文中明显不妥。例如,“生产、销售国务院药品监督管理部门禁止使用的药品”和“未取得药品相关批准证明文件生产、进口药品或者明知是上述药品而销售的”,这两种行为具有明显的抽象性危险,从立法论上讲,根本无须判断是否“足以严重危害人体健康”,就值得科处刑罚。而“药品申请注册中提供虚假的证明、数据、资料、样品或者采取其他欺骗手段的”以及“编造生产、检验记录的”,则可谓抽象的抽象危险。立法者可能也意识到这几种行为类型危险程度存在明显差异,为了防止扩大处罚范围而特意在项前规定要求“足以严重危害人体健康”,而这样规定又违背了专门设立处罚违反行政法规、破坏药品管理秩序的法定犯的初衷,可能导致该罪的立法目的落空。

5. 在药品申请注册时提供虚假的证明,进而生产、销售了该药品的,应数罪并罚还是成立包括的一罪?

在药品申请注册时提供虚假的证明,进而生产、销售了该药品的,由于仅侵害了一个法益,应成立包括的一罪,以妨害药品管理罪或者生产、销售假药、劣药罪定罪处罚。

6. 如果“未取得药品相关批准证明文件生产、进口药品或者明知是上述药品而销售的”行为,并不足以严重危害人体健康而不成立本罪,能否成立非法经营罪?

这种情形如果作为非法经营罪处罚,就会形成一个悖论:上述行为足以严重危害人体健康的,成立法定最高刑仅为7年有期徒刑的妨害药品管理罪;而不足以严重危害人体健康的,连妨害药品管理罪都不构成,反而成立法定最高刑为15年有期徒刑的非法经营罪。所以,“未取得药品相关批准证明文件生产、进口药品或者明知是上述药品而销售的”行为,如果不足以严重危害人体健康,就不能以犯罪论处,按照《药品管理法》的相关规定处罚即可。

7. 司法解释将生产、销售金额达到50万元以上认定为“有其他严重情节”的规定,有无疑问?

《药品解释》规定,生产、销售国务院药品监督管理部门禁止使用的药品,生产、销售的金额50万元以上,以及未取得药品相关批准证明文件生产、进口药品或者明知是上述药品而销售,生产、销售的金额50万元以上的,应当认定为“有其他严重情节”。这可能存在疑问。因为“有其他严重情节”是与“对人体健康造成严重危害”并列规定的,根据同类解释规则,所谓“有其他严重情节”,也应限于与“对人体健康造成严重危害”相当的实际的法益侵害结果。也就是说,妨害药品管理罪的加重犯是自然犯、实害犯,不是法定犯、危险犯。生产、销售金额大,只能说明危险程度严重,而不是对公众健康造成的实际危害严重。

8. 应否认为本条第2款中的“有前款行为”就是指“犯前款罪”,而不是仅指有前款规定的狭义行为?

应该说,这里的“有前款行为”,就是指“犯前款罪”,而不是仅指有前款规定的狭义行为。因为只有当行为人犯前款罪时,才可谓“同时又”,才需要比较本罪与其他犯罪的轻重,进而“依照处罚较重的规定定罪处罚”。如果仅有前款行为,而并不足以“严重危害人体健康”,就不可能具备“依照处罚较重的规定定罪处罚”的前提。

9. 如何理解“同时又”的表述?

《刑法》第 142 条之一第 2 款“有前款行为,同时又构成本法第一百四十一条、第一百四十二条规定之罪或者其他犯罪的,依照处罚较重的规定定罪处罚”的规定,是注意规定,旨在提醒司法人员注意,该罪是轻微的法定犯,实施该罪的行为可能同时构成生产、销售、提供假药、劣药罪等更重的犯罪,无论是法条竞合还是想象竞合,从一重处罚即可。既然是注意性规定,那么,即便没有这种规定,也应根据竞合论原理从一重处罚。

第五节　生产、销售不符合安全标准的食品罪

·导　读·

“足以……”并非具体危险犯的标志,本罪不是具体危险犯,而是一种介于具体危险犯与抽象危险犯之间的所谓准抽象危险犯。只要行为人生产、销售了具有足以造成严重食物中毒事故或者其他严重食源性疾病性质的食品,就构成本罪,而不需要生产、销售行为本身必须产生具体、现实、紧迫的危险。本罪是选择性罪名,生产行为是实行行为,本罪可以拆分为生产不符合安全标准的食品罪、销售不符合安全标准的食品罪和生产、销售不符合安全标准的食品罪三个罪名。单纯将生产、销售不符合安全标准的食品金额达一定数额认定为该罪的“其他严重情节”的司法解释规定,存在疑问。该罪与生产、销售有毒、有害食品罪构成要件之间不是对立关系,而是一种包容竞合关系。

条 文

第一百四十三条 【生产、销售不符合安全标准的食品罪】生产、销售不符合食品安全标准的食品，足以造成严重食物中毒事故或者其他严重食源性疾病的，处三年以下有期徒刑或者拘役，并处罚金；对人体健康造成严重危害或者有其他严重情节的，处三年以上七年以下有期徒刑，并处罚金；后果特别严重的，处七年以上有期徒刑或者无期徒刑，并处罚金或者没收财产。

罪名精释

1. 本罪是具体危险犯吗？

国内主流观点认为，因为本罪条文中存在“足以……”的表述，所以本罪是具体危险犯。① 但这种主流观点存在疑问。要求生产、销售行为本身产生类似典型具体危险犯的放火罪的具体、现实、紧迫的危险，是不切实际的。应当认为，本罪是介于具体危险犯与抽象危险犯之间的一种所谓准抽象危险犯，只要生产、销售了具有足以造成严重食物中毒事故或者其他严重食源性疾病性质的食品，就构成了本罪，而不需要生产、销售行为本身必须产生具体、现实、紧迫的危险。也就是说，成立本罪要求所生产、销售的食品“足以造成严重食物中毒事故或者其他严重食源性疾病”，旨在限制处罚范围。因为实践中生产、销售的食品含有对人体有害的细菌等有害物质的现象很普遍，不可能全都作为犯罪处理。只要不足以造成严重食物中毒事故或者其他严重食源性疾病，就不值得科处刑罚，以《食品安全法》的相关规定进行行政处罚即可。

2. 生产行为是本罪的实行行为吗？

若认为本罪是具体危险犯，则因为单纯生产不符合安全标准的食品不可能产生具体、现实、紧迫的危险，所以生产行为不是实行行为，本罪不是选择性罪

① 参见周光权：《刑法各论》（第4版），中国人民大学出版社2021年版，第246页。

名，没有单独成立生产不符合安全标准的食品罪的余地。但如果认为本罪是准抽象危险犯，则只要生产了足以造成严重食物中毒或者其他严重食源性疾病的不符合安全标准的食品，就构成犯罪，生产行为就是实行行为，本罪就是所谓选择性罪名，可以拆分为生产不符合安全标准的食品罪、销售不符合安全标准的食品罪和生产、销售不符合安全标准的食品罪三个罪名。本书持后一种观点，认为生产行为是本罪的实行行为。

3.《食品安全案件解释》关于生产、销售含有严重超出标准限量的致病性微生物、农药残留、兽药残留、生物毒素、重金属等污染物质以及其他严重危害人体健康物质的；属于病死、死因不明或者检验检疫不合格的畜、禽、兽、水产动物类及其制品的，应当认定为"足以造成严重食物中毒事故或者其他严重食源性疾病"，构成生产、销售不符合安全标准的食品罪的规定，是否合理？

"足以造成严重食物中毒事故或者其他严重食源性疾病"，并非对生产、销售行为本身具体危险的要求，而是要求所生产、销售的食品具有这种性质或者属性。也就是说，即便行为人是凌晨三点在自家小作坊加工这种食品，也构成犯罪。正如行为人将一块大石头置于正在运营的铁轨上就构成了破坏交通设施罪，而无须等到火车到来时才成立犯罪一样。2021 年 12 月 30 日最高人民法院、最高人民检察院《关于办理危害食品安全刑事案件适用法律若干问题的解释》（以下简称《食品安全案件解释》）关于生产、销售含有严重超出标准限量的致病性微生物、农药残留、兽药残留、生物毒素、重金属等污染物质以及其他危害人体健康的物质，属于病死、死因不明或者检验检疫不合格的畜、禽、兽、水产动物类及其制品的，应当认定为"足以造成严重食物中毒事故或者其他严重食源性疾病"的规定，说明司法解释也持这种立场，是合理的。

4.《食品安全案件解释》单纯将生产、销售不符合安全标准的食品的金额达一定数额认定为该罪的"其他严重情节"的规定，有无疑问？

《食品安全案件解释》规定，生产、销售金额 20 万元以上的，应当认定为生产、销售不符合安全标准的食品罪的"其他严重情节"。应该说，该规定存在疑问。

本罪第二档法定刑的适用条件是“对人体健康造成严重危害或者有其他严重情节”，根据同类解释规则，所谓“其他严重情节”应是与“对人体健康造成严重危害”相当的实际的法益侵害结果。也就是说，该罪加重犯可谓自然犯、实害犯。生产、销售不符合安全标准的食品的金额大，只是说明抽象危险性程度高，而不能说明对公众健康实际造成的危害程度严重，所以司法解释的上述规定有违罪刑法定原则。

5. 该罪与生产、销售有毒、有害食品罪的构成要件之间是什么关系？

该罪与生产、销售有毒、有害食品罪构成要件之间不是对立关系，而是一种包容竞合关系。凡是符合生产、销售有毒、有害食品罪构成要件的行为，必然符合生产、销售不符合安全标准的食品罪的构成要件。所以，甲教唆乙生产、销售不符合安全标准的食品，而乙实际生产、销售了有毒、有害食品的，甲乙在生产、销售不符合安全标准的食品罪的范围内成立共犯。当所生产、销售的究竟是不符合安全标准的食品还是有毒、有害食品难以查明时，至少成立生产、销售不符合安全标准的食品罪。

第六节　生产、销售有毒、有害食品罪

·导　读·

生产、销售有毒、有害食品罪属于抽象危险犯、选择性罪名，生产行为也是实行行为，本罪可以拆分为生产有毒、有害食品罪，销售有毒、有害食品罪和生产、销售有毒、有害食品罪。可将“掺有”理解为掺入、含有，销售本身有毒的食物的，也能成立销售有毒、有害食品罪。不能随意扩大“有害”的范围，只有与有毒相当，足以造成严重食物中毒事故或者其他严重食源性疾病的物质，才是“有害”物质。单纯将生产、销售有毒、有害食品金额大认定为该罪的“其他严重情节”与“其他特别严重情节”的司法解释规定存在疑

问。生产、销售有毒、有害的食品金额大,只是说明抽象危险性大,而不能说明实际造成的法益侵害后果严重。对在秧苗阶段喷洒禁用的农药,不能评价为生产有毒、有害的"食品",司法解释相关规定有类推解释之嫌。对于制售"瘦肉精"的行为,以以危险方法危害公共安全罪定罪处罚并不妥当。生产、销售有毒、有害食品罪与投放危险物质罪之间是包容竞合关系。

条 文

第一百四十四条 【生产、销售有毒、有害食品罪】在生产、销售的食品中掺入有毒、有害的非食品原料的,或者销售明知掺有有毒、有害的非食品原料的食品的,处五年以下有期徒刑,并处罚金;对人体健康造成严重危害或者有其他严重情节的,处五年以上十年以下有期徒刑,并处罚金;致人死亡或者有其他特别严重情节的,依照本法第一百四十一条的规定处罚。

罪名精释

1. 本罪属于何种犯罪类型?

刑法通说教科书认为,本罪是行为犯,只要实施了在生产、销售的食品中掺入有毒、有害的非食品原料或者销售明知掺有有毒、有害的非食品原料的食品的行为,就构成本罪的既遂。[①] 行为犯是与结果犯相对应的概念。认为本罪是行为犯,可能导致处罚范围的不当扩大。应该说,该罪系抽象危险犯,有无抽象性危险,是允许反证的。该罪是选择性罪名,生产行为也是实行行为,该罪可以拆解为生产有毒、有害食品罪,销售有毒、有害食品罪以及生产、销售有毒、有害食品罪。

① 参见高铭暄、马克昌主编:《刑法学》(第10版),北京大学出版社、高等教育出版社2022年版,第380页。

2. 销售从河中捞起来的有毒鱼虾，能成立销售有毒、有害食品罪吗？

可将“掺有”理解成掺入、含有，所以，销售本身有毒的食物，如从河中捞起来的有毒鱼虾，也能成立销售有毒、有害食品罪。

3. 对于“有毒、有害的非食品原料”，是否需要进行具体判断？

虽然生产、销售有毒、有害食品罪属于抽象危险犯，但何谓“有毒、有害的非食品原料”，还是需要进行具体判断。《食品安全案件解释》第 9 条对“有毒、有害的非食品原料”的认定作出了规定。

4. 销售含有苍蝇、头发等的食品，构成销售有害食品罪吗？

有毒的范围容易确定，有害的范围则较广，但不能随意扩大“有害”的范围。只有与有毒相当，足以造成严重食物中毒事故或者其他严重食源性疾病的物质，才是“有害”物质。销售含有苍蝇、头发的食品，虽然也可谓销售有害食品，但不能成立本罪，只能成立生产、销售不符合安全标准的食品罪或者生产、销售伪劣产品罪。

5. 用工业用酒精勾兑成白酒出售，构成销售有毒、有害食品罪吗？

本身不是食品，但作为食品销售的，也能成立销售有毒、有害食品罪。例如，用工业用酒精勾兑成白酒出售，用工业用盐冒充食用盐出售，用工业用猪油冒充食用猪油销售，将“地沟油”冒充食用油出售，都能成立销售有毒、有害食品罪。

6. 单纯将生产、销售有毒、有害食品金额大认定为该罪的“其他严重情节”与“其他特别严重情节”的司法解释规定，有无疑问？

《食品安全案件解释》第 7 条第 1 项和第 8 条规定，对于生产、销售有毒、有害食品金额 20 万元和 50 万元以上的，应当分别认定为生产、销售有毒、有害食品罪中的“其他严重情节”与“其他特别严重情节”。这可能存在疑问。该罪中的“其他严重情节”与“其他特别严重情节”是分别与“对人体健康造成严重危害”和“致人死亡”并列规定的，这说明，作为本罪的加重情节，必须是对消费者的身体健康、生命安全造成实际危害的情形。或者说，虽然该罪基本犯可谓抽象危险犯、法定犯，但加重犯必须是实害犯、自然犯。生产、销售有毒、有害的食品金额大，只是说明抽象危险性大，而不能说明实际造成的法益侵害后果严重。所以，上述司法解释规定违反了罪刑法定原则，不当扩大了加重犯的处罚范围，应当予以废除。

7. 在秧苗阶段喷洒禁用的农药，能称之为生产“食品”吗？

《食品安全案件解释》第 11 条第 2 款规定，在食用农产品种植、养殖、销售、运输、贮存等过程中，使用禁用农药、食品动物中禁止使用的药品及其他化合物等有毒、有害的非食品原料，以生产、销售有毒、有害食品罪定罪处罚。该规定可能存在疑问。在种植稻谷的过程中，只要秧苗出现病态，即使还没有抽穗，也会使用农药。即便可以将并未成熟、更没有加工的稻谷评价为“食品”（这种解释是否属于类推解释也不无疑问），但在秧苗还没有抽穗时使用禁用农药的行为，根本不可能属于在“食品”中“掺入”“添加”有毒、有害的非食品原料。所以，上述司法解释规定有类推解释之嫌。

8. 由于生产、销售不符合安全标准的食品罪的第三档法定刑幅度的适用条件是“后果特别严重”，而本罪第三档法定刑幅度的适用条件是“致人死亡或者有其他特别严重情节”，因此司法解释对于前者就没有将单纯生产、销售的食品金额大的情形认定适用第三档法定刑，而对本罪却规定生产、销售食品金额 50 万元以上的应当认定为“其他特别严重情节”而适用第三档法定刑，合理吗？

司法解释对条文的理解显然过于机械。其实，第三档法定刑适用条件是表述为“后果特别严重”还是表述为“致人死亡或者有其他特别严重情节”，没有本质的区别。或者说，完全可以将生产、销售有毒、有害食品罪第三档法定刑适用条件“致人死亡或者有其他特别严重情节”，理解为“后果特别严重”，即都是强调对消费者的身体健康、生命安全实际造成严重的法益侵害后果。

9. 如何评价制售盐酸克伦特罗(瘦肉精)的行为性质?

河南焦作“刘某制售瘦肉精案”是以以危险方法危害公共安全罪定罪处罚的。应该说,制售瘦肉精的行为不可能具有与放火、决水、爆炸、投放危险物质行为的危险相当性,不会产生具体危险,只存在抽象危险。所以,对于制售瘦肉精的行为,只能评价为生产、销售有毒、有害食品罪的共犯。当然,最理想的处理方式是设立单独的罪名规制这种提供有毒、有害的非食品原料的行为。

10. 本罪与投放危险物质罪构成要件之间是什么关系?

生产、销售有毒、有害食品罪是抽象危险犯,而投放危险物质罪是具体危险犯,二者构成要件似乎明显不同。但其实二者只是毒害性程度不同。如果在食品中掺入的有毒、有害的非食品原料的毒性达到砒霜、氰化钠这类剧毒的程度,则既成立生产、销售有毒、有害食品罪,也成立投放危险物质罪,属于想象竞合,从一重处罚。

第七节 生产、销售不符合标准的医用器材罪

·导 读·

“足以……”并非具体危险犯的标志。本罪不是具体危险犯,而是一种介于抽象危险犯与具体危险犯之间的准抽象危险犯。本罪是选择性罪名,生产行为也是实行行为。本罪可以拆解为生产不符合标准的医用器材罪、销售不符合标准的医用器材罪和生产、销售不符合标准的医用器材罪。有关医疗机构购买不符合标准的医用器材属于销售的司法解释规定,是不当的类推解释。

条 文

第一百四十五条 【生产、销售不符合标准的医用器材罪】生产不符合保障人体健康的国家标准、行业标准的医疗器械、医用卫生材料,或者销售明知是不符合保障人体健康的国家标准、行业标准的医疗器械、医用卫生材料,足以严重危害人体健康的,处三年以下有期徒刑或者拘役,并处销售金额百分之五十以上二倍以下罚金;对人体健康造成严重危害的,处三年以上十年以下有期徒刑,并处销售金额百分之五十以上二倍以下罚金;后果特别严重的,处十年以上有期徒刑或者无期徒刑,并处销售金额百分之五十以上二倍以下罚金或者没收财产。

罪名精释

1.《刑法修正案(四)》将“对人体健康造成严重危害”修改为“足以严重危害人体健康”,是从结果犯修改为危险犯吗?

曾经有观点认为,《刑法修正案(四)》将该罪的成立条件由“对人体健康造成严重危害”修改为“足以严重危害人体健康”,意味着该罪由结果犯修改为危险犯。应当认为,本罪是由实害犯修改为准抽象危险犯。也就是说,以前只有实际“对人体健康造成了严重危害”才成立犯罪,而现在只要生产、销售了“足以严重危害人体健康”的医疗器械和医用卫生材料,就构成犯罪,而不再要求实际造成危害人体健康的后果。

2.本罪是选择性罪名,生产行为是实行行为吗?

周光权教授一方面认为本罪是具体危险犯,另一方面又认为本罪的实行行为是生产、销售。[①] 这可能存在疑问。因为若认为本罪是具体危险犯,而单纯的生产行为不可能对法益产生具体、现实、紧迫的危险。换句话说,如果认为本罪是具体危险犯,则只有销售行为才是本罪的实行行为。应该说,本罪中的“足以

① 参见周光权:《刑法各论》(第4版),中国人民大学出版社2021年版,第249~250页。

严重危害人体健康”要素,旨在限制处罚范围,是对所生产、销售的医疗器械、医用卫生材料的性质的要求,即只有生产、销售的医疗器械、医用卫生材料具有“足以严重危害人体健康”的性质,才成立犯罪。而不是要求生产、销售行为本身必须对公众健康产生具体、现实、紧迫的危险。所以,本罪是一种介于抽象危险犯与具体危险犯之间的准抽象危险犯,是选择性罪名,生产行为也是实行行为,本罪可以拆解为生产不符合标准的医用器材罪、销售不符合标准的医用器材罪和生产、销售不符合标准的医用器材罪。

3.“医疗机构或者个人,知道或者应当知道是不符合保障人体健康的国家标准、行业标准的医疗器械、医用卫生材料而购买、使用,对人体健康造成严重危害的,以销售不符合标准的医用器材罪定罪处罚”的司法解释规定,有无疑问?

对于《关于办理生产、销售伪劣商品刑事案件具体应用法律若干问题的解释》第6条第4款至少存在两点疑问。(1)将“购买”认定为“销售”的正犯或者共犯,属于不当的类推解释。因为既然刑法没有对购买行为设置处罚规定,就应当认为不处罚购买行为本身。否则,《刑法》第145条就会像《刑法》第125条、第225条、第280条等条文那样,使用“买卖”一词,而不是仅使用“销售”一词。(2)本罪只能由故意构成,而“应当知道”并不成立故意,所以只能将“应当知道”理解为推定行为人知道。

张明楷教授认为,上述司法解释将医疗机构或者个人的使用行为一概认定为本罪,存在重大疑问。因为销售意味着物品从销售者一方转移给购买者一方,当医疗机构的有偿使用只是表现为医疗机构为患者提供服务(检查),医疗机构所收取的只是服务费用,而不是医用器材的对价时,就没有将医用器材转移给患者,因而不能将其评价为销售。只有当医疗机构的“使用”方法是将医疗器械、医用卫生材料出卖给患者,收取的是医疗器械、医用卫生材料的对价(如收取一次性耗材的费用)时,才属于销售行为。所以,将使用行为一概解释为销售行为,也不合适。[①]

① 参见张明楷:《刑法学》(第6版),法律出版社2021年版,第957~958页。

本书认为,转让分为一次性转让和分期转让。医疗机构为患者提供 CT 检查服务,表面上看收取的是检查服务费用,实则收取的是消耗 CT 设备价值的费用。不能认为收取一次性耗材的费用是转让,分期逐步回收检查设备费用的就不是转让。质言之,只要是有偿使用医用器材,都可谓“销售”。所以,将医疗机构对患者使用不符合标准的医用器材的行为认定为“销售”,并没有疑问。

第八节 生产、销售不符合安全标准的产品罪

·导 读·

本罪不是结果犯,而是实害犯。本罪不是选择性罪名,生产行为不是实行行为,没有单独成立生产不符合安全标准的产品罪的余地。本罪的对象限于电器、压力容器、易燃易爆之类可能发生燃烧、爆炸、触电而危及人身安全的产品,不包括房屋。

条 文

第一百四十六条 【生产、销售不符合安全标准的产品罪】生产不符合保障人身、财产安全的国家标准、行业标准的电器、压力容器、易燃易爆产品或者其他不符合保障人身、财产安全的国家标准、行业标准的产品,或者销售明知是以上不符合保障人身、财产安全的国家标准、行业标准的产品,造成严重后果的,处五年以下有期徒刑,并处销售金额百分之五十以上二倍以下罚金;后果特别严重的,处五年以上有期徒刑,并处销售金额百分之五十以上二倍以下罚金。

罪名精释

1. 该罪是结果犯还是实害犯？

周光权教授认为，本罪是结果犯，生产、销售行为必须造成严重后果，才构成本罪。[①] 准确地讲，本罪是实害犯，只有造成实际的法益侵害结果，才能成立犯罪。结果犯有未遂，如故意杀人罪，而实害犯没有未遂，如滥用职权罪。理论界与实务界普遍存在混淆结果犯与实害犯概念的现象，但结果犯与实害犯概念不容混淆。

应当认为，实害犯是以造成现实的法益侵害结果作为处罚根据和犯罪成立条件的犯罪，而危险犯是以对法益造成危险状态作为处罚根据和成立条件的犯罪。也就是说，具体犯罪归类于结果犯还是实害犯，必须与既遂未遂、成立条件、处罚范围、处罚根据等问题一体把握，否则，犯罪分类就失去实际意义。结果犯是与行为犯相对应的概念，而实害犯是与危险犯相对应的概念。我们应当摒弃具体罪名既是结果犯又是实害犯、既是实害犯又是危险犯的传统观点。

2. 该罪是选择性罪名，生产行为是实行行为吗？

刑法理论通说认为，生产、销售伪劣商品罪一节中的罪名都是所谓选择性罪名，当然本罪也是选择性罪名。应该说，本罪是实害犯，只有实际造成严重后果的，才成立本罪，所以本罪并非选择性罪名，生产行为不是实行行为，本罪不能拆解为生产不符合安全标准的产品罪，销售不符合安全标准的产品罪和生产、销售不符合安全标准的产品罪三个罪名，没有单独成立生产不符合安全标准的产品罪的余地。

3. 偷工减料建造的房屋倒塌致人死亡，成立该罪吗？

应该说，本罪的对象限于电器、压力容器、易燃易爆之类可能发生燃烧、爆炸、触电而危及消费者人身、财产安全的产品，如电冰箱、吸尘器、收录机、电饭锅、电热水器、组合音响、电话机等各种电器，氧气瓶、高压锅、压力机、压力继电器、锅炉等压力容器，烟花爆竹、雷管、民用炸药、液化气瓶等易燃易爆产品，汽水

① 参见周光权：《刑法各论》（第 4 版），中国人民大学出版社 2021 年版，第 250 页。

瓶、啤酒瓶等其他产品，不包括房屋。偷工减料建造的房屋倒塌致人死亡，不成立该罪，可能成立工程重大安全事故罪。

第九节　生产、销售伪劣农药、兽药、化肥、种子罪

·导　读·

生产、销售伪劣农药、兽药、化肥、种子罪系实害犯，不是结果犯，没有成立未遂的余地。本罪并非选择性罪名，生产行为不是实行行为。本罪不能拆解为三个罪名，没有单独成立生产伪劣农药、兽药、化肥、种子罪的余地。

条　文

第一百四十七条　【生产、销售伪劣农药、兽药、化肥、种子罪】生产假农药、假兽药、假化肥，销售明知是假的或者失去使用效能的农药、兽药、化肥、种子，或者生产者、销售者以不合格的农药、兽药、化肥、种子冒充合格的农药、兽药、化肥、种子，使生产遭受较大损失的，处三年以下有期徒刑或者拘役，并处或者单处销售金额百分之五十以上二倍以下罚金；使生产遭受重大损失的，处三年以上七年以下有期徒刑，并处销售金额百分之五十以上二倍以下罚金；使生产遭受特别重大损失的，处七年以上有期徒刑或者无期徒刑，并处销售金额百分之五十以上二倍以下罚金或者没收财产。

罪名精释

1. 本罪属于何种犯罪类型？

本罪以“使生产遭受较大损失”为成立条件，所以该罪属于实害犯，没有未遂成立的余地。

2. 该罪是选择性罪名，生产行为是实行行为吗？

通说认为，包括本罪在内的生产、销售伪劣商品罪都是选择性罪名。但是，只有“使生产遭受较大损失”，才成立本罪，单纯生产而不销售的，不可能使生产遭受较大损失。所以，本罪并非选择性罪名，生产行为不是实行行为，实行行为只有销售。该罪不能拆解为生产伪劣农药、兽药、化肥、种子罪，销售伪劣农药、兽药、化肥、种子罪和生产、销售伪劣农药、兽药、化肥、种子罪。也就是说，没有单独成立生产伪劣农药、兽药、化肥、种子罪的余地。

第十节　生产、销售不符合卫生标准的化妆品罪

·导　读·

生产、销售不符合卫生标准的化妆品罪不是结果犯，而是实害犯，没有成立未遂的余地。该罪不是选择性罪名，生产行为不是实行行为，没有单独成立生产不符合卫生标准的化妆品罪的余地。

条　文

第一百四十八条　【生产、销售不符合卫生标准的化妆品罪】生产不符合卫生标准的化妆品，或者销售明知是不符合卫生标准的化妆品，造成严重后果的，处三年以下有期徒刑或者拘役，并处或者单处销售金额百分之五十以上二倍以下罚金。

罪名精释

1. 该罪是结果犯还是实害犯？

周光权教授认为，本罪是结果犯，生产、销售行为必须造成严重后果，才构成

本罪。[①] 应该说，由于只有实际“造成严重后果”的，才成立本罪，所以本罪是实害犯，而非结果犯，没有未遂成立的余地。

2. 该罪是选择性罪名，生产行为是实行行为，有单独成立生产不符合卫生标准的化妆品罪的余地吗？

由于该罪是以实际造成严重后果为犯罪成立条件，只是生产而未销售的，不可能造成严重后果，所以该罪并非如通说所言是选择性罪名。该罪的实行行为只有销售，生产行为不是实行行为，该罪不能拆解为生产不符合卫生标准的化妆品罪、销售不符合卫生标准的化妆品罪和生产、销售不符合卫生标准的化妆品罪。也就是说，没有单独成立生产不符合卫生标准的化妆品罪的余地。

① 参见周光权：《刑法各论》（第4版），中国人民大学出版社2021年版，第252页。

第二章 走 私 罪

第一节 走私武器、弹药罪

·导 读·

走私武器、弹药罪的保护法益，是货物、物品的进出口管理秩序与不特定或者多数人的生命、身体的安全（公共安全）。即便认为走私犯罪是选择性罪名，走私多种对象的，也不能排除数罪并罚的可能性。走私弹头、弹壳的，可以构成走私弹药罪，但持有弹头、弹壳的，不能成立非法持有弹药罪。绕关走私的，成立偷越国（边）境罪与走私罪，应当实行数罪并罚。一次走私多种对象的，不是想象竞合，而应数罪并罚。对于走私对象的认识错误，在法定刑相同时，按照客观定罪，在法定刑不同时，按轻罪定罪。走私枪支、弹药入境后运输、邮寄、储存、出售的，应以走私武器、弹药罪与非法买卖、运输、邮寄、储存枪支、弹药罪数罪并罚。以为是仿真枪而走私的，不能成立走私武器罪，只能成立走私国家禁止进出口的货物、物品罪。走私武器、弹药进境的，应当以逾越国境线、船舶驶入我国领海、航空器飞入我国领空为既遂标准。

条 文

第一百五十一条第一款 【走私武器、弹药罪】【走私核材料罪】【走私假币罪】走私武器、弹药、核材料或者伪造的货币的,处七年以上有期徒刑,并处罚金或者没收财产;情节特别严重的,处无期徒刑,并处没收财产;情节较轻的,处三年以上七年以下有期徒刑,并处罚金。

罪名精释

1. 本罪的保护法益是什么?

通说教科书认为,本罪的客体是国家对外贸易管制中关于武器、弹药禁止进出口的监管制度。所谓对外贸易管制,是指国家根据社会主义建设的需要,对进出口货物及其他物品的种类、数量实行控制和监管的制度。[①] 周光权教授也认为,本罪与其他走私犯罪一样,侵害的法益是国家对外贸易管制制度。[②]

应该说,制度本身不是目的,任何制度都是为达到或实现一定目的服务的。如果笼统地认为走私犯罪的法益都是对外贸易管制制度,不仅不能说明各种走私罪法定刑的差异,而且不能确定具体走私罪的实行行为和既遂标准。所以应当根据走私对象的不同确定差别化的保护法益。就走私武器、弹药罪而言,所保护的法益应该是货物、物品的进出口管理秩序与不特定或者多数人的生命、身体的安全(公共安全)。相对于前一法益,本罪是行为犯;相对于后一法益,本罪是抽象危险犯。

2.《刑法》第 151 条所规定的罪名是并列罪名、概括罪名还是选择性罪名?既走私武器,又走私弹药;既走私武器,又走私核材料;既走私黄金,又走私文物;既走私珍稀植物,又走私仿真枪,能否数罪并罚?

理论上一般认为,只要有几个对象并列规定的,就是对象型选择性罪名,而

① 参见高铭暄、马克昌主编:《刑法学》(第 10 版),北京大学出版社、高等教育出版社 2022 年版,第 383 页。

② 参见周光权:《刑法各论》(第 4 版),中国人民大学出版社 2021 年版,第 252 页。

且认为选择性罪名不能数罪并罚。也就是说，行为人既走私武器又走私弹药，或者既走私武器又走私核材料，抑或既走私黄金又走私文物，或者既走私珍稀植物又走私仿真枪的，不能数罪并罚。

应该说，所谓选择性罪名，只是立法者出于立法经济和避免重复评价的考虑，将几种法益侵害性相当的行为或者对象并列规定的一种理论概念。选择性罪名与是否数罪并罚其实是没有关系的。为了实现罪刑相适应，只要不存在重复评价的问题，就应当数罪并罚。例如，行为人既走私武器，又走私弹药的，由于司法解释并未确定武器和弹药之间折算的方法，就应当以走私武器罪与走私弹药罪数罪并罚；既走私武器又走私核材料的，应当以走私武器罪与走私核材料罪数罪并罚；既走私黄金又走私文物的，应当以走私贵重金属罪和走私文物罪数罪并罚；既走私珍稀植物又走私仿真枪的，应当以走私国家禁止进出口的货物、物品罪同种数罪并罚。

3. 本罪的走私行为主要有哪些表现形式？

本罪的走私行为主要有以下表现形式：(1)绕关走私，即未经国务院或国务院授权的部门批准，不经过设立海关的地点，非法运输、携带武器、弹药进出国(边)境；(2)通关走私，即虽然通过设立海关的地点进出国(边)境，但采取隐匿、伪装、假报等欺骗手段，逃避海关监管、检查，非法盗运、偷带或者非法邮寄武器、弹药；(3)直接向走私人非法收购武器、弹药；(4)在内海、领海、界河、界湖运输、收购、贩卖武器、弹药；(5)与走私武器、弹药的罪犯通谋，为其提供贷款、资金、账号、发票、证明，或者为其提供运输、保管、邮寄或者其他方便。

4. 走私弹头、弹壳能构成走私弹药罪，那么，持有弹头、弹壳的，能构成非法持有弹药罪吗？

由于走私罪所保护的法益是货物、物品的进出口管理秩序，所以走私弹头、弹壳的，可以构成走私弹药罪。但弹头、弹壳本身不具有杀伤力，所以非法持有弹头、弹壳的，不能成立非法持有弹药罪。

5. 绕关走私的，是成立偷越国（边）境罪与走私罪的想象竞合还是应数罪并罚？

周光权教授认为，绕关走私的行为人同时偷越了国（边）境，但偷越国（边）境犯罪行为与走私罪犯罪行为之间有吸收关系。[①] 言外之意是，这种情形仅成立一罪。

本书认为，携带走私品偷越国（边）境的，虽然从自然意义上似乎只有一个行为，但从规范性意义上无疑存在两个行为：人的偷越国（边）境行为和物的走私行为，故应当以偷越国（边）境罪与走私罪数罪并罚。

6. 行为人租一艘万吨巨轮，一次通关走私多种对象的，是想象竞合还是应数罪并罚？

2014 年 8 月 12 日最高人民法院、最高人民检察院《关于办理走私刑事案件适用法律若干问题的解释》（以下简称《走私案件解释》）规定，在走私的货物、物品中藏匿《刑法》第 151、152、347、350 条规定的货物、物品，构成犯罪，以实际走私的货物、物品定罪处罚；构成数罪的，实行数罪并罚。但周光权教授似乎对此司法解释立场持批评态度，认为走私的同一批次货物中，既有武器、弹药又有珍贵文物、淫秽物品或者普通货物的，因行为人只有一个走私行为，自应成立想象竞合犯，从一重罪处断。[②]

应该说，一次走私多种对象的，虽然从自然意义上只有一个通关行为，但由于不同对象在刑法上具有不同的属性，成立不同的罪名，行为人认识到存在刑法上会作出不同评价的多种对象，所以从规范性意义上应当认为存在数个行为，应当根据不同的对象实行数罪并罚，而不是以想象竞合犯从一重处罚。

7. “对其走私的具体对象不明确的，不影响走私犯罪构成，应当根据实际的走私对象定罪处罚。但是，确有证据证明行为人因受蒙骗而对走私对象发生认识错误的，可以从轻处罚”的规定是否有违责任主义？

应该说，2002 年 7 月 8 日最高人民法院、最高人民检察院、海关总署《关于

---

① 参见周光权：《刑法各论》（第 4 版），中国人民大学出版社 2021 年版，第 253 页。

② 参见周光权：《刑法各论》（第 4 版），中国人民大学出版社 2021 年版，第 254 页。

办理走私刑事案件适用法律若干问题的意见》第6条规定,存在疑问。因为走私对象是走私犯罪的客观要素,根据责任主义要求,行为人必须认识到客观要素的性质。即便客观上走私的是核材料,但只要行为人主观上没有认识到走私的是核材料,就不能认定为走私核材料罪,否则就是客观归罪。

不过,由于最高人民法院、最高人民检察院根据走私对象的不同确定了多个走私罪名,导致在认识错误的处理上,既要考虑责任主义原理,又要顾及法益保护要求,在某种程度上还必须作出妥协。处理走私犯罪对象认识错误的总体原则是,不能超过行为人主观上所认识的范围,即有责性程度定罪处罚;主观上所认识的与客观上所实现的,若法定刑相同,则按照客观定罪;若客观实现的事实超出了行为人主观上所认识的程度,则按照主观上所认识的事实确定罪名。例如,行为人误以为走私的是武器,实际上是弹药的,认定为走私弹药罪;行为人误以为走私的是武器,实际上走私的是核材料的,认定为走私核材料罪;行为人误以为走私的是假币,实际上走私的是武器的,认定为走私武器罪;行为人误以为走私的是文物,实际上走私的是贵重金属的,认定为走私贵重金属罪;行为人误以为走私的是象牙制品,实际上走私的是贵重金属的,认定为走私贵重金属罪;行为人误以为走私的是珍稀植物,实际上走私的是仿真枪的,成立走私国家禁止进出口的货物、物品罪;行为人误以为走私的是文物,实际上走私的是武器的,由于走私武器罪的基本犯法定刑重于走私文物罪,所以只能认定为走私文物罪;行为人误以为走私的是假币,实际上走私的是贵重金属的,认定为走私贵重金属罪;行为人误以为走私的是仿真枪,实际上走私的是淫秽物品的,认定为走私国家禁止进出口的货物、物品罪;行为人误以为走私的是废物,实际上走私的是电子产品的,认定为走私废物罪;行为人误以为走私的是仿真枪,实际上是电子产品,但偷逃关税数额特别巨大的,还是应当认定为走私普通货物、物品罪等。

8. 走私枪支、弹药入境后运输、邮寄、储存、出售的,是一罪还是数罪?

周光权教授认为,行为人走私武器、弹药进入国内后,又运输、贩卖枪支、弹药的,属于对走私犯罪的赃物进行处理(不可罚的事后行为),不再构成非法运输、买卖枪支、弹药罪,而只构成走私武器、弹药罪。[①]

应该说,所谓不可罚的事后行为,是因为没有侵犯新的法益或者不具有期待可能性,而不另行评价。走私枪支、弹药的行为侵害了货物、物品的进出口管理秩序,而进境后运输、邮寄、储存、出售的,又危害了公共安全。虽然走私武器、弹药也危害了公共安全,但进境后的运输、邮寄、储存、出售行为对公共安全的威胁相对而言更为紧迫,或者说形成了更大的危险。所以,进境后的运输、邮寄、储存、出售行为,不是不可罚的事后行为,而应另外成立非法买卖、运输、邮寄、储存枪支、弹药罪,与走私武器、弹药罪数罪并罚。

9. 走私爆炸物的,如何处理?

有观点认为,对于走私爆炸物的,不能评价为走私武器、弹药罪,应认定为走私普通货物、物品罪与非法运输、邮寄、储存爆炸物罪,从一重处断。[②]

应该说,有的爆炸物可以评价为武器,如手雷,有的爆炸物可以评价为弹药,如炮弹,有的爆炸物不能评价为武器、弹药,如烟花爆竹。因此,对于走私爆炸物的行为,可能成立走私武器、弹药罪,走私国家禁止进出口的货物、物品罪,走私普通货物、物品罪,与非法运输、邮寄爆炸物罪想象竞合,从一重处罚。

10.《走私案件解释》第 5 条第 2 款规定,走私的仿真枪经鉴定为枪支,构成犯罪的,依照走私武器罪定罪处罚。如果行为人认为自己走私的仿真枪不具有枪支的功能,而经鉴定为枪支的,是成立走私武器罪,还是走私国家禁止进出口的货物、物品罪?

应该说,《走私案件解释》第 5 条第 2 款规定存在疑问。行为人误以为只是仿真枪,即便客观上走私的是具有杀伤力的枪支,也因为缺乏走私武器的故意,而不能认定为走私武器罪,只能认定为走私国家禁止进出口的货物、物品罪。

---

① 参见周光权:《刑法各论》(第 4 版),中国人民大学出版社 2021 年版,第 254 页。

② 参见王新:《刑法分论精解》,北京大学出版社 2023 年版,第 84 页。

11. 如何确定走私武器、弹药罪的既遂标准？

走私武器、弹药主要分为输入武器、弹药与输出武器、弹药。关于输入武器、弹药的既遂标准，必须分为陆路输入与海路、空路输入来确定。陆路输入应当逾越国境线，武器、弹药进入我国领域内的时刻为既遂标准。关于海路、空路输入武器、弹药的既遂标准，在理论上存在不同观点。一是领海、领空说，即装载武器、弹药的船舶或航空器进入本国领海或领空时为既遂，否则为未遂。二是登陆说，即将武器、弹药从船舶中转移到本国领土内（不问是否为保税区）时，或者将武器、弹药从航空器中转移到地面时为既遂，否则为未遂。三是关税线说，即在武器、弹药经由保税区等海关支配、管理的地域的场合，转移到保税区等之外才是既遂，否则为未遂。四是搬出可能性说，即装载武器、弹药的船舶或航空器在本国港口停靠或在机场登陆后，出现可能将武器、弹药转移到船舶或航空器外的状态时为既遂，否则为未遂。五是到达说，即装载武器、弹药的船舶到达本国港口或航空器到达本国领土内时为既遂，否则为未遂。张明楷教授主张第五种观点，即到达说，认为除走私普通货物、物品罪外，其他走私罪均宜采取第五种观点。①

本书认为，由于走私武器、弹药的行为还危害公共安全，所以只要逾越了国境线进入我国领域内（陆路输入）或进入我国领海和领空（海路、空路输入），就应认定为走私武器、弹药罪的既遂。也就是说，装载武器、弹药的船舶驶入我国领海，即便还未到港；装载武器、弹药的航空器飞入我国领空，即便还未着陆，就成立走私武器、弹药罪的既遂。所以“领海、领空说”具有合理性。

① 参见张明楷：《刑法学》（第6版），法律出版社2021年版，第962页。

第二节 走私核材料罪

·导 读·

误以为朋友让其捎回国内的是象牙制品，实为核材料的，不成立走私核材料罪，而是成立走私珍贵动物制品罪。核武器不是核材料，走私核武器的，不成立走私核材料罪，而是成立走私武器罪。既走私武器又走私核材料的，成立走私武器罪与走私核材料罪，实行数罪并罚。

条 文

第一百五十一条第一款 【走私武器、弹药罪】【走私核材料罪】【走私假币罪】走私武器、弹药、核材料或者伪造的货币的，处七年以上有期徒刑，并处罚金或者没收财产；情节特别严重的，处无期徒刑，并处没收财产；情节较轻的，处三年以上七年以下有期徒刑，并处罚金。

罪名精释

1. 行为人误以为朋友让其捎回国内的是象牙制品，实际上是核材料的，如何处理？

由于行为人主观上没有走私核材料的故意，不能认定为走私核材料罪，只能认定为走私珍贵动物制品罪。

2. 走私核武器的，如何处理？

由于核武器不同于核材料，走私核武器的，只能认定为走私武器罪。

3.行为人既走私武器,又走私核材料的,能否数罪并罚?

无论认为《刑法》第151条所规定的罪名是选择性罪名还是并列罪名,对于既走私武器,又走私核材料的,都必须以走私武器罪与走私核材料罪数罪并罚。

第三节 走私假币罪

·导 读·

走私假币罪的保护法益是货物、物品进出口管理秩序与货币的公共信用。本罪中的“伪造的货币”,包括变造的货币。本罪的既遂标准应采用“到达说”,即逾越国境线、船舶到港、航空器着陆。

条 文

第一百五十一条第一款 【走私武器、弹药罪】【走私核材料罪】【走私假币罪】走私武器、弹药、核材料或者伪造的货币的,处七年以上有期徒刑,并处罚金或者没收财产;情节特别严重的,处无期徒刑,并处没收财产;情节较轻的,处三年以上七年以下有期徒刑,并处罚金。

罪名精释

1.本罪的保护法益是什么?

本罪的保护法益是货物、物品进出口管理秩序与货币的公共信用。

2.本罪中的“伪造的货币”,是否包括变造的货币?

周光权教授认为,伪造与变造行为的性质和危害性并不相同,所以变造的货币不能等同于伪造的货币。变造的货币一般数量较小,不容易成为走私的对象。

对走私变造的货币，数量巨大的，是否可以按走私普通货物、物品罪定罪处罚，还值得研究。①

本书认为，本罪中的“伪造的货币”，包括变造的货币。理由是，其一，刑法中伪造的含义具有相对性，当伪造与变造并列规定，如伪造、变造金融票证罪；或者伪造与变造是单独的罪名，如伪造货币罪与变造货币罪，伪造不包括变造。当仅规定了伪造而未规定变造时，应当认为这里的“伪造”是广义的，包括了变造。本罪即是如此，应当认为这里的“伪造”是广义的，包括了变造。其二，即便是走私变造的货币，也同样侵害了货物、物品进出口管理秩序与货币的公共信用。其三，虽然变造与伪造的行为性质并不相同，但得不出变造行为危害性和数量较小的结论。其四，由于变造的货币是违禁品，是国家禁止进出口的对象，不存在征收关税的问题，所以走私变造的货币的行为并不成立走私普通货物、物品罪。若对走私变造的货币的行为不以走私假币罪论处，就可能形成处罚漏洞。

3. 本罪的既遂标准是什么？

由于走私伪造的货币并不危害公共安全，所以对走私假币罪的既遂标准可采用“到达说”，即陆地运输逾越国境线，海上运输船舶到港，空中运输航空器着陆。

第四节　走私文物罪

·导　读·

走私文物进境的，成立走私普通货物、物品罪。行为人误以为是普通货物、物品而走私出境，实则为文物的，构成走私普通货物、物品罪。走私年代久远且与人类活动无关的古脊椎动物化石出口的，构成走私文物罪。

① 参见周光权：《刑法各论》（第4版），中国人民大学出版社2021年版，第255页。

条　文

第一百五十一条第二款　【走私文物罪】【走私贵重金属罪】【走私珍贵动物、珍贵动物制品罪】走私国家禁止出口的文物、黄金、白银和其他贵重金属或者国家禁止进出口的珍贵动物及其制品的，处五年以上十年以下有期徒刑，并处罚金；情节特别严重的，处十年以上有期徒刑或者无期徒刑，并处没收财产；情节较轻的，处五年以下有期徒刑，并处罚金。

第四款　单位犯本条规定之罪的，对单位判处罚金，并对其直接负责的主管人员和其他直接责任人员，依照本条各款的规定处罚。

罪名精释

1. 对于文物而言，只禁止出口，不禁止进口，是否意味着将文物从境外走私至境内无罪？

由于文物也是财物，将文物运输进境的，存在缴纳关税的问题，不缴纳关税而走私进境的，构成走私普通货物、物品罪。

2. 行为人误以为是普通货物、物品而走私出境，实则为文物的，如何处理？

由于行为人不具有走私文物的故意，故不成立走私文物罪。由于文物也是货物、物品，所以成立走私普通货物、物品罪。

3. 走私年代久远且与人类活动无关的古脊椎动物化石出口的，构成走私文物罪吗？

根据2005年12月29日全国人民代表大会常务委员会（以下简称全国人大常委会）《关于〈中华人民共和国刑法〉有关文物的规定适用于具有科学价值的古脊椎动物化石、古人类化石的解释》，文物包括具有科学价值的古脊椎动物化石、古人类化石。2006年8月7日原文化部《古人类化石和古脊椎动物化石保护管理办法》第2条规定："本办法所称古人类化石和古脊椎动物化石，指古猿化石、古人类化石及其与人类活动有关的第四纪古脊椎动物化石。”由此产生的问题是，走私年代久远且与人类活动无关的古脊椎动物化石出口的行为应当如何定性？倘若按照立法解释的字面含义，对该行为应认定为走私文物罪，但按上述管理规定的相关限制性解释，对该行为不能认定为走私文物罪，只能认定为走私国家禁止进出口的货物、物品罪；如果走私上述物品进口，则只能认定为走私普通货物、物品罪。

本书认为，为加强对我国文物的保护，应当按照立法解释的规定，将年代久远且与人类活动无关的古脊椎动物化石纳入文物的范畴。走私这种对象出境的，应当成立走私文物罪。

第五节　走私贵重金属罪

·导　读·

将贵重金属走私进境的，成立走私普通货物、物品罪。误以为是普通金属实则为贵重金属而走私出境，或者相反，均成立走私普通货物、物品罪。

条　文

第一百五十一条第二款　【走私文物罪】【走私贵重金属罪】【走私珍贵动物、珍贵动物制品罪】走私国家禁止出口的文物、黄金、白银和其他贵重金属或者国家禁止进出口的珍贵动物及其制品的，处五年以上十年以下有期徒刑，并处罚金；情节特别严重的，处十年以上有期徒刑或者无期徒刑，并处没收财产；情节较轻的，处五年以下有期徒刑，并处罚金。

第四款　单位犯本条规定之罪的，对单位判处罚金，并对其直接负责的主管人员和其他直接责任人员，依照本条各款的规定处罚。

罪名精释

1. 对于贵重金属而言，只禁止出口，不禁止进口，是否意味着将贵重金属从境外走私至境内无罪？

由于贵重金属也是财物，将贵重金属运输进境，也存在缴纳关税的问题，不缴纳关税而将贵重金属走私进境的，成立走私普通货物、物品罪。

2. 误以为是普通金属实则为贵重金属，或者相反，走私出境的，如何处理？

如果误以为是普通金属实则为贵重金属而走私出境，由于行为人没有走私贵重金属的故意，所以不成立走私贵重金属罪，只能成立走私普通货物、物品罪。相反，如果将普通金属当作贵重金属走私出境，虽然行为人有走私贵重金属的故意，但客观上没有走私贵重金属的事实，所以不能成立走私贵重金属罪，还是只能成立走私普通货物、物品罪。

第六节 走私珍贵动物、珍贵动物制品罪

·导 读·

本罪的保护法益是货物、物品进出口管理秩序和国家珍贵野生动物资源。将珍贵野生动物走私进境杀害的，应以本罪与危害珍贵野生动物罪数罪并罚。行为人从境外邮购珍贵动物制品的，成立走私珍贵动物制品罪与危害珍贵野生动物罪的想象竞合犯。珍贵动物制品购买地允许交易，以及入境人员为留作纪念或者作为礼品而携带珍贵动物制品进境，不具有牟利目的的，可以不作为犯罪处理。

条 文

第一百五十一条第二款 【走私文物罪】【走私贵重金属罪】【走私珍贵动物、珍贵动物制品罪】走私国家禁止出口的文物、黄金、白银和其他贵重金属或者国家禁止进出口的珍贵动物及其制品的，处五年以上十年以下有期徒刑，并处罚金；情节特别严重的，处十年以上有期徒刑或者无期徒刑，并处没收财产；情节较轻的，处五年以下有期徒刑，并处罚金。

第四款 单位犯本条规定之罪的，对单位判处罚金，并对其直接负责的主管人员和其他直接责任人员，依照本条各款的规定处罚。

罪名精释

1. 本罪的保护法益是什么？

本罪所保护的主要法益是货物、物品进出口管理秩序，次要法益是国家珍贵野生动物资源。

2. 将珍贵野生动物走私入境后杀害的，如何处理？

将珍贵野生动物走私入境后杀害，由于行为又侵犯了新的法益，故应以本罪与危害珍贵野生动物罪数罪并罚。

3. 行为人从境外邮购珍贵动物制品的，如何处理？

行为人采用电信等方式在国内向境外人员购买珍贵动物制品，由境外人员将珍贵动物制品邮寄给行为人，逃避海关监管的，既是非法收购、运输珍贵野生动物制品，也是走私珍贵动物制品，由于只有一个行为，故成立想象竞合犯，从一重罪处罚。

4. 走私珍贵动物制品的，哪些情形可以不作为犯罪处理？

走私珍贵动物制品，同时具有下列情形，情节较轻的，一般不以犯罪论处：

(1)珍贵动物制品购买地允许交易;(2)入境人员为留作纪念或者作为礼品而携带珍贵动物制品进境,不具有牟利目的的。

第七节 走私国家禁止进出口的货物、物品罪

·导 读·

走私国家禁止进出口的货物、物品罪,并非具有减轻根据的所谓封闭的特权条款,走私国家禁止进出口的货物、物品,偷逃关税数额特别巨大或者有其他特别严重情节的,可以而且应当以走私普通货物、物品罪定罪,最重可判处无期徒刑。司法解释将限制进出口的货物、物品等同于禁止进出口的货物、物品,属于违反罪刑法定原则的不当的类推解释,应当予以废除。

条 文

第一百五十一条第三款 【走私国家禁止进出口的货物、物品罪】走私珍稀植物及其制品等国家禁止进出口的其他货物、物品的,处五年以下有期徒刑或者拘役,并处或者单处罚金;情节严重的,处五年以上有期徒刑,并处罚金。

第四款 单位犯本条规定之罪的,对单位判处罚金,并对其直接负责的主管人员和其他直接责任人员,依照本条各款的规定处罚。

罪名精释

1. 走私国家禁止进出口的货物、物品罪,偷逃关税数额特别巨大的,能以走私普通货物、物品罪定罪处罚吗?

案1:在广西与越南交界处,有一批人常年从事走私二手车业务。他们在越南某些旧车市场淘到八成新或者九成新的法拉利或者其他名牌轿车

后，就会雇人将这些旧车开到广西。在开往广西的路上，他们并不会通过海关的正当路径入关，而往往是谎称车辆归司机自己所有，通过边界公路或小路进入广西。这些司机相互并不认识，与走私集团的头目单线联系。根据我国海关部门的相关规定，二手车属于国家禁止进口的产品。

本案中，由于行为人常年走私，累计偷逃关税的数额特别巨大，如果以走私国家禁止进出口的货物、物品罪定罪，至多判处 15 年有期徒刑，但如果以走私普通货物、物品罪定罪，最重可以判处无期徒刑。

如果认为走私国家禁止进出口的货物、物品罪与走私普通货物、物品罪之间是特别关系的法条竞合，按照通说所主张的特别法优于普通法的适用原则，只能以走私国家禁止进出口的货物、物品罪最重判处 15 年有期徒刑，而明显罪刑不相适应。为此，张明楷教授提出，如果走私国家禁止进出口的货物、物品数量不大，即使从偷逃关税的角度来说，也只能最多判处 15 年有期徒刑，这时二者之间是特别关系的法条竞合。但如果行为人偷逃应缴关税数额特别巨大或者有其他特别严重情节，必须将行为认定为走私国家禁止进出口的货物、物品罪与走私普通货物、物品罪的想象竞合，从一重处罚，即按照走私普通货物、物品罪定罪处罚。①

本书认为，由于走私国家禁止进出口的货物、物品罪的对象具有特殊性，从条文的逻辑关系就能看出走私国家禁止进出口的货物、物品罪与走私普通货物、物品罪之间是特别关系的法条竞合。虽然是特别关系的法条竞合，但走私国家禁止进出口的货物、物品罪并非具有减轻根据的所谓封闭的特权条款，为了实现罪刑相适应，应当从一重处罚。也就是说，当走私国家禁止进出口的货物、物品，存在应当缴纳的关税，而且偷逃关税数额特别巨大或者有其他特别严重情节的，应当以走私普通货物、物品罪定罪，最重可判处无期徒刑。

---

① 参见张明楷：《张明楷刑法学讲义》，新星出版社 2021 年版，第 503 页。

2. 司法解释规定，未经许可进出口国家限制进出口的货物、物品，应当按照走私国家禁止进出口的货物、物品罪定罪处罚，即将限制进出口的货物、物品等同于禁止进出口的货物、物品，这是扩大解释还是类推解释？

《走私案件解释》第 5 条第 1 款规定，走私国家禁止或者限制进出口的仿真枪、管制刀具，构成犯罪的，依照《刑法》第 151 条第 3 款的规定，以走私国家禁止进出口的货物、物品罪定罪处罚。

这个规定可能存在疑问。因为《刑法》明文规定走私国家禁止进出口的货物、物品罪的对象是“国家禁止进出口的其他货物、物品”，而限制进出口明显不同于禁止进出口。事实上，我国走私犯罪也是分为走私国家禁止进出口物品（《刑法》第 153 条以外）和走私国家限制进出口物品（《刑法》第 153 条）。所以，上述司法解释规定明显属于违反罪刑法定原则的不当的类推解释，应当予以废除。

第八节 走私淫秽物品罪

·导 读·

走私淫秽物品罪属于短缩的二行为犯，实行行为是走私，走私进境即既遂。以牟利或者传播为目的，走私淫秽物品进境后贩卖、传播的，构成走私淫秽物品罪与贩卖、传播淫秽物品牟利罪，应当数罪并罚。携带储存有淫秽电子信息的手机、电脑、硬盘、优盘进境的，不宜认定为走私淫秽“物品”，不构成走私淫秽物品罪。

条 文

第一百五十二条第一款 【走私淫秽物品罪】以牟利或者传播为目的，走私淫秽的影片、录像带、录音带、图片、书刊或者其他淫秽物品的，处三年以上十年以下有期徒刑，并处罚金；情节严重的，处十年以上有期徒刑或者无期徒刑，并处罚金或者没收财产；情节较轻的，处三年以下有期徒刑、拘役或者管制，并处罚金。

第三款　单位犯前两款罪的，对单位判处罚金，并对其直接负责的主管人员和其他直接责任人员，依照前两款的规定处罚。

罪名精释

1. 走私淫秽物品牟利罪的实行行为和既遂标准是什么？

所谓短缩的二行为犯，是指行为人以实施第二个行为为目的，实施完成了第一个行为就成立犯罪既遂的犯罪类型。走私淫秽物品罪属于典型的短缩的二行为犯。只要行为人以牟利或者传播为目的，将淫秽物品走私进境，不待贩卖传播就成立犯罪既遂。本罪的实行行为是走私，不是“走私＋传播”，以走私进境为既遂标准。

2. 以牟利或者传播为目的，走私淫秽物品进境后贩卖、传播的，是一罪还是数罪？

张明楷教授认为，行为人以牟利、传播为目的，从境外走私淫秽物品，然后在境内贩卖、传播走私进境的淫秽物品的，虽然实施了两个行为，但可以认定为具有类型性的牵连关系，从一重罪处罚。①

本书认为，上述观点存在疑问。走私淫秽物品进境后贩卖、传播的，明显属于实施了新的行为，侵害了新的法益，没有理由不认为另外成立贩卖、传播淫秽物品牟利罪，而与走私淫秽物品罪数罪并罚。

3. 携带存有淫秽电子信息的手机、电脑、硬盘、优盘进境的，构成走私淫秽物品罪吗？

2008 年 6 月 25 日最高人民检察院、公安部《关于公安机关管辖的刑事案件

---

① 参见张明楷：《刑法学》（第 6 版），法律出版社 2021 年版，第 964 页。

立案追诉标准的规定(一)》第25条规定,以牟利或者传播为目的,走私淫秽的影片、录像带、录音带、图片、书刊或者其他通过文字、声音、形象等形式表现淫秽内容的影碟、音碟、电子出版物等物品,达到一定数量的,构成走私淫秽物品罪。

的确,一直以来我国刑法理论通说和司法实践都认为淫秽电子信息属于"淫秽物品"。或许,将贩卖、传播淫秽电子信息的行为作为犯罪处理具有一定的合理性(但严格说来也是不当的类推解释),但如果将携带储存有淫秽电子信息的手机、电脑、硬盘、优盘进境,也认定为走私淫秽"物品",可能就明显超出了一般人的预测可能性范围,侵犯了个人自由,而不具有合理性。所以,携带储存有淫秽电子信息的手机、电脑、硬盘、优盘进境的,不宜认定构成走私淫秽物品罪。

第九节 走私废物罪

·导 读·

走私废物偷逃关税数额特别巨大或者有其他特别严重情节的,可以走私普通货物、物品罪定罪处罚。走私废物出境的,可能构成走私普通货物、物品罪。走私废物罪与擅自进口固体废物罪的区别在于是否可以用作原料。行为人将废物运输进境的行为得到了海关的许可,但进境后并未完全按照海关的监管要求处理废物的,不构成走私废物罪,可能构成污染环境罪。走私废物进境后倾倒、堆放、处置污染环境的,应以走私废物罪与污染环境罪数罪并罚。

条 文

第一百五十二条第二款 【走私废物罪】逃避海关监管将境外固体废物、液态废物和气态废物运输进境,情节严重的,处五年以下有期徒刑,并处或者单处罚金;情节特别严重的,处五年以上有期徒刑,并处罚金。

第三款 单位犯前两款罪的,对单位判处罚金,并对其直接负责的主管人员和其他直接责任人员,依照前两款的规定处罚。

罪名精释

1. 走私废物偷逃关税数额特别巨大的,能以走私普通货物、物品罪定罪处罚吗?

应该说,虽然走私废物罪可谓特别法条,但不是具有减轻根据的所谓封闭的特权条款。走私废物,如果存在应当缴纳关税的问题,当偷逃关税数额特别巨大或者有其他特别严重情节时,应当以走私普通货物、物品罪定罪处罚。

2. 走私废物出境的,一定无罪吗?

虽然刑法禁止的是走私废物进境,不禁止出境,但如果废物具有财产价值,存在应当缴纳关税的问题,则走私废物出境,虽然不构成走私废物罪,但完全可能构成走私普通货物、物品罪。

3. 走私废物罪与擅自进口固体废物罪的区别何在?

二者的区别在于是否可以用作原料。擅自进口可以用作原料的固体废物,造成重大环境污染事故的,成立擅自进口固体废物罪。擅自进口不能用作原料的固体废物的,成立走私废物罪。

4. 行为人将废物运输进境的行为得到了海关的许可,但进境后并未完全按照海关的监管要求处理废物的,是否构成走私废物罪?

走私罪的本质就是未得到海关许可、逃避海关监管。既然行为人将废物运输进境的行为得到了海关的许可,行为就不符合"未经海关许可将废物运输进境"的走私废物罪的构成要件,不构成走私废物罪。如果随后行为人处理废物的行为污染了环境,可以污染环境罪追究其刑事责任。

5. 走私废物进境后倾倒、堆放、处置污染环境的,如何处理?

走私废物进境倾倒、堆放、处置污染环境的,构成走私废物罪与非法处置进口的固体废物罪的想象竞合,同时与污染环境罪数罪并罚。也就是说,走私废物后进境倾倒、堆放、处置污染环境的,由于存在新的行为、侵害了新的法益,应当数罪并罚。

第十节 走私普通货物、物品罪

·导 读·

走私文物、贵重金属入境、走私废物出境的,可能构成走私普通货物、物品罪。第156条关于走私共犯的规定,是注意规定,不是特殊规定。明知他人从事走私犯罪活动而为其提供资金、贷款、账号、发票、证明、许可文件,或者提供运输、仓储等其他便利条件,应当按照走私犯罪的共犯追究刑事责任的司法解释规定,并非意味着封堵了中立帮助行为的出罪通道。走私普通货物、物品罪的既遂标准应采取“到达说”。走私珍稀植物,偷逃关税数额特别巨大的,可以走私普通货物、物品罪定罪处罚。《刑法》第157条第1款的规定存在疑问,应予废除。

条 文

第一百五十三条 【走私普通货物、物品罪】走私本法第一百五十一条、第一百五十二条、第三百四十七条规定以外的货物、物品的,根据情节轻重,分别依照下列规定处罚:

(一)走私货物、物品偷逃应缴税额较大或者一年内曾因走私被给予二次行政处罚后又走私的,处三年以下有期徒刑或者拘役,并处偷逃应缴税额一倍以上五倍以下罚金。

（二）走私货物、物品偷逃应缴税额巨大或者有其他严重情节的，处三年以上十年以下有期徒刑，并处偷逃应缴税额一倍以上五倍以下罚金。

（三）走私货物、物品偷逃应缴税额特别巨大或者有其他特别严重情节的，处十年以上有期徒刑或者无期徒刑，并处偷逃应缴税额一倍以上五倍以下罚金或者没收财产。

单位犯前款罪的，对单位判处罚金，并对其直接负责的主管人员和其他直接责任人员，处三年以下有期徒刑或者拘役；情节严重的，处三年以上十年以下有期徒刑；情节特别严重的，处十年以上有期徒刑。

对多次走私未经处理的，按照累计走私货物、物品的偷逃应缴税额处罚。

第一百五十六条　【走私罪的共犯】与走私罪犯通谋，为其提供贷款、资金、帐号、发票、证明，或者为其提供运输、保管、邮寄或者其他方便的，以走私罪的共犯论处。

第一百五十七条　【武装掩护走私、和以暴力、威胁方法抗拒缉私的处罚】武装掩护走私的，依照本法第一百五十一条第一款的规定从重处罚。

以暴力、威胁方法抗拒缉私的，以走私罪和本法第二百七十七条规定的阻碍国家机关工作人员依法执行职务罪，依照数罪并罚的规定处罚。

罪名精释

1. 走私文物、贵重金属入境，走私废物出境，能构成走私普通货物、物品罪吗？

走私手表、汽车、洗发水等普通物品入境的行为都可能成立走私普通货物、物品罪，那么走私文物、贵重金属入境的行为就没有理由不以犯罪论处。根据《刑法》第153条第1款的规定，走私普通货物、物品罪的对象是“本法第一百五十一条、第一百五十二条、第三百四十七条规定以外的货物、物品”，其实这只是一个表面的构成要件要素，或者说是区分不同走私犯罪的分界要素，而不是成立犯罪所必须具备的要素。也就是说，其他所谓特殊走私犯罪的对象，如武器、文物、贵重金属、废物、毒品等，都可以被评价为普通货物、物品，都能成为走私普通货物、物品罪的对象。所以,只要存在应纳关税,走私文物、贵重金属入境和走私废物出境,都可能成立走私普通货物、物品罪。

2.《刑法》第156条对于走私共犯的规定,是注意规定还是特殊规定?

《刑法》第156条关于与走私罪犯通谋以走私罪的共犯论处的规定,是一种注意性规定。不能认为没有通谋的、片面帮助走私的不能成立共犯。有人认为只有事先有通谋的才能成立共犯,否定片面共犯的成立,显然是将这种规定看作是法律拟制(特殊规定)。应该说,《刑法》分则条文中所有关于共犯的规定都是注意性规定。没有这种规定的,只要符合共同犯罪的成立条件,都应当作为共犯处理。而且,成立共犯也不应限于存在事前通谋的情形,缺乏意思沟通的片面共犯的情形,也应肯定共同犯罪的成立。

3.“对多次走私未经处理的,按照累计走私货物、物品的偷逃应缴税额处罚”的规定,是注意规定还是特殊规定?

《刑法》分则中关于数额累计计算的规定大概有4个罪名(走私、贩毒、逃税、贪污),对于没有这种规定的罪名,如受贿罪、盗窃罪、诈骗罪、销售伪劣产品罪,理论与实务一直以来都认为多次实施的犯罪数额应该累计计算。很显然,人们都将这种规定看作注意性规定,即无论有无这种规定,对于数额、数量犯,多次实施的都应累计计算犯罪数额。其实这种理解和做法也不无疑问。因为这种做法相当于将多次轻微伤累计成轻伤,多次轻伤累计成重伤,多次重伤累计成故意伤害致人死亡,而这显然是大家所不能接受的。本书主张一种折中的观点:对于通过数额累计计算可能达到判处无期徒刑甚至死刑的数量标准的,应当考虑同种罪名数罪并罚,以避免对被告人不利的判罚结果。

4.走私普通货物、物品罪的既遂标准,是否应与走私武器、弹药罪的既遂标准相同?

走私普通货物、物品罪的保护法益主要是关税收益,所以对本罪的既遂标准宜采取“关税线说”。一般来说,在货物、物品经由保税区等海关支配、管理的地域的场合,转移到保税区等之外才是既遂,否则为未遂。而走私武器、弹药罪所保护的法益还有公共安全,所以,对于走私武器、弹药罪的既遂标准宜采取“领海、领空说”,即陆地运输逾越国境线或海上运输装载武器、弹药的船舶驶入我国领海或空中运输航空器进入我国领空时为既遂,否则为未遂。

5. 走私珍稀植物的,有可能成立走私普通货物、物品罪吗?

根据《刑法》第151条第3款的规定,走私珍稀植物的,以走私国家禁止进出口的货物、物品罪最重可以判处15年有期徒刑。而根据《刑法》第153条规定,走私普通货物、物品罪最重可以判处无期徒刑。问题是,走私珍稀植物偷逃关税数额特别巨大的,能否以走私普通货物、物品罪最重判处无期徒刑?这取决于如何认识二者之间的关系。如果认为二者是特别关系的法条竞合,走私国家禁止进出口的货物、物品罪是特别法条,而走私普通货物、物品罪是普通法条,进而认为对于特别关系的法条竞合应坚持特别法优于普通法的原则,则即使走私珍稀植物偷逃关税数额特别巨大,也只能以走私国家禁止进出口的货物、物品罪最重判处15年有期徒刑。如果认为二者是想象竞合关系,从一重处断,当然可能以走私普通货物、物品罪最重判处无期徒刑。

张明楷教授认为,虽然这两个法条是法条竞合关系,但在特殊情形下,它们也可能存在想象竞合关系。具体而言,如果走私国家禁止进出口的货物、物品数量不大,即使从偷逃关税的角度来说,最重也只能判处15年有期徒刑,那么二者是法条竞合关系。但如果行为人走私国家禁止进出口的货物、物品,而按照普通货物、物品来评价,其偷逃应缴税额特别巨大或者有其他特别严重情节,那么就必须认定为走私国家禁止进出口的货物、物品罪与走私普通货物、物品罪的想象竞合,从一重处理。概括起来就是,走私国家禁止进出口的货物、物品,最高判处15年有期徒刑能做到罪刑相适应时,二者就是特别关系的法条竞合;若以走私国家禁止进出口的货物、物品罪判处15年有期徒刑不能做到罪刑相适应,二者就“摇身一变”成为想象竞合关系。[1]

---

① 参见张明楷:《张明楷刑法学讲义》,新星出版社2021年版,第503页。

本书不赞成上述观点。是法条竞合还是想象竞合,通常从法条的表述和逻辑关系就能看出。一般而言,法条竞合是"一行为一法益一处罚",而想象竞合是"一行为数法益一处罚"。所以两个罪名的关系通常不会变动不居。相对于普通货物、物品而言,珍稀植物等国家禁止进出口的货物、物品,显然具有特殊性,也就是说,走私国家禁止进出口的货物、物品罪相对于走私普通货物、物品罪而言,包含有特别因素,所以两个法条之间应该是一种特别关系的法条竞合。由于我国并不存在类似国外的所谓封闭的特权条款,如同意杀人罪,所以在我国即便是特别关系的法条竞合,也可以从一重处罚。因此,走私珍稀植物偷逃关税数额特别巨大的,完全可以走私普通货物、物品罪最重判处无期徒刑。

6. 关于明知他人从事走私犯罪活动而为其提供资金、贷款、账号、发票、证明、许可证件,或者提供运输、保管等其他便利条件,应当按照走私犯罪的共犯追究刑事责任的司法解释规定,是否意味着封堵了中立帮助行为的出罪通道?

应该说,无论是《刑法》还是《打击非设关地成品油走私专题研讨会会议纪要》中的这种规定都可谓注意性规定,都是旨在强调或者提醒对深度参与他人犯罪活动的犯罪团伙进行打击。并不是说,存在这种规定就意味着封堵了中立帮助行为的出罪通道。对于提供中立、业务、非追求犯罪目的、非针对特定对象、反复、持续实施、主要用于正当用途的帮助行为的,不应作为共犯处罚。

7. 如何理解适用《刑法》第 157 条第 1 款的规定?

周光权教授认为,武装掩护走私,只限于携带武器进行走私活动,而不要求行为人现实地使用了武器。已经使用武器杀害、伤害缉私人员的,应以走私罪和故意杀人、故意伤害罪并罚。①

他认为,只要携带了武器进行走私活动,即便没有现实地使用武器,也应按照《刑法》第 151 条第 1 款的规定从重处罚,可能存在疑问。因为根据《刑法》第 157 条第 2 款的规定,以暴力、威胁方法抗拒缉私的,也只是以走私罪与妨害公

① 参见周光权:《刑法各论》(第 4 版),中国人民大学出版社 2021 年版,第 263 页。

务罪(法定最高刑为3年有期徒刑)数罪并罚。而《刑法》第151条第1款分别规定了7年以上有期徒刑的基本犯、情节特别严重的法定刑为无期徒刑的加重犯和法定刑为3年以上7年以下有期徒刑的减轻犯。武装掩护走私的,到底是以《刑法》第151条第1款的基本犯还是加重犯处罚并从重,显然不得而知。可见,这种将全国人大常委会《关于惩治走私罪的补充规定》1988年1月21日的规定照搬到1997年刑法典中的做法的合理性,存在疑问。这种规定应当予以废除。

第三章　妨害对公司、企业的管理秩序罪

第一节　虚报注册资本罪

·导　读·

本罪只适用于依法实行注册资本实缴登记制的公司。只要具备“虚报注册资本数额巨大”“后果严重”“有其他严重情节”三种情形之一，即可成立本罪。本罪既遂的条件是取得公司登记，成立条件是具备“虚报注册资本数额巨大”“后果严重”“有其他严重情节”三种情形之一。本罪不是结果犯，而是实害犯，没有未遂成立的余地。

条　文

第一百五十八条　【虚报注册资本罪】申请公司登记使用虚假证明文件或者采取其他欺诈手段虚报注册资本，欺骗公司登记主管部门，取得公司登记，虚报注册资本数额巨大、后果严重或者有其他严重情节的，处三年以下有期徒刑或者拘役，并处或者单处虚报注册资本金额百分之一以上百分之五以下罚金。

单位犯前款罪的，对单位判处罚金，并对其直接负责的主管人员和其他直接责任人员，处三年以下有期徒刑或者拘役。

罪名精释

1. 成立虚报注册资本罪，是必须同时具备“数额巨大”“后果严重”“其他严重情节”，还是只需具备三者之一？

应当认为，只要具备三者之一，即可成立本罪，而不需要同时具备。

2. 在申请成立认缴登记制公司中虚报注册资本的，构成虚报注册资本罪吗？

为降低公司设立门槛，发挥市场作用，鼓励市场主体的创业积极性、创业活力，全国人大常委会于2013年12月修改了《公司法》，将一般公司的注册资本实缴登记制改为认缴登记制，取消了注册资本最低限额制度和缴足出资的期限规定。为此，根据2014年4月24日全国人大常委会《关于〈中华人民共和国刑法〉第一百五十八条、第一百五十九条的解释》，本罪只适用于依法实行注册资本实缴登记制的公司。所以，在申请成立认缴登记制公司中虚报注册资本的，不构成虚报注册资本罪。

3. 本罪的既遂标准和成立条件是什么？

根据《刑法》第158条规定，行为人虚报注册资本，只有实际取得公司登记的，才构成本罪既遂。但成立本罪，还需要具备“虚报注册资本数额巨大”“后果严重”“其他严重情节”三种情形之一。也就是说，取得公司登记是本罪既遂的条件，但成立本罪还需具备以上三种情形之一。

4. 本罪是结果犯吗？

有观点认为本罪是结果犯。① 若认为本罪是结果犯，则会得出本罪有成立未遂犯的余地。而事实上，虚报注册资本，只有取得公司登记，而且要求具备“虚报注册资本数额巨大”“后果严重”“有其他严重情节”三种情形之一，才能成立本罪。所以准确地讲，本罪属于只有成立与不成立、没有既遂与未遂之分的实害犯。

① 参见王新：《刑法分论精解》，北京大学出版社2023年版，第91页。

第二节 虚假出资、抽逃出资罪

·导 读·

虚假出资、抽逃出资罪不是选择性罪名,而是并列罪名。既虚假出资又抽逃出资的,应当数罪并罚。之所以抽逃出资罪法定刑并不重,是因为抽逃出资的通常还构成职务侵占罪、贪污罪,系想象竞合,应从一重处罚。就实行认缴登记制的公司而言,行为人实际出资后又抽逃的,也能构成抽逃出资罪。虚假出资罪与虚报注册资本罪的区别在于所欺骗的对象不同。抽逃出资罪与虚假出资罪、虚报注册资本罪的区别在于发生的时空不同。

条 文

第一百五十九条 【虚假出资、抽逃出资罪】公司发起人、股东违反公司法的规定未交付货币、实物或者未转移财产权,虚假出资,或者在公司成立后又抽逃其出资,数额巨大、后果严重或者有其他严重情节的,处五年以下有期徒刑或者拘役,并处或者单处虚假出资金额或者抽逃出资金额百分之二以上百分之十以下罚金。

单位犯前款罪的,对单位判处罚金,并对其直接负责的主管人员和其他直接责任人员,处五年以下有期徒刑或者拘役。

罪名精释

1. 既虚假出资又抽逃出资的,能否数罪并罚?

理论上普遍认为,本条之罪是选择性罪名。[①] 而且理论通说认为,对于选择

① 参见张明楷:《刑法学》(第6版),法律出版社2021年版,第970页;王新:《刑法分论精解》,北京大学出版社2023年版,第92页。

性罪名不能数罪并罚。也就是说，行为人既虚假出资又抽逃出资的，不能数罪并罚。这恐怕存在问题。应该说，本条之罪并非选择性罪名，而是并列罪名。行为人既虚假出资又抽逃出资的，应当数罪并罚。

2. 抽逃出资的，可否同时构成贪污罪、职务侵占罪？

本罪所侵害的法益只是公司管理秩序和债权人利益。抽逃出资还是侵害公司财产权的行为，所以可能同时成立职务侵占罪或者贪污罪，二者是想象竞合关系，应从一重处罚。虚假出资后又抽逃出资的，还可能以虚假出资罪与职务侵占罪或者贪污罪数罪并罚。所以，立法者对于抽逃出资罪的法定刑设置得并不重。

3. 就实行认缴登记制的公司而言，行为人实际出资后又抽逃的，成立抽逃出资罪吗？

2014 年 4 月 24 日全国人大常委会《关于〈中华人民共和国刑法〉第一百五十八条、第一百五十九条的解释》指出，刑法第 158 条、第 159 条的规定，只适用于依法实行注册资本实缴登记制的公司。应该说，就虚假出资罪而言，本条中的“公司”，仅限于依法实行注册资本实缴登记制的公司，而不适用于实行注册资本认缴登记制的公司。但就实行认缴登记制的公司而言，行为人实际出资后又抽逃的，是否成立抽逃出资罪，可能存在争议。

本书认为，即便是认缴登记制公司，股东一旦出资，所出资的财产就成为公司的财产，若随意抽逃出资，也会损害债权人利益。所以，就认缴登记制公司而言，行为人实际出资后又抽逃出资的，也能构成抽逃出资罪。

4. 如何区分虚报注册资本罪、虚假出资罪与抽逃出资罪？

虽然虚报注册资本罪与虚假出资罪均发生在交付出资资本的环节，但是虚报注册资本罪欺骗的对象是公司登记主管部门，而虚假出资罪欺骗的对象是公司的其他股东、发起人和债权人。至于抽逃出资罪，是发生在注册资本已经到位、公司成立之后，这是区分本罪与虚报注册资本罪和虚假出资罪的关键所在。

第三节　欺诈发行证券罪

·导　读·

本罪并非选择性罪名，亦非概括性罪名，而是并列罪名。同时欺诈发行多种证券的，应当数罪并罚。针对控股股东和实际控制人的第2款规定，实属多余。本罪的行为方式是作为，而非不作为。同时虚报注册资本、虚假出资和欺诈发行证券的，不成立想象竞合，而应数罪并罚。

条　文

第一百六十条　【欺诈发行证券罪】在招股说明书、认股书、公司、企业债券募集办法等发行文件中隐瞒重要事实或者编造重大虚假内容，发行股票或者公司、企业债券、存托凭证或者国务院依法认定的其他证券，数额巨大、后果严重或者有其他严重情节的，处五年以下有期徒刑或者拘役，并处或者单处罚金；数额特别巨大、后果特别严重或者有其他特别严重情节的，处五年以上有期徒刑，并处罚金。

控股股东、实际控制人组织、指使实施前款行为的，处五年以下有期徒刑或者拘役，并处或者单处非法募集资金金额百分之二十以上一倍以下罚金；数额特别巨大、后果特别严重或者有其他特别严重情节的，处五年以上有期徒刑，并处非法募集资金金额百分之二十以上一倍以下罚金。

单位犯前两款罪的，对单位判处非法募集资金金额百分之二十以上一倍以下罚金，并对其直接负责的主管人员和其他直接责任人员，依照第一款的规定处罚。

罪名精释

1. 能否认为原来的罪名是选择性罪名，而现在的罪名变为概括性罪名？

在《刑法修正案（十一）》之前，最高人民法院、最高人民检察院将本条的罪名确定为“欺诈发行股票、债券罪”。在《刑法修正案（十一）》将本条的对象扩大到存托凭证和国务院依法认定的其他证券后，最高人民法院、最高人民检察院将本条的罪名调整为“欺诈发行证券罪”。应该说，即便是以前的欺诈发行股票、债券罪，也应认为其属于并列罪名，而不是选择性罪名。不管是欺诈发行股票、债券罪还是欺诈发行证券罪，都没有改变本罪罪状的性质。也就是说，认定本罪依据的还是《刑法》第160条的规定，不能因为最高人民法院、最高人民检察院对本条命名发生变化，就认为犯罪构成发生了改变。

2. 既欺诈发行股票，又欺诈发行债券，还欺诈发行存托凭证，也欺诈发行其他证券的，能数罪并罚吗？

理论通说认为，《刑法修正案（十一）》以前的欺诈发行股票、债券罪是选择性罪名，而现在的欺诈发行证券罪是概括性罪名。而无论是选择性罪名，还是概括性罪名，理论通说都认为不能数罪并罚。其实属于什么类型的罪名，与是否数罪并罚无关。是否数罪并罚，只需根据犯罪构成原理和罪刑相适应原则进行处理。立法者之所以将股票、债券、存托凭证和国务院依法认定的其他证券并列规定，是因为欺诈发行这几种证券的违法性相当，为了节省《刑法》条文而一并作出规定。所以，行为人同时欺诈发行多种证券的，没有理由不实行数罪并罚。也就是说，本条之罪其实是并列罪名。

3. 针对控股股东、实际投资人的第2款规定，是否多余？

应认为，《刑法》第160条第2款的规定只是注意性规定。不能认为相关条文中没有类似的规定，控股股东、实际控制人组织、指使实施的，就不构成犯罪。也就是说，即便没有这种规定，对于控股股东、实际控制人组织、指使实施妨害公司、企业管理秩序的行为的，按照《刑法》总则有关共犯的规定，也完全可以将其作为共犯或者共同正犯加以处罚。所以第 2 款规定是多余的。

4. 该罪行为方式是作为还是不作为?

从"隐瞒重要事实"的罪状表述看,该罪行为方式似乎包括了不作为。其实,该罪的实行行为是发行,当然属于作为,而非不作为。

5. 虚报注册资本、虚假出资后又欺诈发行证券的,实行想象竞合还是数罪并罚?

有观点认为,需要实缴注册资本才能取得公司登记的金融性公司虚报注册资本骗取公司登记,或者隐瞒虚假出资的事实发行股票、债券、存托凭证等证券的,同时构成虚报注册资本罪、虚假出资罪和欺诈发行证券罪的,成立想象竞合犯,从一重罪处断。①

本书认为,虽然这三个罪名都是妨害对公司、企业的管理秩序罪的犯罪,但各自所保护的具体法益还是存在差异的。所以,只要认为行为人实施了虚报注册资本、虚假出资和欺诈发行证券的行为,还是应该实行数罪并罚,而非想象竞合从一重处罚。

第四节 违规披露、不披露重要信息罪

·导 读·

第 161 条第 2 款规定,是注意规定。只要符合《刑法》总则有关共同犯罪成立条件的规定,都可以而且应当作为共犯或者共同正犯加以处罚。本罪不是单位犯罪。从严格意义上讲,根本不存在所谓单罚制的单位犯罪。本罪的行为方式,既包括作为,也包括不作为。

① 参见周光权:《刑法各论》(第 4 版),中国人民大学出版社 2021 年版,第 267 页。

条 文

第一百六十一条 【违规披露、不披露重要信息罪】依法负有信息披露义务的公司、企业向股东和社会公众提供虚假的或者隐瞒重要事实的财务会计报告，或者对依法应当披露的其他重要信息不按照规定披露，严重损害股东或者其他人利益，或者有其他严重情节的，对其直接负责的主管人员和其他直接责任人员，处五年以下有期徒刑或者拘役，并处或者单处罚金；情节特别严重的，处五年以上十年以下有期徒刑，并处罚金。

前款规定的公司、企业的控股股东、实际控制人实施或者组织、指使实施前款行为的，或者隐瞒相关事项导致前款规定的情形发生的，依照前款的规定处罚。

犯前款罪的控股股东、实际控制人是单位的，对单位判处罚金，并对其直接负责的主管人员和其他直接责任人员，依照第一款的规定处罚。

罪名精释

1. 未强调控股股东、实际控制人刑事责任的罪名，是否意味着这类人“实施或者组织、指使实施”的行为无罪？

控股股东、实际控制人实施本罪行为的，当然是本罪的正犯；控股股东、实际控制人组织、指使实施本罪行为的，则可谓本罪的支配型共谋共同正犯；控股股东、实际控制人隐瞒相关事项导致本罪的情形发生的，也属于本罪的不作为的正犯，即控股股东、实际控制人有义务防止本罪的情形发生，但通过隐瞒相关事项导致本罪的情形发生，也构成犯罪。所以可以认为，本条第 2 款的规定，属于注意规定。也就是说，不能认为未强调控股股东、实际控制人刑事责任的罪名，就意味着这类人“实施或者组织、指使实施”的行为无罪，而是只要符合《刑法》总则有关共同犯罪成立条件规定的，都可以而且应当作为共犯或者共同正犯加以处罚。从这个角度讲，本款规定是多余的。

2. 该罪是单位犯罪吗？

从条文表述看，《刑法》第161条第1款规定的犯罪似乎是单位犯罪。但本罪仅处罚直接负责的主管人员和其他直接责任人员，根据“无罪无刑，无刑无罪”原理，应当认为本罪不是单位犯罪。所以，从严格意义上讲，根本不存在所谓单罚制的单位犯罪。因为既然不处罚单位，根据“无刑无罪”的原理，就不应认为单位是犯罪主体，否则司法机关就可能恣意地将单位列为犯罪主体，而导致单位污名化，影响单位的声誉和上市。

3. 该罪行为方式，是作为还是不作为？

就“向股东和社会公众提供虚假的或者隐瞒重要事实的财务会计报告”而言，本罪行为方式是作为，但从“对依法应当披露的其他重要信息不按照规定披露”来看，该罪行为方式又包括不作为。所以，该罪既可以由作为构成，也可以由不作为构成。

第五节　妨害清算罪

·导　读·

本罪不是单位犯罪，公司、企业不是本罪主体。本罪包括四种行为类型，行为类型之间是并列关系。在未清偿债务前分配国有公司、企业财产，还可能同时触犯私分国有资产罪，成立想象竞合，应从一重处罚。

条　文

第一百六十二条　【妨害清算罪】公司、企业进行清算时，隐匿财产，对资产负债表或者财产清单作虚伪记载或者在未清偿债务前分配公司、企业财产，严重损害债权人或者其他人利益的，对其直接负责的主管人员和其他直接责任人员，处五年以下有期徒刑或者拘役，并处或者单处二万元以上二十万元以下罚金。

罪名精释

1. 本罪是单位犯罪吗？

有观点认为，本罪是纯正的单位犯，只能由单位实施，在处罚上实行单罚制，仅由直接负责的主管人员和其他直接责任人员承担刑事责任。① 虽然这种观点很有代表性，但不得不说，根据“无刑无罪”原理，既然本罪只处罚直接负责的主管人员和其他直接责任人员，就不能认为本罪是单位犯罪，即公司、企业本身不能成为本罪主体。②

2. 本罪有几种行为类型？行为类型之间是递进关系还是并列关系？

本罪有四种行为类型：(1)隐匿财产；(2)对资产负债表作虚假记载，如夸大负债数额，作实际上并不存在的负债记载，对特定债权人作不符合事实的负债记载等；(3)对财产清单作虚伪记载，如减少公司、企业的收入，降低固定资产的价格等；(4)在未清偿债务前分配公司、企业财产。这四种行为类型之间是并列关系，而非递进关系。

3. 在未清偿债务前分配国有公司、企业财产，是否还可能同时触犯私分国有资产罪？

在未清偿债务前分配国有公司、企业财产的，还可能同时触犯私分国有资产罪，成立想象竞合，应从一重处罚。

---

① 参见王新：《刑法分论精解》，北京大学出版社 2023 年版，第 99 页。

② 参见张明楷：《刑法学》(第 6 版)，法律出版社 2021 年版，第 972 页。

第六节　隐匿、故意销毁会计凭证、会计账簿、财务会计报告罪

·导　读·

本罪的责任形式只能是故意。本罪只能由作为构成，要求提供而拒不交出的，不能构成犯罪。为掩盖自己的贪污、职务侵占等罪行而实施本罪行为的，因缺乏期待可能性而不构成本罪。为掩盖他人罪行而实施本罪行为的，成立本罪与帮助毁灭证据罪的想象竞合犯。本罪主体并不限于公司、企业人员。

条　文

第一百六十二条之一　【隐匿、故意销毁会计凭证、会计帐簿、财务会计报告罪】隐匿或者故意销毁依法应当保存的会计凭证、会计帐簿、财务会计报告，情节严重的，处五年以下有期徒刑或者拘役，并处或者单处二万元以上二十万元以下罚金。

单位犯前款罪的，对单位判处罚金，并对其直接负责的主管人员和其他直接责任人员，依照前款的规定处罚。

罪名精释

1. 本罪的责任形式是什么？

法条中"隐匿或者故意销毁"的表述，看似只要求销毁行为必须出于故意，但事实上隐匿行为也必须出于故意。由于隐匿行为一般表现为故意，所以没有必要予以强调，而实践中可能存在过失销毁行为，于是《刑法》作出了注意性规

定，提醒司法人员只处罚故意销毁行为。所以，无论隐匿还是销毁，都必须是故意为之，即本罪的责任形式只能是故意。

2. 本罪能否由不作为构成？关于“涉嫌下列情形之一的，应予立案追诉：……依法应当向监察机关、司法机关、行政机关、有关主管部门等提供而隐匿、故意销毁或拒不交出会计凭证、会计帐簿、财务会计报告的”的规定有无疑问？

从《关于公安机关管辖的刑事案件立案追诉标准的规定（二）》第 8 条的表述看，应当认为本罪只能以作为的形式实施。但上述司法解释规定给人的感觉是本罪也可以由不作为构成。要求提供而拒不交出，并不符合“隐匿”或者“故意销毁”的要求，超出了刑法用语可能的含义范围，也与作为的形式不具有等价性。因此，本罪只能由作为构成，要求提供而拒不提供的，不构成犯罪。

3. 为掩盖自己的贪污、职务侵占等罪行而实施本罪行为的，构成犯罪吗？

为掩盖自己的贪污、职务侵占等罪行而实施本罪行为的，属于毁灭自己刑事案件的证据，缺乏期待可能性，不能以本罪论处。

4. 为掩盖他人罪行而实施本罪行为，如何处理？

为掩盖他人罪名而实施本罪行为的，由于并不缺乏期待可能性，应成立本罪与帮助毁灭证据罪的想象竞合犯，从一重处罚。

5. 本罪主体仅限于公司、企业人员吗？

2002 年全国人大常委会法制工作委员会在《关于对“隐匿、销毁会计凭证、会计账簿、财物会计报告构成犯罪的主体范围”问题的答复意见》中明确指出，“任何单位和个人在办理会计事务时对依法应当保存的会计凭证、会计账簿、财务会计报告进行隐匿、销毁，情节严重的，构成犯罪，应当依法追究刑事责任”。因此，所有依照《会计法》的规定而办理会计事项的单位和个人，均可以构成本罪，不能基于本罪在体系上属于“妨害对公司、企业管理秩序罪”罪名，就认为本罪的主体仅限于公司、企业人员。

第七节　虚假破产罪

·导 读·

接受虚假破产企业所隐匿、转移、处分的财产、虚构的债权的，可能成立虚假破产罪的共犯。本罪不是单位犯罪，公司、企业不是本罪的主体。是否进入清算程序，是区分虚假破产罪与妨害清算罪的关键。

条 文

第一百六十二条之二　【虚假破产罪】公司、企业通过隐匿财产、承担虚构的债务或者以其他方法转移、处分财产，实施虚假破产，严重损害债权人或者其他人利益的，对其直接负责的主管人员和其他直接责任人员，处五年以下有期徒刑或者拘役，并处或者单处二万元以上二十万元以下罚金。

罪名精释

1. 接受虚假破产企业所隐匿、转移、处分的财产、虚构的债权的，能否成立本罪的共犯？

这是片面对向犯的问题。本书认为，对方既不是被害人，也不缺乏期待可能性，所以可能成立本罪的共犯。

2. 该罪是单位犯罪吗？

理论上有观点认为，本罪是纯正的单位犯。本书认为，由于本罪仅处罚直接负责的主管人员和其他直接责任人员，根据“无刑无罪”原理，不应认为本罪是单位犯罪，即公司、企业不是本罪的主体。

3. 虚假破产罪与妨害清算罪的区别何在？

二罪的关键区别在于时空特征。妨害清算罪发生于公司、企业进入清算程序之后清理债权债务的活动期间，而虚假破产罪发生在公司、企业进入破产程序之前。也就是说，在破产程序开始之后进行破产清算的期间实施非法隐匿、转移、处分财产等行为的，应认定为妨害清算罪。在公司、企业破产程序开始之前尚未开始清算时而采取非法隐匿、转移、处分财产等手段，实施虚假破产的，则应认定为虚假破产罪。由此可见，是否进入清算程序，是区分二罪的关键。另外，虚假破产罪只能存在于实施虚假破产的过程中，而妨害清算罪可以存在于虚假和真实的破产之中。

第八节　非国家工作人员受贿罪

·导　读·

该罪不是复行为犯，受贿渎职的，应当数罪并罚。利用职务上的便利与为他人谋取利益这两个要素的功能，均在于说明所收受的财物是其职务行为的不正当报酬，强调权钱交易的性质或者贿赂的职务关联性，旨在区分贿赂与正常社交礼仪范围内的馈赠。该条第 2 款、第 3 款规定，是注意规定。在经济往来中收受回扣、手续费成立该罪时，也要求为他人谋取利益。医生收受病人红包、教师接受家长送礼，不构成贿赂犯罪。专业技术人员受委托聘任在招标、政府采购等事项中从事专业技术评审工作，索取或者非法收受他人财物的，能构成贿赂犯罪。该罪加重犯没有未遂成立的余地。该罪中的“公司”包括一人公司，“企业”包括私营企业、合伙企业，“其他单位”包括个体工商户。商业贿赂没有独立的犯罪构成。

条 文

第一百六十三条 【非国家工作人员受贿罪】公司、企业或者其他单位的工作人员，利用职务上的便利，索取他人财物或者非法收受他人财物，为他人谋取利益，数额较大的，处三年以下有期徒刑或者拘役，并处罚金；数额巨大或者有其他严重情节的，处三年以上十年以下有期徒刑，并处罚金；数额特别巨大或者有其他特别严重情节的，处十年以上有期徒刑或者无期徒刑，并处罚金。

公司、企业或者其他单位的工作人员在经济往来中，利用职务上的便利，违反国家规定，收受各种名义的回扣、手续费，归个人所有的，依照前款的规定处罚。

国有公司、企业或者其他国有单位中从事公务的人员和国有公司、企业或者其他国有单位委派到非国有公司、企业以及其他单位从事公务的人员有前两款行为的，依照本法第三百八十五条、第三百八十六条的规定定罪处罚。

罪名精释

1. 该罪与受贿罪的罪状表述有何差异？

从条文表述上看，本罪规定的是“索取他人财物或者非法收受他人财物，为他人谋取利益”，而《刑法》第 385 条受贿罪规定的是“索取他人财物的，或者非法收受他人财物，为他人谋取利益的”。二者罪状表述存在明显差异，前者表述中“或者”前面没有“的”，后者表述中“或者”前面有“的”。这说明，对于本罪，索取他人财物的，也要求为他人谋取利益；而对于受贿罪，索取他人财物，即可成立受贿罪，不要求为他人谋取利益。其实，这种区别是表面的。因为，即便是受贿罪中的“索取他人财物”，也要说明行为人所收受的财物与其职务行为之间具有对价关系；就算是受贿罪中的“非法收受他人财物”，理论与实务事实上也把“为他人谋取利益”解释掉了，认为明知他人有请托事项而收受他人财物的，也成立受贿罪。因此应该认为，“为他人谋取利益”旨在说明行为人所收受的财物和他的职务行为之间具有对价关系，反映权钱交易性质或者说贿赂的职务关联性,以区分贿赂和一般礼节性的馈赠。

2. 该罪是复行为犯,即实行行为包括“为他人谋取利益”吗?

理论界与实务界习惯于认为,该罪是复行为犯,即该罪的实行行为不仅包括收受他人财物的行为,而且包括为他人谋取利益的行为。而问题在于,人们同时认为,收受贿赂后渎职的,应当数罪并罚。如果认为该罪是复行为犯,“为他人谋取利益”是客观要素,则收受贿赂后渎职的就不能数罪并罚,正如抢劫杀人的不能以抢劫罪与故意杀人罪数罪并罚一样。本书认为,本罪中的“为他人谋取利益”并非实行行为,而是索取或者收受贿赂所伴随的情况,说明所索取或者收受的财物与其职务(行为)之间存在对价关系。

3. “利用职务上的便利”与“为他人谋取利益”要素的功能是什么?

“利用职务上的便利”与“为他人谋取利益”,都旨在说明行为人所收受的财物和他的职务行为之间具有对价关系,强调权钱交易的性质或者贿赂的职务关联性,以区分贿赂与一般礼节性的馈赠。

4. 该罪第3款的规定,是注意规定还是法律拟制?

本条第3款规定,应属于注意规定。《刑法》分则中这种从事公务的人员实施的按照贪污罪、受贿罪、挪用公款罪定罪处罚的行为的规定,都可谓注意性规定,应当按照基本规定解释它的成立条件。

5. 医生收受病人红包、教师接受家长送礼,构成贿赂犯罪吗?

医疗机构中拥有一定职权的工作人员、医务人员利用职务便利,索取或者非法收受医药产品销售方的财物,为销售方谋取利益的,可能构成受贿犯罪。而普通的医务人员,如外科手术医生,收受病人红包的,是利用了自己的专业技术,而非“职务上的便利”,收受红包行为并未侵害职务行为的不可收买性,所以不构成贿赂犯罪。

学校等教育机构中拥有一定职权的工作人员、教师利用职务便利,索取或者非法收受销售方的财物，为销售方谋取利益，可能构成贿赂犯罪。而普通的教师接受家长送礼的，是利用了自己的专业知识，而非“职务上的便利”，所以不构成贿赂犯罪。

6. 专业技术人员受委托聘任在招标、政府采购等事项中从事专业技术评审工作，索取或者非法收受他人财物的，是构成本罪还是受贿罪？

对此应当根据委托聘任单位与评审事项的性质进行具体判断。如果接受的是国家机关、国有公司、企业、事业单位的聘任、委托，参与评审国家机关、国有公司、企业、事业单位依法处理的公共事项，就属于国家工作人员，其索取或者非法收受他人财物的行为成立受贿罪。如果接受的是国家机关、国有公司、企业、事业单位以外的单位聘任、委托，从事评审工作，或者虽然受国家机关、国有公司、企业、事业单位聘任、委托，但参与评审的内容与公共事项无关的，则不属于国家工作人员，其索取或者非法收受财物的行为成立非国家工作人员受贿罪。

7. 本罪加重犯有无未遂成立的余地？

应当认为，本罪加重犯只有成立与不成立的问题，没有既未遂的问题。贿赂犯罪与盗窃罪、诈骗罪等财产犯罪不同，后者行为如果对数额（特别）巨大的财物形成了具体、现实、紧迫的危险，则有成立加重犯未遂的可能，应适用加重法定刑，同时适用未遂犯从轻、减轻处罚的规定。在贿赂犯罪中，行为人以为收到的物品价值巨大而实际价值不高的，并不能对贿赂犯罪的加重犯所保护的法益——职务行为的不可收买性造成了具体、现实、紧迫的危险。所以，收受贿赂犯罪的加重犯是没有未遂的，相当于张明楷教授所说的量刑规则。

8. 本罪中的“公司”是否包括一人公司，“企业”是否包括私营企业、合伙企业，“其他单位”是否包括个体工商户？

本罪中的“公司”可以包括一人公司，但一人公司的股东不能构成犯罪，因为公司财产是他的，不存在背信问题。一人公司的职员则完全可能构成本罪。该罪中的“企业”，可以包括不具有法人资格的私营企业、合伙企业，其中，私营企业的唯一投资人不能构成本罪,其员工能构成本罪,合伙企业的合伙人、员工都可能构成本罪。该罪中的“其他单位”,可以包括个体工商户,但个体工商户的业主不能构成犯罪,其雇员则完全可能构成本罪。

9. 该罪中的“数额较大”,是指为他人谋取利益的数额较大,还是指索取、收受财物的数额较大?

本条中“数额较大”应指索取或者非法收受他人财物数额较大,而非为他人谋取利益数额较大。

10. 商业贿赂有独立的犯罪构成吗?

有人曾专门讨论所谓商业贿赂的犯罪构成,而实际上,《刑法》分则中并不存在专门规定商业贿赂犯罪的条款。“商业贿赂”并非刑法上的概念,而是根据发生领域创制的概念,发生在商业领域的贿赂就属于商业贿赂。不能认为本罪就是商业受贿罪,公司内部人员为了职务晋升而向上一级领导行贿的,就不属于商业受贿与商业行贿。所以,商业贿赂没有独立的犯罪构成,其在刑法上对应的并不是一个条文,而是多个条文。

11. 对于在经济往来中收受回扣、手续费成立该罪的,是否要求为他人谋取利益?

第 2 款只是注意性规定,成立犯罪仍然需要为他人谋取利益。相较于在普通的公司、企业业务中收受他人贿赂,在经济往来中收受回扣、手续费的危害性更小。重的行为尚且要求为他人谋取利益,轻的行为没有理由不要求为他人谋取利益。

第九节 对非国家工作人员行贿罪

·导 读·

“为谋取不正当利益”，是主观要素，不要求客观上实现不正当利益。行为人以为谋取的是不正当利益，实际上是正当利益的，不构成犯罪。《刑法》第389条第3款“因被勒索给予国家工作人员以财物，没有获得不正当利益的，不是行贿”的规定，能够类推适用于对非国家工作人员行贿罪。在经济往来中，给予公司、企业或者其他单位的工作人员以各种名义的回扣、手续费的，也能构成对非国家工作人员行贿罪。

条 文

第一百六十四条第一款 【对非国家工作人员行贿罪】为谋取不正当利益，给予公司、企业或者其他单位的工作人员以财物，数额较大的，处三年以下有期徒刑或者拘役，并处罚金；数额巨大的，处三年以上十年以下有期徒刑，并处罚金。

罪名精释

1.“为谋取不正当利益”是主观要素还是客观要素，是否需要在客观上实现不正当的利益？

“为谋取不正当利益”属于主观要素，只要行为人出于谋取不正当利益的目的给予公司、企业或者其他单位的工作人员以数额较大的财物，就成立本罪，不要求客观上实现不正当的利益。行为人原本以为谋取的是不正当利益而行贿，而事实上谋取的是正当利益的，不构成犯罪。

2.《刑法》第389条第3款“因被勒索给予国家工作人员以财物，没有获得不正当利益的，不是行贿”的规定，能否类推适用于对非国家工作人员行贿罪？

这是对行为人有利的规定。刑法禁止的只是不利于被告人的类推解释和类推适用，并不禁止有利于被告人的类推解释和类推适用。所以，行为人因被勒索给予公司、企业或者其他单位的工作人员以财物，没有获得不正当利益的，不构成犯罪。

3. 在经济往来中，给予公司、企业或者其他单位的工作人员以各种名义的回扣、手续费的，构成对非国家工作人员行贿罪吗？

周光权教授认为，本罪和行贿罪存在明显区别，即在经济往来中，违反国家规定，给予国家工作人员以各种名义的回扣、手续费的，构成行贿罪。但给予公司、企业或者其他单位的工作人员以各种名义的回扣、手续费的，刑法并未规定可以成立对非国家工作人员行贿罪。①

很显然，周光权教授将《刑法》第389条第2款“在经济往来中，违反国家规定，给予国家工作人员以财物，数额较大的，或者违反国家规定，给予国家工作人员以各种名义的回扣、手续费的，以行贿论处”的规定，看作法律拟制。其实，该款规定只是注意规定，并未修改行贿罪的构成要件。也就是说，即便没有该款规定，对于在经济往来中违反国家规定给予国家工作人员以财物或者各种名义的回扣、手续费的，也应以行贿罪论处。因为这种行为本来就完全符合行贿罪的构成要件。所以，虽然《刑法》在对非国家工作人员行贿罪条款中不存在类似的规定，但根据《刑法》第164条第1款对非国家工作人员行贿罪构成要件的规定，也能得出“在经济往来中，违反国家规定，给予公司、企业或者其他单位的工作人员以财物，数额较大，或者违反国家规定，给予公司、企业或者其他单位的工作人员以各种名义的回扣、手续费的，以对非国家工作人员行贿论处”的结论。

---

① 参见周光权：《刑法各论》（第4版），中国人民大学出版社2021年版，第276页。

第十节 对外国公职人员、国际公共组织官员行贿罪

·导 读·

由于《刑法》第164条中的“公司、企业或者其他单位”，包括外国公司、企业与其他单位以及国际组织，所以本罪的增设实属多余。由于外国公职人员、国际公共组织官员通常不是中国公民，受贿行为也通常发生在国外，中国司法机关很难行使刑事管辖权。未规定外国公职人员、国际公共组织官员受贿罪，并非立法疏漏。具有中国国籍的国际公共组织官员在中国境内收受贿赂的，构成非国家工作人员受贿罪。

条 文

第一百六十四条第二款 【对外国公职人员、国际公共组织官员行贿罪】为谋取不正当商业利益，给予外国公职人员或者国际公共组织官员以财物的，依照前款的规定处罚。

罪名精释

1. 对外国公职人员、国际公共组织官员行贿罪的增设，是否多余？

《刑法》第164条第1款中的“公司、企业或者其他单位”，并不限于国内的公司、企业与其他单位，还包括外国公司、企业与其他单位以及国际组织。在此意义上，即使《刑法》不增设对外国公职人员、国际公共组织官员行贿罪，对这种行为也完全可以直接认定为对非国家工作人员行贿罪。因此，本罪的增设实属多余。

2.《刑法》未规定外国公职人员、国际公共组织官员受贿罪,是否属于立法疏漏?

贿赂罪是对向犯。既然行贿都构成犯罪,受贿的理应也构成犯罪。但因为外国公职人员、国际公共组织官员往往不是中国公民,我国司法机关不能基于属人管辖而行使管辖权,而且受贿行为通常发生在国外,基于属地管辖原则,我国司法机关也很难行使刑事管辖权。虽然理论上有外国公职人员、国际公共组织官员受贿罪成立的余地,但实际很难行使刑事管辖权,所以刑法未就对向犯的受贿行为做出规定,这并非立法疏漏,而是立法者有意而为之。

3.具有中国国籍的国际公共组织官员在中国境内收受贿赂的,应当如何处理?

虽然收受贿赂的一方是外国人且受贿发生在国外的,无论基于属人管辖还是属地管辖,中国司法机关都无法行使刑事管辖权。但如果具有中国国籍的国际公共组织官员在中国境内收受财物,还是符合《刑法》第163条规定的非国家工作人员受贿罪的构成要件的,可以认定为非国家工作人员受贿罪。因为《刑法》第163条第1款中的“公司、企业或者其他单位”,并不限于国内的公司、企业与其他单位,还包括外国公司、企业与其他单位以及国际组织。

第十一节　非法经营同类营业罪

·导　读·

公司、企业董事、经理,应当忠实履行职责,维护公司、企业的合法权益。《公司法》禁止公司、企业的董事、经理自营或者为他人经营与其所任职公司、企业同类的营业,《刑法》进一步将其中的严重行为规定为非法经营同类营业罪。从立法论上讲,应将本罪主体扩大到其他性质的公司、企业,而且不应限于董事、经理。该罪中的“他人”,可能成立本罪的共犯。本罪与贪污罪可能发生竞合。所获取的非法利益,应当返还给行为人所任职的国有公司、企业,而不应没收后上缴国库。

条 文

第一百六十五条 【非法经营同类营业罪】国有公司、企业的董事、经理利用职务便利,自己经营或者为他人经营与其所任职公司、企业同类的营业,获取非法利益,数额巨大的,处三年以下有期徒刑或者拘役,并处或者单处罚金;数额特别巨大的,处三年以上七年以下有期徒刑,并处罚金。

罪名精释

1. 本罪的立法目的是什么?

案1:某发动机有限公司系中国某国有公司与日本某株式会社等额融资(各占50%)组建的合资公司。2000年4月,被告人杨某某被该合资公司董事会聘任为营业部副部长,主管销售零件和售后服务。2000年7月,杨某某拟增加某润滑油公司生产的机油为指定用油予以销售。2000年8月,杨某某以其母亲为法定代表人,其妻谭某某、岳母刘某某等为股东注册成立某物资销售公司。随后,杨某某指使其下属以该合资公司营业部的名义,委托物资销售公司在销售网络中向客户销售机油。2000年9月,杨某某以合资公司营业部的名义,在销售网络中发出通知,要求用户大力推广该机油,并指定汇款直接汇入物资销售公司的账户。9月至11月,物资销售公司共向合资公司的用户销售机油38万多元,获利11万元。某区法院审理后认为,被告人杨某某系合资公司的管理人员,其利用职务之便,让近亲属经营与其任职公司业务范围同类的经营活动,从中牟取非法利益,其行为损害了合资公司的利益,系违法行为;但鉴于被告人任职的合资公司不属于国有公司,其所担任的职务不是国有公司董事、经理,故不应将其行为认定为“非法经营同类营业罪”,最终判处被告人无罪。在检察机关提出抗诉的情形下，某中级人民法院审理后裁定维持原判。

应该说，上述两级法院的判决是正确的。非法经营同类营业罪的主体是国有公司、企业的董事、经理，而本案被告人杨某某并不符合本罪的主体条件。

公司、企业的董事、经理，应当忠实履行职责，维护公司、企业的合法权益。董事、经理拥有管理公司、企业事务的权利，熟知该公司、企业的内情，如果允许其在该公司、企业外与该公司、企业自由竞业，这类主体就会为了自己或者他人的私利而损害该公司、企业的利益。因此，《公司法》禁止公司、企业的董事、经理自营或者为他人经营与其所任职公司、企业同类的营业，刑法进一步将其中的严重行为规定为非法经营同类营业罪。

2. 从立法论上讲，应否扩大本罪的主体范围？

基于平等保护市场主体的要求，从立法论上讲，应当将本罪主体扩大到其他性质的公司、企业，而不应限于国有公司、企业，且不应限于董事、经理，而应包括其他可能利用职权为自己谋取利益的管理者。

对此，2023 年 7 月 25 日提请十四届全国人大常委会第四次会议审议的《中华人民共和国刑法修正案（十二）》（草案）第 1 条规定，“在刑法第一百六十五条中增加一款作为第二款，将该条修改为：‘国有公司、企业的董事、经理利用职务便利，自己经营或者为他人经营与其所任职公司、企业同类的营业，获取非法利益，数额巨大的，处三年以下有期徒刑或者拘役，并处或者单处罚金；数额特别巨大的，处三年以上七年以下有期徒刑，并处罚金。其他公司、企业的董事、经理有前款行为的，依照前款的规定处罚’”，扩大了本罪的主体范围。

3. 本罪中的“他人”，能否成立本罪的共犯？

这是片面对向犯的问题。通常情况是他人唆使国有公司、企业的董事、经理利用职务便利为他人经营与所任职公司、企业同类的营业，获取非法利益。很显然，“他人”既不是被害人，又不缺乏期待可能性，也不缺乏实质的违法性，所以，“他人”完全可能成立本罪的共犯。具体而言，经营同类营业者明知国有公司、企业的董事、经理利用职务便利非法资助自己开展同类营业活动，而单纯接受国有公司、企业的董事、经理提供的各种便利,从而开展业务的,可以认为属于定性型的参与,不成立本罪的共犯。但若指使、策划国有公司、企业的董事、经理利用职务便利开展同类营业活动的,则可以成立本罪的共犯。①

4. 本罪与贪污罪是否可能发生竞合?

案2:A国有公司经理甲,一直经营与A国有公司同类的营业(成立了C公司),与此同时,甲还另外虚设交易环节,非法占有公司财物。即A国有公司原本可以直接从B公司购买某产品,但甲决定由C公司从B公司购买该产品后提高价格卖给A国有公司,从而使C公司获利、A国有公司受损。

很显然,本案中,甲的行为是一种变相贪污。甲的行为不仅构成非法经营同类营业罪,还构成贪污罪,二者是想象竞合,应从一重处罚。

可以说,之所以本罪法定刑并不重,是因为行为人以非法经营同类营业的方式变相贪污国有公司、企业财产时,另外还会构成法定刑较重的贪污罪。立法者相信司法人员会充分运用竞合论原理使罪刑相适应。

5. 对所获取的非法利益,应当如何处理?

非法经营同类营业的董事、经理所在的国有公司、企业是本罪的被害人,所以,对于行为人所获取的非法利益,不应没收后上缴国库,而应返还给被害单位。

第十二节 为亲友非法牟利罪

·导 读·

所谓利用职务便利,是指利用自己主管、管理、经营、经手公司、企业业务的便利。本罪中的"亲友",可以构成本罪的共犯。从立法论上讲,我国刑法

① 参见周光权:《刑法各论》(第4版),中国人民大学出版社2021年版,第277页。

应增设背信罪。本罪与贪污罪可能发生竞合。案发后司法机关从被告人亲友处追回的违法所得,应当返还给被害单位。所谓“使国家利益遭受重大损失”,其实就是使行为人所任职的国有公司、企业、事业单位遭受财产损失。

条　文

第一百六十六条　【为亲友非法牟利罪】国有公司、企业、事业单位的工作人员,利用职务便利,有下列情形之一,使国家利益遭受重大损失的,处三年以下有期徒刑或者拘役,并处或者单处罚金;致使国家利益遭受特别重大损失的,处三年以上七年以下有期徒刑,并处罚金:

(一)将本单位的盈利业务交由自己的亲友进行经营的;

(二)以明显高于市场的价格向自己的亲友经营管理的单位采购商品或者以明显低于市场的价格向自己的亲友经营管理的单位销售商品的;

(三)向自己的亲友经营管理的单位采购不合格商品的。[①]

罪名精释

1. 何谓“利用职务便利”?

所谓利用职务便利,是指利用自己主管、管理、经营、经手公司、企业业务的便利。

① 值得注意的是,2023 年 7 月 25 日提请十四届全国人大常委会第四次会议审议的《中华人民共和国刑法修正案(十二)》(草案)第 2 条规定,“在刑法第一百六十六条中增加一款作为第二款,将该条修改为:‘国有公司、企业、事业单位的工作人员,利用职务便利,有下列情形之一,使国家利益遭受重大损失的,处三年以下有期徒刑或者拘役,并处或者单处罚金;致使国家利益遭受特别重大损失的,处三年以上七年以下有期徒刑,并处罚金:(一)将本单位的盈利业务交由自己的亲友进行经营的;(二)以明显高于市场的价格向自己的亲友经营管理的单位采购商品或者以明显低于市场的价格向自己的亲友经营管理的单位销售商品的;(三)向自己的亲友经营管理的单位采购不合格商品的。其他公司、企业的工作人员有前款行为,致使公司、企业利益遭受重大损失的,依照前款的规定处罚’”,扩大了本罪的主体范围。

2. 亲友可否构成本罪的共犯?

这是片面对向犯的问题。本罪中的"亲友",既不是被害人,又不缺乏期待可能性,也不缺乏实质的违法性。因此,亲友完全可能成立本罪的共犯。

3. 我国刑法应否增设背信罪?

20世纪90年代,张明楷教授就提出增设背信罪。[①] 事实上,大多大陆法系国家和地区都规定了背信罪。所谓背信罪,是指为他人处理事务的人,为谋求自己或者第三者的利益,或以损害委托人的利益为目的,而违背其任务,实施了致使委托人的财产受到损失的行为。我国1979年《刑法》没有规定背信罪,在修订《刑法》的过程中,只是增加了一些特殊的背信罪,为亲友非法牟利罪就是背信罪的一种表现形式。从立法论上讲,为了增强刑事立法的类型性、简洁性、准确性、有效性,应当增设背信罪,取代非法经营同类营业罪、背信损害上市公司利益罪、挪用公款罪、违法发放贷款罪等具体背信罪罪名。

4. 该罪能否与贪污罪发生竞合?

案1:甲国有公司原本直接从乙公司购买电子产品,但甲国有公司的负责人A让近亲属成立丙公司,由丙公司从乙公司购买电子产品后高价卖给甲国有公司,从而使丙公司获利、甲国有公司受损。

很显然,A的行为是一种变相贪污。A的行为不仅构成为亲友非法牟利罪,还构成贪污罪。由于只有一个行为,成立想象竞合,应从一重处罚。

应认为,所谓"以明显高于市场的价格向自己的亲友经营管理的单位采购商品或者以明显低于市场的价格向自己的亲友经营管理的单位销售商品",其实就是一种变相贪污行为。所以本罪与贪污罪之间可能发生竞合。本罪之所以法定刑不重,就是因为本罪与贪污罪可能发生竞合,竞合时从一重处罚,就能做到罪刑相适应。

---

① 参见张明楷:《关于增设背信罪的探讨》,载《中国法学》1997年第1期。

5. 案发后司法机关从被告人亲友处追回的违法所得，是应当上缴国库，还是应当返还给被害单位？

张明楷教授认为，对于实施《刑法》第 166 条第 1 项行为的违法所得，应当上缴国库；对于实施本条第 2 项、第 3 项行为的违法所得，应当返还给被害单位。①

本书认为，即便是实施《刑法》第 166 条第 1 项“将本单位的盈利业务交由自己的亲友进行经营”的违法所得，也属于行为人所任职的国有公司、企业、事业单位应得的收益，也应返还给被害单位。虽然本条规定成立犯罪的条件是“使国家利益遭受重大损失”，但应认为具体国有公司、企业、事业单位的利益与所谓国家利益并不是完全一体的。也就是说，具体的国有公司、企业、事业单位甚至国家机关，都会有自己独有的利益。不能简单地认为，具体国有公司、企业、事业单位、国家机关的利益都是国家利益，违法所得都要上缴国库。

6. 何谓“使国家利益遭受重大损失”？

“国家利益”不应是虚无缥缈的东西。就本罪而言，所谓“使国家利益遭受重大损失”，就是使行为人所任职的国有公司、企业、事业单位遭受财产损失。同时，要注意的是，具体国有公司、企业、事业单位的利益并非都是国家利益。

第十三节　签订、履行合同失职被骗罪

·导　读·

本罪与国有公司、企业、事业单位人员失职罪之间，是一种特别关系的法条竞合。成立该罪并不以对方被法院认定构成诈骗罪为前提。对该罪中“重大损失”的判断，应坚持“经济的财产说”的观点。应将本罪中的“致使国家利益遭受重大损失”，限定为使本国有公司、企业、事业单位遭受财产

① 参见张明楷：《刑法学》（第 6 版），法律出版社 2021 年版，第 979 页。

上的损失。本罪是实害犯,没有未遂成立的余地。只能适用“重大损失”发生时的法律。追诉时效也应从“重大损失”发生之日开始计算。

条 文

第一百六十七条 【签订、履行合同失职被骗罪】国有公司、企业、事业单位直接负责的主管人员,在签订、履行合同过程中,因严重不负责任被诈骗,致使国家利益遭受重大损失的,处三年以下有期徒刑或者拘役;致使国家利益遭受特别重大损失的,处三年以上七年以下有期徒刑。

罪名精释

1. 该罪与国有公司、企业、事业单位人员失职罪之间是什么关系?

本罪的行为也是一种失职行为,所以本罪与国有公司、企业、事业单位人员失职罪之间,是一种特别关系的法条竞合,本罪是特别法条。

2. 成立该罪,是否以对方被法院认定构成诈骗罪为前提?

认定成立本罪,并不以对方已被人民法院认定为诈骗罪或者民事欺诈为前提。只要认定对方当事人的行为已经涉嫌构成诈骗罪或者民事欺诈,就可依法认定行为人构成签订、履行合同失职被骗罪或者国家机关工作人员签订、履行合同失职被骗罪,而不需要搁置或者中止审理,直至对方当事人被人民法院审理并判决构成诈骗犯罪。

3. 对该罪中的“重大损失”的判断,应采取“经济的财产说”还是“法律的财产说”的观点?

关于诈骗罪中“财产损失”的判断,有所谓“法律的财产说”和“经济的财产说”的观点。就本罪中“重大损失”的判断,应当坚持“经济的财产说”,仅进行经济的、事实上的评价,而不是进行法的评价。即便单位在遭受经济利益损失的同时还存在或者享有民法所保护的“债权”，也应认为相关失职行为已经使国家利益遭受重大损失。

4. 应否将本罪中的“致使国家利益遭受重大损失”，限定为使本国有公司、企业、事业单位遭受财产上的损失？

虽然本罪属于妨害对公司、企业的管理秩序罪的罪名，但根本上还是保护具体公司、企业的财产利益。所以，应将作为本罪成立条件的“致使国家利益遭受重大损失”，限定为使行为人所在的国有公司、企业、事业单位的财产遭受损失，而不应包括社会影响恶劣等非经济利益的损失。

5. 本罪有无未遂成立的余地？溯及力和追诉时效如何处理？

案1：被告人侯某某是某国有（集团）总公司的董事和综合管理部主任，1992年至1995年，其擅自越权批准总公司为北京某公司提供贷款担保50笔，共计5亿多元人民币、2000万港元和6770万美元。由于北京某公司不能如期还贷，某国有（集团）总公司承担连带责任，共损失人民币2000多万元。1996年12月，检察机关以玩忽职守罪提起公诉，1997年12月，某中级人民法院认定被告人不属于国家机关工作人员，不符合玩忽职守罪的主体资格，故判决其不构成犯罪。在上级检察机关提出抗诉的情形下，1998年11月，某高级人民法院认定被告人构成签订、履行合同失职被骗罪，判处有期徒刑5年。

本书认为，签订、履行合同失职被骗罪是实害犯，没有未遂成立的余地。只有实际使国家利益遭受重大损失时，才成立犯罪。只能适用“使国家利益遭受重大损失”时的法律，追诉时效也应从“重大损失”发生之日开始计算。本案中，重大损失发生于1996年之前，而当时只有主体为国家机关工作人员的玩忽职守罪。被告人侯某某并不是国家机关工作人员，所以某中级人民法院认定被告人不符合玩忽职守罪的主体资格、不构成犯罪，是正确的。该罪不是继续犯，不能适用犯罪成立之后的法律，即1997年《刑法》不具有溯及既往的效力。某高级人民法院适用犯罪成立之后的新法（1997年《刑法》）认定被告人构成签订、履行合同失职被骗罪，系适用法律错误。

第十四节 国有公司、企业、事业单位人员失职罪，国有公司、企业、事业单位人员滥用职权罪

·导 读·

一般认为，国有公司、企业、事业单位人员失职罪是过失犯罪，而国有公司、企业、事业单位人员滥用职权罪是故意犯罪。但此处不必严格区分故意与过失，只要对造成重大损失存在预见可能性，就至少成立国有公司、企业、事业单位人员失职罪。滥用职权造成的损失可以一并评价为失职造成的损失。本罪中的“重大损失”，应限于财产、经济方面的损失，而且应从经济的观点判断损失。国家出资公司、企业的工作人员，未必就是国有公司、企业的工作人员。

条 文

第一百六十八条 【国有公司、企业、事业单位人员失职罪】【国有公司、企业、事业单位人员滥用职权罪】国有公司、企业的工作人员，由于严重不负责任或者滥用职权，造成国有公司、企业破产或者严重损失，致使国家利益遭受重大损失的，处三年以下有期徒刑或者拘役；致使国家利益遭受特别重大损失的，处三年以上七年以下有期徒刑。

国有事业单位的工作人员有前款行为，致使国家利益遭受重大损失的，依照前款的规定处罚。

国有公司、企业、事业单位的工作人员，徇私舞弊，犯前两款罪的，依照第一款的规定从重处罚。

罪名精释

1. 上述罪名的责任形式是什么？

一般认为，国有公司、企业、事业单位人员失职罪的责任形式是过失，而国有公司、企业、事业单位人员滥用职权罪的责任形式是故意。但司法实践中往往很难认定主观上是出于故意还是过失。二罪不仅成立条件相同，而且法定刑完全一样并且不高。所以，对于这种法定刑不高的法定犯而言，严格区分故意与过失的意义很有限，也是对司法资源的浪费。只要行为人主观上至少有过失（模糊罪过），就能肯定犯罪的成立。

2. 该罪属于何种犯罪类型，有无未遂犯成立的余地？

该罪以"致使国家利益遭受重大损失"为犯罪成立条件，所以该罪属于实害犯，只有成立与不成立的问题，没有未遂成立的余地。

3. 行为人罪过形式难以查明时，能否将行为评价为失职犯罪？

由于本条之罪的犯罪成立条件和法定刑完全一样，所以不必严格区分故意与过失，在行为人罪过形式难以查明时，只要不是意外事件，都至少可以成立国有公司、企业、事业单位人员失职罪。

4. 二罪是否对立关系，能否将失职与滥用职权造成的损失一并计算？

传统观点将故意与过失看作对立关系，现在理论上一般认为是单一位阶关系。国有公司、企业、事业单位人员失职罪与国有公司、企业、事业单位人员滥用职权罪之间，不是对立关系，而是包容竞合关系。也就是说，完全可以将滥用职权造成的损失一并评价为失职造成的损失。假定立案标准是 30 万元财产损失，行为人一次失职造成 10 万元损失，一次滥用职权造成 20 万元的损失，可以认定行为人失职造成 30 万元财产损失，从而以国有公司、企业、事业单位人员失职罪立案追诉。

5. 如何评价“致使国家利益遭受重大损失”？

本罪虽然属于妨害对公司、企业管理秩序罪的罪名，但还是应认为本罪是为了避免国有公司、企业、事业单位遭受财产损失而设立的。所以，应将“致使国家利益遭受重大损失”，限定为财产、经济利益方面的损失，而不包括造成恶劣社会影响之类的非财产损失。

虽然国有公司、企业和事业单位的投资主体是国家，但具体国有公司、企业、事业单位的利益与所谓国家利益并不是完全一体的，而是存在自己独有的利益。国有企业负责人因失职未及时缴纳税款，企业被税务局责令缴纳巨额滞纳金的，虽然“国家利益”可谓没有遭受损失，但行为人所在的国有企业却实实在在地遭受了经济利益的损失。所以应认为行为人的行为“致使国家利益遭受重大损失”，而构成国有公司、企业、事业单位人员失职罪。

6. 关于“国家出资企业的国家工作人员在公司、企业改制或者国有资产处置过程中严重不负责任或者滥用职权，致使国家利益遭受重大损失的，依照刑法第一百六十八条的规定，以国有公司、企业人员失职罪或者国有公司、企业人员滥用职权罪定罪处罚”的司法解释规定，有无疑问？

《关于办理国家出资企业中职务犯罪案件具体应用法律若干问题的意见》第4条第1款的规定其实属于偷换了概念。“国家出资企业”不一定是“国有公司、企业”，所谓“国家出资企业中的国家工作人员”，也并不一定属于“国有公司、企业的工作人员”。所以，上述司法解释规定存在疑问，应予废除。

7. 滥用职权有哪些表现？

所谓滥用职权，是指超越职权、违反行使职权所应遵守的程序开展工作。在司法实践中，滥用职权的行为主要有以下表现：(1)违反规定擅自动用公司、企业资金在国际外汇、期货市场上进行外汇、期货投机，造成公司、企业资金严重短缺，无法收回，给国家造成重大损失；(2)擅自给他人提供担保，给本单位造成损失；(3)大肆请客送礼、四处游览、铺张浪费、挥霍公款，致使公司、企业破产或者严重亏损；(4)不履行或者不正确履行职责，对损公肥私，侵占、私分、挪用公司、企业财产的严重违法行为不予制止、置若罔闻。

第十五节　徇私舞弊低价折股、出售国有资产罪

·导　读·

本罪与贪污罪可能发生竞合。接受贿赂实施本罪的，应以受贿罪和本罪数罪并罚。接受低价折股、出售的国有资产的一方，可以成立本罪的共犯。本罪不是单位犯罪。无偿赠与国有资产的，成立徇私舞弊低价折股国有资产罪。有关“国家出资企业的国家工作人员低价折股、出售国有资产的，依照徇私舞弊低价折股、出售国有资产罪定罪处罚”的司法解释规定，存在疑问。

条　文

第一百六十九条　【徇私舞弊低价折股、出售国有资产罪】国有公司、企业或者其上级主管部门直接负责的主管人员，徇私舞弊，将国有资产低价折股或者低价出售，致使国家利益遭受重大损失的，处三年以下有期徒刑或者拘役；致使国家利益遭受特别重大损失的，处三年以上七年以下有期徒刑。①

罪名精释

1. 本罪与贪污罪之间是什么关系？

行为人如果私自将国有资产低价折股或者出售给自己、配偶、子女或者其他

① 值得注意的是，2023 年 7 月 25 日提请十四届全国人大常委会第四次会议审议的《中华人民共和国刑法修正案（十二）》（草案）第 3 条规定，“在刑法第一百六十九条中增加一款作为第二款，将该条修改为：‘国有公司、企业或者其上级主管部门直接负责的主管人员，徇私舞弊，将国有资产低价折股或者低价出售，致使国家利益遭受重大损失的，处三年以下有期徒刑或者拘役；致使国家利益遭受特别重大损失的，处三年以上七年以下有期徒刑。其他公司、企业直接负责的主管人员有前款行为，致使公司、企业利益遭受重大损失的，依照前款的规定处罚’”，扩大了本罪主体范围。

亲友,并能够肯定行为人具有非法占有目的,其行为还构成贪污罪。由于只有一个行为,应成立想象竞合犯,从一重处罚。

2. 接受贿赂实施本罪的,应否数罪并罚?

接受贿赂实施本罪的,由于已经超出本罪构成要件所能评价的范畴,所以应另外成立受贿罪,与本罪实行数罪并罚。

3. 接受低价折股、出售的国有资产的一方,可否成立本罪的共犯?

这是片面对向犯的问题。接受低价折股、出售的国有资产的一方,既不是被害人,又不缺乏期待可能性,还不缺乏实质的违法性,所以能够成立本罪的共犯。

4. 本罪是否单位犯罪?

从法条表述上看,似乎国有公司、企业是犯罪主体,本罪是所谓的单位犯罪。其实,由于本罪仅处罚直接负责的主管人员,而且国有公司、企业本身是被害人,根据“无刑无罪”原理,不能认为本罪是单位犯罪。

5. 无偿赠与国有资产的,构成本罪吗?

可以将无偿赠与评价为“低价折股”。因此,无偿赠与国有资产的,成立徇私舞弊低价折股国有资产罪。

6. 有关“国家出资企业中的国家工作人员在公司、企业改制或者国有资产处置过程中徇私舞弊,将国有资产低价折股或者低价出售给其本人未持有股份的公司、企业或者其他个人,致使国家利益遭受重大损失的,依照刑法第一百六十九条的规定,以徇私舞弊低价折股、出售国有资产罪定罪处罚”的司法解释规定,有无疑问?

《关于办理国家出资企业中职务犯罪案件具体应用法律若干问题的意见》第4条第2款的规定属于偷换概念。“国家出资企业”不一定是“国有公司、企业”,而“国家出资企业中的国家工作人员”,也不一定是国有公司、企业的主管人员。所以上述司法解释规定存在疑问。

第十六节 背信损害上市公司利益罪

·导 读·

行为相对方可能成立本罪的共犯。所谓利用职务便利,是指利用自己主管、管理、经营上市公司业务的便利。本罪与贪污罪和职务侵占罪之间可能发生竞合。收受贿赂实施本罪行为的,应以本罪与受贿罪或者非国家工作人员受贿罪数罪并罚。本罪第 2 款的规定属多余。

条 文

第一百六十九条之一 【背信损害上市公司利益罪】上市公司的董事、监事、高级管理人员违背对公司的忠实义务,利用职务便利,操纵上市公司从事下列行为之一,致使上市公司利益遭受重大损失的,处三年以下有期徒刑或者拘役,并处或者单处罚金;致使上市公司利益遭受特别重大损失的,处三年以上七年以下有期徒刑,并处罚金:

(一)无偿向其他单位或者个人提供资金、商品、服务或者其他资产的;

(二)以明显不公平的条件,提供或者接受资金、商品、服务或者其他资产的;

(三)向明显不具有清偿能力的单位或者个人提供资金、商品、服务或者其他资产的;

(四)为明显不具有清偿能力的单位或者个人提供担保,或者无正当理由为其他单位或者个人提供担保的;

(五)无正当理由放弃债权、承担债务的;

(六)采用其他方式损害上市公司利益的。

上市公司的控股股东或者实际控制人,指使上市公司董事、监事、高级管理人员实施前款行为的,依照前款的规定处罚。

犯前款罪的上市公司的控股股东或者实际控制人是单位的，对单位判处罚金，并对其直接负责的主管人员和其他直接责任人员，依照第一款的规定处罚。

罪名精释

1. 行为相对方能否成立本罪的共犯？

这是片面对向犯的问题。应认为，对方既不是被害人（法律保护的对象），又不缺乏期待可能性，还不缺乏实质的违法性。所以，对方可以成立本罪的共犯。

2. 何谓“利用职务便利”？

所谓利用职务便利，是指利用自己主管、管理、经营上市公司业务的便利。

3. 本罪与贪污罪、职务侵占罪、受贿罪、非国家工作人员受贿罪之间是什么关系？

如果相对方是自己经营的公司、亲友等，能够肯定行为人具有非法占有目的，则行为还构成贪污罪或者职务侵占罪，与本罪形成想象竞合，应从一重处罚。收受贿赂实施本罪行为的，由于受贿行为超出了本罪构成要件评价的范畴，所以应以受贿罪或者非国家工作人员受贿罪与本罪数罪并罚。

4. 本罪第 2 款的规定是否多余？

即便没有第 2 款的规定，对于上市公司的股东或者实际控制人指使上市公司董事、监事、高级管理人员实施《刑法》第 169 条之一第 1 款规定的行为的，也完全可以本罪的共犯、共同正犯追究刑事责任。因此，第 2 款的规定实属多余。

第四章　破坏金融管理秩序罪

第一节　伪造货币罪

·导　读·

伪造货币罪所保护的法益是货币的公共信用。行为人伪造了国家不得不承认的有效的、可以流通的货币，也成立伪造货币罪。有关“制造货币版样的成立本罪”的司法解释规定存在疑问。制造货币版样的，只能成立伪造货币罪的预备。伪造面额为200元、1000元的假币的，构成伪造货币罪。伪造货币罪中的“伪造”包括无形伪造，造币厂超额印制货币的构成伪造货币罪。成立伪造货币罪，不要求行为人以使用为目的。“首要分子”是量刑规则，没有成立“伪造货币集团的首要分子”未遂的余地。不需要行为人认识到自己是“首要分子”。“伪造货币数额特别巨大”相当于量刑规则，没有成立“伪造货币数额特别巨大”未遂的余地。不需要行为人认识到“伪造货币数额特别巨大”。

条　文

第一百七十条　【伪造货币罪】伪造货币的，处三年以上十年以下有期徒刑，并处罚金；有下列情形之一的，处十年以上有期徒刑或者无期徒刑，并处罚金或者没收财产：

（一）伪造货币集团的首要分子；

（二）伪造货币数额特别巨大的；

（三）有其他特别严重情节的。

罪名精释

1. 该罪所保护的法益是什么？

案1：一对经营印刷厂的夫妇接受老客户的委托，印刷了百万张当作魔术道具使用的纸币，因为这些纸币的样式与人民币、美元的图案相同，面值上亿元，所以检察院以伪造货币罪对二人提起公诉。这些被指控为假币的纸币，是以真币图案为基础，在背面右侧的位置，以竖排形式加印了"魔术道具"四个字，所用纸张和真币的纸张也有明显区别。

本案中行为人制造的所谓"纸币"，不仅纸张和真币有明显区别，而且背面还明显印有"魔术道具"的字样，一般人足以发现这不是真币。所以，行为人的行为不符合伪造货币罪的客观构成要件，不能被认定为伪造货币罪。正是因为这一点，检察院最终作出了撤诉的决定。

我国刑法理论通说一直认为，伪造货币罪所侵害的客体是所谓国家的货币管理秩序或者货币管理制度。① 不得不说，我国刑法理论通说这样理解伪造货币罪的法益，不利于解释本罪构成要件，无助于确定假币犯罪的处罚范围，也不能说明各种假币犯罪的不法程度和法定刑的差异。

国外刑法理论关于伪造货币罪的法益存在两种观点：一种观点认为，伪造货币罪的法益是货币的真实性的公共信用，简单地讲就是货币的公共信用；另一种观点认为，伪造货币罪的法益还包括国家的货币发行权，即国家调节货币发行量的金融政策权限。本书认为，保护货币发行权也是为了保护货币的公共信用，故

① 参见高铭暄、马克昌主编：《刑法学》（第10版），北京大学出版社、高等教育出版社2022年版，第400页。

仅将货币的公共信用作为本罪的保护法益即可。

2. 行为人伪造了国家不得不承认有效的、可以流通的货币，是否成立本罪？

行为人伪造了大量硬币（纪念币）并置于流通，而国家不能分辨真伪，不得不承认其所伪造的硬币有效时，行为人的行为同样导致国民对货币的真实性产生疑问，即侵犯了货币的公共信用。伪造货币罪所侵犯的是真实货币的公共信用，而不是伪造的货币的公共信用，不能因为伪造的货币不得不有效，就否认该行为侵害了货币的公共信用。所以，行为人的行为构成伪造货币罪。

3. 伪造面额为 200 元、1000 元的假币，是否构成本罪？

只要伪造了足以使一般人误认为是货币的假货币，即便没有对应的真币，尤其是可能设计出一般人并不熟悉的外国货币，无疑也侵害了货币的公共信用，所以应将该行为评价为伪造货币罪。

4. 有关“制造货币版样的成立本罪”的司法解释规定，有无疑问？

制造货币版样，只是伪造货币罪的预备行为。但司法解释的规定给人的感觉是，制造货币版样就会成立伪造货币罪的未遂甚至既遂，这明显不妥。

5. 伪造货币罪中的“伪造”是否包括无形伪造，造币厂超额印制货币能否构成伪造货币罪？

从理论上讲，《刑法》分则中的伪造既包括有形伪造，也包括无形伪造。有形伪造，是指没有制作权限的人制作出形式和内容均虚假的材料的行为。而无形伪造，是指具有制作权限的人制作出形式真实但内容虚假的材料的行为。一般人都会肯定有形伪造货币的情形，即没有货币制作权的人仿照真币图案制作出假货币。本书认为，不能排除无形伪造货币的可能。例如，国家下达给造币厂的任务是制作 1 亿元纸币，但造币厂领导集体研究决定多印制 5000 万元纸币。这些多印制的纸币与真币完全一样，只是号码是重复的。造币厂有制作权限，制作出了形式真实但内容虚假的货币，属于无形伪造货币。这种无形伪造货币的行为,无疑侵犯了货币的公共信用,应当以伪造货币罪定罪处罚。

6. 成立本罪,是否需要以使用为目的?

案 2:甲为了在银行谋一个职位,精心伪造了几十张百元钞票,在银行组织面试时其将伪造的货币拿给银行行长看,以证明自己具有金融领域的专业技能。

如果认为成立伪造货币罪要求行为人必须具有使用的目的,则因为甲不具有使用的目的(其伪造货币只是为了证明自己的金融技能而在银行谋一个职位),而不构成伪造货币罪。但如果认为成立伪造货币罪并不要求行为人具有使用的目的,则甲的行为构成伪造货币罪。

有观点认为,成立伪造货币罪要以流通为目的。如果行为人客观上实施了伪造货币的行为,但不是为了流通,只是为了鉴赏或收藏,则不构成犯罪。另外,只要行为人以流通为目的,事实上进行了伪造活动,即使尚未使用或将伪造的货币置于流通,也应视为犯罪的既遂。① 还有观点认为,本条并不要求行为人具有行使的目的或者流通的意思,但是,在刑法解释论上应当要求有行使、流通的意思(目的犯),即将假币作为真币置于市场上流通,从而危害货币的公共信用。行使的目的是典型的主观违法要素,这使伪造的货币有行使的可能,从而在客观上保证行为样态与非罪行为有区别。②

很显然,上述观点是将流通或者行使的目的作为伪造货币罪的主观的超过要素或者主观违法要素。的确,国外刑法一般规定伪造货币罪要以行使(置于流通)为目的。从立法论的角度考虑,或许要求"以使用为目的"较为合适。但是,鉴于伪造货币行为的严重法益侵害性,我国《刑法》第 170 条关于伪造货币罪的规定并未要求行为人主观上必须出于特定目的。也就是说,从伪造货币罪的法条规定看,对仅伪造货币但并不使用所伪造的货币的行为,也应以本罪论处。事实上,不以使用为目的而伪造货币的行为,也会侵犯货币的公共信用。所

---

① 参见王新:《刑法分论精解》,北京大学出版社 2023 年版,第 111 页。

② 参见周光权:《刑法各论》(第 4 版),中国人民大学出版社 2021 年版,第 286 页。

以,从解释论的角度考虑,没有必要将伪造货币罪确定为目的犯。如果行为人不具有使用的目的,但明知伪造的货币会落入他人之手置于流通,就应认定为伪造货币罪。反之,如果行为人不仅没有使用的目的,而且没有认识到所伪造的货币会落入他人之手,则因为不存在伪造货币罪的故意,而不能以本罪论处。例如,行为人制造了外观上足以使一般人误认为是货币的假币后立即全部当作冥币烧掉的,不应认定为伪造货币罪。

7.“首要分子”是加重的犯罪构成还是量刑规则,是否需要行为人认识到自己是“首要分子”?

按照张明楷教授的观点,“首要分子”不是加重的犯罪构成而是量刑规则,是不可能存在未遂的。[①] 应认为,是否为“首要分子”是法官事后对行为人在案件中所起作用的客观评价。所以即便行为人很“励志”,希望自己成为伪造货币集团的首要分子,只要事实上不是首要分子,就不能认定成立“伪造货币集团的首要分子”,包括未遂。虽然首要分子是客观要素或者事实,但由于是否为首要分子是法官事后对行为人在案件中所发挥作用的评价,所以不要求行为人认识到自己是首要分子。也就是说,即便行为人认为自己不是首要分子,只要法院事后认定其为首要分子,也要作为“伪造货币集团的首要分子”处理;相反,如果法官事后认为其不是首要分子,即便行为人自认为是首要分子,其也不成立“伪造货币集团的首要分子”,包括未遂。

8.本罪有无成立“伪造货币数额特别巨大”未遂的余地?是否需要行为人认识到“伪造货币数额特别巨大”?

按照张明楷教授的观点,《刑法》分则中的“数额特别巨大”是量刑规则,没有未遂成立的余地。[②] 应认为,“伪造货币数额特别巨大”作为伪造货币罪的加重犯,所侵害的法益还是货币的公共信用。不能认为:行为人本打算伪造数额特

① 参见张明楷:《刑法学》(第6版),法律出版社2021年版,第154~155页。

② 参见张明楷:《刑法学》(第6版),法律出版社2021年版,第154~155页。

别巨大的货币，因为意志以外的原因在案发时未达特别巨大数额，而行为已经对加重犯所保护的法益形成了具体、现实、紧迫的危险。也就是说，所伪造的货币作为犯罪产生之物，不同于作为犯罪所得的盗窃数额特别巨大的财物。所以，从这个意义上说，认为“伪造货币数额特别巨大”是所谓的量刑规则而没有未遂成立的余地，是有道理的。

虽然伪造货币数额特别巨大作为客观要素，根据责任主义的要求，需要行为人主观上必须认识到，但是，“数额特别巨大”跟“首要分子”一样，是法官事后进行的一种客观评价，并不同于作为客观要素的盗窃的数额特别巨大的财物，因而不要求行为人认识到所伪造的货币达到数额特别巨大。也就是说，即便行为人误认为所伪造的货币没有达到数额特别巨大，只要事实上达到了数额特别巨大，也应认定为“伪造货币数额特别巨大”；相反，即使行为人误认为自己所伪造的货币数额特别巨大，而事实上没有达到数额特别巨大的，也不应认定为“伪造货币数额特别巨大”，包括未遂。从这个意义上讲，“伪造货币数额特别巨大”相当于伪造货币罪加重犯的客观处罚条件。

第二节　出售、购买、运输假币罪

·导　读·

行为人出售此种假币，购买彼种假币的，能够数罪并罚。本罪中“伪造的货币”，包括变造的货币。成立运输假币罪需要行为人主观上“明知”是假币，并不意味着成立出售、购买假币罪就不需要行为人主观上“明知”是假币。有关“行为人购买假币使用，以购买假币罪定罪处罚”的司法解释规定存在疑问。为了自己使用而购买假币的，不能成立购买假币罪，只能成立持有、使用假币罪。乘车将假币携带到外地使用的，不构成运输假币罪。将报纸冒充假币出卖给他人的，不构成出售假币罪，而是构成诈骗罪。行为人本想购买假币，结果买到一叠报纸的，不构成购买假币罪。行为人不仅伪造货币，还出售、运输他人伪造的货币的，应当数罪并罚。有关“现场之外在行为人住所或者其他藏匿地查获的假币，亦应认定为出售假币的犯罪数额”的司法解释规定存在疑问。对于行为人没有实际出售的假币数额，不应一并计算为出售假币的犯罪数额，只能根据假币来源评价为伪造货币罪或者购买假币罪既遂的数额。认为“只要实施了交易行为，即构成购买假币罪的既遂，购买方是否实际占有和控制假币，均不影响既遂的成立”的观点存在疑问。只有购买人实际占有或者控制了假币，才成立购买假币罪的既遂。

条　文

第一百七十一条第一款　【出售、购买、运输假币罪】出售、购买伪造的货币或者明知是伪造的货币而运输，数额较大的，处三年以下有期徒刑或者拘役，并处二万元以上二十万元以下罚金；数额巨大的，处三年以上十年以下有期徒刑，并处五万元以上五十万元以下罚金；数额特别巨大的，处十年以上有期徒刑或者无期徒刑，并处五万元以上五十万元以下罚金或者没收财产。

第三款　伪造货币并出售或者运输伪造的货币的，依照本法第一百七十条的规定定罪从重处罚。

罪名精释

1. 行为人出售此种假币，购买彼种假币的，能否数罪并罚？

理论上一般认为，出售、购买、运输假币罪是选择性罪名，行为人既出售，又购买，还运输假币的，也只能以出售、购买、运输假币罪一罪定罪处罚。其实，不管是不是选择性罪名，都不能排除数罪并罚的可能性。例如，行为人出售假人民币，购买假美元，运输假日元的，就可以数罪并罚。当然，统一折算为一种货币，比如人民币，以出售、购买、运输假币罪一罪，最重判处无期徒刑也是可能的。

2. 本罪中的“伪造的货币”，是否包括变造的货币？

理论上普遍认为，本罪的犯罪对象仅限于伪造的货币，不包括变造的货币。[①] 理由是，就货币犯罪而言，刑法明确区分了伪造与变造，而且出售、购买、运输假币罪规定在伪造货币罪之后变造货币罪之前。[②]

本书认为，出售、购买、运输、持有、使用假币罪中的“伪造的货币”，应当包括变造的货币。固然我国《刑法》将伪造货币罪与变造货币罪分别规定，可谓明确区分了伪造与变造，但这也只是意味着，伪造货币罪中的“伪造”不包括变造和变造货币罪中的“变造”不包括伪造。刑法用语的含义具有相对性，不能排除其他规定以“伪造的货币”为对象的条文中“伪造的货币”包括变造的货币。因为即便出售、购买、运输、持有、使用变造的货币，也会侵犯货币的公共信用，更何况很多时候伪造与变造难以明确区分。可以认为，将出售、购买、运输、持有、使用假币罪的对象仅表述为“伪造的货币”，是立法的疏漏。为有效保护法益，而有必要对“伪造的货币”进行补正解释。至于出售、购买、运输、持有、使用假币罪被规定在伪造货币罪之后变造货币罪之前，倒是恰好说明其中“伪造的货币”可能包括变造的货币。因为如果这些罪名规定在变造货币罪之后，就只能将“变造的货币”排除在“伪造的货币”之外。也就是说，现行《刑法》中假币犯罪的排列顺序不能成为出售、购买、运输、持有、使用假币罪中的“伪造的货币”不包括“变造的货币”的理由。

3. 成立运输假币罪需要行为人主观上“明知”是假币，是否意味着成立出售、购买假币罪不需要行为人主观上“明知”是假币？

本书认为，《刑法》分则中的“明知”规定都是注意性规定。只要是故意犯罪，按照《刑法》总则关于故意犯罪的规定，要求行为人主观上必须认识到客观要素的性质，这就是所谓客观要素的故意规制机能。法条之所以在运输假币罪的规定中强调必须“明知”是伪造的货币而运输，是因为人们出门一般都会携带

① 参见高铭暄、马克昌主编：《刑法学》（第10版），北京大学出版社、高等教育出版社2022年版，第401页。

② 参见张明楷：《刑法学》（第6版），法律出版社2021年版，第990页。

一定数量的货币,行为人完全可能不知道其所携带的货币是伪造的货币而运输。但如果行为人不明知是伪造的货币而运输,就没有犯罪故意,不值得以犯罪论处。所以,立法者特意强调只有明知是伪造的货币而运输才构成犯罪,旨在提醒司法人员本罪只能由故意构成,过失为之的不构成犯罪。而出售、购买假币的行为人主观上一般是明知的。因为出售假币通常表现为以多(假币)换少(真币),而购买假币通常是以少(真币)换多(假币),因而行为人不可能不明知是假币而出售、购买。如果行为人出售、购买假币是采用等额交换,如在黑市上以人民币兑换美元的汇率用真人民币买到假美元,由于行为人没有认识到购买的是假币,就没有犯罪故意,当然不能以购买假币罪定罪处罚。所以,虽然条文没有强调出售、购买假币罪的行为人必须明知是假币而出售、购买,但故意犯罪的性质决定了行为人主观上必须明知是假币出售、购买。如果行为人确实不知是假币而出售、购买,就会因为没有认识到犯罪对象的性质而缺乏犯罪故意,不能构成本罪。

4. 有关“行为人购买假币后使用,构成犯罪的,依照刑法第一百七十一条的规定,以购买假币罪定罪,从重处罚”的司法解释规定,有无疑问?

最高人民法院《关于审理伪造货币等案件具体应用法律若干问题的解释》第 2 条第 1 款的规定存在疑问。购买假币罪是与出售假币罪并列规定的,同样适用法定最高刑为无期徒刑的法定刑。之所以购买假币罪与出售假币罪适用同样的法定刑,是因为为了出售而购买假币的行为,一般会数量多、规模大,对货币的公共信用的侵害更为广泛(严重)。因此,只有为了出售而购买假币的行为,才值得以购买假币罪进行评价。对于为了自己使用而购买假币的,就不应认定为购买假币罪。换言之,为了自己使用而购买且已使用的,认定为使用假币罪;没有使用的,可认定为持有假币罪。这样处理,才有利于贯彻罪刑相适应原则。①

① 参见张明楷:《刑法学》(第 6 版),法律出版社 2021 年版,第 987 页。

5. 乘车将假币携带到外地使用的，构成运输假币罪吗？

运输假币罪是与出售、购买假币罪并列规定的。所以，只有与出售、购买假币有关联的运输假币行为，才宜评价为运输假币罪，否则，只能认定为持有、使用假币罪。行为人为了使用假币而乘车或者驾车将假币携带到外地的，由于与出售、购买假币行为没有关联，不能认定为运输假币罪，只能认定成立持有、使用假币罪。

6. 本想购买假币，结果买到一叠报纸，构成购买假币罪的未遂吗？

案1：甲本打算花5万元真人民币从网上购买45万元假人民币，结果收到的是1万元假币和44万元假假币（一叠报纸）。

本案中，就甲收到的1万元假币而言，当然构成购买假币罪的既遂。但就44万元假假币而言，只能是购买假币的不能犯，不能评价为购买44万元假币的未遂，不能构成犯罪。

将一叠报纸冒充假币出卖给他人的，由于没有假币的存在，不会侵犯货币的公共信用，只会侵犯他人的财产权，所以不能成立出售假币罪，只能成立诈骗罪。对方本想购买假币结果买到的是一叠报纸（假假币）的，属于购买假币罪的对象不能犯，不成立购买假币罪的未遂，不构成犯罪。

7. 行为人不仅伪造货币，还出售、运输他人伪造的货币，是认定一罪还是数罪并罚？

如果行为人伪造货币后出售、运输，由于仅侵害一个法益，可以认定成立包括的一罪，以伪造货币罪一罪论处即可。但如果不仅伪造货币，还出售、运输他人伪造的货币，则不符合成立包括的一罪的条件，应以伪造货币罪与出售、运输假币罪数罪并罚。

8. 有关“现场之外在行为人住所或者其他藏匿地查获的假币，亦应认定为出售假币的犯罪数额”的司法解释规定，有无疑问？

最高人民检察院、公安部《关于公安机关管辖的刑事案件立案追诉标准的规定(二)》第15条第2款的规定存在疑问。认定出售假币罪的数额必须是已经实际出售的假币的数额。对于行为人没有实际出售的假币数额,不应一并计算为出售假币罪的犯罪数额,只能根据假币来源评价为伪造货币罪或者购买假币罪既遂的数额。

9. 认为“只要实施了交易行为,即构成购买假币罪的既遂,购买方是否实际占有和控制假币,均不影响既遂的成立”的观点,有无疑问?

周光权教授认为,“购买假币的,只要实施了交易行为,即构成购买假币罪的既遂。至于出售方是否取得钱财,购买方是否实际占有和控制假币,均不影响既遂的成立”①。

认为只要实施了交易行为,即使购买方尚未实际占有和控制假币,也成立购买假币罪既遂的上述观点,可能存在疑问。因为即使实施了所谓交易行为,只要行为人没有实际占有和控制假币,就不能认为行为已经对货币的公共信用造成了侵害。而且,认为没有实际占有和控制假币就成立购买假币罪的既遂,也与出售假币罪以售出假币(转移假币)为既遂的标准不协调,也就是可能出现购买假币罪已经既遂而出售假币罪尚未既遂的奇怪现象。再者,如果认为购买者没有实际占有和控制假币就已成立购买假币罪的既遂,司法机关也无法进行没收追缴。

第三节　金融工作人员购买假币、以假币换取货币罪

·导　读·

金融工作人员购买假币罪中的“金融工作人员”是一种责任身份,因而普通人教唆金融工作人员购买假币的,普通人成立购买假币罪,而金融工作

① 周光权:《刑法各论》(第4版),中国人民大学出版社2021年版,第287页。

人员成立金融工作人员购买假币罪。金融工作人员以假币换取货币罪中的“金融工作人员”是一种违法身份，因而普通人教唆金融工作人员以假币换取货币罪的，普通人与金融工作人员成立金融工作人员以假币换取货币罪的共犯，但对普通人应当减轻处罚。所谓“利用职务上的便利”，是指金融机构的工作人员利用管理金库、出纳现金、吸收付出存款等便利条件。利用所谓工作之便，用假币偷换同事操作台上的货币的，不成立金融工作人员以假币换取货币罪，而是成立盗窃罪。金融工作人员利用职务上的便利以伪造的货币换取货币的行为，除成立本罪外，还成立贪污罪或者职务侵占罪，二者是想象竞合关系，应从一重处罚。应将本罪中的金融工作人员限定为金融机构中可能接触、支配现金的人员。从立法论上讲，在《刑法修正案（十一）》将职务侵占罪的最高刑提高到无期徒刑后，金融工作人员以假币换取货币罪就不再有存在的必要。

条 文

第一百七十一条第二款 【金融工作人员购买假币、以假币换取货币罪】银行或者其他金融机构的工作人员购买伪造的货币或者利用职务上的便利，以伪造的货币换取货币的，处三年以上十年以下有期徒刑，并处二万元以上二十万元以下罚金；数额巨大或者有其他严重情节的，处十年以上有期徒刑或者无期徒刑，并处二万元以上二十万元以下罚金或者没收财产；情节较轻的，处三年以下有期徒刑或者拘役，并处或者单处一万元以上十万元以下罚金。

罪名精释

1. 普通人教唆金融工作人员购买假币、以假币换取货币的，构成金融工作人员购买假币、以假币换取货币罪的共犯吗？

案1：甲是某银行金库管理人员，甲与乙商量共同出资5万元到外地购买30万元假币，之后甲利用职务上的便利将30万元假币全部换成真币。

本案中，甲具有金融工作人员身份，其构成金融工作人员购买假币罪和金融工作人员以假币换取货币罪，当无疑问。至于乙，若认为金融工作人员购买假币罪中的“金融工作人员”是一种责任身份，金融工作人员以假币换取假币罪中的“金融工作人员”是一种违法身份，则乙成立购买假币罪，并与甲成立金融工作人员以假币换取货币罪的共犯。若认为金融工作人员购买假币罪中的“金融工作人员”身份也是一种违法身份，则乙与甲成立金融工作人员购买假币罪的共犯。

本罪显然是身份犯，问题是，“金融工作人员”是什么性质的身份？由于金融工作人员购买假币罪的成立，并不要求利用职务上的便利，所以就金融工作人员购买假币罪而言，“金融工作人员”只是一种责任身份。因而，普通人教唆金融工作人员购买假币的，普通人成立购买假币罪，而金融工作人员成立金融工作人员购买假币罪。就金融工作人员以假币换取货币罪而言，金融工作人员是一种违法身份，因而普通人教唆金融工作人员以假币换取货币的，普通人与金融工作人员成立金融工作人员以假币换取货币罪的共犯，但对普通人应当减轻处罚。

2. 利用所谓工作之便，用假币偷换同事操作台上的货币，成立金融工作人员以假币换取货币罪吗？

本罪中所谓“利用职务上的便利”，是指金融机构的工作人员利用管理金库、出纳现金、吸收付出存款等便利条件，以伪造的货币换取货币。利用所谓工作之便，用假币偷换同事操作台上的货币的，不能称为利用职务上的便利，不能成立金融工作人员以假币换取货币罪，只能成立盗窃罪。

3. 金融工作人员以假币换取货币，除成立本罪外，是否可能同时成立贪污罪、职务侵占罪？

有观点认为，国有金融机构工作人员利用管理金库、出纳现金、吸收付出存款等便利条件，以伪造的货币换取货币的，同时构成本罪和贪污罪，两罪之间有法条竞合的关系，一般应以本罪处理。但是，换取假币数额特别巨大，以本罪处理明显偏轻的，是否应当按照重法优于轻法的原则，以贪污罪定罪处刑，还值得研究。[①]

本书认为，金融工作人员利用职务上的便利以伪造的货币换取货币的行为，除成立本罪外，还成立贪污罪或者职务侵占罪，二者是想象竞合关系，应从一重处罚。其实，无论是法条竞合还是想象竞合，只要不是所谓具有减轻根据的封闭的特权条款，都可以从一重处罚。

4. 应否将本罪中的金融工作人员限定为金融机构中可能接触、支配现金的人员？

虽然成立金融工作人员购买假币罪不要求利用职务上的便利，所以其中的"金融工作人员"可谓责任身份，但如果行为人并不是金融机构中可能接触、支配现金的人员，如银行信贷员、保险公司工作人员，则即便作为责任身份，也没有单独评价的必要。可以说，即便是金融工作人员购买假币罪，也是因为行为人可能接触、支配现金的身份决定了其具有利用身份将假币换取真币的危险性。不具有这种身份的人，其购买假币行为的法益侵害的危险性与普通人就没有什么不同。所以，即便是金融工作人员购买假币罪的主体身份，也应限于金融机构中可能直接接触、支配现金的人，而不是金融机构任何工作人员。

5. 从立法论上讲，在《刑法修正案（十一）》将职务侵占罪的最高刑提高到无期徒刑之后，金融工作人员以假币换取货币罪还有存在的必要吗？

以前之所以将金融工作人员以假币换取货币罪单独规定，是因为职务侵占罪法定刑较低。从立法论上讲，在《刑法修正案（十一）》将职务侵占罪的最高刑提高到无期徒刑后，金融工作人员利用职务便利以假币换取货币的职务侵占犯罪，就没有单独存在的必要了。

---

① 参见周光权：《刑法各论》（第4版），中国人民大学出版社2021年版，第288页。

第四节　持有、使用假币罪

·导　读·

盗窃假币后持有的，无须另定持有假币罪。故意盗窃假币后使用的，应当以盗窃罪与使用假币罪数罪并罚。将假币作为证明自己信用能力的资本而给他人察看的，不属于使用假币。出售假币罪与使用假币罪的关键区别在于对方是否知情，但二者不是对立关系，将假币置于流通的，至少成立使用假币罪。用假币还债、购买枪支、毒品的，根据对方是否知情，可构成出售假币罪或者使用假币罪。用假币行贿的，不管官员是否知情，行为人都构成行贿罪与使用假币罪的想象竞合。存假币取真币的，应以使用假币罪与盗窃罪数罪并罚。行为人为自己使用而购买了 5 万元假币实际使用了 3 万元的，应以持有、使用假币罪（数额 5 万元）一罪定罪处罚。单纯以收藏为目的持有假币的，也成立持有假币罪。行为人趁人不注意秘密用假币“换取”他人真币的，应以盗窃罪与使用假币罪数罪并罚。使用假币罪与诈骗罪之间是竞合关系，使用假币被人识破的，可能转化为抢劫罪。使用 3000 元假币购物的，虽不成立使用假币罪但成立诈骗罪。本罪中的“伪造的货币”，包括变造的货币。行为人使用假人民币兑换真美元，根据是否以通常的价格进行兑换而成立使用假币罪或者出售假币罪。行为人使用欺骗手段使他人交付真币，然后以种种借口将自己持有的假币冒充真币退还给他人的，应以诈骗罪和使用假币罪数罪并罚。行为人既使用了此假币又持有彼假币的，应累计数额以持有、使用假币罪一罪定罪处罚。

条　文

第一百七十二条　【持有、使用假币罪】明知是伪造的货币而持有、使用，数额较大的，处三年以下有期徒刑或者拘役，并处或者单处一万元以上十万元以下罚金；数额巨大的，处三年以上十年以下有期徒刑，并处二万元以上二十万元以下罚金；数额特别巨大的，处十年以上有期徒刑，并处五万元以上五十万元以下罚金或者没收财产。

罪名精释

1. 盗窃假币后持有，需另定持有假币罪吗？

持有型犯罪的正当性根据在于，为了保护重大利益，在来源和去向难以查明时，将行为人非法控制某种物品的现状评价为犯罪。因而，能够查明来源或者去向的，应当以来源或者去向对行为进行评价，而排除持有型犯罪的适用。除非法持有枪支罪外，不能认为持有型犯罪是抽象危险犯。盗窃假币后持有的，由于来源清楚，应以假币的来源进行评价而定盗窃罪，不另外认定持有假币罪。

2. 故意盗窃假币后又使用的，如何处理？

故意盗窃假币后使用的，由于另外侵害了法益，故应以盗窃罪（针对假币本身）和使用假币罪（还可能同时构成诈骗罪）数罪并罚。

3. 将假币作为证明自己信用能力的资本而给他人察看的，属于使用假币吗？

所谓“使用”假币，应是指将假币作为真货币直接置于流通的行为，如用假币购买商品、存入银行、存入自动柜员机、在自动贩卖机上购买商品、赠与他人、用假币向官员行贿、用假币缴纳罚款、将假币用于赌博、用假币交彩礼，只要对方不知情，都可谓使用假币。将假币作为证明自己信用能力的资本而给他人察看的，由于不是将假币作为真货币直接置于流通，所以不属于使用假币，不构成使用假币罪。

4. 如何区分出售假币罪与使用假币罪？

出售假币罪与使用假币罪的关键区别在于对方是否知情，对方知情的，是出售假币，对方不知情的，是使用假币。但是，也不能认为二者是对立关系。只要是使假币直接置于流通的行为，就至少成立使用假币罪，若对方知情，则成立出售假币罪，对方构成购买假币罪。

有观点认为，对方一开始就知道是假币，交付方以为对方并不知情而使用假币的，构成使用假币罪未遂。① 很显然，该观点将使用假币罪与出售假币罪看作是对立关系。其实，只要行为人认识到是假币而将假币置于流通的，就至少成立使用假币罪的既遂，而不是未遂。对方知情的，对方还成立购买假币罪。

5. 如何评价用假币还债、购买枪支、毒品以及用假币行贿的行为？

用假币还债的，若对方知情，如以较多的假币抵偿较少的债务，则债务人构成出售假币罪，债权人构成购买假币罪；若对方不知情，如以等额假币抵偿债务，则债务人构成使用假币罪，对方不构成犯罪。用假币购买枪支，若对方知情，则买枪者构成出售假币罪和非法买卖枪支罪的想象竞合，对方构成购买假币罪和非法买卖枪支罪的想象竞合。用假币购买毒品的，对方知情的，行为人构成出售假币罪，对方构成购买假币罪和贩卖毒品罪的想象竞合；若对方不知情，行为人构成使用假币罪和诈骗罪的想象竞合，对方构成贩卖毒品罪。用假币行贿，也属于将假币置于流通的行为。由于官职不能用于交换，所以不管官员是否知情，行为人都构成行贿罪和使用假币罪的想象竞合，官员都构成受贿罪。

6. 如何评价“存假币取真币”的行为？

案1：丁将8000元假币通过银行自动柜员机存入了自己原本没有存款余额的银行卡，马上又换了一台柜员机，从该张银行卡账户取出了8000元真币。

丁将8000元假币通过自动柜员机存入自己银行卡上的行为，属于将假币置于流通的使用假币的行为，同时因为是通过存入假币而使自己的存款债权增加，因而还同时成立针对存款债权的盗窃罪，二者是想象竞合。丁使用自己的银行

---

① 参见周光权：《刑法各论》（第4版），中国人民大学出版社2021年版，第288～289页。

卡从另一台柜员机取出其原本无权支取的8000元现金的行为，属于盗窃银行现金，构成盗窃罪。综合全案，应认定丁的行为构成使用假币罪与盗窃罪（盗窃银行现金），实行数罪并罚。

7. 行为人为自己使用而购买了5万元假币，实际使用了3万元的，如何处理？

如果认定行为构成持有假币罪（2万元，系数额较大）和使用假币罪（3万元，系数额较大），处罚可能比购买后没有使用的单纯的持有假币罪（5万元，系数额巨大）还要轻，这显然使罪刑有失均衡。所以，购买后实际使用了3万元的，认定为持有、使用假币罪（总金额为5万元，系数额巨大）一罪，可能更利于罪刑相适应。

8. 单纯以收藏为目的持有假币的，成立持有假币罪吗？

即便是以单纯收藏为目的而持有假币，也不能排除假币落入他人之手而置于流通的可能性，也会侵害货币的公共信用，因此应成立持有假币罪。

9. 行为人趁人不注意秘密用假币“换取”他人真币的，如何处理？

案2：卖淫女甲将嫖客乙引至卖淫地点以后，丙趁着甲乙二人发生关系时，将乙钱包中的6000元现金拿走。为了让乙不能及时发现现金被盗的事实，丙将事先准备好的6000元假币放进了乙的钱包。

本案中，丙将假币塞到乙的钱包，乙很容易将这些假币当成真币花出去，所以丙的行为系将假币置于流通，应成立使用假币罪。另外，丙拿走乙钱包中6000元现金的行为，当然构成盗窃罪。由于丙明显实施了两个行为，侵害了两个法益，应当认定丙构成使用假币罪与盗窃罪，实行数罪并罚。

10. 使用假币罪与诈骗罪之间是什么关系？

案3：甲在某小卖部购买了价值4000元的商品，在店主没有发现的情况下，用假币结了账。

甲的行为既成立使用假币罪,也成立诈骗罪。由于甲使用假币行为和欺骗行为是重叠的,所以成立使用假币罪与诈骗罪的想象竞合,从一重处罚。

对自然人使用假币的,也是一种欺骗行为,所以使用假币罪与诈骗罪之间是一种竞合关系。因此,使用假币时被人识破的,可以转化成抢劫罪;使用假币3000元购买商品,虽未达到使用假币罪4000元的立案标准,但达到了诈骗罪3000元的立案标准,应以诈骗罪定罪处罚。

11.本罪中“伪造的货币”,包括变造的货币吗?

理论上一般认为,本罪中的“伪造的货币”不包括变造的货币,因而使用变造的货币数额较大的,只能认定为诈骗罪;不对自然人使用,如在自动贩卖机上使用的,只能成立盗窃罪。持有变造的货币的,只能是无罪。

本书认为,刑法用语的含义具有相对性。虽然伪造货币罪中的“伪造”不包括变造,但其他罪名中的“伪造的货币”,并不能排除变造的货币。所以持有、使用变造的货币的,可以成立持有、使用假币罪。

12.行为人使用假币兑换另一种货币,如行为人使用假人民币兑换真美元,究竟是使用还是出售假币?

如果是以通常价格兑换,则说明对方不知情,行为属于使用假币和诈骗,对方是诈骗的被害人。如果不是以通常价格兑换,说明对方知情,行为人构成出售假币罪,对方构成购买假币罪。

13.行为人使用欺骗手段使他人交付真币,然后以种种借口将自己持有的假币冒充真币退还给他人的,如何处理?

张明楷教授认为,行为人骗取他人真币的行为成立诈骗罪;将假币冒充真币退还给被害人的行为,虽然可谓诈骗行为的一部分,但同时也是使假币置于流通的使用行为。由于两个行为的主要部分是重合的,故应评价为一个行为,以想象竞合处理。①

本书认为，行为人使用欺骗手段使他人交付真币，诈骗行为已经既遂，之后为掩盖诈骗事实而将自己持有的假币冒充真币退还给他人的，系实施新的行为，侵害了新的法益，两个行为的主要部分并不重合，所以不应成立想象竞合，应实行数罪并罚。

14. 行为人既使用了此假币又持有彼假币的，应如何处理？

案 4：张三已经使用了 3 万元假币，同时还另外持有 3 万元假币。

如果将张三的行为评价为使用假币罪（3 万元）和持有假币罪（3 万元），由于均属于数额较大，即便数罪并罚也不会重。但如果认定为持有、使用假币罪，则因为数额累计为 6 万元而达到了数额巨大，可能判处 3 年以上 10 年以下有期徒刑。所以，将其认定为一罪累计数额，可能比评价为两罪分别计算数额，更能做到罪刑相适应。

第五节 变造货币罪

·导 读·

伪造与变造的关键区别在于是否发生了本质变化而丧失了同一性。伪造 1000 元、变造 1000 元的，可以变造货币 2000 元进行立案。持有、使用、出售、购买、运输变造的货币的，也能成立持有、使用、出售、购买、运输假币罪。

① 参见张明楷：《刑法学》（第 6 版），法律出版社 2021 年版，第 989 页。

条 文

第一百七十三条 【变造货币罪】变造货币，数额较大的，处三年以下有期徒刑或者拘役，并处或者单处一万元以上十万元以下罚金；数额巨大的，处三年以上十年以下有期徒刑，并处二万元以上二十万元以下罚金。

罪名精释

1. 如何区分伪造与变造？

案1：行为人将1万枚国家发行的1元硬币熔化之后自制成1.5万枚1元硬币。

本案中，由于自制成的1元硬币分量只有真币的2/3，而完全丧失了同一性，属于伪造货币，构成伪造货币罪。

案2：甲偶然翻动造币厂后门口的碎纸堆时，发现里边有货币碎片。这其实是造币厂报废的货币碎片。甲将货币碎片拿回家，将其粘贴成若干面额为10元、50元、100元的残币，合计面额为6000元。后甲以这些货币被老鼠咬破为由，将其带到某银行兑换。

本案中，由于用造币厂报废的货币碎片粘贴而成的“货币”与真货币完全不具有同一性，甲的行为属于伪造货币，成立伪造货币罪。当然，甲还同时构成诈骗罪，系想象竞合，应当从一重处罚。

由于伪造货币罪与变造货币罪的法定刑存在明显差异（前者最高刑为无期徒刑，后者为10年有期徒刑），而且理论通说认为出售、购买、运输、持有、使用假币罪中的“伪造的货币”不包括变造的货币，所以在我国，区分“伪造”货币与“变造”货币，意义特别重大。

所谓伪造货币，是指仿照真货币的图案、形状、特征、色彩等，制作出在外观上足以使一般人误认为是货币的假货币的行为。伪造货币罪最核心的内容是，所伪造以及可能伪造出来的假币，应在外观上足以使一般人误认为是货币。而变造货币罪，是指没有货币制作、发行权的人对真正的货币进行各种加工，使其改变为面额、形态、含量不同的货币。

变造是对真货币进行加工的行为，所以变造后的货币与变造前的货币具有同一性。例如，将1981年发行的货币上的年份加工成1980年，就属于变造。如果加工导致加工后的货币与真货币丧失同一性，就属于伪造货币。例如，将日元改成欧元，就已经使货币发生了本质变化，应当认定为伪造货币罪。以真货币为材料，制作成丧失了真货币外观的假币的行为，成立伪造货币罪，如案1中将真硬币融化后自制成分量较轻的等面额硬币。变造伪造的货币的，同时采用伪造和变造手段制造真伪拼凑货币的，以及以报废的残损货币碎片为材料，加入其他纸张制作成假币的，如案2，都成立伪造货币罪。

2. 伪造1000元、变造1000元的，能否以变造货币2000元立案？

虽然伪造不同于变造，但不能认为伪造与变造之间是对立关系。应该认为，伪造与变造之间是高低度的包容竞合关系。伪造完全可以评价为变造，但变造不能评价为伪造。所以，行为人伪造1000元面额的货币和变造1000元面额的货币的，完全可以评价为变造2000元面额的货币，进而以变造货币罪进行立案。

3. 持有、使用、出售、购买、运输变造的货币的，如何处理？

我国刑法理论普遍认为，因为出售、购买、运输、持有、使用假币罪规定在伪造货币罪之后，而且伪造货币罪与变造货币罪是两个独立的罪名，说明我国刑法明确区分了伪造与变造，出售、购买、运输、持有、使用假币罪中的“伪造的货币”不包括变造的货币。出售、购买、运输、持有、使用变造的货币的，不能成立出售、购买、运输、持有、使用假币罪。但本书认为，刑法用语的含义具有相对性。我国刑法将伪造货币罪与变造货币罪分别规定，只能说明伪造货币罪中的“伪造”不包括变造，不能说明其他假币犯罪中的“伪造的货币”不包括变造的货币。这些犯罪不是规定在变造货币罪之后，而是规定在伪造货币罪与变造货币罪之间，正说明这些犯罪中的“伪造的货币”包括变造的货币。所以，持有、使用、出售、购买、运输变造的货币的，也能够成立持有、使用、出售、购买、运输假币罪。

第六节　擅自设立金融机构罪

·导　读·

骗取金融机构经营许可证、批准文件后开设金融机构的，不构成擅自设立金融机构罪。误以为已经批下金融机构经营许可证而开设金融机构的，不成立擅自设立金融机构罪。本条中的“擅自”，仅具有语感意义。经国家有关主管部门批准设立但未经办理工商登记即予开业的，不构成犯罪。合法的金融机构在许可证失效后仍经营金融业务的，不构成本罪，但可能成立非法经营罪。私下经营放贷、融资等货币业务的地下“钱庄”，不成立本罪，但可能成立非法经营罪或者非法吸收公众存款罪。擅自设立金融机构后非法吸收公众存款、集资诈骗的，应当以擅自设立金融机构罪与非法吸收公众存款罪、集资诈骗罪数罪并罚。只有实际开展了金融业务，才成立本罪的既遂。

条　文

第一百七十四条第一款　【擅自设立金融机构罪】未经国家有关主管部门批准，擅自设立商业银行、证券交易所、期货交易所、证券公司、期货经纪公司、保险公司或者其他金融机构的，处三年以下有期徒刑或者拘役，并处或者单处二万元以上二十万元以下罚金；情节严重的，处三年以上十年以下有期徒刑，并处五万元以上五十万元以下罚金。

第三款　单位犯前两款罪的，对单位判处罚金，并对其直接负责的主管人员和其他直接责任人员，依照第一款的规定处罚。

罪名精释

1. 骗取金融机构经营许可证、批准文件后开设“金融机构”，构成擅自设立金融机构罪吗？

金融机构经营许可为控制性许可，只要取得了金融机构经营许可证、批准文件后开设“金融机构”，都不能称为擅自设立金融机构。所以骗取金融机构经营许可证、批准文件后开设金融机构的，不构成擅自设立金融机构罪。

2. 误以为已经批下金融机构经营许可证而开设金融机构的，构成擅自设立金融机构罪吗？

取得金融机构许可证属于客观要素，误以为已经批下金融机构经营许可证而开设金融机构的，属于事实认识错误，阻却故意，不构成擅自设立金融机构罪。

3. “擅自”要素，有实际意义吗？

“未经国家有关主管部门批准”而设立金融机构的，即属于“擅自”。所以“擅自”其实属于同位语，仅具有语感意义。

4. 经国家有关主管部门批准设立，但未经办理工商登记即予开业的，构成本罪吗？

只要经国家有关主管部门批准，取得金融机构经营许可证、批准文件的，即便未经工商登记即予开业，也不能称为擅自设立金融机构，所以不构成犯罪。

5. 合法的金融机构在许可证失效后仍经营金融业务的，成立本罪吗？

既然是合法的金融机构，就不是擅自设立金融机构。其在许可证失效后仍经营金融业务的，不能成立本罪，只可能成立非法经营罪。

6. 地下“钱庄”经营放贷、融资等货币业务的，构成本罪吗？

既然是“地下”钱庄，就说明并未设立金融机构。所以，私下经营放贷、融资等货币业务的地下“钱庄”的行为,不能成立本罪,但可能成立非法经营罪或者非法吸收公众存款罪。

7. 擅自设立金融机构后非法吸收公众存款的,是牵连犯从一重处罚还是数罪并罚?

一般认为,擅自设立金融机构后非法吸收公众存款的,是牵连犯,应从一重处罚。[①] 本书原则上不承认牵连犯概念。擅自设立金融机构,开始营业就成立擅自设立金融机构罪的既遂,之后实施非法吸收公众存款、集资诈骗行为的,又侵害了新的法益,应当另外认定为非法吸收公众存款罪、集资诈骗罪,与擅自设立金融机构罪数罪并罚。

8. 本罪的既遂标准是什么?

理论上认为,本罪的成立,不以开展相应的金融业务活动为前提,即只要擅自设立了金融机构,就成立本罪的既遂。[②] 按照这种观点,只要挂了银行的牌子,即便还没有开展业务,也能成立本罪的既遂。这种观点可能存在疑问。因为单纯挂牌而未实际开展金融业务的,难以将其认定为金融机构而科处刑罚。所以本书认为,不仅要挂牌,还要实际开展金融业务才值得科处刑罚,才能成立本罪的既遂。

第七节 伪造、变造、转让金融机构经营许可证、批准文件罪

·导 读·

本罪中的“伪造”与“变造”是广义的,包括有形伪造、无形伪造、有形变

① 参见王新:《刑法分论精解》,北京大学出版社2023年版,第116页。

② 参见张明楷:《刑法学》(第6版),法律出版社2021年版,第991页。

造与无形变造。本罪与伪造、变造、买卖国家机关公文、证件罪之间，是特别关系的法条竞合。

条 文

第一百七十四条第二款 【伪造、变造、转让金融机构经营许可证、批准文件罪】伪造、变造、转让商业银行、证券交易所、期货交易所、证券公司、期货经纪公司、保险公司或者其他金融机构的经营许可证或者批准文件的，依照前款的规定处罚。

第三款 单位犯前两款罪的，对单位判处罚金，并对其直接负责的主管人员和其他直接责任人员，依照第一款的规定处罚。

罪名精释

1. 本罪中的“伪造”“变造”，是否包括无形伪造、变造？

伪造、变造都有广义和狭义之分。本罪中的“伪造”“变造”是广义的，不仅包括有形伪造、有形变造，还包括无形伪造、无形变造。有形与无形的区别在于有无制作权限。没有制作权限的人制作了形式和内容均虚假的材料，属于有形伪造。具有制作权限的人制作了形式真实但内容虚假的材料，属于无形伪造。而变造系在真实的基础上加以变更。不具有变更权限的人加以变更的，是有形变造。具有变更权限的人加以变更的，是无形变造。

2. 本罪与伪造、变造、买卖国家机关公文、证件罪之间，是什么关系？

金融机构经营许可证、批准文件也是国家机关公文、证件，因而本罪与伪造、变造、买卖国家机关公文、证件罪之间可谓特别关系的法条竞合。二罪的法定刑相同。所以，伪造、变造、转让金融机构经营许可证、批准文件的，只需以本罪定罪处罚。

第八节　高利转贷罪

·导　读·

本罪的立法目的在于维护国家对信贷资金的管理秩序和银行信贷资金的安全。出于转贷目的套取金融机构信贷资金，其实就是一种隐瞒贷款用途的骗取贷款行为，所以在《刑法修正案（六）》增设了骗取贷款罪之后，本罪并无存在的必要。本罪与骗取贷款罪之间是一种竞合关系。取得贷款时没有转贷牟利的目的，事后转贷牟利的，不构成高利转贷罪。本罪不是复行为犯，实行行为是高利转贷行为，套取金融机构信贷资金只是本罪的预备。出于转贷牟利的目的套取金融机构信贷资金后，未转贷他人的，成立本罪的预备。本罪既遂标准是高利转贷他人，违法所得数额较大是本罪的成立条件。套取贷款后平息转贷的，由于没有违法所得，不可能构成本罪。套取贷款后，将超出贷款前的自有流动资金部分借贷给他人的，超出部分应认定为高利转贷罪。

条　文

第一百七十五条　【高利转贷罪】以转贷牟利为目的，套取金融机构信贷资金高利转贷他人，违法所得数额较大的，处三年以下有期徒刑或者拘役，并处违法所得一倍以上五倍以下罚金；数额巨大的，处三年以上七年以下有期徒刑，并处违法所得一倍以上五倍以下罚金。

单位犯前款罪的，对单位判处罚金，并对其直接负责的主管人员和其他直接责任人员，处三年以下有期徒刑或者拘役。

罪名精释

1. 本罪的立法目的是什么?

在我国《刑法》修订的历次草案中均未出现本罪,直至1997年3月在第八届全国人大第五次会议审议刑法修订草案的过程中,有的人大代表提出,许多不具有信贷资金经营权的单位和个人在获得金融机构信贷资金后,并不按照规定用途使用,而是利用人们急需资金的心理用于转贷牟利,致使自己成为"准银行",不仅严重影响信贷资金的优化作用,导致信贷资金处于高风险状态,而且严重危害国家对信贷资金的管理秩序,故建议增设本罪。

从本罪的立法背景可以看出,本罪的立法目的就在于维护国家对信贷资金的管理秩序和银行信贷资金的安全。

2. 在《刑法修正案(六)》增设了骗取贷款罪之后,本罪还有存在的必要吗?

所谓套取信贷资金,是指借款人对金融机构隐瞒转贷牟利的事实,不法获取贷款资金的行为。① "'套取'在本罪中一般表现为行为人申请贷款的虚假性或者使用贷款的欺骗性。"②所谓隐瞒转贷牟利的事实,其实就是隐瞒了贷款用途,属于一种骗取贷款的行为。虽然不排除借款人与银行负责发放贷款的人串通的情形,但应该认为,所谓套取金融机构信贷资金,基本上属于一种骗取银行贷款的行为。本罪是在1997年修订《刑法》时增设的,当时还没有骗取贷款罪罪名。但在《刑法修正案(六)》增设了骗取贷款罪之后,从立法论上讲,该罪已无存在的必要。

3. 本罪与骗取贷款罪之间是什么关系?

由于所谓套取金融机构信贷资金,其实就是一种隐瞒贷款用途的骗取银行贷款的行为。所以,本罪与骗取贷款罪通常会发生竞合。只有在借款人与银行

---

① 参见周光权:《刑法各论》(第4版),中国人民大学出版社2021年版,第292页。

② 王新:《刑法分论精解》,北京大学出版社2023年版,第118页。

负责发放贷款的人进行串通时,因为没有人受骗,才不成立骗取贷款罪,只能成立本罪,负责发放贷款的人成立违法发放贷款罪。

4. 取得贷款时没有转贷牟利的目的,事后转贷牟利的,构成高利转贷罪吗?

有观点认为,关于“转贷牟利”的目的产生时间,一般为行为人在申请信贷资金之前,也可以产生在套取金融机构信贷资金之后。[①] 这恐怕有问题。根据责任主义原理,只有在套取金融机构信贷资金时就具有转贷牟利的目的,才可能构成本罪。也就是说,“转贷牟利”的目的必须产生于套取金融机构信贷资金之前或者之时。取得金融机构信贷资金后才产生转贷牟利目的的,不能成立本罪。

5. 出于转贷牟利的目的套取金融机构信贷资金后,未转贷他人的,是成立本罪的未遂还是预备?

有观点认为,本罪是“套取金融机构的信贷资金”与“高利转贷他人”两个行为的复合,即本罪是复行为犯。[②] 如果认为本罪是复行为犯,则出于转贷牟利的目的套取金融机构信贷资金,就意味着着手实施了本罪,之后未转贷他人的,成立本罪的未遂,而不是预备。但本书认为,本罪的实行行为只有高利转贷行为,套取金融机构信贷资金只是本罪的预备行为。

6. 本罪的既遂标准和成立条件是什么?

本罪的实行行为是高利转贷行为,套取金融机构的信贷资金只是本罪的预备行为。套取金融机构信贷资金后实际高利转贷他人的,才成立本罪的既遂,但只有实际违法所得数额较大才成立犯罪。所以,本罪的既遂时点和成立时点并不一致。

---

① 参见王新:《刑法分论精解》,北京大学出版社 2023 年版,第 118 页。

② 参见王新:《刑法分论精解》,北京大学出版社 2023 年版,第 118 页。

7. 套取贷款后平息转贷的，构成本罪吗？

若套取贷款后只是平息转贷，由于不可能有违法所得，所以不可能构成本罪。

8. 如何处理变相高利转贷的案件，如表面上将该部分资金用于生产经营，但实际上将自有资金高利转贷他人？

单位套取金融机构贷款后又将资金高利借贷给他人的，如果借贷给他人的资金并未超过其贷款前的自有流动资金，不应认定为高利转贷罪。如果高利借贷给他人的资金部分超出了贷款前的自有流动资金，即只是将部分贷款高利转贷他人，只能就该部分认定为高利转贷罪。

第九节 骗取贷款、票据承兑、金融票证罪

·导 读·

为了保护民营企业的正当融资需求，2020年《刑法修正案(十一)》删除了骗取贷款罪中“或者有其他严重情节”的犯罪成立条件的规定，使得“给银行或者其他金融机构造成重大损失”，成为该罪唯一的成立条件，从而明确了本罪的成立标准，缩小了本罪的处罚范围。修改后本罪成为实害犯，没有未遂成立的余地。虽然使用了欺诈手段申请贷款，但提供了真实的足额担保的，不应构成犯罪。骗取小额贷款公司的贷款，能够成立骗取贷款罪或者贷款诈骗罪。“给银行或者其他金融机构造成重大损失”，可谓客观处罚条件，亦是本罪的成立条件。骗取贷款罪相当于骗用银行的贷款，其与贷款诈骗罪的区别在于行为人有无归还的意图，但二者之间不是对立关系。与银行具有贷款审批权的人进行串通，因为没有人受骗，不构成“骗”取贷款罪。本罪的既遂标准是取得金融机构的贷款，成立条件是给金融机构造成重大损失。评价“重大损失”，应坚持“经济的财产说”，即便认为银行存

在所谓债权，也能认定已经造成重大损失。

条　文

第一百七十五条之一　【骗取贷款、票据承兑、金融票证罪】以欺骗手段取得银行或者其他金融机构贷款、票据承兑、信用证、保函等，给银行或者其他金融机构造成重大损失的，处三年以下有期徒刑或者拘役，并处或者单处罚金；给银行或者其他金融机构造成特别重大损失或者有其他特别严重情节的，处三年以上七年以下有期徒刑，并处罚金。

单位犯前款罪的，对单位判处罚金，并对其直接负责的主管人员和其他直接责任人员，依照前款的规定处罚。

罪名精释

1.《刑法修正案（十一）》为什么修改骗取贷款罪的成立条件？

《刑法修正案（十一）》删除了骗取贷款罪中“或者有其他严重情节”的规定，是为了限制本罪的处罚范围，进而保护民营企业的正当融资需求。之前，按照“给银行或者其他金融机构造成重大损失或者有其他严重情节”的规定，2010年5月7日最高人民检察院、公安部《关于公安机关管辖的刑事案件立案追诉标准的规定（二）》规定，以欺骗手段取得贷款，数额在100万元以上的，应予立案追诉。这种不管是否给金融机构造成重大损失的解释，不当扩大了本罪的处罚范围。而实践中融资难的不是国有企业，而是民营企业。这种过于扩大处罚范围的立法和实践做法，不利于民营企业的融资和发展。经过《刑法修正案（十一）》的修改，“给银行或者其他金融机构造成重大损失”，成为本罪唯一的成立条件，明确了本罪的成立标准，缩小了本罪的处罚范围。相应地，2022年4月6日最高人民检察院、公安部《关于公安机关管辖的刑事案件立案追诉标准的规定（二）》第22条规定，以欺骗手段取得银行或者其他金融机构贷款，给银行或者其他机构造成直接经济损失数额在50万元以上的，应予立案追诉。

2. 骗取贷款罪属于何种犯罪类型？

在《刑法修正案（十一）》之前，由于本罪的成立条件是“给银行或者其他金融机构造成重大损失或者有其他严重情节”，所以对于本罪的犯罪类型在理论上存在行为犯、结果犯、情节犯的争论。在《刑法修正案（十一）》将“给银行或者其他金融机构造成重大损失”设置为该罪唯一的成立条件后，张明楷教授认为，骗取贷款罪属于结果犯。①

本书认为，既然“给银行或者其他金融机构造成重大损失”是本罪唯一的成立条件，就说明本罪属于实害犯。实害犯以发生现实的法益侵害结果为犯罪的成立条件和处罚根据，其与危险犯是相对应的概念。理论界长期存在混淆结果犯与实害犯概念的问题，实际上，实害犯不同于结果犯。结果犯是与行为犯相对应的概念，其区分标准在于是否以发生一定的物质性的、有形的结果作为犯罪既遂的条件。另外，行为与结果同时发生并且因果关系不需要进行特别判断的是行为犯，而行为与结果的发生之间具有一定的时空间隔，因而需要特别判断因果关系的是结果犯。

3. 骗取贷款罪有哪些行为类型？

案 1：被告人甲在网上申请银行贷款，具体规则为，向银行存入 50 万元的保证金，可贷款 48 万元，每个月分期还款，1 年内还清后，可将 50 万元的保证金退还。但甲在操作时发现了银行系统的漏洞，即取得 48 万元的贷款后，第二天就可以取出 50 万元保证金。于是，甲将自己的 50 万元存入银行，使用乙的身份证，帮乙贷款 48 万元，并收取 4.8 万元好处费，第二天取出 50 万元。再帮丙、丁等人贷款，贷款由乙、丙、丁等人偿还。3 个月后案发。

甲隐瞒了取得贷款后取出 50 万元的意图，属于提供虚假的贷款保证的欺骗，构成骗取贷款罪。同时，保证金具有质押的性质，由银行占有，甲擅自将其取出，还构成盗窃罪。虽然甲实施了两个行为，但实际只给银行造成了一个财产损失，所以可以成立包括的一罪，从一重处罚。

① 参见张明楷：《诈骗犯罪论》，法律出版社 2021 年版，第 1095 页。

由于骗取贷款罪与贷款诈骗罪的区别仅在于有无非法占有目的,行为方式都是骗取银行的贷款,所以可以根据《刑法》第 193 条第 1 款第 5 项关于贷款诈骗罪构成要件行为类型的规定,来判断某种行为是否成立骗取贷款罪。也就是说,只需要正确解释贷款诈骗罪的构成要件行为,并合理限定和运用兜底规定即可。

结合《贷款通则》与《刑法》第 193 条规定的行为,《刑法》第 175 条之一规定的"欺骗手段",应当仅限于借款人身份、贷款用途、还款能力、贷款保证四个方面的欺骗。具体包括以下几个方面。

第一,编造引进资金、项目等虚假理由,骗取贷款。其中的"等",并不是指任何虚假理由,应当限于编造贷款的用途,而不应扩大范围。

第二,使用虚假的经济合同,骗取贷款。这种情形也仅限于编造虚假的贷款用途,也就是通过向银行提供虚假的购货合同、买卖合同、投资协议等材料,虚构贷款用途,骗取贷款后另作他用。

第三,使用虚假的证明文件,骗取贷款。使用虚假的证明文件包括两方面的内容,一是使用虚假的身份证明;二是使用虚假的还款能力证明文件。

第四,使用虚假的产权证明作担保或者超出抵押物价值重复担保,骗取贷款。主要表现为,行为人通过伪造抵押权登记文书、超出抵押物价值重复抵押、骗物抵押、使用以假充真以次充好的财物质押、"空壳保证"等方式,向金融机构提供虚假的担保,从而骗取贷款。例如,伪造担保人签名或者假冒担保人签名进而骗取贷款的,应认定为骗取贷款罪;将权属有争议的财产用作担保进而骗取贷款的,应当认定为骗取贷款罪;将有其他瑕疵的抵押物作担保进而骗取贷款的,也应当认定为骗取贷款罪。

第五,以其他欺骗手段骗取贷款。所谓以其他手段骗取贷款,应当仅限于与前述四种手段相似的方法,而不是泛指一切欺骗手段,也就是只有就借款人身份、贷款用途、还款能力、贷款保证实施了欺骗手段时,才可能构成骗取贷款罪。一般来说,骗取贷款罪中的欺骗手段都可以归入前四种类型,而能归入这种兜底情形的特别罕见,但也不能完全排除。

4.虽然使用了欺诈手段申请贷款,但提供了真实的足额担保的,还能构成犯罪吗?

案2:某银行行长明知王某申请贷款是为了投机炒房,但因为王某经济实力强,信誉良好,特意让王某按照银行贷款的要求填写用于生产经营的虚假贷款用途,并提供了足额的抵押担保。王某取得贷款后将贷款用于投机炒房,之后如期归还了贷款本息。

如果认为只要申请贷款时提供了虚假的申请贷款材料,即便行为人提供了真实的足额担保,也能构成骗取贷款罪,那么王某的行为就可能构成骗取贷款罪(不考虑串通的因素)。但如果认为,虽然王某申请贷款时提供了虚假材料,但是也提供了足额的真实担保,银行信贷资金的安全没有风险,事实上也没有给银行造成重大损失,就可能认定王某的行为不构成犯罪。

张明楷教授认为,即使提供了真实的足额担保,还是能够构成骗取贷款罪。理由有三点。第一,即使提供了真实的足额担保,也可能构成贷款诈骗罪,既然如此,当然也可能构成骗取贷款罪。第二,即使提供了真实的足额担保,也可能由于担保物人为或自然灭失、担保权属存在争议等原因给金融机构造成重大损失。第三,即使提供了真实的足额担保,但在案发前没有还本付息,也能够认定为给金融机构造成了重大损失。①

本书认为,上述观点存在疑问。本罪属于实害犯,只有给金融机构实际造成了重大损失才成立骗取贷款罪。案发前没有还本付息的,尚不一定会给金融机构造成重大损失,只有金融机构实际行使担保权后仍然存在重大损失的,才可能以本罪论处。银行是从事资本性经营的机构,任何经营都会存在风险,既然借款人申请贷款时提供了真实的足额担保,就说明银行信贷资金的安全风险处于可控的范围内,即便因为行为人实施了一定的欺诈手段,如编造了虚假的贷款用途,这种风险也是金融机构应当承受的经营性风险。况且,即便行为人申请贷款时没有使用欺诈手段,贷款后也会因为经济形势恶化等市场风险和抵押物意外灭失等原因而给金融机构造成重大损失。所以不能认为,只要申请贷款时使用

① 参见张明楷:《诈骗犯罪论》,法律出版社2021年版,第1126~1132页。

了欺诈手段，即便提供了真实的足额担保，也不影响骗取贷款罪的成立，而是应当根据金融机构在行使担保权后是否仍然存在重大损失决定是否作为骗取贷款罪处理。

5. 骗取小额贷款公司贷款的，能否成立骗取贷款罪或者贷款诈骗罪？

骗取小额贷款公司贷款的，能够成立骗取贷款罪或者贷款诈骗罪。理由在于，一则，小额贷款公司是经过有关部门依法批准从事贷款金融业务的。二则，吸收存款不是金融机构的必备业务，小额贷款公司虽不吸收存款，但并不影响其金融机构的性质。三则，小额贷款公司虽然是有限责任公司或者股份有限公司，但这与金融机构亦不冲突。因此，既然要平等保护市场主体的权益，那么对于骗取小额贷款公司贷款的行为，也应认定为骗取贷款罪或者贷款诈骗罪。

需要注意的是，小额贷款公司及其工作人员不能成为违法发放贷款罪的犯罪主体。因为就银行等吸收公众存款的金融机构而言，金融机构本身及其工作人员的渎职与失职行为会损害公众（如存款人）的利益；但小额贷款公司并不吸收公众存款，公司本身及其工作人员的渎职与失职行为只是会给公司造成财产损失，不会损害公众利益。

6. "给银行或者其他金融机构造成重大损失"，是构成要件结果还是客观处罚条件？

案3：张三被金融机构列入了失信人名单，便冒用李四的名义骗取了金融机构的贷款。贷款即将到期时，张三准备归还本息，但王五知道后唆使张三不要还，于是张三便没有还。

如果认为"给银行或者其他金融机构造成重大损失"（以下简称"重大损失"）是构成要件结果，则王五的行为成立骗取贷款罪的教唆犯。但张三骗取了银行的贷款时，犯罪已既遂；而其他人在犯罪既遂后参与犯罪的除继续犯外，不可能成立共犯，只可能成立赃物犯罪。所以，认定王五的行为成立骗取贷款罪的教唆犯的观点存在疑问。

有观点认为，"重大损失"是骗取贷款罪的构成要件结果。也就是给金融机构造成“重大损失”是骗取贷款罪的危害结果，行为人的欺骗行为与该结果之间必须具有因果关系，只有具备该结果才能认定为本罪的既遂。张明楷教授认为，将“重大损失”理解为骗取贷款罪构成要件结果的观点至少存在以下疑问。

第一，诈骗犯罪不可能是过失犯罪，骗取贷款罪也只能是故意犯罪；如果说“重大损失”是构成要件结果，就需要行为人对该“重大损失”具有故意，也就是明知自己的行为会造成金融机构的重大损失，并且希望或者放任这种结果的发生。可是，如果行为人明知自己不能还本付息，却依然以欺骗手段向金融机构申请贷款，其行为就已经符合了贷款诈骗罪的主客观要件，而不能仅认定为骗取贷款罪。

第二，如果认为“重大损失”是构成要件结果，就不能说明骗取贷款罪的既遂时点。按理说，只要行为人取得了金融机构发放的贷款，骗取贷款罪就已经既遂。倘若认为“重大损失”是构成要件结果，那么，只有等到行为人不能归还贷款本息时，才成立犯罪既遂。可是，不能归还只是一个客观事实，不能归还的原因多种多样，但这种事后的事实与原因本身不可能是骗取贷款罪的构成要件要素。既然造成“重大损失”的事实与原因不是构成要件要素，那么，“重大损失”就不能是构成要件结果。

第三，如果说“重大损失”是构成要件结果，也不能解释共犯现象，如上述案3，倘若说“重大损失”是构成要件结果，就要认为王五的行为成立骗取贷款罪的教唆犯。可是，在王五实施唆使行为之前，张三早已骗取了贷款，犯罪已经既遂，王五不可能成立骗取贷款罪的教唆犯。

总之，骗取贷款罪是结果犯，其中的结果即作为构成要件要素的结果是“取得银行或者其他金融机构贷款”，而不是指“重大损失”。“重大损失”是客观处罚条件。也就是说，只要以符合构成要件的欺骗手段取得金融机构贷款，就成立骗取贷款罪（对欺骗内容当然需要从构成要件上进行限制）。但是，仅此还不能追究行为人的刑事责任，只有具备“重大损失”的客观处罚条件，才能科处刑罚。①

① 参见张明楷：《诈骗犯罪论》，法律出版社2021年版，第1096～1101页。

本书认为,争论“重大损失”是否为骗取贷款罪的构成要件结果没有意义。只要认识到取得贷款是骗取贷款罪的既遂条件,“重大损失”是成立条件,借款人使用欺骗手段取得了金融机构的贷款并且给金融机构造成了重大损失,才构成骗取贷款罪,并值得科处刑罚。

7. 骗取贷款罪与贷款诈骗罪之间是什么关系?

骗取贷款罪与贷款诈骗罪都是通过欺骗手段取得银行贷款的行为,二者的区别在于成立犯罪是否要求行为人主观上具有非法占有目的(不具有归还贷款本息的意思),成立贷款诈骗罪需要行为人主观上具有非法占有目的,而成立骗取贷款罪不需要。即便如此,也不能将骗取贷款罪的成立条件表述为“不具有非法占有目的”,进而认为两罪是对立、互斥关系。互斥论的问题在于,当行为人骗取了贷款,但不能查明其是否具有非法占有目的时,既不能成立贷款诈骗罪(因为不能证明行为人具有非法占有目的),同时也不能成立骗取贷款罪(因为不能证明行为人主观上不具有非法占有目的)。而连轻罪骗取贷款罪都不能成立的原因居然是行为人主观上可能具有非法占有目的。因此,互斥论会产生处罚漏洞进而不可取。本书认为,只要行为人骗取了贷款,就至少成立骗取贷款罪(当然需要给金融机构造成重大损失),而当查明行为人具有非法占有目的时,则进一步成立贷款诈骗罪。

8. 本罪的既遂标准是什么?

当行为人以欺骗手段取得金融机构贷款时,犯罪已经既遂。但由于借款人没有非法占有目的(不归还贷款),只是单纯的一时性骗用,所以立法者为了限制本罪的处罚范围,要求骗用贷款的行为实际上给金融机构造成了重大损失。因此,本罪中取得金融机构的贷款是本罪既遂的条件,而给金融机构造成重大损失是本罪的成立条件。《刑法》中还有类似的罪名,如恶意透支型信用卡诈骗罪,当行为人出于非法占有的目的透支取得了银行贷款时,就成立犯罪既遂,但只有满足了“经发卡银行催收后仍不归还”这一犯罪成立条件,才能以信用卡诈骗罪论处。

9. 与银行具有贷款审批权的人进行串通，还能构成“骗”取贷款罪吗？

案4：银行行长甲明知乙有骗取贷款的真实想法，也知道乙不符合申请贷款的条件，却主动要求他提供虚假材料。之后，乙根据甲的要求提供虚假材料申请贷款，并取得贷款。

如果不考虑骗取贷款罪的构造，认为只要申请贷款时提供了虚假的材料就能构成骗取贷款罪，那么乙的行为无疑构成骗取贷款罪。但如果考虑到骗取贷款罪的构造，因为无人被骗，则乙的行为不可能构成骗取贷款罪。

骗取贷款罪的构造与普通诈骗罪的构造相同：借款人实施欺骗行为→金融机构工作人员产生行为人符合贷款条件的认识错误→金融机构工作人员基于认识错误发放贷款→借款人取得贷款→金融机构遭受重大财产损失。所以，只有当行为人的欺骗手段使金融机构中具有处分权限（贷款审批权）的人就发放贷款产生了认识错误时，才属于采取了欺骗手段。借款人与银行具有贷款审批权的人进行串通的，由于不存在自然人受骗，不符合“骗”取贷款罪的构造，不能构成骗取贷款罪。具体如下。

第一，金融机构工作人员知道行为人的真实想法，主动要求行为人提供虚假材料，行为人根据其要求提供虚假材料后取得贷款的，不得认定为骗取贷款罪。

第二，行为人虽然在贷款材料方面弄虚作假，但将真相告诉了金融机构中具有处分权限的人员，金融机构中具有处分权限的人员知道真相的，不能认定行为人采取了欺骗手段，不能构成骗取贷款罪。

第三，行为人甲向金融机构中负责办理贷款事项的工作人员乙提供虚假材料，并且将真相告诉乙，但没有与乙就如何欺骗具有发放贷款处分权限的领导丙进行共谋，而乙主动隐瞒真相，将贷款材料上报给丙，丙同意发放贷款的，甲也不成立骗取贷款罪，只能认定乙构成违法发放贷款罪。

第四，借款人甲在申请贷款过程中向金融机构工作人员乙提供了虚假的材料，既没有与乙通谋，也没有将真相告诉金融机构中具有处分权限的负责人员，但丙在审批时知道真相仍然决定发放贷款的，只能由丙承担违法发放贷款罪的刑事责任，甲不构成骗取贷款罪。

第五，行为人提供了虚假材料，但金融机构工作人员不进行任何审核就发放贷款的,难以认定行为人采取欺骗手段取得了贷款,也就不能认定行为人构成骗取贷款罪。

10. 评价"重大损失",是应坚持"经济的财产说"还是"法律的财产说"的观点?

对"重大损失"的认定,应采取"经济的财产说"的立场。只要金融机构在事实上难以实现贷款债权,就应认定骗取贷款行为给金融机构造成了重大损失,而不能以金融机构仍然存在受民法保护的贷款债权为由,否认已经给金融机构造成的重大损失。

第十节　非法吸收公众存款罪

·导　读·

本罪所禁止的是非法吸收存款从事货币资本性经营的金融业务,该罪所保护的法益是银行等金融机构吸存放贷的货币资本经营的融资管理秩序。国家严厉打击非法从事吸存放贷的资本性经营活动,是为了控制金融风险和维护社会稳定。出资人并非被害人,所非法吸收的存款不应返还给出资人,而应追缴后上缴国库。受高息诱惑而主动要求出资的出资者,还能成立本罪的共犯。非法吸收公众存款行为的公开性,也只意味着其行为对象的公众性。非法吸收公众存款罪所禁止或者规制的是非法进行货币、资本性经营活动。吸收公众资金主要用于生产、经营活动的,不构成犯罪。非法吸收公众存款罪与集资诈骗罪之间的区别在于有无非法占有的目的。该条第3款是有利于被告人的规定,能够类推适用于相关条文。不能排除金融机构成为本罪主体的可能性。

条 文

第一百七十六条 【非法吸收公众存款罪】非法吸收公众存款或者变相吸收公众存款，扰乱金融秩序的，处三年以下有期徒刑或者拘役，并处或者单处罚金；数额巨大或者有其他严重情节的，处三年以上十年以下有期徒刑，并处罚金；数额特别巨大或者有其他特别严重情节的，处十年以上有期徒刑，并处罚金。

单位犯前款罪的，对单位判处罚金，并对其直接负责的主管人员和其他直接责任人员，依照前款的规定处罚。

有前两款行为，在提起公诉前积极退赃退赔，减少损害结果发生的，可以从轻或者减轻处罚。

罪名精释

1. 该罪的立法目的是什么？

案1：被告人杨某国是某某集团的法定代表人、董事长。2014年，杨某国利用其实际控制的公司又先后成立其他公司，根据理财产品的不同期限约定7%～15%不等的年化利率募集资金。在线下渠道，某某集团在全国多个省、市开设门店，采用发放宣传单、举办年会等方式进行宣传，理财客户或者通过与杨某国签订债权转让协议，或者通过匹配某某集团虚构的信贷客户借款需求进行投资，将投资款转账至杨某国名下的42个银行账户，被某某集团用于还本付息、生产经营等活动。在线上渠道，某某集团及其关联公司以网络借贷信息中介活动的名义进行宣传，理财客户根据某某集团的要求在第三方支付平台上开设虚拟账户并绑定银行账户。理财客户选定投资项目后将投资款从银行账户转入第三方支付平台的虚拟账户进行投资活动，某某集团、杨某国及其实际控制的担保公司为理财客户的债权提供担保。某某集团对理财客户虚拟账户内的资金进行调配，划拨出借资金和还本付息资金到相应理财客户和信贷客户账户，并将剩余资金直接转至杨某国在第三方支付平台上开设的托管账户，最后再转账至杨某国开设的银行账户,与线下资金混同,由某某集团支配使用。因资金链断裂,某某集团无法按期兑付本息。截至2016年4月,某某集团因非法吸收公众存款共计64亿元,未兑付资金共计26亿元,涉及集资参与人数1.34万余人。其中,通过线上渠道吸收公众存款11亿余元。2017年2月,某区检察院以非法吸收公众存款罪对杨某国等4名被告人依法提起公诉。2018年2月,某区法院作出一审判决,以非法吸收公众存款罪,判处被告人杨某国等人有期徒刑9年6个月不等,并处罚金50万元。

该案"要旨"认为,"单位或个人假借开展网络借贷信息中介业务之名,未经依法批准,归集不特定公众的资金设立资金池,控制、支配资金池中的资金,并承诺还本付息的,构成非法吸收公众存款罪"。该案的"指导意义"指出:(1)向不特定社会公众吸收存款是商业银行专属金融业务,任何单位和个人未经批准不得实施。这是判断吸收公众存款行为合法与非法的基本法律依据。任何单位或个人,包括非银行金融机构,未经国务院银行业监督管理机构批准,面向社会吸收公众存款或者变相吸收公众存款均属非法行为。(2)金融创新必须遵守金融管理法律规定,不得触犯刑法规定,必须遵守金融管理法律法规,尤其是依法须经许可才能从事的金融业务,不允许未经许可而以创新的名义擅自开展。(3)网络借贷信息中介机构依法只能从事信息中介业务,为借款人与出借人实现直接借贷提供信息搜集、信息公布、资信评估、信息交互、借贷撮合等服务。信息中介机构不得提供增信服务,不得直接或间接归集资金,包括设立资金池控制、支配资金或者为自己控制的公司融资。网络借贷信息中介机构利用互联网发布信息归集资金,不仅超出信息中介业务范围,同时也触犯了我国《刑法》第176条的规定。

在刑法典的体系安排上,非法吸收公众存款罪被置于分则第3章第4节破坏金融管理秩序罪中,而且《刑法》第176条规定的是非法吸收公众"存款"或者变相吸收公众"存款",而"存款"不同于资金,前者是用于放贷以赚取利率差的。吸收"存款"就意味着进行资本性经营,否则吸收存款者必然亏损。而资本性经营本是银行垄断的金融业务。未经批准从事这种银行才能从事的金融业务,会出现不可控的金融风险,这关系到国家金融安全和社会稳定。所以,本罪所禁止的是非法吸收存款从事货币资本性经营的金融业务,该罪所保护的法益是银行等金融机构所垄断的吸存放贷的货币资本经营的融资管理秩序。国家严厉打击这种非法从事吸存放贷的资本性经营活动,是为了控制金融风险和维护社会稳定。

2. 受高息诱惑而主动要求出资的出资者,能成立该罪的共犯吗?

非法吸收公众存款罪是侵害社会法益的犯罪,出资者不是被害人,出资者主动要求出资的,由于促进了他人非吸犯罪活动,所以理论上有可能成立非法吸收公众存款罪的共犯。

3. "出资人"是被害人吗?

司法实践一直以来会将查封、扣押、冻结的涉案财物(存款)返还给集资参与人(出资人),从这种做法可以看出实务部门认为出资人就是被害人。可是,非法吸收公众存款罪是破坏金融秩序、侵害社会法益的犯罪,明显不同于本质上是侵害个人(财产)法益的金融诈骗罪。

对非法吸收公众存款罪保护法益的误解,直接导致打击"非吸"不力的后果。追根溯源,从最早发生较大的非法吸收公众存款案开始,投资人亏损后就上访,要求政府解决。政府为了稳定,对投资者进行经济补偿。但这显然存在问题,首先,用纳税人的钱补偿这些投资者是没有道理的,投资者应当对自己的投资风险负责。其次,政府的补偿使得投资者更有"底气",导致非法吸收公众存款的越来越多。最后,对于一般的企业,用30%以上的利息去借款,几乎不可能还清,出资人不去银行存钱,却把钱投资给"非吸"者,这显然是投机行为。所以,出资人不是被害人。所非法吸收的存款不应返还给被害人,而应追缴后上缴国库。如此,就不会有人敢随便地投资(机)。

4. 如何理解"公开性"?

成立非法吸收公众存款罪并不要求非出资者或某一区域、行业内的多数人知悉。非法吸收公众存款行为完全可能只有出资人知悉。在出资者具有众多性或不特定性的情况下,公开与否并不是决定非法吸收公众存款行为是否破坏金融秩序的关键因素。所以,非法吸收公众存款行为的公开性,只是要求其行为对象的公众性。

5. 吸收公众存款用于生产、经营活动的,能否以犯罪论处?

> 案2:甲在小县城经营一家企业,生产塑料产品。甲之前一直向银行贷款,在银行不再提供贷款后,便向公众吸收资金,并承诺向公众还本付息,且利息比银行同期贷款利息高20%(如银行贷款利息为6%的话,甲就付7.2%的利息)。后来由于塑料产品的销路不好,甲对部分投资人未能还本付息,导致案发。

如果认为只要非法吸收了资金就构成犯罪,则甲的行为构成非法吸收公众存款罪。但倘若认为,非法吸收公众存款罪所禁止或者规制的是非法进行货币、资本性经营活动,由于甲吸收资金后主要用于生产经营,未将所吸收的资金用于货币、资本性经营活动(放贷),则因为没有法益侵害性,不构成非法吸收公众存款罪。

从非法吸收公众存款罪所处的条文位置来看,《刑法》第174条规定的是擅自设立金融机构罪,即未经批准直接从事银行业务、金融业务。第175条规定的是套取金融机构的贷款高利转贷他人牟利的高利转贷罪,也是在非法从事银行业务。第176条规定的是非法吸收公众存款罪,显然是指向社会公众非法吸收存款后从事银行业务或者其他金融业务。从条文的关系可以看出,《刑法》第176条禁止的是非法从事银行金融业务。此外,非法吸收公众存款罪的条文使用的表述是吸收"存款",而不是吸收资金。存款是与贷款相关联的,也就是说,公众实际上是将资金作为存款存入行为人那里。如果行为人直接将这些存款用于发放贷款等银行业务,才能认为侵害了法益而应以非法吸收公众存款罪论处。如果是像上述案2,甲吸收资金后将其用于购买机器设备等生产经营活动,则不属于吸收"存款",只是一种民间借贷,不构成非法吸收公众存款罪。

6. 如何区分非法吸收公众存款罪与集资诈骗罪?

非法吸收公众存款罪与集资诈骗罪之间的区别在于有无非法占有的目的。但不能认为二者构成要件之间是对立、互斥关系。只要非法吸收了公众存款,就至少构成非法吸收公众存款罪,如果进一步查明行为人具有非法占有的目的,则成立集资诈骗罪。

7. 该条第3款的规定,能否类推适用于相关条文?

刑法只禁止不利于被告人的类推解释与类推适用,而不反对,甚至提倡有利于被告人的类推解释和类推适用。虽然出资人并不是被害人,行为人积极退赃退赔给出资者的行为,并没有减轻行为的违法性,但该条第3款的规定毕竟是有利于被告人的,所以可以将这种规定类推适用于有被害人的经济财产类犯罪。

8. 金融机构能否成为本罪主体?

所谓非法吸收资金,是指违反了法律、法规、规章有关吸收资金的实体或者程序规定,而不限于"未经有关部门依法批准"。依法成立的金融机构也可能利用自己的地位与条件实施非法吸收公众存款的行为,故不能排除金融机构成为本罪的主体。

第十一节　伪造、变造金融票证罪

·导　读·

本罪中的"伪造""变造",包括无形伪造、无形变造。所谓变造信用卡,实质上还是伪造信用卡。伪造多种对象的,能够数罪并罚。虽然《刑法》并没有将本罪规定为目的犯,但将使用或行使的目的作为本罪的不成文的责任要素,是比较合理的。复制他人的储蓄卡,除构成本罪外,还可能构成盗窃罪。伪造金融票证后使用,如伪造票据后使用,可以认为成立伪造金融票证罪与票据诈骗罪的包括的一罪，从一重处罚即可。有关"明知是伪造、变造的金融票证而贩卖，以伪造、变造金融票证罪论处"的规定，存在疑问。

条 文

第一百七十七条 【伪造、变造金融票证罪】有下列情形之一，伪造、变造金融票证的，处五年以下有期徒刑或者拘役，并处或者单处二万元以上二十万元以下罚金；情节严重的，处五年以上十年以下有期徒刑，并处五万元以上五十万元以下罚金；情节特别严重的，处十年以上有期徒刑或者无期徒刑，并处五万元以上五十万元以下罚金或者没收财产：

（一）伪造、变造汇票、本票、支票的；

（二）伪造、变造委托收款凭证、汇款凭证、银行存单等其他银行结算凭证的；

（三）伪造、变造信用证或者附随的单据、文件的；

（四）伪造信用卡的。

单位犯前款罪的，对单位判处罚金，并对其直接负责的主管人员和其他直接责任人员，依照前款的规定处罚。

罪名精释

1. 本罪中的"伪造""变造"，能否包括无形伪造、变造？

伪造与变造的区别在于是否属于实质性变更。发生实质性变更的是伪造，未发生实质性变更的是变造。有形与无形的区别在于是否具有制作权限。没有制作权限的人制作的是有形伪造，有制作权限的人制作的是无形伪造。刑法中伪造、变造的含义具有相对性。仅规定伪造而未规定变造的，伪造包括了变造。伪造和变造一般都既包括有形伪造与有形变造，也包括无形伪造与无形变造。本罪中的伪造和变造，同样既包括有形伪造、变造，也包括无形伪造、变造。

2. 变造信用卡的,无罪吗?

从理论上讲,本罪中的“伪造”信用卡,包括变造信用卡,但实践表明,“变造”的信用卡仅保留了信用卡的外形,其内容与真实信用卡有很大的差异,其实质就是伪造的信用卡。也就是说,虽然理论上伪造信用卡包括变造信用卡,但实际上变造很难,所谓的变造信用卡,实质上还是伪造信用卡。

3. 伪造多种对象的,能数罪并罚吗?

一般认为,伪造、变造金融票证罪是概括罪名,而通说认为概括罪名不能数罪并罚。这种观点存在疑问,很可能造成罪刑失衡。例如,行为人既大量伪造汇票,又大量伪造委托收款凭证,还大量伪造信用证和信用卡,假定根据伪造的每一种对象的数量进行评价都只能判处有期徒刑,按照概括罪名不能数罪并罚的观点,上述行为最重只能判处15年有期徒刑。这显然会使罪刑失衡。因为如果伪造的是一种对象,只要数量足够大,就完全可能判处无期徒刑。其实,所谓概括罪名并不是立法罪名,而是司法罪名。也就是说,完全可以认为《刑法》第177条规定了伪造、变造票据罪,伪造、变造银行结算凭证罪,伪造、变造信用证罪和伪造信用卡罪4个罪名。若理解为4个罪名,伪造多种对象的,完全可以而且应当数罪并罚。所以,通说关于概括罪名不能数罪并罚的观点是错误的。是否并罚与属于何种罪名没有关系,只需考量不并罚能否做到罪刑相适应。只要不违反重复评价原则,不管何种罪名,实施了多个行为,或者针对不同对象的,原则上就应当数罪并罚。

4. 成立本罪,是否需要具备使用的目的?

不具有使用目的的伪造、变造,其发生的可能性不大,即使发生,量也不会太大,而不值得科处刑罚。因此,虽然《刑法》并没有将本罪规定为目的犯,但将使用或行使的目的作为本罪的不成文的责任要素,是比较合理的。

5. 复制他人的储蓄卡,除构成本罪外,还可能构成盗窃罪吗?

复制他人的储蓄卡,就可能意味着窃取了他人的银行存款债权,同时成立伪造金融票证罪与盗窃罪，二者系想象竞合，从一重处罚。

6. 伪造金融票证后使用的，如何处理？

伪造金融票证后使用，如伪造票据后使用，可以认为成立伪造金融票证罪与票据诈骗罪的包括的一罪，从一重处罚即可。

7. “明知是伪造、变造的金融票证而贩卖，以伪造、变造金融票证罪论处”的准司法解释规定，有无疑问？

最高人民法院研究室《关于对贩卖假金融票证行为如何适用法律问题的复函》的规定违反了共犯的基本原理。因为只要没有事先通谋，在犯罪既遂之后参与的，不可能对犯罪行为和结果有因果性贡献。本质上，除继续犯外，共犯只能在既遂之前参与。既遂后参与的，只可能成立赃物犯罪。所以，伪造、变造金融票证既遂之后参与的，不可能成立伪造、变造金融票证罪的共犯。

第十二节　妨害信用卡管理罪

·导　读·

持有、运输伪造的信用卡的，不需要数量较大。误以为持有的是他人真实的信用卡，实际上是伪造的信用卡，也只能认定为“非法持有他人信用卡”，而且要求数量较大。实施多种行为类型的，能够以同种数罪并罚。伪造信用卡后持有、运输、出售、提供的，成立伪造金融票证罪与本罪的包括的一罪，从一重处罚。购买真实的信用卡后持有的，成立本罪；购买真实的信用卡后使用的，成立信用卡诈骗罪。购买伪造的信用卡或者以虚假的身份证明骗领信用卡后使用，根据是在柜员机上使用还是对自然人使用，分别成立本罪和盗窃罪、信用卡诈骗罪。得到他人同意持有他人信用卡、用他人身份证领取信用卡的，也可能构成本罪。无偿交付信用卡给他人使用的，可能成立帮助信息网络犯罪活动罪的正犯或诈骗等罪的共犯。出售真实的信用卡的虽不成立本罪,但可能成立(第1款第2项非法持有他人信用卡)本罪的共犯,还可能成立帮助信息网络犯罪活动罪的正犯和诈骗罪等罪的共犯,想象竞合,从一重处罚。

条　文

第一百七十七条之一第一款　【妨害信用卡管理罪】有下列情形之一,妨害信用卡管理的,处三年以下有期徒刑或者拘役,并处或者单处一万元以上十万元以下罚金;数量巨大或者有其他严重情节的,处三年以上十年以下有期徒刑,并处二万元以上二十万元以下罚金:

(一)明知是伪造的信用卡而持有、运输的,或者明知是伪造的空白信用卡而持有、运输,数量较大的;

(二)非法持有他人信用卡,数量较大的;

(三)使用虚假的身份证明骗领信用卡的;

(四)出售、购买、为他人提供伪造的信用卡或者以虚假的身份证明骗领的信用卡的。

罪名精释

1. 持有、运输伪造的信用卡的,是否不需要“数量较大”?

《刑法》分则中,规定有多种行为类型的罪状表述中的“的”,是罪状表述完结的标志,表示到此为止行为已经达到值得科处刑罚的程度,“或者”后行为类型中的“数量较大”“情节严重”的表述或者适用条件,不适用于“或者”前的行为类型成立犯罪的要求。因为本罪中的“或者”前有“的”,所以持有、运输伪造的信用卡行为类型构成犯罪不要求“数量较大”。

2. 误以为持有的是他人真实的信用卡，实际上是伪造的信用卡，能否以持有伪造的信用卡认定而不需要“数量较大”？

案1：刘某身上有17张以他人名义申领的信用卡，且均为伪造的信用卡，但刘某确实一直以为是真实有效的信用卡，即刘某不知道自己持有的是伪造的信用卡。

如果认为本罪第1款第2项中的“非法持有他人信用卡”限于他人真实的信用卡，则刘某的行为成立“非法持有他人信用卡”的未遂乃至不能犯，不构成犯罪。同时由于刘某没有持有伪造的信用卡的故意，其行为属于“过失持有伪造的信用卡”，也无罪。无罪的结论显然不能被人接受。因为根据非法持有他人5张信用卡就应立案追诉的司法解释规定，刘某持有真实的信用卡5张就能构成犯罪，而其持有17张伪造的信用卡，危害性更大，反而无罪。而且，如果认为这种情形无罪，无疑会为当事人逃避刑事处罚指明方向：实际持有伪造的信用卡的，辩称自己误以为是真实的信用卡；实际持有真实的信用卡的，辩称以为自己持有的是伪造的信用卡。

有观点认为，本罪中的“非法持有他人信用卡”限于他人真实的信用卡。[①]本书认为，“非法持有他人信用卡”中的信用卡，虽然一般是指真实的信用卡，但为了避免在认识错误时出现处罚漏洞和为当事人逃避处罚提供便利，应该认为该项中规定的“他人信用卡”，不限于真实的信用卡，而是包括伪造的信用卡。也就是说，当行为人误以为持有的是真实的信用卡（如上述案1），实际持有的是伪造的信用卡时，还是应当评价为“非法持有他人信用卡”，而要求“数量较大”才构成犯罪，所以上述案1中刘某的行为属于“非法持有他人信用卡，数量较大”，而构成妨害信用卡管理罪。相反，若行为人误以为持有的是伪造的信用卡，而实际上持有的是真实的信用卡，由于客观上持有的是真实信用卡，也要求达到“数量较大”，才构成妨害信用卡管理罪。

① 参见王新：《刑法分论精解》，北京大学出版社2023年版，第128页。

3. 实施多种行为类型的,能同种数罪并罚吗?

通说认为该罪是概括罪名,同时认为概括罪名不能数罪并罚,因此,行为人同时实施持有、运输伪造的信用卡,持有、运输伪造的空白信用卡,非法持有他人信用卡,骗领信用卡,出售、购买、提供伪造的信用卡行为的,也只能判处最重的10年有期徒刑。这样处理显然不能做到罪刑相适应。因为立法者设计判处10年有期徒刑的是指实施一种行为而言,而不是实施多种行为。所以,即便认为该罪是所谓概括罪名,在行为人同时实施多种行为类型时,也不能排除以同种数罪并罚,最重判处20年有期徒刑的情形。

4. 伪造信用卡后持有、运输、出售、提供的,如何处理?

伪造信用卡后持有、运输、出售、提供的,由于仅侵害一个法益,所以成立伪造金融票证罪与本罪的包括的一罪,从一重处罚。

5. 购买真实的信用卡后持有、使用的,如何处理?

购买真实的信用卡后持有的,成立本罪;购买真实的信用卡后使用的,成立信用卡诈骗罪。

6. 购买伪造的信用卡或者以虚假的身份证明骗领的信用卡后予以使用的,如何处理?

购买伪造的信用卡或者以虚假的身份证明骗领的信用卡后使用,根据行为人是在柜员机上使用还是对自然人使用,分别成立本罪和盗窃罪、信用卡诈骗罪的牵连犯,从一重处罚即可。

7. 得到他人同意持有他人信用卡、用他人身份证领取信用卡的,构成本罪吗?

有观点认为,《刑法》第177条之一第1款第2项中的"非法持有他人信用卡",是指行为人未经持卡人本人的同意而实际支配、控制他人信用卡的状态。[①]

---

① 参见王新:《刑法分论精解》,北京大学出版社2023年版,第128页。

言外之意是，只要得到他人的同意而持有他人信用卡的就不构成本罪。这恐怕存在疑问。

《刑法》第 177 条之一仅规定购买伪造的信用卡，而没有规定购买真实的信用卡，所以只能评价购买之后的持有行为。由于信用卡不能转让和由他人持有（亲属、亲友之间得到同意的除外），购买之后持有的，成立妨害信用卡管理罪。就持有他人信用卡而言，若为持卡人保管、取款而持有他人信用卡，不成立犯罪；经持卡人同意，收藏他人没有余额、不能透支的借记卡的，不宜认定为本罪；但收藏他人没有作废，可以透支的贷记卡的，即使征得持卡人同意，也属于非法持有他人信用卡，构成妨害信用卡管理罪。概言之，非法持有他人信用卡的，并不要求信用卡的来源非法，而是要求持有行为本身违反信用卡管理规定。对于得到他人同意用其身份证领取信用卡的，虽然相关司法解释规定不成立本罪，但一概认定为无罪有些绝对。例如，准备实施电信诈骗的人，征得他人同意后，利用他人身份证明申领信用卡的，不能排除本罪成立的可能性。

8. 无偿交付信用卡给他人使用的行为，构成犯罪吗？

若明知他人利用信息网络实施犯罪，仍无偿交付信用卡给他人使用，则成立帮助信息网络犯罪活动罪的正犯或诈骗罪等罪的共犯。

9. 伪造空白的信用卡后又持有、运输、出售或者提供给他人的，如何处理？

伪造空白的信用卡的，不构成伪造金融票证罪。伪造之后持有、运输的，构成本罪；出售、提供给他人使用的，只能评价为（持有伪造的空白信用卡）本罪的共犯。

10. 盗窃信用卡后非法持有的，如何处理？

若盗窃信用卡行为本身构成盗窃罪，如扒窃、入户盗窃信用卡，则盗窃后非法持有由于来源清楚，仅成立盗窃罪，不成立本罪。若盗窃信用卡行为不构成盗窃罪，则成立本罪。

11. 出售、购买、提供真实的信用卡的,如何处理?

《刑法》第 177 条之一第 1 款第 4 项仅规定出售、购买、提供伪造的信用卡构成犯罪,没有规定出售、购买、提供真实的信用卡构成本罪。因此,出售真实信用卡的,除与他人成立"非法持有他人信用卡"的共犯外,还可能成立帮助信息网络犯罪活动罪正犯和诈骗罪等罪共犯,想象竞合,从一重处罚。购买真实信用卡的,只能评价事后的非法持有他人信用卡的行为,进而构成本罪。提供真实的信用卡的,也只能评价为"非法持有他人信用卡"的共犯和帮助信息网络犯罪活动罪的正犯与诈骗罪等罪的共犯,想象竞合,从一重处罚。

第十三节　窃取、收买、非法提供信用卡信息罪

·导　读·

窃取、收买或者非法提供他人信用卡的行为,可能成立窃取、收买、非法提供信用卡信息罪。窃取、收买、非法提供信用卡信息的,还可能同时构成侵犯公民个人信息罪。骗取、劫取、夺取、吓取他人信用卡信息资料的,都可以评价为"窃取"他人信用卡信息资料,而构成本罪。本罪中的"收买",不应限于物质性的收买,以女色引诱取得他人信用卡信息资料的,也能认定为收买他人信用卡信息资料,而构成本罪。对于窃取、收买与非法提供他人信用卡信息资料,在定罪处刑上应区别对待。

条　文

第一百七十七条之一第二款　【窃取、收买、非法提供信用卡信息罪】窃取、收买或者非法提供他人信用卡信息资料的,依照前款规定处罚。

第三款　银行或者其他金融机构的工作人员利用职务上的便利,犯第二款罪的,从重处罚。

罪名精释

1. 窃取、收买或者非法提供他人信用卡的行为，可能成立窃取、收买、非法提供信用卡信息罪吗？

由于信用卡本身包含了信用卡信息资料，故窃取、收买或者非法提供他人信用卡的行为，也可能成立本罪。

2. 窃取、收买、非法提供信用卡信息的，还可能同时构成侵犯公民个人信息罪吗？

由于信用卡信息资料属于重要的公民个人信息，所以实施本罪行为也可能同时触犯《刑法》第253条之一规定的侵犯公民个人信息罪，构成想象竞合，应从一重处罚。

3. 骗取、劫取、夺取、吓取他人信用卡信息资料的，无罪吗？

只要是违背他人真实意志而取得，都可谓窃取。所以，骗取、劫取、夺取、吓取他人信用卡信息资料的，都可以评价为“窃取”他人信用卡信息资料，而构成本罪。

4. 本罪中的“收买”，是否限于物质性的收买？

本罪中的“收买”，不应限于物质性的收买，以女色引诱取得他人信用卡信息资料的，也能认定为收买他人信用卡信息资料，而构成本罪。

5. 对于窃取、收买与非法提供他人信用卡信息资料，在定罪处刑上应否区别对待？

由于窃取、收买他人信用卡信息资料，对他人信用卡信息资料的安全只具有抽象性危险，而非法提供他人信用卡信息资料，已经造成了具体性危险。所以，在定罪处刑上应当区别对待窃取、收买与非法提供他人信用卡信息资料的行为，对前者进行定罪处刑的数量标准应相对高一些。

第十四节 伪造、变造国家有价证券罪

·导 读·

有价证券,是指具有一定货币面额价值,代表一定的财产所有权,并借以取得一定的收益,并且被作为金融工具的一种凭证。本罪的“伪造”“变造”,既包括有形伪造、变造,也包括无形伪造、变造。本罪不是选择性罪名,而是并列罪名。行为人既伪造国库券,又变造国库券的,能够数罪并罚;既伪造国库券,又变造国家发行的其他有价证券的,也能够数罪并罚。伪造、变造后使用的,一般认为成立本罪与有价证券诈骗罪的包括的一罪,从一重处罚。

条 文

第一百七十八条第一款 【伪造、变造国家有价证券罪】伪造、变造国库券或者国家发行的其他有价证券,数额较大的,处三年以下有期徒刑或者拘役,并处或者单处二万元以上二十万元以下罚金;数额巨大的,处三年以上十年以下有期徒刑,并处五万元以上五十万元以下罚金;数额特别巨大的,处十年以上有期徒刑或者无期徒刑,并处五万元以上五十万元以下罚金或者没收财产。

第三款 单位犯前两款罪的,对单位判处罚金,并对其直接负责的主管人员和其他直接责任人员,依照前两款的规定处罚。

罪名精释

1. 该条中的“伪造”“变造”,是否包括无形伪造、变造?

该条中的“伪造”“变造”是广义的,既包括有形伪造、变造,也包括无形伪

造、变造。所谓有形伪造国家有价证券，是指没有制作权限的人，制作出形式和内容均虚假的国家有价证券的行为。无形伪造国家有价证券，是指具有制作权限的人，制作出形式真实但内容虚假的国家有价证券的行为。所谓有形变造国家有价证券，是指没有变更权限的人对真实的国家有价证券加以变更，制作出形式和内容均虚假的国家有价证券的行为。无形变造国家有价证券，是指具有变更权限的人，对真实的国家有价证券加以变更，制作出形式真实但内容虚假的国家有价证券的行为。

2. 伪造、变造国家有价证券罪，是选择性罪名还是并列罪名？

由于不可能对同一个对象既伪造又变造，所以不能认为本罪是选择性罪名，而应认为本罪是并列罪名。

3. 行为人既伪造国库券，又变造国库券的，既伪造国库券，又变造国家发行的其他有价证券的，能否数罪并罚？

本罪不是选择性罪名，而是并列罪名。所以，行为人既伪造国库券，又变造国库券的，能够数罪并罚；既伪造国库券，又变造国家发行的其他有价证券的，也能够数罪并罚。

4. 伪造、变造后使用的，如何处理？

伪造、变造后使用的，成立伪造、变造国家有价证券罪与有价证券诈骗罪的包括的一罪，从一重处罚。

第十五节　伪造、变造股票、公司、企业债券罪

·导　读·

本罪中的"伪造""变造"既包括有形伪造、变造，又包括无形伪造、变造。本罪不是选择性罪名，而是并列罪名，行为人既伪造股票，又伪造债券的，应当数罪并罚。伪造、变造后使用的，成立本罪与诈骗罪的牵连犯，从一重处罚。

条　文

第一百七十八条第二款　【伪造、变造股票、公司、企业债券罪】伪造、变造股票或者公司、企业债券，数额较大的，处三年以下有期徒刑或者拘役，并处或者单处一万元以上十万元以下罚金；数额巨大的，处三年以上十年以下有期徒刑，并处二万元以上二十万元以下罚金。

第三款　单位犯前两款罪的，对单位判处罚金，并对其直接负责的主管人员和其他直接责任人员，依照前两款的规定处罚。

罪名精释

1. 该条中的"伪造""变造"，是否包括无形伪造、变造？

该条中的"伪造""变造"是广义的，既包括有形伪造、变造，又包括无形伪造、变造。

2. 伪造、变造股票、公司、企业债券罪，是否为选择性罪名？

理论上一直想当然地认为只要有并列规定的要素就是选择性罪名，本条之

罪也不例外。应该认为，由于不可能对同一份股票或者债券既伪造又变造，所以本罪并非选择性罪名，而是并列罪名。

3. 既伪造股票，又伪造债券的，能否数罪并罚？

由于本罪不是选择性罪名，而是并列罪名，所以，行为人既伪造股票，又伪造债券的，应当数罪并罚。

4. 伪造、变造后使用的，如何处理？

伪造、变造后使用的，成立本罪与诈骗罪的牵连犯，从一重处罚。

第十六节　擅自发行股票、公司、企业债券罪

·导　读·

本罪不是选择性罪名，而是并列罪名，既擅自发行大量的股票，又擅自发行大量的债券的，应当数罪并罚。“擅自”的表述，只具有语感意义。本罪与欺诈发行证券罪可能发生竞合。

条　文

第一百七十九条　【擅自发行股票、公司、企业债券罪】未经国家有关主管部门批准，擅自发行股票或者公司、企业债券，数额巨大、后果严重或者有其他严重情节的，处五年以下有期徒刑或者拘役，并处或者单处非法募集资金金额百分之一以上百分之五以下罚金。

单位犯前款罪的，对单位判处罚金，并对其直接负责的主管人员和其他直接责任人员，处五年以下有期徒刑或者拘役。

罪名精释

1. 本罪是否为选择性罪名?

因为有并列要素的规定,理论上会想当然地认为本罪是选择性罪名。其实,本罪并非选择性罪名,而是并列罪名。

2. 既擅自发行大量的股票,又擅自发行大量的债券,能否数罪并罚?

理论通说认为本罪是选择性罪名,同时坚持认为对于选择性罪名不能数罪并罚。这种观点存在疑问。假定既擅自发行可能最高判处法定最高刑 5 年有期徒刑的大量的股票,又擅自发行可能最高判处法定最高刑 5 年有期徒刑的债券,若认为选择性罪名都不能数罪并罚,则必然造成罪刑不相适应。应该认为,是否数罪并罚与是否为选择性罪名无关。行为人既擅自发行大量的股票,又擅自发行大量的债券的,应当数罪并罚,否则很难做到罪刑相适应。

3. "擅自"的表述,有无意义?

"未经国家有关主管部门批准"发行股票、债券,就可谓"擅自",所以"擅自"只具有语感意义。

4. 本罪与欺诈发行证券罪之间是什么关系?

未经国家有关部门批准欺诈发行股票、债券的,既构成本罪,又构成欺诈发行证券罪,属于想象竞合,从一重处罚。

第十七节 内幕交易、泄露内幕信息罪

·导 读·

本罪不是选择性罪名,而是并列罪名。行为人既进行内幕交易,又泄露内幕信息的,应当数罪并罚。本罪中的"他人",既不是被害人,也不缺乏期待可能性,所以"他人"完全可能成立本罪的共犯。

条 文

第一百八十条 【内幕交易、泄露内幕信息罪】证券、期货交易内幕信息的知情人员或者非法获取证券、期货交易内幕信息的人员,在涉及证券的发行,证券、期货交易或者其他对证券、期货交易价格有重大影响的信息尚未公开前,买入或者卖出该证券,或者从事与该内幕信息有关的期货交易,或者泄露该信息,或者明示、暗示他人从事上述交易活动,情节严重的,处五年以下有期徒刑或者拘役,并处或者单处违法所得一倍以上五倍以下罚金;情节特别严重的,处五年以上十年以下有期徒刑,并处违法所得一倍以上五倍以下罚金。

单位犯前款罪的,对单位判处罚金,并对其直接负责的主管人员和其他直接责任人员,处五年以下有期徒刑或者拘役。

内幕信息、知情人员的范围,依照法律、行政法规的规定确定。

罪名精释

1. 内幕交易、泄露内幕信息罪,是并列罪名还是选择性罪名?

理论上一般认为本条之罪是选择性罪名。其实,内幕交易与泄露内幕信息属于不同的行为类型,所以本罪并非选择性罪名,而是并列罪名。

2. 既进行内幕交易，又泄露内幕信息的，应否数罪并罚？

本罪不是选择性罪名，而是并列罪名。所以行为人既进行内幕交易，又泄露内幕信息的，应当数罪并罚。

3. "明示、暗示他人"中的"他人"，能否成立共犯？

这是片面对向犯的问题。应该认为，这里的"他人"，既不是被害人，也不缺乏期待可能性，所以"他人"完全可能成立本罪的共犯。

第十八节　利用未公开信息交易罪

·导　读·

本罪中的"他人"，可能成立本罪的共犯。所谓职务便利，是指主管、管理、经营、经手业务的便利。

条　文

第一百八十条第四款　【利用未公开信息交易罪】证券交易所、期货交易所、证券公司、期货经纪公司、基金管理公司、商业银行、保险公司等金融机构的从业人员以及有关监管部门或者行业协会的工作人员，利用因职务便利获取的内幕信息以外的其他未公开的信息，违反规定，从事与该信息相关的证券、期货交易活动，或者明示、暗示他人从事相关交易活动，情节严重的，依照第一款的规定处罚。

罪名精释

1. "明示、暗示他人"中的"他人"，能否成立本罪的共犯？

这是片面对向犯的问题。应该认为，本罪中的"他人"，既不是被害人（法律保护的对象,法益承受者),也不缺乏期待可能性,所以完全可能成立本罪的共犯。

2.何谓“职务便利”?

所谓职务便利,是指主管、管理、经营、经手业务的便利。

第十九节　编造并传播证券、期货交易虚假信息罪

·导　读·

本罪是单行为犯,而不是复行为犯。“编造”并非本罪的实行行为,本罪的实行行为只有传播。单纯对证券、期货市场发表的评价,不属于编造虚假信息,不构成犯罪。

条　文

第一百八十一条第一款　【编造并传播证券、期货交易虚假信息罪】编造并且传播影响证券、期货交易的虚假信息,扰乱证券、期货交易市场,造成严重后果的,处五年以下有期徒刑或者拘役,并处或者单处一万元以上十万元以下罚金。

第三款　单位犯前两款罪的,对单位判处罚金,并对其直接负责的主管人员和其他直接责任人员,处五年以下有期徒刑或者拘役。

罪名精释

1.“编造”是本罪的实行行为吗?

一方面,单纯编造影响证券、期货交易的虚假信息的行为,不可能侵害法益。另一方面,明知是他人编造的影响证券、期货交易的虚假信息而传播的,即使行为人与编造者没有通谋,也能成立本罪。“编造并且传播”的规定,只是为了将

缺乏故意的传播行为排除在犯罪之外。因此，本罪是单行为犯，而不是复行为犯，“编造”并非本罪的实行行为，本罪的实行行为只有传播。

2. 单纯编造而不传播的，构成犯罪吗？

编造不是本罪的实行行为，单纯编造而不传播的，不可能侵害法益，不应作为犯罪处理，包括预备行为。

3. 单纯对证券、期货市场发表的评价，属于编造虚假信息吗？

案1：甲是网络上著名的证券分析专家。甲通过网络分析了某公司公布的公司信息后，购买了大量该公司的股票，在网上频频发帖，宣称该支股票肯定会大涨，但甲并没有声明自己已经大量购入了该支股票。在甲的鼓动下，股民大量购入了该支股票，导致该股票的股价大涨。

本案中，判断甲传播的信息是否属“虚假信息”，应以甲所依据的事实是否符合股票价格波动的规律为标准，甲是否已经在网络上将他分析所依据的事实全部列明。如果甲分析所依据的事实属实，那么，就不能以甲具有牟利目的为由，将甲的行为认定为编造并传播证券交易虚假信息罪。

所谓虚假信息，是就事实而非价值而言，而且必须是足以影响证券、期货交易市场的重大事实。单纯对证券、期货市场发表的评价，系价值判断，不属于编造虚假信息，不构成犯罪。

第二十节　诱骗投资者买卖证券、期货合约罪

·导　读·

本罪是单行为犯，实行行为只有诱骗。将伪造、变造、销毁交易记录认定为本罪的着手，会导致本罪着手的认定过于提前，进而不当扩大本罪的处罚范围。

条　文

第一百八十一条第二款　【诱骗投资者买卖证券、期货合约罪】证券交易所、期货交易所、证券公司、期货经纪公司的从业人员,证券业协会、期货业协会或者证券期货监督管理部门的工作人员,故意提供虚假信息或者伪造、变造、销毁交易记录,诱骗投资者买卖证券、期货合约,造成严重后果的,处五年以下有期徒刑或者拘役,并处或者单处一万元以上十万元以下罚金;情节特别恶劣的,处五年以上十年以下有期徒刑,并处二万元以上二十万元以下罚金。

第三款　单位犯前两款罪的,对单位判处罚金,并对其直接负责的主管人员和其他直接责任人员,处五年以下有期徒刑或者拘役。

罪名精释

1. 本罪是复行为犯吗?

从条文表述看,本罪似乎是复行为犯,实行行为是"提供 + 诱骗"或者"伪造、变造、销毁交易记录 + 诱骗"。其实,本罪是单行为犯,实行行为只有诱骗。所谓故意提供虚假信息和伪造、变造、销毁交易记录,都是判断行为人是否"诱骗"投资者买卖证券、期货合约的资料。

2. 实施伪造、变造、销毁交易记录,是否意味着本罪的着手?

本罪的实行行为只有"诱骗",所谓伪造、变造、销毁交易记录只是为诱骗做准备的行为,或者说是判断是否"诱骗"的资料。将伪造、变造、销毁交易记录认定为本罪的着手,会导致本罪着手的认定过于提前,而不当扩大本罪的处罚范围。

第二十一节 操纵证券、期货市场罪

·导 读·

本罪并非选择性罪名,而是并列罪名。行为人既操纵证券市场,又操纵期货市场的,应当数罪并罚。本罪中"合谋""串通"的相对方,既不是被害人,也不缺乏期待可能性,所以完全可能成立本罪的共犯。有关"因操纵证券、期货市场行为受过刑事追究,或者二年内因操纵证券、期货市场行为受过行政处罚的,属于情节严重"的司法解释规定,混淆了预防要素和责任要素,可能导致宣告刑过重。

条 文

第一百八十二条 【操纵证券、期货市场罪】有下列情形之一,操纵证券、期货市场,影响证券、期货交易价格或者证券、期货交易量,情节严重的,处五年以下有期徒刑或者拘役,并处或者单处罚金;情节特别严重的,处五年以上十年以下有期徒刑,并处罚金:

(一)单独或者合谋,集中资金优势、持股或者持仓优势或者利用信息优势联合或者连续买卖的;

(二)与他人串通,以事先约定的时间、价格和方式相互进行证券、期货交易的;

(三)在自己实际控制的帐户之间进行证券交易,或者以自己为交易对象,自买自卖期货合约的;

(四)不以成交为目的,频繁或者大量申报买入、卖出证券、期货合约并撤销申报的;

(五)利用虚假或者不确定的重大信息,诱导投资者进行证券、期货交易的;

（六）对证券、证券发行人、期货交易标的公开作出评价、预测或者投资建议，同时进行反向证券交易或者相关期货交易的；

（七）以其他方法操纵证券、期货市场的。

单位犯前款罪的，对单位判处罚金，并对其直接负责的主管人员和其他直接责任人员，依照前款的规定处罚。

罪名精释

1. 该罪是选择性罪名吗？

通说一般认为只要有并列规定的要素，就是选择性罪名。其实，操纵证券市场和操纵期货市场完全是两种不同的行为类型。所以本罪并非选择性罪名，而是并列罪名。

2. 行为人既操纵证券市场，又操纵期货市场的，能够数罪并罚吗？

通说认为本罪是选择性罪名，同时认为选择性罪名不能数罪并罚。这种观点是错误的。本罪不是选择性罪名，而是并列罪名。行为人既操纵证券市场，又操纵期货市场的，应当数罪并罚。

3. “合谋”“串通”的相对方，能构成本罪的共犯吗？

这是片面对向犯的问题。应该认为，本罪中“合谋”“串通”的相对方，既不是被害人（法律保护的对象、法益承受者），也不缺乏期待可能性，所以完全可能成立本罪的共犯。

4. 有关因操纵证券、期货市场行为受过刑事追究，或者 2 年内因操纵证券、期货市场行为受过行政处罚的，属于情节严重的司法解释规定，有无疑问？

《关于办理操纵证券、期货市场刑事案件适用法律若干问题的解释》第 3 条第 1 款第 4 项和第 5 项的规定存在疑问。《刑法》分则中“情节严重”“情节特别严重”，只能是客观方面的反映法益侵害程度的客观违法要素。而曾经受过刑事追究、行政处罚，只是反映行为人再犯罪可能性，即特殊预防必要性大小的预防要素。上述司法解释规定显然混淆了预防要素和责任要素，可能导致宣告刑过重。

第二十二节 背信运用受托财产罪

·导 读·

本罪是典型的背信犯罪。若我国《刑法》中规定有背信罪，本罪就完全没有存在的必要。凡是金融机构可以自主决定使用的资金，都不属于本罪中的“客户资金”。本罪和贪污罪，职务侵占罪，玩忽职守罪，滥用职权罪，国有公司、企业、事业单位人员失职罪等罪可能发生竞合，竞合时从一重处罚。

条 文

第一百八十五条之一第一款 【背信运用受托财产罪】商业银行、证券交易所、期货交易所、证券公司、期货经纪公司、保险公司或者其他金融机构，违背受托义务，擅自运用客户资金或者其他委托、信托的财产，情节严重的，对单位判处罚金，并对其直接负责的主管人员和其他直接责任人员，处三年以下有期徒刑或者拘役，并处三万元以上三十万元以下罚金；情节特别严重的，处三年以上十年以下有期徒刑，并处五万元以上五十万元以下罚金。

罪名精释

1. 若我国《刑法》中规定有背信罪，还需要本罪吗？

本罪是典型的背信犯罪。我国《刑法》的规定不具有类型性，若规定了背信罪,则本罪就完全没有存在的必要。

2. 何谓“客户资金”?

本罪中的“客户资金”不同于吸收客户资金不入账罪中的客户资金,而是指限定了特定用途的客户资金。因此,公众的普通存款、购买方支付的货款或者股权对价款等,不属于本罪中的“客户资金”。概言之,凡是金融机构可以自主决定使用的资金,都不属于本罪中的“客户资金”。

3. 本罪与贪污罪,职务侵占罪,玩忽职守罪,滥用职权罪,国有公司、企业、事业单位人员失职罪等罪之间,是什么关系?

本罪和这些犯罪可能发生竞合,竞合时应从一重处罚。

第二十三节　违法运用资金罪

·导　读·

本罪不是单位犯罪。本罪和贪污罪,职务侵占罪,玩忽职守罪,滥用职权罪,国有公司、企业、事业单位人员失职罪等罪,可能发生竞合,竞合时从一重处罚。

条　文

第一百八十五条之一第二款　【违法运用资金罪】社会保障基金管理机构、住房公积金管理机构等公众资金管理机构,以及保险公司、保险资产管理公司、证券投资基金管理公司,违反国家规定运用资金的,对其直接负责的主管人员和其他直接责任人员,依照前款的规定处罚。

罪名精释

1. 本罪是单位犯罪吗？

从条文表述看，本罪似乎是单位犯罪。也的确有观点认为，本罪主体是特定单位，在法定刑上，对单位实行“单罚制”，未对单位设置罚金刑，只规定对单位直接负责的主管人员和其他直接责任人员追究刑事责任。[①] 既然本罪仅处罚直接负责的主管人员和其他直接责任人员，根据“无刑无罪”原理，应当认为本罪不是单位犯罪。

2. 本罪与贪污罪，职务侵占罪，玩忽职守罪，滥用职权罪，国有公司、企业、事业单位人员失职罪等罪之间，是什么关系？

本罪和这些犯罪之间可能发生竞合，竞合时从一重处罚即可。

第二十四节　违法发放贷款罪

·导　读·

本罪旨在规范贷款行为，保障银行等金融机构信贷资金安全，维护国家金融系统稳定。当金融机构工作人员的行为构成违法发放贷款罪，获得贷款的行为人的行为并不成立骗取贷款罪、贷款诈骗罪时，不能认定成立违法发放贷款罪的共犯。从“数额巨大”的成立条件看，本罪可谓行为犯，而从“造成重大损失”看，本罪又可谓实害犯。本罪的责任形式是故意。对于“重大损失”的判断，应坚持经济的损害的观点。小额贷款公司虽然可以成为骗取贷款罪和贷款诈骗罪的被害主体，但不能成为违法发放贷款罪的犯罪主体。

---

① 参见王新：《刑法分论精解》，北京大学出版社 2023 年版，第 145 页。

条 文

第一百八十六条 【违法发放贷款罪】银行或者其他金融机构的工作人员违反国家规定发放贷款,数额巨大或者造成重大损失的,处五年以下有期徒刑或者拘役,并处一万元以上十万元以下罚金;数额特别巨大或者造成特别重大损失的,处五年以上有期徒刑,并处二万元以上二十万元以下罚金。

银行或者其他金融机构的工作人员违反国家规定,向关系人发放贷款的,依照前款的规定从重处罚。

单位犯前两款罪的,对单位判处罚金,并对其直接负责的主管人员和其他直接责任人员,依照前两款的规定处罚。

关系人的范围,依照《中华人民共和国商业银行法》和有关金融法规确定。

罪名精释

1. 本罪的立法目的是什么?

案1:甲是某国有银行的副行长,妻子是A公司的法定代表人,想向银行贷款,但不符合贷款条件。甲就找到B公司,要求B公司从银行贷款3000万元,并无息借给A公司使用。一年以后,A公司将3000万元全部还给B公司,B公司将本金和利息还给银行。

本案中,B公司本无贷款需求,甲要求B公司虚构贷款用途向银行申请贷款,并违规向B公司发放贷款,显然构成违法发放贷款罪。B公司以自己的名义贷款后,全部无息借给A公司使用,自己还银行利息。很显然,甲相当于就贷款利息部分向B公司索取了贿赂,故甲还另外构成受贿罪。B公司因为是被勒索给予甲财物,没有获得不正当利益,根据《刑法》第389条第3款"因被勒索给予国家工作人员以财物,没有获得不正当利益的,不是行贿"的规定,B公司的行为不构成行贿犯罪。对于甲应以违法发放贷款罪与受贿罪数罪并罚。

我国《商业银行法》等法律法规对贷款的基本原则,发放贷款的条件、程序和审查等予以规定。刑法设立本罪,显然旨在规范贷款行为,保障银行等金融机构信贷资金安全,维护国家金融系统稳定。

2. 当金融机构工作人员的行为构成违法发放贷款罪,获得贷款的行为人的行为并不成立骗取贷款罪、贷款诈骗罪时,是否成立违法发放贷款罪的共犯?

这是片面对向犯的问题。张明楷教授认为,申请贷款的行为人不能成立违法发放贷款罪的共犯。理由是:(1)既然刑法仅将骗取贷款的行为规定为犯罪,那么,如果对没有采取欺骗手段的违法申请、接受贷款的行为以违法发放贷款罪的共犯论处,就有违反罪刑法定原则之嫌;(2)将不构成骗取贷款罪的行为以违法发放贷款罪的共犯论处,也违反罪刑相适应原则;(3)虽然挪用公款罪中存在事实的对向犯,但至于是挪用者本人使用还是第三者(自然人)使用公款,并不对挪用公款罪的成立产生任何影响,而违法发放贷款罪中获得贷款的人是必要参与人,其获得贷款的行为是必要参与行为;(4)公款原本是不得挪用给任何人使用的,任何人出于任何理由都不可以要求他人将公款挪用给自己使用(除非具备紧急避险等正当化事由),而银行等金融机构原本就是向不特定人发放贷款的,任何人都可以向金融机构申请贷款。所以,对于要求、唆使金融机构违法向自己发放贷款的行为不能认定为违法发放贷款罪的共犯的原因有两点,一是基于立法者意思说的考虑;二是基于实质的判断,即该行为的违法性与有责性没有达到值得科处刑罚的程度。当然,借款人以外的第三者,单纯为违法发放贷款的行为提供帮助或者实施教唆行为的,则应认定为共犯。①

本书认为,片面对向犯不处罚的根据只能是,要么是被害人(法律保护的对象、法益的承受者),要么缺乏期待可能性,要么缺乏实质的违法性。行为人明知自己不符合申请银行发放贷款的条件,还向银行申请贷款,其是为了自己的利益申请贷款,至于银行是否批准发放贷款,则是银行的事情,可见行为人的期待可能性较低。而且,行为人没有采取欺骗手段骗取贷款,不构成骗取贷款罪和贷款诈骗罪,表明其行为的违法性较低。所以,无论从违法性还是有责性,向银行违法申请贷款的行为都不值得科处刑罚,不宜将其认定为违法发放贷款罪的共犯。

---

① 参见张明楷:《刑法学》(第6版),法律出版社2021年版,第1016~1017页。

3. 本罪属于何种犯罪类型？

违法发放贷款罪的成立条件是“数额巨大或者造成重大损失”。从“数额巨大”的成立条件看，本罪可谓行为犯；而从“造成重大损失”看，本罪又可谓实害犯。

4. “重大损失”的判断，是应采用“法律的财产说”观点，还是“经济的财产说”观点？

是否造成了重大损失，不能用“法律的财产说”观点进行判断，而应采用“经济的财产说”的观点进行判断。也就是说，即便金融机构存在民法上受保护的所谓债权，只要债权很难实现，就应认为行为已经给金融机构造成了重大损失。

5. 是否只有当发放的贷款被列为呆滞贷款或者呆账贷款时，才能认定为造成了重大损失？

有不少学者认为，只有当发放的贷款被列为呆滞贷款时，才能认定为造成了重大损失，甚至有学者认为，即使列入呆账贷款，也不能一概认定为造成重大损失。这其实是“法律的财产说”（法律上的损害概念）的观点。很显然，这种观点不当限制了本罪的成立范围。应当认为，即便存在债权（事实上总是存在债权），即便债权尚未被列入呆滞贷款或者呆账贷款，只要事实上很难实现债权，就应认为已经给金融机构造成了重大损失。

6. 本罪的责任形式是故意还是过失？

关于本罪的责任形式，我国刑法理论上有形形色色的观点。应该认为，根据《刑法》第15条第2款“过失犯罪，法律有规定的才负刑事责任”的规定，由于本罪对过失犯罪既无明文规定，也无文理根据，只能承认本罪的责任形式是故意。若认为本罪也可以由过失构成，就违反了罪刑法定原则，不当扩大了本罪的处罚范围。

7. 小额贷款公司及其工作人员能成为本罪主体吗?

《刑法》之所以规定本罪,是因为就银行等吸收公众存款的金融机构而言,金融机构本身及其工作人员的渎职、失职行为会损害公众(如存款人)的利益。也就是说会危及国家的金融安全。而小额贷款公司并不吸收公众存款,公司本身及其工作人员的渎职、失职行为只是给公司造成财产损失,而不会损害公众利益,不会危及国家金融安全。所以,虽然作为被害主体时,小额贷款公司属于金融机构(可以成为贷款诈骗罪、骗取贷款罪的被害人),但作为行为主体时,小额贷款公司不是违法发放贷款罪中的金融机构。简言之,小额贷款公司虽然可以成为骗取贷款罪和贷款诈骗罪的被害人,却不能成为违法发放贷款罪的犯罪主体。

第二十五节　吸收客户资金不入账罪

·导　读·

本罪的立法目的在于,禁止银行等金融机构吸收客户资金不入账进行"体外循环",逃避国家金融监管,危及国家金融系统安全。从"数额巨大"的成立条件看,本罪可谓行为犯,从"造成重大损失"看,又可谓实害犯。本罪中的"客户资金",既包括个人存款,又包括单位存款;既包括以合法形式吸收的存款,又包括以违规方式吸收的存款。在客户与银行等金融机构工作人员串通时,客户可能成立本罪的共犯。行为人吸收客户资金不入账之后加以侵吞、挪用的,由于又侵犯了金融机构的财产权,所以可能以本罪与贪污罪、职务侵占罪、挪用公款罪、挪用资金罪数罪并罚。吸收客户资金不入账又用之发放贷款的,成立吸收客户资金不入账罪与违法发放贷款罪的包括的一罪,从一重处罚。

条 文

第一百八十七条 【吸收客户资金不入帐罪】银行或者其他金融机构的工作人员吸收客户资金不入帐,数额巨大或者造成重大损失的,处五年以下有期徒刑或者拘役,并处二万元以上二十万元以下罚金;数额特别巨大或者造成特别重大损失的,处五年以上有期徒刑,并处五万元以上五十万元以下罚金。

单位犯前款罪的,对单位判处罚金,并对其直接负责的主管人员和其他直接责任人员,依照前款的规定处罚。

罪名精释

1.本罪的立法目的是什么?

在实务中,吸收客户资金是上游行为,之后会衍生出不记入账目、侵吞、挪用、非法拆借、私自发放贷款等下游违法行为形态。本罪规制的仅是“不入账”的金融违法行为,其危害性表现为:在金融机构的账户中不能反映出新增加的客户资金,中国人民银行和上级金融机构就无法进行稽核、检查监督,其结果是会形成巨额资金的“体外循环”,严重扰乱正常的金融秩序,而且容易引发其他的犯罪。所以,本罪的立法目的在于,禁止银行等金融机构吸收客户资金不入账进行“体外循环”,逃避国家金融监管,危及国家金融系统安全。

2.本罪属于何种犯罪类型?

本罪的成立条件是“数额巨大或者造成重大损失”。从“数额巨大”的成立条件看,本罪可谓行为犯;从“造成重大损失”看,又可谓实害犯。

3.何谓“客户资金”?

本罪中的“客户资金”,既包括个人存款,又包括单位存款;既包括以合法形式吸收的存款,又包括以违规方式吸收的存款。

4. 客户可否构成该罪的共犯?

这是片面对向犯的问题。应该认为,在客户与银行等金融机构工作人员串通时,客户既不是被害人(法律保护的对象、法益承受者),又不缺乏期待可能性,因而可能成立本罪的共犯。当然,如果客户不知情,或者系被动接受,则不应认定成立本罪的共犯。

5. 本罪与贪污罪、职务侵占罪、挪用公款罪、挪用资金罪、违法发放贷款罪等罪之间,是什么关系?

行为人实施吸收客户资金不入账的行为构成本罪时,又对不入账的资金进行侵吞、挪用、私自发放贷款等后续行为,同时构成贪污罪或者职务侵占罪、挪用公款罪或者挪用资金罪、违法发放贷款罪的,有观点认为,应择一重罪处断。①

本书认为,不能排除存在两个行为侵害了两个法益,而应数罪并罚的情形。例如,行为人吸收客户资金不入账本身,已经侵害了本罪的法益——金融监管秩序,之后加以侵吞、挪用的,又侵犯了金融机构的财产权。因为即便是不入账的客户资金,也应是金融机构的财产,所以可能以本罪与贪污罪、职务侵占罪、挪用公款罪、挪用资金罪数罪并罚。如果吸收客户资金不入账又用之发放贷款,由于仅侵害了金融管理秩序一个法益,可以认为成立吸收客户资金不入账罪与违法发放贷款罪的包括的一罪,从一重处罚。

第二十六节 违规出具金融票证罪

·导 读·

申请出具金融票证的人不成立本罪的共犯。本罪的责任形式是故意。有关“接受贿赂违规出具的,应当追诉”的立案标准规定存在疑问,因为接

① 参见王新:《刑法分论精解》,北京大学出版社 2023 年版,第 147 页。

受贿赂的行为已经超出了本罪构成要件所能评价的范畴。对于无形伪造金融票证的，应成立伪造金融票证罪。

条　文

第一百八十八条　【违规出具金融票证罪】银行或者其他金融机构的工作人员违反规定，为他人出具信用证或者其他保函、票据、存单、资信证明，情节严重的，处五年以下有期徒刑或者拘役；情节特别严重的，处五年以上有期徒刑。

单位犯前款罪的，对单位判处罚金，并对其直接负责的主管人员和其他直接责任人员，依照前款的规定处罚。

罪名精释

1.“他人”可否成立本罪的共犯？

这是片面对向犯的问题。由于出具信用证、保函、票据、存单、资信证明本来就是银行的业务，申请出具这些金融票证，也是客户的权利，至于申请之后银行是否同意出具，则是银行的事情。所以，行为人明知自己不符合申请银行等金融机构出具金融票证的条件，仍然要求银行等金融机构出具的，不具有期待可能性，违法性也较轻，没有达到值得科处刑罚的程度，不宜将“他人”认定为本罪的共犯。

2.本罪的责任形式是什么？

关于本罪的责任形式，理论上存在故意说、过失说、过失或间接故意说以及故意或过失说等观点。应认为，根据《刑法》第15条第2款“过失犯罪，法律有规定的才负刑事责任”的规定，由于本罪既无“过失”的明文规定，也无“过失”的文理根据，所以只能认为本罪的责任形式是故意。想当然地认为本罪可以由过失构成的观点，违反了罪刑法定原则，不当扩大了本罪的处罚范围。

3. 有关接受贿赂违规出具金融票证的,应当追诉的立案标准规定,有无疑问?

最高人民检察院、公安部《关于公安机关管辖的刑事立案追诉标准的规定(二)》第39条第4项规定存在疑问。如果违规出具金融票证本身的违法性与有责性没有达到值得科处刑罚的程度,不能因为接受贿赂违规出具金融票证就将行为作为犯罪处理。因为接受贿赂的行为已经超出了本罪构成要件所能评价的范畴。或者说,接受贿赂后违规出具金融票证的,并没有因此增加本罪的违法性与有责性。接受贿赂后违规出具金融票证的,应另外评价为受贿犯罪。

4. 对于无形伪造金融票证的,是成立本罪还是伪造金融票证罪?

银行等金融机构的工作人员明知他人不符合申请出具信用证、票据、存单的条件还应其要求出具的,属于无形伪造金融票证。既构成本罪,又构成伪造金融票证罪,从一重,应当以伪造金融票证罪定罪处罚。

第二十七节　对违法票据承兑、付款、保证罪

·导　读·

本罪是实害犯,不是结果犯,没有成立未遂的余地。申请票据承兑、付款、保证的一方,不成立本罪的共犯。金融机构的工作人员明知行为人不符合票据承兑、付款、保证的条件还为其办理票据承兑、付款、保证的,成立本罪与贪污罪或者职务侵占罪的竞合,应从一重处罚。本罪的责任形式是故意。判断"重大损失",应坚持经济的损害的观点。

条　文

第一百八十九条　【对违法票据承兑、付款、保证罪】银行或者其他金融机构的工作人员在票据业务中,对违反票据法规定的票据予以承兑、付款或者保

证，造成重大损失的，处五年以下有期徒刑或者拘役；造成特别重大损失的，处五年以上有期徒刑。

单位犯前款罪的，对单位判处罚金，并对其直接负责的主管人员和其他直接责任人员，依照前款的规定处罚。

罪名精释

1. 本罪是结果犯还是实害犯？

有观点认为，本罪是结果犯。① 由于本罪的成立条件是“造成重大损失”，所以本罪应该是实害犯，而不是结果犯。没有实际造成重大损失的，不成立犯罪，而不是成立本罪的未遂。

2. 申请票据承兑的一方，是否成立本罪的共犯？

这是片面对向犯的问题。应认为，申请票据承兑、付款、保证是行为人的权利，至于银行是否接受其票据承兑、付款、保证的请求，则是银行的事情。所以，申请票据承兑、付款、保证的行为缺乏期待可能性，违法性较轻，不值得科处刑罚，不宜认定成立本罪的共犯。

3. 在成立本罪的同时，是否可能同时成立贪污罪、职务侵占罪？

如果银行等金融机构的工作人员明知不符合票据承兑、付款、保证的条件，还为其办理票据承兑、付款、保证业务，侵犯了金融机构的财产权，成立本罪与贪污罪或者职务侵占罪的竞合，应从一重处罚。

4. 本罪的责任形式什么？

有学者根据《票据法》第 104 条第 1 款“金融机构工作人员在票据业务中玩忽职守，对违反本法规定的票据予以承兑、付款或者保证的，给予处分；造成重大

① 参见周光权：《刑法各论》（第 4 版），中国人民大学出版社 2021 年版，第 316 页。

损失,构成犯罪的,依法追究刑事责任”的规定,得出本罪由过失构成的结论。[①]

本书认为,直接根据《票据法》的规定确定本罪的责任形式,并不妥当。因为本罪条文中并无“玩忽职守”的规定,也无过失的明文规定,根据《刑法》第15条第2款“过失犯罪,法律有规定的才负刑事责任”的规定,只能认为本罪的责任形式是故意。认为本罪可以由过失构成的观点,有违罪刑法定原则,会导致本罪的处罚范围不当扩大。

5. 判断“重大损失”,应采取“经济的损害说”的观点还是“法律的损害说”的观点?

对“重大损失”的判断,也应坚持采用经济的损害的观点进行考察。即使存在受民法保护的债权,只要债权很难实现,也应认为行为已经给金融机构造成了重大损失。

第二十八节 逃 汇 罪

·导 读·

我国《刑法》设立逃汇罪,旨在编织严密打击外汇类犯罪的刑事法网,维护国家外汇管理秩序和外汇储备安全。所逃的外汇不是违法所得,不应没收上缴国库,而应追缴后存入国家的外汇储备机构。

条 文

第一百九十条 【逃汇罪】公司、企业或者其他单位,违反国家规定,擅自将外汇存放境外,或者将境内的外汇非法转移到境外,数额较大的,对单位判处逃

① 参见何秉松主编:《刑法教科书》(下卷),中国法制出版社2000年版,第802页。

汇数额百分之五以上百分之三十以下罚金，并对其直接负责的主管人员和其他直接责任人员处五年以下有期徒刑或者拘役；数额巨大或者有其他严重情节的，对单位判处逃汇数额百分之五以上百分之三十以下罚金，并对其直接负责的主管人员和其他直接责任人员，处五年以上有期徒刑。

罪名精释

1.该罪的立法目的是什么？

为了维持本国货币汇率，促进国际收支平衡，许多国家和地区对进出本国境内的外汇收付、借贷、买卖、汇进汇出、汇率、储蓄、携带进出境等活动进行一定程度的管理。我国属于实行部分外汇管制的国家，对经常性国际支付和转移不予限制，但对资本项目的外汇交易进行一定的限制。我国《刑法》设立逃汇罪，旨在编织严密打击外汇类犯罪的刑事法网，维护国家外汇管理秩序和外汇储备安全。

2.所逃的外汇是否为违法所得，应否追缴没收？

虽然逃汇行为破坏了国家的外汇管理秩序，但所逃的外汇本身还是属于公司、企业或者其他单位的合法财产，不是违法所得，所以对所逃的外汇不应没收上缴国库，而应追缴后存入国家的外汇储备机构。

第二十九节　骗购外汇罪

·导　读·

《刑法》设立本罪，旨在维护国家外汇管理秩序，保障国家的外汇储备安全。本罪中的“伪造”与“变造”是广义的，包括无形伪造与变造。伪造、变造报关单、进口证明、外汇管理部门核准件等凭证和单据用于骗购外汇的，既构成本罪，也构成伪造国家机关公文罪，属于想象竞合，应当从一重处罚。本罪第3款“明知用于骗购外汇而提供人民币资金的，以共犯论处”的规定，是注意规定。骗购外汇的行为，既构成本罪，也构成诈骗罪，二者是想象竞合，应当从一重处罚。

条 文

1998年全国人大常委会《关于惩治骗购外汇、逃汇和非法买卖外汇犯罪的决定》第一条第一款 【骗购外汇罪】有下列情形之一，骗购外汇，数额较大的，处五年以下有期徒刑或者拘役，并处骗购外汇数额百分之五以上百分之三十以下罚金；数额巨大或者有其他严重情节的，处五年以上十年以下有期徒刑，并处骗购外汇数额百分之五以上百分之三十以下罚金；数额特别巨大或者有其他特别严重情节的，处十年以上有期徒刑或者无期徒刑，并处骗购外汇数额百分之五以上百分之三十以下罚金或者没收财产：

（一）使用伪造、变造的海关签发的报关单、进口证明、外汇管理部门核准件等凭证和单据；

（二）重复使用海关签发的报关单、进口证明、外汇管理部门核准件等凭证和单据的；

（三）以其他方式骗购外汇的。

第二款 伪造、变造海关签发的报关单、进口证明、外汇管理部门核准件等凭证和单据，并用于骗购外汇的，依照前款的规定从重处罚。

第三款 明知用于骗购外汇而提供人民币资金的，以共犯论处。

罪名精释

1.本罪的立法目的是什么？

《刑法》设立本罪，旨在严密编织打击外汇类犯罪的刑事法网，维护国家外汇管理秩序，保障国家的外汇储备安全。

2. 本罪的“伪造”“变造”，包括无形伪造、变造吗？

本罪中的“伪造”与“变造”是广义的，包括无形伪造与变造。海关人员伪造、变造报关单用于骗购外汇的，也能构成本罪。

3. 本罪与伪造国家机关公文罪之间是什么关系？

伪造、变造报关单、进口证明、外汇管理部门核准件等凭证和单据用于骗购外汇的，既构成本罪，也构成伪造国家机关公文罪，属于想象竞合，应当从一重处罚。

4. 本罪第 3 款“明知用于骗购外汇而提供人民币资金的，以共犯论处”的规定，是注意规定还是法律拟制？

其一，应认为，《刑法》分则包括单行刑法中有关共犯的规定都是注意性规定。也就是说，其他罪名中即使没有这种关于共犯的规定，只要行为符合《刑法》总则关于共犯成立条件的规定，也应认定成立共犯。其二，成立骗购外汇罪的共犯并不限于为他人骗购外汇提供人民币资金的情形，为他人骗购外汇提供其他帮助，或者唆使他人骗购外汇的，只要行为符合《刑法》总则关于共犯成立条件的规定，也能认定成立骗购外汇罪的共犯。

5. 本罪与诈骗罪之间是什么关系？

虽然行为人是花钱购买外汇，但因为国家对外汇进行严格管制，国家有关部门出售外汇是为追求重要的社会目的。也就是说，行为人骗购外汇的行为使国家出售外汇的交易目的落空，进而存在实质的个别财产的损失，所以，骗购外汇的行为，既构成本罪，也构成诈骗罪，二者是想象竞合，应当从一重处罚。应认为，之所以增设本罪，是因为传统观点坚持“所有权说”。但只要坚持“经济的财产说”或者“占有说”，对于骗购外汇的行为完全可以诈骗罪论处，而无须增设本罪。

第三十节 洗 钱 罪

·导 读·

本罪所保护的主要法益是金融管理秩序或者国家金融系统的安全,次要法益是司法机关的正常活动。去掉"明知"并不意味着取消了主观明知的构成要件,成立"他洗钱"犯罪,仍然需要"明知"。本犯洗钱的,应当数罪并罚。洗钱罪的成立,应当以上游犯罪事实成立为认定前提。盗窃犯等本犯自己窝藏、转移、销售赃物的,不构成掩饰、隐瞒犯罪所得、犯罪所得收益罪。上游犯罪超过追诉时效,而洗钱罪没有超过追诉时效的,应当追究洗钱罪的刑事责任。本罪中的"没收",实际上与《刑法》第64条的"追缴"基本上是一个含义。洗钱罪与掩饰、隐瞒犯罪所得、犯罪所得收益罪,窝藏毒赃罪之间是竞合关系。实施上游犯罪的人不具有责任,不影响追究洗钱罪的刑事责任。

条 文

第一百九十一条 【洗钱罪】为掩饰、隐瞒毒品犯罪、黑社会性质的组织犯罪、恐怖活动犯罪、走私犯罪、贪污贿赂犯罪、破坏金融管理秩序犯罪、金融诈骗犯罪的所得及其产生的收益的来源和性质,有下列行为之一的,没收实施以上犯罪的所得及其产生的收益,处五年以下有期徒刑或者拘役,并处或者单处罚金;情节严重的,处五年以上十年以下有期徒刑,并处罚金:

(一)提供资金帐户的;

(二)将财产转换为现金、金融票据、有价证券的;

(三)通过转帐或者其他支付结算方式转移资金的;

(四)跨境转移资产的;

(五)以其他方法掩饰、隐瞒犯罪所得及其收益的来源和性质的。

单位犯前款罪的,对单位判处罚金,并对其直接负责的主管人员和其他直接责任人员,依照前款的规定处罚。

罪名精释

1. 该罪有哪些修改,为什么修改?

为了将"自洗钱"行为纳入刑罚处罚范围,《刑法修正案(十一)》删除了原条文中的"明知是""协助"等用语。

2. 洗钱罪所保护的法益是什么?

通说认为,洗钱罪的法益(客体)是国家金融管理秩序和司法机关的正常活动。张明楷教授则认为,洗钱罪的法益不包括司法机关的正常活动,而应限于金融管理秩序与上游犯罪的保护法益(双重法益而非选择性法益);作为洗钱罪保护法益的金融管理秩序包括两个层面:阻挡层的保护法益是金融系统不能使犯罪所得及其收益合法化的管理秩序,背后层的保护法益是国民对金融系统的信赖及国家金融安全;将上游犯罪的保护法益作为洗钱罪的次要法益,既表明设立洗钱罪同时也是为了预防特定上游犯罪,又能说明"自洗钱"构成犯罪。①

本书认为,既然认为掩饰、隐瞒盗窃、诈骗罪等非上游犯罪所得及其收益妨害了司法,就不应否认通过金融手段掩饰、隐瞒金融诈骗等上游犯罪所得及其收益的来源和性质的行为对司法的妨害。因此,即便认为因为本罪具有预防上游犯罪的预备罪性质而保护上游犯罪所保护的法益,也不可否认本罪还具有妨害司法的性质。张明楷教授将妨害司法排除在洗钱罪的保护法益之外,旨在将洗钱罪与掩饰、隐瞒犯罪所得、犯罪所得收益罪(以下简称赃物犯罪)的构成要件之间描述成一种对立、互斥关系,以使二罪形成想象竞合而非法条竞合关系。然而,这种"互斥论",既不符合客观事实,又可能形成处罚漏洞。例如,甲误以为

① 参见张明楷:《洗钱罪的保护法益》,载《法学》2022年第5期。

是他人普通诈骗所得而帮助其汇到境外，而实际上是金融诈骗所得，虽然行为客观上破坏了金融秩序，但甲主观上只有妨害司法的故意，而没有破坏金融管理秩序的故意，则行为成立过失洗钱罪和赃物犯罪的不能犯，结果只能宣告无罪。相反，乙误以为是他人金融诈骗所得为其提供资金账户掩饰、隐瞒其犯罪所得来源和性质，而事实上只是普通诈骗所得，则虽然客观上妨害了司法，但行为人主观上只有破坏金融管理秩序的故意，仅成立过失赃物犯罪和洗钱罪的不能犯，结果也是无罪。

所以，没有必要为了使洗钱罪与赃物犯罪之间形成想象竞合关系，而否认洗钱行为也会妨害司法，应承认司法机关的正常活动也是洗钱罪所保护的次要法益。

3. 何谓“自洗钱”？

“自洗钱”指的是掩饰、隐瞒自己实施上游犯罪所得及其产生的收益的来源和性质的行为，如将自己受贿所得转账到国外账户。与之相对的是“他洗钱”行为，即明知是他人实施上游犯罪所得及其产生的收益，通过提供资金账户等方式掩饰、隐瞒其来源和性质的行为。

4. 成立“他洗钱”犯罪，是否还需要“明知”？

删去“明知”并非意味着取消了主观明知的构成要件，降低了入罪条件，因为只要是故意犯罪，根据责任主义的原理，行为人主观上都应该认识到客观要素的性质。也就是说，在“他洗钱”的场合，如果行为人没有认识到系他人“上游犯罪”所得及其收益，而为其掩饰、隐瞒钱款来源和性质，就缺乏洗钱的故意，不成立本罪。

5. 本犯洗钱的，是定一罪还是应数罪并罚？

现在“自洗钱”构成犯罪，本犯洗钱的，自然应当与上游犯罪实行数罪并罚。不过，张明楷教授认为不能一概数罪并罚，要分情况讨论：首先，如果本犯事后实施的掩饰、隐瞒行为，没有侵犯金融管理秩序，则不成立洗钱罪，属于不可罚的事后行为。例如，本犯实施《刑法》第191条第1款规定的7类上游犯罪后，单纯持有、窝藏犯罪所得的行为，没有侵犯金融管理秩序的，则其事后行为都属于不可罚的行为，仅成立上游犯罪。其次，如果7类上游犯罪的本犯的事后行为侵犯了法益，或者加深了原有损害的程度，且不缺乏期待可能性，但对上游犯罪的定罪量刑能够包括地评价洗钱行为，应当将洗钱行为认定为共罚的事后行为，仅以上游犯罪论处。这种情形可能特别罕见，但不宜否定这种情形的存在。最后，如果7类上游犯罪的本犯的事后行为符合洗钱罪的构成要件，侵犯了新的法益，且具有期待可能性，则成立数罪。①

本书认为，张明楷教授的上述讨论并无意义。因为"首先"的情形是指没有侵犯金融管理秩序的行为，不成立洗钱罪，当然无须数罪并罚；既然"其次"的情形"特别罕见"，而且就如何判断"对上游犯罪的定罪量刑能够包括地评价洗钱行为"的问题，也没有统一的标准。所以单独讨论没有意义。总之，既然"自洗钱"入刑，对于本犯洗钱就没有理由不以洗钱罪与上游犯罪实行数罪并罚。

6. 如何把握洗钱罪的"上游犯罪"的范围？

所谓毒品犯罪，是指《刑法》分则第6章第7节所规定的犯罪，对此，没有必要再作限制解释。

所谓黑社会性质组织犯罪与恐怖活动犯罪，是指以黑社会性质组织、恐怖活动组织及其成员为行为主体实施的各种犯罪，包括财产犯罪。

所谓走私犯罪，是指《刑法》分则第3章第2节所规定的全部走私犯罪。单纯购买走私物品的行为，如果没有利用金融机构与金融手段，不符合洗钱罪的行为特征，没有侵犯金融管理秩序，不成立洗钱罪，但可能成立掩饰、隐瞒犯罪所得罪。

所谓贪污贿赂犯罪，原则上是指《刑法》分则第8章贪污贿赂罪一章所规定的全部罪名以及非国家工作人员受贿罪。职务侵占罪不属于这里的"贪污贿赂犯罪"。另外，虽然所挪用的公款不是上游犯罪"所得"，但挪用公款行为所产生

---

① 参见张明楷：《自洗钱入罪后的争议问题》，载《比较法研究》2022年第5期。

的收益,则是上游犯罪产生的收益,能够成为洗钱罪的对象,如挪用公款存入银行产生的利息,可以成为洗钱罪的对象。虽然行贿款不是上游犯罪“所得”,但因行贿所获得的财产,能够成为洗钱罪的对象。还有,隐瞒境外存款罪难以成为上游犯罪,因为隐瞒境外存款所处罚的是隐瞒不报的行为,而该隐瞒行为本身不可能有犯罪所得及其收益。

所谓破坏金融管理秩序犯罪与金融诈骗犯罪,是指《刑法》分则第 3 章第 4 节规定的破坏金融管理秩序罪与第 5 节规定的金融诈骗罪。

7. 成立洗钱罪,是否应以上游犯罪事实成立为前提?

成立洗钱罪,应当以上游犯罪事实成立为前提。上游犯罪尚未依法裁判,但查证属实的,不影响对洗钱罪的审判。上游犯罪事实可以确认,因行为人死亡等原因依法不予追究刑事责任的,不影响洗钱罪的认定。上游犯罪事实成立,因为牵连犯、想象竞合、法条竞合等原因以其他罪名定罪处罚的,也不影响洗钱罪的认定。

8. 盗窃犯等本犯自己窝藏、转移、销售赃物的,构成掩饰、隐瞒犯罪所得、犯罪所得收益罪吗?

虽然现在“自洗钱”也成立洗钱罪,但不能由此推论,盗窃犯等本犯自己窝藏、转移、销售赃物的所谓“自掩饰、自隐瞒”的行为,也能构成《刑法》第 312 条规定的赃物犯罪。其一,《刑法》第 312 条存在“明知是”犯罪所得及其产生的收益而予以窝藏、转移、收购、代为销售或者以其他方法掩饰、隐瞒的表述。其二,本犯自己窝藏、转移、销售赃物,与本犯自己作虚假供述、逃跑、毁灭证据一样,都是缺乏期待可能性的行为。所以,“自洗钱”入罪可谓是一种例外规定,不能将其推广到其他“自掩饰、自隐瞒”行为。

9. 上游犯罪超过追诉时效,而洗钱罪没有超过追诉时效的,能否以洗钱罪追究刑事责任?

上游犯罪超过追诉时效,而洗钱罪没有超过追诉时效的,应当追究洗钱罪的刑事责任。

10. 该罪的“没收”与《刑法》第 64 条的“追缴”是否为同一含义？

该罪的“没收”包含：(1)凡是有被害人的，应当将犯罪所得返还被害人；(2)上游财产犯罪所得的收益，应当追缴并上缴国库，如行为人利用贪污所得购买房屋后因房产升值所产生的收益，应当追缴并上缴国库；(3)对于没有被害人的犯罪，如毒品犯罪、走私犯罪、贿赂犯罪所得及其产生的收益，应当追缴并上缴国库，这也属于没收。可以看出，该罪的“没收”，实际上与第 64 条的“追缴”基本是一个含义。

11. 洗钱罪与掩饰、隐瞒犯罪所得、犯罪所得收益罪，窝藏毒赃罪之间，是什么关系？

妨害司法也是洗钱罪所保护的法益，所以应该认为洗钱罪与掩饰、隐瞒犯罪所得、犯罪所得收益罪，窝藏、转移、隐瞒毒品、毒赃罪之间是一种竞合关系，无论是法条竞合还是想象竞合，同时构成时都应从一重处罚。由于洗钱罪的法定刑并不轻于后两罪，所以同时构成时以洗钱罪定罪处罚，既能做到罪刑相适应，又能全面评价法益侵害事实。

12. 实施上游犯罪的人不具有责任的，能否追究洗钱罪的刑事责任？

实施上游犯罪的人不具有责任的，不影响追究洗钱罪的刑事责任。

第五章　金融诈骗罪

第一节　集资诈骗罪

·导　读·

集资诈骗罪作为诈骗罪的特殊类型，必须符合诈骗罪的构造。不能因为行为人向部分投资人支付了本金与回报，就否认行为人具有非法占有目的。非法募集资金后才产生非法占有目的的，不能认定为集资诈骗罪。集资诈骗罪与欺诈发行证券罪，擅自发行股票、公司、企业债券罪，非法吸收公众存款罪的关键区别在于，行为人主观上有无非法占有（不法所有）的目的，即有无履行债务（还本付息）和回报出资人的意思。对于集资诈骗数额的认定，应采取总数额说，即行为人使用欺骗手段非法集资所募集的总数额。行为人骗取资金后返还给被害人的财产数额、司法机关事后的追缴数额，都应当计算在集资诈骗数额之内。集资诈骗罪的客观方面必须具备以下几个特征：(1)集资的非法性；(2)集资行为的公开性；(3)集资对象的公众性；(4)承诺的虚假性；(5)行为的特定性，即必须表现为通过欺骗行为使受骗人（出资人）出资，进而不法所有受骗人的出资。行为人非法吸收公众存款初始阶段不具有非法占有目的，后来产生非法占有目的继续吸收公众存款的，应分别认定为非法吸收公众存款罪与集资诈骗罪，实行数罪并罚。

集资诈骗数额未达 10 万元立案标准,但达到诈骗罪 3000 元立案标准的,能以诈骗罪定罪处罚。对集资诈骗罪财产损害的认定,应采取经济的损害概念。

条 文

第一百九十二条 【集资诈骗罪】以非法占有为目的,使用诈骗方法非法集资,数额较大的,处三年以上七年以下有期徒刑,并处罚金;数额巨大或者有其他严重情节的,处七年以上有期徒刑或者无期徒刑,并处罚金或者没收财产。

单位犯前款罪的,对单位判处罚金,并对其直接负责的主管人员和其他直接责任人员,依照前款的规定处罚。

罪名精释

1. 集资诈骗罪的构造是什么?

诈骗罪的构造是所谓“五步走”:欺骗行为→认识错误→处分财产→取得财产→遭受财产损失。集资诈骗罪作为诈骗罪的特殊类型,也必须符合诈骗罪的构造。诈骗方法、非法集资及数额较大是集资诈骗罪客观要素的基本内容。非法占有目的,则是集资诈骗罪的主观要素。所谓“诈骗方法”,就是指“欺骗行为”,表现为向受骗者表示虚假的事项,或者向受骗者传递不真实的资讯。这种欺骗行为必须是使受骗者陷入或者继续维持(或强化)处分财产的认识错误的行为。如果行为人实施了某种“欺骗行为”,但其内容不是使对方作出财产处分行为,就不属于欺骗行为。就集资诈骗而言,只要某种行为足以使对方陷入“行为人属合法募集资金”“行为人属正当募集资金”“行为人的集资获得了有权机关的批准”“出资后会有回报”等认识错误,足以使对方“出资”,那么,这种行为就属于集资诈骗罪中的“诈骗方法”。

2. 如何认定集资诈骗罪的非法占有目的？

案1：被告人周某在2011年注册成立某投资公司，担任法定代表人。公司上线运营投资网络平台，借款人（发标人）在网络平台注册、缴纳会费后，可发布各种招标信息，吸引投资人投资。投资人在网络平台注册成为会员后可参与投标，通过银行汇款等方式将投资款汇至周某在网站上公布的8个个人账户或第三方支付平台账户。借款人可直接从周某处取得所融资金。项目完成后，借款人返还资金，周某将收益给予投标人。在运行前期，周某通过网络平台为13个借款人提供170万余元的融资服务，因部分借款人未能还清借款造成公司亏损。此后，周某陆续虚构34个借款人，并利用虚假身份自行发布大量虚假抵押标、宝石标等。以支付投资人约20%的年化收益率及额外奖励等为诱饵，向社会不特定公众募集资金。所募资金未进入公司账户，全部由周某个人掌控和支配。除部分用于归还投资人到期的本金及收益外，其余主要用于购买房产、高档车辆、首饰等。这些资产绝大部分登记在周某名下或供周某个人使用。至案发，周某通过投资网络平台累计向全国1586名不特定对象非法集资共计10.3亿余元。除支付本金及收益回报6.91亿余元外，尚有3.56亿余元无法归还。

2015年8月，某市中级人民法院作出一审判决，以集资诈骗罪判处被告人周某有期徒刑15年，并处罚金人民币50万元。某市检察院向某省高级法院提出抗诉，被告人周某也提出上诉。2016年4月，某省高级法院经二审后认为，《刑法修正案（九）》取消了集资诈骗罪死刑的规定，根据从旧兼从轻原则，一审法院判处周某有期徒刑15年符合修订后的法律规定。上诉人周某具有集资诈骗的主观故意及客观行为，原审定性准确，故裁定维持原判。

该案的“要旨”认为：“网络借贷信息中介机构或其控制人，利用网络借贷平台发布虚假信息，非法建立资金池募集资金，所得资金大部分未用于生产经营活动，主要用于借新还旧和个人挥霍，无法归还所募资金数额巨大，应认定为具有非法占有目的，以集资诈骗罪追究刑事责任。”同时，该案的“指导意义”指出：是否具有非法占有目的，是正确区分非法吸收公众存款罪和集资诈骗罪的关键。

对非法占有目的的认定,应当围绕融资项目真实性、资金去向、归还能力等事实、证据进行综合判断。行为人将所吸收资金大部分未用于生产经营活动,或名义上投入生产经营,但又通过各种方式抽逃转移资金,或供其个人肆意挥霍,归还本息主要通过借新还旧来实现,造成数额巨大的募集资金无法归还的,可以认定具有非法占有的目的。

应该说,除了集资诈骗罪,《刑法》还规定了其他不以非法占有为目的的非法集资的犯罪,如《刑法》第176条的非法吸收公众存款罪,第179条的擅自发行股票、公司、企业债券罪,第160条的欺诈发行证券罪。这三种犯罪都属于非法集资犯罪,它们与集资诈骗罪的区分,除了客观行为性质不同之外,主要取决于对集资诈骗罪的非法占有目的的理解。

集资诈骗罪的行为人非法占有出资人的资金,因而不法所有出资人的资金。行为人表面上也将出资人对金钱的所有权转化为债权、股权,但是,这种债权、股权并不是真实的,而是虚假的。行为人没有履行债务和回报出资人的意思,也没有将其占有的资金用于可以实现或者打算实现出资人债权与股权的生产经营过程中。

在民法意义上,擅自发行股票、公司、企业债券罪,非法吸收公众存款罪,欺诈发行证券罪的行为人与集资诈骗罪的行为人,客观上对出资人金钱的占有与所有都是非法的,因而在民法意义上,都具有非法占有或不法所有意图。但是,这种目的不等于刑法上的非法占有目的。擅自发行股票、公司、企业债券罪,非法吸收公众存款罪,欺诈发行证券罪的行为人,将出资人对金钱的所有权转化为真实的债权、股权,所以,其并不是排除权利人的权利,只是手段与程序上存在非法性。行为人承认这种债权与股权,并有履行债务(还本付息)和回报出资人的意思,且将所占有的资金用于可以实现或者打算实现出资人债权与股权的生产经营过程中。而集资诈骗罪中的行为人,将出资人对金钱的所有权转化为虚假的、不可能实现的债权、股权,行为人也没有履行债务、回报出资人的意图,因而完全排除了权利人的权利。不难看出,只有民法上的"非法占有目的"与"没有履行债务和回报出资人的意图"的有机结合,才能被认定为集资诈骗罪的非法占有目的。因为仅有民法上的非法占有目的,并不意味着行为人排除了权利人的权利。在非法集资的案件中，只有当行为人没有履行债务与回报出资人的意图时，才能认定为排除了权利人的权利、具有刑法上的非法占有目的中的排除意思。

如何判断行为人是否具有非法占有目的，一直是困扰司法机关的难题。其中一个重要原因是，司法人员不能基于自由心证对相关证据进行合理采信，难以形成确信的结论。于是多个司法解释反复规定具备哪些情形的一般应认定行为人具有非法占有目的。然而，任何情形都可能有例外，所以即使司法解释规定得再详细，也需要司法人员的合理判断。例如，2022年2月23日修正后的最高人民法院《关于审理非法集资刑事案件具体应用法律若干问题的解释》（以下简称《集资案件解释》）第7条第2款规定，使用诈骗方法非法集资，具有下列情形之一的，可以认定为"以非法占有为目的"：(1)集资后不用于生产经营活动或者用于生产经营活动与筹集资金规模明显不成比例，致使集资款不能返还的；(2)肆意挥霍集资款，致使集资款不能返还的；(3)携带集资款逃匿的；(4)将集资款用于违法犯罪活动的；(5)抽逃、转移资金，隐匿财产，逃避返还资金的；(6)隐匿、销毁账目，或者搞假破产、假倒闭，逃避返还资金的；(7)拒不交待资金去向，逃避返还资金的；(8)其他可以认定非法占有目的的情形。

其实，不具有上述司法解释前7种情形的，也可能具有非法占有目的。例如，原本不存在任何生产经营项目却谎称具有生产经营项目而募集资金的，以虚构的单位或者冒用他人的名义非法募集资金的，以客观上完全不可能实现的回报率（额）为诱饵募集资金的，都说明其集资行为本身具有非法所有的性质，应认定为集资诈骗罪。另外，具有前7种情形之一的，虽然"可以"认定为以非法占有为目的，但不是必然要认定为以非法占有为目的。例如，就第1项规定的情形而言，倘若行为人原本打算集资后用于A项目，但集资后由于某种原因不能再经营A项目，于是将资金借给其他单位使用，但其他单位不能返还资金，导致行为人不能向出资人归还本息。对此显然不能根据第1项的规定认定行为人具有非法占有目的。又如，当行为人利用非法募集的资金从事非法的生产经营活动，以回报出资人的，不宜认定为集资诈骗罪，只能认定其他犯罪（如非法吸收公众存款罪，以及其非法的生产经营活动本身所构成的犯罪）。

特别需要指出的是,不能因为行为人向部分投资人支付了本金与回报,就否认行为人具有非法占有目的。这是因为,在集资诈骗的场合,行为人为了骗得更多的资金,必须向先前的投资人归还本息和给予高额回报。在这个意义上,向先前的投资人还本付息,只不过是集资诈骗的基本手段。集资诈骗的行为特点,导致行为人只将其中部分乃至小部分据为己有,但其数额也会达到巨大乃至特别巨大。因此,不能以行为人最终非法占有的资金数额没有达到较大比例为由,否认行为人具有非法占有目的。也就是说,即使行为人向多数人归还了本息,仍然可能认定其构成集资诈骗罪。此外,根据行为与责任同时存在的原理,集资诈骗罪的非法占有目的,应当存在于行为时。非法募集资金后才产生非法占有目的的,不能认定为集资诈骗罪。

3. 集资诈骗罪与欺诈发行证券罪,擅自发行股票、公司、企业债券罪,非法吸收公众存款罪的关键区别何在?

集资诈骗罪与另外三个罪名的关键区别在于,行为人主观上有无非法占有(不法所有)的目的,即有无履行债务(还本付息)和回报出资人的意思。虽然如此,但是不能据此认为二者构成要件之间是对立关系,否则,当行为人主观上是否具有非法占有目的难以查明时,既不能成立集资诈骗罪,因为不能证明具有非法占有目的,又不能成立另外三个犯罪,因为不能证明行为人不具有非法占有目的。所以,从规范性意义上讲,集资诈骗罪与另外三个犯罪构成要件之间是一种高低度的包容关系。只要行为人实施了非法集资行为,就至少成立了这三种犯罪之一,若进一步查明行为人具有非法占有目的,则成立集资诈骗罪。理论上有观点认为集资诈骗罪与这三个犯罪之间是法条竞合关系,也有观点认为是想象竞合关系。按照本书所持不必严格区分法条竞合与想象竞合的大竞合论观点,只要不是具有减轻根据的所谓封闭的特权条款,竞合时从一重处罚即可。

4. 如何认定集资诈骗罪的数额?

对于集资诈骗犯罪的数额,司法实践中并没有形成合理的认定标准。客观原因之一是,集资活动往往具有收益分次性的特点,即行为人在集资开始阶段常常向出资人支付收益，这种行为既可以掩盖犯罪行为，又可以欺骗更多的被害人。于是，集资诈骗罪存在以下几种数额：一是总数额，即行为人使用欺骗手段非法集资所募集的总数额；二是实际所得数额，即行为人使用欺骗手段非法集资的总额，减去案发前行为人返还出资人本息和给予出资人回报的数额后，所形成的数额；三是实际损失额，即行为人使用欺骗手段非法集资案发后，经司法机关追偿赃款后最终实际给被害人造成的损失数额；四是实际获利额，即行为人使用欺骗手段非法集资后，除去返还本息、回报以及投资损失后，行为人实际非法获取（占有）的数额；五是行为后的隐匿数额和潜逃时的携款数额。《集资案件解释》规定，集资诈骗的数额以行为人实际骗取的数额计算，在案发前已归还的数额应予扣除。行为人为实施集资诈骗活动而支付的广告费、中介费、手续费、回扣或者用于行贿、赠与等费用，不予扣除。行为人为实施集资诈骗活动而支付的利息，除本金未归还可折抵本金以外，应当计入诈骗数额。很显然，上述司法解释采取了实际所得数额说。那么，究竟应当如何认定集资诈骗数额？

第一，仅将行为人隐匿数额和潜逃时的携款数额认定为集资诈骗的数额，明显不妥当。第二，仅按实际获利额计算集资诈骗数额，也不具有合理性。第三，仅将实际损失额作为集资诈骗数额，也缺乏妥当性。第四，仅将实际所得数额作为集资诈骗数额，也不是没有疑问。

首先，行为人以非法占有为目的，实施欺骗行为，使出资人陷入认识错误，处分其资金、导致资金转移给行为人或被第三者占有时，集资诈骗罪便已经既遂。既然如此，就应当以行为人或第三者已经占有的资金总额作为集资诈骗数额。因为案发前行为人返还出资人的本息和给予的回报，只是既遂后的返还行为，而不能影响集资诈骗数额的认定。正如盗窃犯人将所盗窃的 1 万元事后返还给被害人的行为，不能影响认定其盗窃数额为 1 万元一样。

其次，从事实上看，集资诈骗的行为人在取得社会公众的集资款后，在案发前返还出资人本息或者给予出资人一定回报，都是为了掩盖其集资诈骗的犯罪行为和诱使更多的人上当受骗。

再次，在司法实践中，行为人实施各种诈骗行为的成本多少，并不影响对诈骗犯罪数额的认定。因为在我国，诈骗罪是对个别财产的犯罪，而不是对整体财产的犯罪。即使行为人以自己合法所有的财产作为诱饵骗取他人财物，也不应从骗取的财产数额中扣除作为诱饵的财产数额。而在集资诈骗犯罪中，行为人是用所骗取的财产作诱饵骗取他人资金，或者说，是用所骗取的财产作为骗取更多资金的成本，所以更不能从集资诈骗数额中扣除该作为诱饵的财产数额。如果将这种数额排除在集资诈骗数额之外，便与上述通行的司法实践相冲突，也会导致集资诈骗罪成为对整体财产的犯罪。

最后，司法实践中，行为人返还给被害人的财产数额以及司法机关挽回损失的数额，都是可以作为从宽量刑情节考虑的。既然如此，就不应当通过将这些数额排除在集资诈骗数额之外的方法实现从宽量刑。

综上，本书认为，对于集资诈骗数额的认定，应采取总数额说，即行为人使用欺骗手段非法集资所募集的总数额。行为人骗取资金后返还给被害人的财产数额、司法机关事后的追缴数额，都应当计算在集资诈骗数额之内。

5. 如何区分集资诈骗罪与普通诈骗罪？

区分集资诈骗罪与普通诈骗罪，必须明确集资诈骗的客观特征。集资诈骗罪在客观方面必须具备以下几个特征：

(1)集资的非法性

虽然集资行为必须是违反了国家金融管理法律、法规规定，但不能将“违反国家金融管理法律规定”简单地理解为“未经有权机关批准”。骗取有权机关批准、违反批准内容集资的，也属于非法集资。不能认为只要是经有权机关批准的集资，就不成立集资诈骗罪，因为有权机关也可能实施违法行为。质言之，“非法”与“未经有权机关批准”，以及“合法”与“获得有权机关批准”根本不是等同概念。行为人具有主体资格但具体业务未经批准或者经营行为不合法，其行为完全可能属于非法集资。

(2)集资行为的公开性

从实质上考虑，在被骗者具有公众性或者不特定性的情况下，公开与否，并不是决定非法集资行为是否破坏金融秩序的关键因素。所以集资行为的公开性，也只是意味着其行为对象的公众性。

(3)集资对象的公众性

案2:甲在某镇电视台做广告,谎称自己的企业有能力生产祛除百病的纳米衬衣,产品价格高且销路好,急需投资人,投资数额不限,三个月后双倍返还投资额。广告播出后,只有一人向甲企业"投资"10余万元。

本案中,由于甲是在电视台面向不特定人做广告,虽然事实上只有一人"投资",也不影响对其行为体现的非法集资对象的公众性的认定。

案3:乙自2000年3月起,在某县电信局营业部工作期间,利用职务上的便利,以"县电信局要发展小灵通,吸收内部人员资金入股,有丰厚利益分红"为诱饵,骗取亲友信任,以邮戳代替公章向"集资"交款人开具"收款收据",共骗取8名亲友"集资股金"12万元。

应该认为,只要是向多数人实施集资诈骗,即使行为人是在亲友之间、校友之间、企业内部非法募集资金,也破坏了融资秩序,不能排除集资诈骗罪的成立。本案中,虽然乙是向亲友募集资金,也应认定其非法集资对象的公众性,成立集资诈骗罪。

非法集资的对象为"社会公众即社会不特定对象"。对于"不特定对象"应从两个方面理解:①出资者是与集资者之间原本没有交易关系的人或者单位。在单位内部集资的,如果出资者是与集资者之间原本没有交易关系的人,也不排除集资诈骗罪的成立。②知道行为人吸引的从事集资活动的人较多,出资者可能随时增加,这是集资诈骗的行为方式决定的。但是集资诈骗罪的成立并不以行为人实际上已经骗取了多数人的资金为条件。只要行为人主观上具有向多数人募集资金的故意,客观上所采取的手段可能使其从多数人处募集资金,即使事实上只从少数人或个别人处募集了数额较大的资金,也成立集资诈骗罪的既遂。刑法设立集资诈骗罪,旨在禁止行为人向多数人非法募集资金,至于多数人是否处于特定范围,则不影响该罪多数人的成立。"不特定对象"并不是指非特定范围内的不特定人或单位,而是指出资者或被害人是多数人而且有随时增加的可能性。

(4)承诺的虚假性

案4:1998年2月至2001年3月,被告人王某和杨某在兰州甘霖大厦等地先后成立了甘肃国泰财经服务有限公司、兰州信达投资咨询有限公司等5个公司,注册业务范围是财务、会计、审计的咨询服务,计算机软件的开发等。而在王某等人的组织安排下,上述5个公司未经中国证监会、工商部门批准,非法经营股票业务,并以提供大比例融资、专业人士指导等为诱饵,采取“假报单、假成交、假平仓、假融资”的模拟股票交易手段,诱骗大批群众从事股票交易活动,从中骗取钱财。在不到3年的时间里,王某等人先后诱骗800多人在上述公司炒股票,共骗取364名被害人2221万余元资金。

应该认为,集资诈骗行为人所承诺的回报不必具有确定性。集资诈骗行为人既可能通过虚构确定的回报骗取资金,又可能通过虚构不确定的回报骗取资金。只要承诺可能具有一定的回报即可。本案中,股民从事股票交易,既有获得回报的可能性,又有亏损的可能性。即使可能获得回报,但在投资时并不能确定回报率。不过,这并不影响对集资诈骗行为人承诺的虚假性的认定和集资诈骗罪的成立。

行为人虚假承诺回报,是集资诈骗罪的前提。首先,从集资的基本含义来看,应将行为人承诺回报作为集资诈骗罪的前提,否则就可能将普通的借款诈骗行为认定为集资诈骗罪。其次,承诺回报必须是虚假的。从实质上说,集资诈骗罪的法定刑之所以重于普通诈骗罪,重要原因之一是承诺回报具有更大的欺骗性,从而使行为的法益侵害性更为严重。再次,行为人所承诺的回报也不必具有确定性。换言之,集资诈骗行为人既可能通过虚构确定的回报骗取资金,又可能通过虚构不确定的回报骗取资金。最后,承诺回报应限于行为人承诺“只要出资即可通过出资行为获得回报”,而不是指承诺出资人在出资后通过生产、经营等行为可以获得回报。

(5)行为的特定性

案5:被告人李某等人利用注册和骗取注册的“省百花实业有限公司”等公司,伪造、盗用他人照片,捏造事实,制作虚假广告图册,扩大社会影响骗取群众信任。上述几名被告人未经中国人民银行等国家金融管理部门的批准,非法以“省百花实业有限公司”下属“商务休闲俱乐部”等的名义,以高息为诱饵,并以签订“会员协议”“营销协议”“连锁营销协议”的方式,非法向社会公众变相吸取资金,共计 18488 人次,总金额达 33607.6 万元人民币,2 万美元。后被告人李某等人为逃避司法机关的打击,指使他人销毁有关账目资料,并提取 1507.5 万元人民币、94.809 万美元予以隐藏、转移,后分别携巨款外逃。造成集资会员 12295 人次的集资款 23418.4111 万元人民币(含 2 万美元)无法及时和全额兑付,并造成 13433.842 万元人民币的巨额损失无法挽回。

应该认为,原本没有任何生产经营项目却谎称具有生产经营项目而募集资金的,以虚构的单位或者冒用他人的名义非法募集资金的,以客观上完全不可能实现的回报率(额)为诱饵募集资金的,都说明其集资行为本身具有不法所有的性质,应认定为集资诈骗罪。将这种行为时的事实与行为前后的事实进行综合考察,有利于得出妥当结论。本案中,如果将行为时与行为后的情节综合考虑,就会认定李某等人的行为构成集资诈骗罪。从行为时的情节来看,李某等人伪造、盗用他人照片、捏造事实、制作虚假广告图册;以骗取注册的公司下属公司的名义,并以高息为诱饵非法募集资金。这些事实本身说明非法募集资金具有不法所有的性质,也表明行为人具有非法占有目的。事后,行为人为了逃避司法机关的打击,又销毁有关账目资料,并提取不法所得予以隐藏、转移,后分别携巨款外逃。这进一步印证了非法集资行为的不法所有性质。

集资诈骗罪的客观行为,必须表现为通过欺骗行为使受骗人(出资人)出资,进而不法所有受骗人的出资。集资诈骗意味着不法所有他人的资金,一般表现为以发行股票、债券、彩票、投资基金证券或其他债权凭证的方式向社会公众募集资金,承诺却并不打算以货币、实物及其他方式向出资人还本付息或给予回报。集资仅仅限于募集资金,因为《刑法》将集资诈骗罪规定于"金融"诈骗罪中,所以如果募集资金以外的财物的行为与"金融"无关,则不应认定行为属于金融诈骗罪的集资诈骗罪。集资诈骗罪不同于普通诈骗罪之处,并不在于受骗者的公众性或不特定性(因为普通诈骗罪的受骗者也可能是多数人或者不特定人),而在于前者在形式上表现为一种资本的运作过程,即通过发行股票、债券、彩票、投资基金证券或其他债权凭证的方式,将社会公众的资金集中起来,使被害人成为形式上的投资者(股东、债权人)。所以,集资诈骗罪本质上表现为股权式集资与债权式集资。

6. 2017 年 6 月 2 日最高人民检察院公诉厅《关于办理涉互联网金融犯罪案件有关问题座谈会纪要》指出，犯罪嫌疑人非法吸收公众存款初始阶段不具有非法占有目的，后来产生非法占有目的继续吸收公众存款的，应分别认定为非法吸收公众存款罪与集资诈骗罪。问题是，对这种情形是实行数罪并罚还是按一罪处罚？

张明楷教授认为，这种情况只能认定为包括的一罪，即以集资诈骗罪论处。理由是，对上述情形实行数罪并罚会导致处罚不均衡和罪刑不相适应。因为倘若行为人一开始就是实施集资诈骗行为，肯定仅成立一罪，而行为人开始时实施非法吸收公众存款罪，后来才实施集资诈骗罪时，反而要数罪并罚，这明显不符合罪刑相适应原则。虽然先前的非法吸收公众存款罪与后来的集资诈骗罪分属不同构成要件，但从事实上说，两者的构成要件具有紧密关联性，而且前后行为具有一体性。所以，可以将上述情形认定为包括的一罪，以集资诈骗罪一罪论处（但不能将非法吸收公众存款的数额计入集资诈骗数额），不实行数罪并罚。①

本书不赞成上述仅成立包括的一罪的观点，主张实行数罪并罚。因为包括的一罪的实质是法益侵害的实质同一性，或者说实质上只侵害了一个法益、造成了一个法益侵害结果。上述情况是行为人开始时不具有非法占有目的，实施了非法吸收公众存款的行为，侵害了国家的融资管理秩序，构成了非法吸收公众存款罪。后来行为人产生了非法占有目的，进而实施了集资诈骗的行为，侵害了融资管理秩序和他人的合法财产，构成了集资诈骗罪。很明显，行为人实施了两种不同性质的行为，侵害了两个罪名所保护的不同法益，造成了两个不同的法益侵害结果。正如行为人开始时出于伤害的故意打伤了被害人，之后产生了奸淫的意图进而奸淫了被害人，因为实施了两个不同的行为，侵害了两个不同的法益，应当数罪并罚一样。况且，上述观点认为“不能将非法吸收公众存款的数额计入集资诈骗数额”，而事实上遗漏了对前面非法吸收公众存款的行为的评价，而

① 参见张明楷：《诈骗犯罪论》，法律出版社 2021 年版，第 660 ~661 页。

有违法益保护原则。所以,从法益保护原则考虑,也应当数罪并罚。

7. 集资诈骗数额未达 10 万元立案标准,但达到诈骗罪 3000 元立案标准的,能否以诈骗罪定罪处罚?

由于《集资案件解释》规定集资诈骗罪立案标准为 10 万元以上,因此,集资诈骗数额未达 10 万元,但达到诈骗罪 3000 元的立案标准的,不属于诈骗罪中的"本法另有规定,依照规定",因而可以认定为诈骗罪既遂。如果行为人本打算集资诈骗数额较大(10 万元)的财物,客观上也可能骗取数额较大的财物,只是因为意志以外的原因而未能骗取数额较大财物,可以认定为集资诈骗罪的未遂。

8. 对集资诈骗罪财产损害的认定,是应采取法律的损害概念还是经济的损害概念?

案 6:甲实施集资诈骗行为时,向被害人乙交付了集资证明文书,该文书证明甲负有债务(如在一定期限内向乙还本付息 10 万元,其中本金 9 万元,利息 1 万元),被害人乙享有相应的债权,而且法律保护乙的债权。

关于本案中的财产损害,根据法律的损害概念,虽然被害人乙向甲交付了 9 万元本金,但由于其在法律上享有 10 万元债权,所以整体上没有财产损害。但是,如果按照经济的损害概念,乙不仅交付了 9 万元本金,而且甲的集资诈骗行为导致其债权不能得到清偿,因而乙存在经济上的损害。

案 7:丙单位实施集资诈骗活动,以高息并在短期内(半年内)归还为诱饵,使丁单位出纳于 2000 年 12 月将本单位的 300 万元转移至丙单位账户上,丙单位出具了相关债权债务证明书。2001 年 6 月,丙单位未能归还本息,当丁单位向丙单位请求返还时,丙单位声称没有资金归还,又与丁单位签订了还款协议,协议内容为 2001 年 12 月底以前还本付息。后来,丙单位仍然没有归还,于是丁单位向所在地人民法院起诉,人民法院判决丙单位半年内必须还本付息。但届时丙单位仍然没有按期归还。事实上,丙单位的有关责任人员早就携款潜逃了。

实践中,对于类似案件,司法机关常常在行为人一方彻底不能归还本息时,才认定被害人存在财产损害。这显然是采取了法律的损害概念。其实，在本案中，当丁单位出纳于2000年12月将本单位的300万元转移至丙单位账户时，即使丁单位享有债权，也已经遭受了现实的财产损害。不难看出，采取法律的损害概念，也是导致发案过晚、破案过迟的重要原因。所以司法机关应当采取经济的损害概念，切实保护金融秩序与财产法益。

关于集资诈骗罪财产损害的认定，本书赞成经济的损害概念。

首先，在现实的交易社会中，即使数额相同，现金与债权的价值也并不完全相同。同样地，即使是相同额度的债权，担保的有无也导致债权的价值不完全相同。所以，不能因为被害人依然享有相应债权，就否认其存在财产损害。

其次，虽然从民法上看，被害人依然可能享有债权，但由于行为人具有非法占有目的，不仅被害人债权不能实现，而且被害人还交付了现金或者其他财物。所以，从事实上说，被害人现实地遭受了财产损害。因此，在集资诈骗或者贷款诈骗的场合，只要行为人取得了集资款或者贷款，被害人不能或者难以回收债权时，就发生了现实的财产损害。不能以被害人存在债权为由，否认存在现实的财产损害。

再次，如果采取法律的损害概念，那么，在以借贷为名的诈骗或者金融诈骗案件中，由于债权债务关系的客观存在，就几乎不存在财产损害了，这显然不合适。根据法律的损害概念，凡是以借款为名并出具借据骗取他人财产的，都不成立诈骗犯罪，这是令人难以接受的。

最后，采取法律的损害概念，不利于挽回财产损失。因为如采取法律的损害概念，只要行为人一方承诺偿还债务，就不认定为诈骗犯罪，只有当行为人携款潜逃或者以其他方式拒不归还时，才以诈骗犯罪追究其刑事责任，但在此时，已经难以甚至不可能挽回被害人的财产损失。所以，法律的损害概念不利于实现刑法的法益保护目的。

第二节 贷款诈骗罪

·导 读·

贷款诈骗罪是特殊的诈骗罪，成立贷款诈骗罪必须符合诈骗罪的构造。贷款诈骗罪（既遂）的构造是：行为人使用编造引进资金、项目等虚假理由或其他手段→银行或者其他金融机构工作人员陷入或继续维持（或强化）认识错误→银行或者其他金融机构工作人员基于认识错误发放贷款→行为人或第三者取得贷款→银行或者其他金融机构遭受财产损失。所谓单位贷款诈骗，完全可以而且必须追究单位中负责组织、策划、实施贷款诈骗的自然人的贷款诈骗罪的刑事责任。《刑法》第193条第5项中的“以其他方法诈骗贷款”，必须以行为符合贷款诈骗罪的构造为前提，即行为人以非法占有为目的，使用该条前4项以外的欺骗方法取得贷款的，才成立贷款诈骗罪。如果行为人正常取得贷款后产生了不还本付息的意图，转移担保物或者携款潜逃，不能认为是“其他方法”而构成贷款诈骗罪。行为人采取欺骗手段使他人为其提供贷款担保，从而骗取金融机构贷款，成立贷款诈骗罪与（合同）诈骗罪，应当数罪并罚。假借他人名义贷款，属于冒用身份欺骗银行或者其他金融机构取得贷款，成立针对银行或者金融机构的贷款诈骗罪。由于并没有欺骗“他人”，所以对他人不成立诈骗罪。对于合法取得贷款后，没有按照规定的用途使用贷款，到期未归还的，不能以贷款诈骗罪追究刑事责任。未达到贷款诈骗罪的追诉标准，但达到诈骗罪追诉标准的，能以诈骗罪或者本罪的未遂论处。对于同一笔贷款，不可能既构成贷款诈骗罪，又构成高利转贷罪。司法实践中对贷款诈骗数额的认定主要看行为人在案发前有多少贷款仍未归还的做法，是错误的。

条 文

第一百九十三条 【贷款诈骗罪】有下列情形之一，以非法占有为目的，诈骗银行或者其他金融机构的贷款，数额较大的，处五年以下有期徒刑或者拘役，并处二万元以上二十万元以下罚金；数额巨大或者有其他严重情节的，处五年以上十年以下有期徒刑，并处五万元以上五十万元以下罚金；数额特别巨大或者有其他特别严重情节的，处十年以上有期徒刑或者无期徒刑，并处五万元以上五十万元以下罚金或者没收财产：

（一）编造引进资金、项目等虚假理由的；

（二）使用虚假的经济合同的；

（三）使用虚假的证明文件的；

（四）使用虚假的产权证明作担保或者超出抵押物价值重复担保的；

（五）以其他方法诈骗贷款的。

罪名精释

1. 贷款诈骗罪的构造是什么？

贷款诈骗罪是特殊的诈骗罪，成立贷款诈骗罪必须符合诈骗罪的构造。诈骗罪的构造是所谓“五步走”：欺骗行为→认识错误→处分财产→取得财产→遭受财产损失。具体到贷款诈骗罪（既遂）的构造应当是：行为人使用编造引进资金、项目等虚假理由或其他手段→银行或者其他金融机构工作人员陷入或继续维持（或强化）认识错误→银行或者其他金融机构工作人员基于认识错误发放贷款→行为人或第三者取得贷款→银行或者其他金融机构遭受财产损失。所谓“诈骗银行或者其他金融机构的贷款”，就是指使银行或者其他金融机构的工作人员陷入或继续维持（或强化）认识错误，误以为行为人符合申请贷款的资格与条件，从而发放贷款，使行为人或第三者取得贷款。

2.《全国法院审理金融犯罪案件工作座谈会纪要》中有关单位实施贷款诈骗的不能追究单位主管人员和其他直接责任人员刑事责任的司法解释规定,有无疑问?

案1:1998年9月,某公司因为严重亏损便向银行申请贷款,甲银行鉴于该公司经营不善而不同意贷款。此后,该公司领导王某和刘某召集有关人员开会,积极策划进行贷款诈骗。王某安排公司的财会人员赵某编造虚假的项目理由,同时赵某还伪造立项批准书以及其他申请贷款所需的证明文件,从乙银行骗取1000万元贷款。所得到的贷款除部分用于补发员工工资外,其他全部用于高风险投资,造成重大损失,无法偿还贷款。

案2:1998年3月,被告人刘甲与马某合办资久贸易有限公司(以下简称资久公司),该公司由于经营不善,造成严重亏损。该公司首先由马某担任法定代表人,1998年9月,由刘甲担任法定代表人。刘甲任资久公司法定代表人期间,多次以该公司需要流动资金周转为由,向本市城关信用社(以下简称信用社)申请贷款。1999年2月,刘甲在征得信用社负责人同意以有经济实力的单位担保可以发放贷款的承诺后,多次单独和信用社的高某、秋某找到在高桥金刚石厂任厂长的胞弟刘乙,要求其厂为他贷款作担保,遭到刘乙拒绝。刘甲便私刻高桥金刚石厂的行政公章和该厂法定代表人刘乙的私人印鉴,从信用社秋某手中骗取空白不可撤销借款担保书,在该担保书上加盖了私刻的高桥金刚石厂行政公章和刘乙的私人印鉴,填写了其他项目,在借款担保书上冒签了"刘乙"名字。1999年3月16日,刘甲以此不可撤销借款担保书并以资久公司的名义向信用社借得贷款30万元。30万元贷款当天进了资久公司在该信用社的账户。信用社贷款责任人在担保书上签字,刘甲以资久公司的名义与信用社签订借款合同,并立下了借据,借款合同上加盖了资久公司的公章,载明借款人为资久公司。借款合同约定,借款期限为半年,月利率为18.09%。刘甲骗取贷款后,大部分用于偿还了资久公司的债务,小部分用于其个人挥霍。贷款到期后,经信用社多次催收,刘甲等未予偿还。案发时资久公司仍然存在,未被撤销,也未注销。

对于上述两案,司法解释和理论通说的思维逻辑是:本案属于单位贷款诈骗,而《刑法》没有规定单位是贷款诈骗罪的主体,所以单位贷款诈骗的,既不能追究单位贷款诈骗罪的刑事责任,也不能追究单位中组织、策划、实施贷款诈骗的自然人的刑事责任。好在《刑法》规定有"以单位为犯罪主体的合同诈骗罪"这一"救命稻草"。其实这是三段论推理的误用。正确的三段论推理,应是以刑法规范即构成要件为大前提,案件事实为小前提,结论是有罪或者无罪。上述推理显然颠倒了大小前提,结论也是不可靠的。即便是在承认法人犯罪的国家,也不可能规定单位可以成为任何犯罪的主体,比如杀人、盗窃、强奸、放火相关犯罪。但事实上,单位完全可能组织、策划、实施杀人、盗窃、强奸、放火等犯罪行为。应该认为,只要以刑法规范作为大前提,案件事实作为小前提,就可以得出虽然不能追究单位实施贷款诈骗、杀人、盗窃、强奸、放火的刑事责任,但完全可以追究单位中组织、策划、实施贷款诈骗、杀人、盗窃、强奸、放火的自然人的贷款诈骗罪、故意杀人罪、盗窃罪、强奸罪、放火罪的刑事责任。司法解释规定单位实施贷款诈骗罪的,既不能追究单位贷款诈骗罪的刑事责任,也不能追究单位中组织、策划、实施贷款诈骗的自然人的刑事责任,显然是错误的。所谓单位贷款诈骗,完全可以而且必须追究单位中负责组织、策划、实施贷款诈骗的自然人的贷款诈骗罪的刑事责任。

3. 如何认定贷款诈骗罪的客观行为类型?

《刑法》第193条贷款诈骗罪规定了4种具体行为类型。

(1)编造引进资金、项目等虚假理由。

这主要是指行为人编造引进资金需要配套资金、需要以贷款为优惠条件等虚假理由,或者编造可能产生良好的经济效益与社会效益的虚假投资项目等,从而骗取贷款。这里的"编造",实际上是指行为人向银行或者其他金融机构工作人员捏造根本不存在的虚假理由。

案3:徐某因办养猪场而负债累累,便向某银行营业所申请贷款,谎称自己的养猪场规模大、效益好,并已经向有关部门审批立项,骗取贷款80万元。

该案中,徐某编造虚假的项目,骗取银行发放贷款,构成贷款诈骗罪。

(2)使用虚假的经济合同。

这主要是指行为人使用虚假的进出口合同或者其他证明能在短期内收回投资、具有良好经济效益的合同。“虚假”的经济合同,包括虚假的经济合同、变造的经济合同、作废的经济合同、无效的经济合同,以及其他不真实、不可能履行的经济合同。所谓“使用”,是指向银行或者其他金融机构工作人员出示、提供虚假的经济合同,从而使银行或者其他金融机构工作人员信以为真、误以为行为人符合贷款条件进而发放贷款。司法实践中使用虚假的经济合同诈骗贷款的表现形式主要有:伪造合同对方单位的公章和法定代表人签章制作虚假经济合同骗取贷款;虚构主体签订经济合同骗取贷款;合同双方恶意串通,订立实际上不准备履行或者无法履行的经济合同骗取贷款;欺骗合同对方单位与自己签订不准备履行的经济合同骗取贷款;对于已经失效的经济合同进行篡改、充当新的有效合同骗取贷款;如此等等。需要注意的是,行为人使用的经济合同虽有部分虚假内容,但从整体上看仍然是有效的经济合同,行为人确实准备履行或者正在履行的,不能视为使用虚假的经济合同。

(3)使用虚假的证明文件。

这里的证明文件,是指在向银行或者其他金融机构申请贷款时所需要提交的证明文件。虚假的证明文件,包括伪造的、变造的、作废的、过期的各种证明文件,如虚假的批准立项文件、虚假的银行存款证明、虚假的公司或者金融机构的担保函、虚假的划款证明、虚假的营业执照、虚假的财务报告等。不过,如果行为人基本具备贷款的资格与条件,其他方面的手续齐全,只有部分证明文件含有轻度虚假内容,不宜认定为贷款诈骗罪。

案4:被告人李某经营不善,靠支付高额息差和中介费用获取贷款,用后贷还前贷,以此支撑公司门面,但每次贷款后实际亏损更严重。某上市公司曾经为李某贷款作担保,但后来知道李某公司的真相后,便拒绝继续为其担保。于是,李某私刻该上市公司的公章、财务章及其他必要印章,制作虚假的担保函,从银行骗取600万元的贷款。

该案中,被告人李某私刻该上市公司的公章、财务章及其他必要印章,制作虚假的担保函,属于“使用虚假的证明文件”骗取贷款,构成贷款诈骗罪。

(4)使用虚假的产权证明作担保或者超出抵押物价值重复担保。

使用虚假的产权证明作担保,主要是指使用伪造的、变造的或者作废的证明行为人对房屋等不动产或者汽车、货币、可及时兑付的票据等动产具有所有权的一切文件。超出抵押物价值重复担保,是指将同一物重复用作贷款抵押物,并且超出了抵押物的实际总价值。在重复担保的情况下,如果没有超出抵押物实际总价值,则不属于这里规定的情形。此外,使用虚假证明,将犯罪所得的赃物作为自己的所有物向金融机构作抵押从而取得金融机构贷款的,也属于使用虚假的产权证明骗取贷款。

案5:被告人潘某于1999年利用职务上的便利,非法侵占了一辆公爵王轿车,并通过各种手段在公安局车管所将该车过户给自己。潘某与王某于2000年虚报注册资本骗取了公司登记。2001年1月26日,潘某通过某市人民银行司机刘某的介绍,用非法侵占的公爵王轿车作抵押从某农村信用社(以下简称银行)取得贷款25万元,后未能在合同期限内归还贷款。

对于该案,有观点认为,所属潘某的作为抵押物的车辆虽系非法侵占所得,但这对于提供贷款的银行的担保物权的实现并不构成妨碍,该银行完全可以通过拍卖、变卖涉案抵押车辆等形式实现其债权。[①] 这种观点存在疑问。由于抵押物是赃物而存在权利瑕疵,故应肯定潘某的行为已经给提供贷款的银行造成了财产损失。该银行之所以贷款给潘某,是因为潘某以非法侵占的公爵王轿车作抵押。可是,潘某隐瞒了该轿车为非法侵占所得的事实。如果潘某不隐瞒事实,而向银行说明涉案车辆的真相,银行就不可能向潘某发放贷款。所以,银行之所以向潘某发放贷款,是因为潘某隐瞒真相的行为使银行工作人员陷入了处分财产的认识错误。既然如此,就应肯定潘某的行为构成贷款诈骗罪。

① 参见刘娅林、杜凉虹:《潘勇、王伟职务侵占、虚报注册资本、贷款诈骗案——以非法侵占物进行抵押贷款、逾期不还贷行为的定性》,载最高人民法院刑事审判庭第一庭、第二庭编:《刑事审判参考》2002年第4辑(总第27辑),法律出版社2002年版,第41页。

4. 行为人合法取得贷款后产生犯罪意图,并实施转移、隐匿贷款或担保物等行为的,如何处理?

案6:上诉人吴某某在担任某市镁厂厂长、某铸造有限公司总经理期间,于1997年12月分别用3600多平方米厂房和机器设备作抵押,与某市城建信用社和某城市信用社签订了贷款金额为250万元和310万元的借款合同。上述贷款合同到期后,经两个信用社多次催要,吴某某均没有偿还借款。1998年9月,吴某某擅自将镁厂的全部建筑物及厂区土地(包含上述两项贷款抵押物)作价400万元,一次性转让给某厂厂长王某某,并对其隐瞒了镁厂已有部分建筑和机器设备抵押给信用社的事实。吴某某从转让镁厂所获款项中收到分期给付的300万元现金后,并未用于偿还涉案贷款。1998年10月,吴某某以镁厂名义向某市中级人民法院起诉,要求认定其与王某某的转让合同无效。该案经一审和二审审理后,认定吴某某与两家银行所签订的抵押合同因未到有关部门登记而无效,吴某某与王某某之间所签订的转让合同有效,造成银行不能通过抵押的财产收回贷款。吴某某所欠银行贷款的本金及利息在二审期间已由其弟全部代为还清。某省高级人民法院二审后认为:上诉人吴某某在贷款当时没有采取欺诈手段,只是在还贷的过程中将抵押物卖掉。如果该抵押是合法有效的,银行可随时采取法律手段将抵押物收回,不会造成贷款不能收回的后果;且吴某某在转让抵押物后,确也采取了诉讼的手段欲将抵押物收回,因认定抵押合同无效才致使本案发生,故判决吴某某无罪,撤销原审认定其犯贷款诈骗罪、判处有期徒刑10年的判决。

该案因为吴某某在向两个信用社申请贷款时并无非法占有目的,即便事后擅自处理抵押物,也是取得贷款之后的事情,不能改变行为人取得贷款时没有非法占有目的的事实,所以吴某某的行为不能成立贷款诈骗罪。但吴某某隐瞒了镁厂部分厂房和机器设备被抵押的事实向王某某转让全部厂房和机器设备,骗取转让款,应构成诈骗罪。

既然是"合法取得贷款",说明行为人贷款时并无非法占有的目的,贷款不是其通过欺骗手段取得的。即便行为人取得贷款后产生不归还贷款本息的意图,也不能反推当初其具有非法占有的目的。我们不承认所谓“事后故意”与“事后非法占有目的”。易言之,正常取得贷款后产生不归还贷款本息的意图,实施转移、隐匿担保物、携带贷款潜逃等行为的,由于不符合贷款诈骗罪的构造,不成立贷款诈骗罪。因金钱是“占有即所有”,借款人取得贷款后对贷款占有并所有,所以事后产生不归还贷款本息的意图,实施隐匿、携带贷款潜逃行为的,也不符合“易占有为所有”的侵占罪构成要件,不能成立侵占罪。如果行为人事后实施欺骗行为,使银行免除了其还本付息的义务,由于行为人因此获得了免除债务这种财产性利益,所以可以成立财产性利益的普通诈骗罪。

5. 何谓“以其他方法诈骗贷款”?

案7:张某系某市永立(集团)有限公司董事长兼总经理。1992年至1997年,张某以永立(集团)有限公司及其下属公司名义先后在某市商业银行贷款63笔,担保3笔,借款1笔,除偶尔少量还息外,本金一次未还,或者贷款展期,或者贷新还旧。到1998年年底,永立(集团)有限公司欠某市商业银行的贷款本金已达1.03亿元,利息4000多万元。张某贷到款项后,用于建造永立大厦和永立大酒店,由于经营状况不好,无法归还本息。为了逃避银行债务,张某等人通过伪造借据、打虚假经济官司的方法将已用作贷款抵押的永立大酒店以及永立(集团)有限公司的其他财产转移至其儿子等人名下。

对于该案,有观点认为,张某主观上具有非法占有金融机构贷款的目的,某客观行为方式符合《刑法》第193条第5项的“以其他方法诈骗贷款”的情形,应认定为贷款诈骗罪。[①] 这种观点存在疑问。既然张某在取得银行贷款时主观上并无诈骗的故意与非法占有目的,客观上没有实施贷款诈骗的行为,那么其行为就不可能构成贷款诈骗罪。至于张某在无法偿还贷款的情形下,采取虚假手段转移抵押物的行为,则不可能构成贷款诈骗罪。根据《民法典》的规定,抵押人对抵押物享有占有、处分、出租等权利,既然如此,张某的行为就没有侵害商业银

① 参见游伟主编:《刑法理论与司法问题研究》,上海文艺出版社2001年版,第370页以下。

行对抵押物的占有权与所有权。因此,张某的事后行为不可能就抵押物本身成立任何性质的诈骗罪。

案8:许某于2018年8月购买电话卡一张,在使用中发现可以用此卡登录前机主马某的支付宝账号,后于同月某日,通过短信找回密码方式登录该卡号绑定的支付宝账号。看到该支付宝可以从某平台透支消费后,在被害人不知情的情况下,登录该支付宝账号并使用相关功能付款,多次透支消费共计10916.8元,未予归还。

该案中,第三方支付平台拥有金融牌照,系金融机构,其发放的信贷借款应当属于"贷款"。第三方支付平台对于支付密码的设置、重置等进行严格的审查,对密码重置的操作流程进行严格、规范的管理。许某实际上属于冒用马某名义贷款,明显不具有归还的意思,因而构成贷款诈骗罪。换言之,冒用他人名义贷款,就可谓贷款诈骗罪中的"其他方法"。

《刑法》第193条第5项规定了"以其他方法诈骗贷款",作为贷款诈骗罪的"兜底条款""概括性条款"。应该认为,一方面,这样的规定具有必要性,另一方面,"其他方法"的范围也不难确定。因为申请贷款需要具备一定的资格与条件,行为人无非是由于不具备申请贷款的资格与条件而编造虚假的资格与条件,使用虚假的足以使银行或者其他金融机构工作人员信以为真的各种申请贷款所需要的证明、材料、文件等。简言之,使用足以使金融机构工作人员陷入可以发放贷款的认识错误的欺骗行为,都属于这里的"其他方法"。例如,行为人虽然没有使用前四种方法,客观上的贷款条件与程序等完全符合相关规定,但行为人在贷款过程中,以非法占有为目的,隐瞒了通过事后转移贷款、担保物或者携款潜逃而拒不归还贷款意图,从而骗取贷款的,属于以其他方法骗取贷款。由于所谓隐瞒或者虚构事实,并不限于隐瞒或者虚构客观的外在的事实,而且包括隐瞒或者虚构主观的心理的事实。行为人就本人或者第三者的意思作虚假表示,从而使对方陷入或者强化认识错误的,也属于欺骗行为。行为人向金融机构申请贷款,便意味着向金融机构表明自己将来会按贷款合同归还贷款的意图。如果行为人根本没有归还贷款的意图,却向金融机构申请贷款,则表明其申请贷款的行为属于隐瞒心理事实的欺骗行为(如果金融机构知道行为人没有归还贷款的打算,就不可能贷款给行为人)。这种隐瞒心理事实的行为,导致金融机构工作人员陷入认识错误,从而向行为人发放贷款(处分财产),行为人或第三者取得贷款。这种行为完全符合贷款诈骗罪的构造。

需要指出的是,在行为人贷款时隐瞒拒不归还的意图,取得贷款后通过转移贷款、担保物或者携款潜逃等手段,拒不归还贷款的情况下,认定该行为构成贷款诈骗罪,并不是基于所谓"事后故意"的观念。因为行为人在取得贷款之时就具有非法占有目的。本书也不认为取得贷款后的转移贷款、担保物等行为属于《刑法》第193条第5项规定的"其他方法"。换言之,本书并不认为取得贷款后的转移贷款、担保物或者携款潜逃的行为,属于贷款诈骗罪的实行行为。相反,本书认为,行为人在贷款时隐瞒拒不归还贷款的意图的行为,才属于贷款诈骗中的欺骗行为即实行行为。此外,冒用他人名义贷款,也属于贷款诈骗罪中的"其他方法"。

需要强调的是,这里的"其他方法",以行为符合贷款诈骗罪的构造为前提。即行为人以非法占有为目的,使用上述四项以外的欺骗方法取得贷款的,才成立贷款诈骗罪。如果行为人正常取得贷款后产生了不还本付息的意图,转移担保物或者携款潜逃,不能认为是"其他方法"而构成贷款诈骗罪。除非行为人实施新的欺骗行为使银行作出了免除行为人还本付息义务的承诺,则能成立免除债务的财产性利益的普通诈骗罪。

6. 行为人采取欺骗手段使他人为其提供贷款担保,从而骗取金融机构贷款的,如何处理?

案9:张三想要以非法占有的目的骗取银行的贷款。为了让银行放贷,他想到了欺骗朋友为自己做担保。于是,他对朋友李四谎称自己的工厂效益非常好,想扩大生产经营,需要向银行贷款,而这需要有人做担保,并保证工厂一定会盈利,到时自己会给李四100万元的感谢费。在张三的利诱下,李四以自己的房产为他做了担保。之后,张三顺利贷款500万元,一拿到钱就销声匿迹了。最后,银行无法收回贷款,申请对李四提供的房产担保强制执行。

由于担保物权是一种财产性利益，张三使用欺骗手段让李四为其提供担保，因而张三对李四成立财产性利益的(合同)诈骗罪。张三欺骗李四为其提供担保，自己隐瞒了不还本付息的意图骗取银行贷款，其对金融机构成立贷款诈骗罪。由于存在两个行为，两个被害人，两个被害内容(担保和贷款)，成立贷款诈骗罪与(合同)诈骗罪，应当数罪并罚。

张明楷教授认为，考虑到数罪并罚可能导致量刑过重，以牵连犯从一重处罚，也具有合理性。[①] 本书不赞成这种看法。因为既然存在两个行为、两个被害人、两个被害内容，仅定一罪，显然难以全面评价。

7. 假借他人名义贷款并占有贷款，使他人成为贷款人的，如何处理？

案10：赵某为无业人员，得知邻村个体户孙某因经营养殖业急需资金，便假意帮助孙某办理贷款。赵某让孙某将房产证、身份证和名章等交给赵某。赵某声称，贷款手续复杂，需要一定时间才能得到贷款。后赵某持孙某的房产证、身份证等材料，冒充孙某与信用社签订抵押合同与贷款合同；信用社发放贷款3万元，贷款期限3个月。赵某将3万元转到另一储蓄所，提出现金据为己有。贷款到期后，信用社要求孙某偿还贷款，孙某方知上当受骗。

该案中，虽然孙某的房产证、身份证等是真实的证明文件，但是，当赵某冒充孙某使用该证明文件时，就应认为赵某使用了虚假的证明文件。由于“所有贷款应当由贷款人与借款人签订借款合同”(《贷款通则》第29条)，故赵某冒充孙某与信用社签订合同，也是导致信用社工作人员陷入处分贷款认识错误的欺骗行为。赵某的行为直接造成了信用社的财产损失。所以，赵某的行为构成贷款诈骗罪。诚然，本案中赵某采用欺骗的手段为孙某设置了财产上的债务，但孙某并没有基于认识错误处分自己的财产，故难以认定赵某对孙某构成诈骗罪。

假借他人名义贷款，属于冒用身份欺骗银行或者其他金融机构取得贷款，成立针对银行或者金融机构的贷款诈骗罪。由于并没有欺骗“他人”，所以对他人

---

① 参见张明楷：《诈骗犯罪论》，法律出版社2021年版，第692页。

不成立诈骗罪。

8. 对于合法取得贷款后，没有按照规定的用途使用贷款，到期未归还的，能以贷款诈骗罪追究刑事责任吗？

案11：甲按规定合法取得了银行贷款，本想将其用于生产经营，盈利后返还贷款，没想到突然遇到新冠疫情，即便将贷款全部投入进去，企业的生产经营也会受到严重影响，不仅无法实现盈利，甚至可能都无法收回成本。于是，甲没有把贷款用于实际生产经营，而是以非法占有目的隐匿了贷款。

由于甲取得贷款时并无非法占有目的，即便事后产生不归还贷款本息的意图，由于不符合贷款诈骗罪的构造，而不成立贷款诈骗罪。另外，如前所述，合法取得贷款后产生犯罪意图，并实施隐匿贷款行为的，也不能成立侵占罪，除非行为人实施新的欺骗行为，让银行或者其他金融机构免除了其还本付息的义务，而成立财产性利益的普通诈骗罪。

9. 未达到贷款诈骗罪追诉标准，但达到诈骗罪追诉标准的，能否以诈骗罪或者本罪的未遂论处？

案12：2016年6月20日，被告人廖某某以借用熊某的支付宝转账为由登录熊某的支付宝账号，发现该账号在“蚂蚁借呗”上申请贷款额度为6000元，遂在没有告知熊某的情况下贷款6000元后将该款转入自己的支付宝使用。

对于该案，法院判决认为，被告人廖某某以非法占有为目的，隐瞒真相、虚构事实，骗取“蚂蚁借呗”公司现金6000元，数额较大，其行为构成诈骗罪。①

未达到贷款诈骗罪追诉标准，但达到诈骗罪追诉标准的，由于不属于诈骗罪中“本法另有规定的，依照规定”，所以可以诈骗罪定罪处罚。如果行为人以骗

① 参见陈德星、吕文洁：《冒用他人身份信息网贷并转移贷款的法律定性》，载《中国检察官》2018年第24期。

取数额较大的贷款为目标，客观上也能够骗取数额较大的贷款，只是因为意志以外的原因未得逞，可以成立贷款诈骗罪的未遂。

10. 行为人盗取他人房产证等证件，冒用他人名义与银行签订贷款合同，骗取银行贷款的，如何处理？

冒用他人名义贷款的，属于身份的冒用，构成贷款诈骗罪。由于房产证等证件主观价值较大，如果行为人是通过多次盗窃、入户盗窃、携带凶器盗窃、扒窃的方式进行盗窃，则另外构成针对他人房产证等证件的盗窃罪，与贷款诈骗罪实行数罪并罚。

11. 借款人与金融机构的信贷员、部门审核人员或者分管领导等人员勾结的，以非法占有为目的，采取冒名贷款或者其他欺骗手段，从金融机构非法取得“贷款”的，应当如何处理？

首先，借款人与金融机构负责贷款的所有人员串通，非法获取贷款的，由于不存在受骗的自然人，不存在诈骗问题，不成立贷款诈骗罪，只能与金融机构工作人员成立贪污罪或者职务侵占罪的共犯，金融机构工作人员成立贪污罪或者职务侵占罪与违法发放贷款罪。

其次，借款人与金融机构的贷款最终决定者（处分权限人）串通的，虽然可能欺骗了信贷员与部门审核人员，但做出处分行为的人并没有陷入认识错误，不存在诈骗的问题，不成立贷款诈骗罪，只能与金融机构的贷款最终决定者成立贪污罪或者职务侵占罪的共犯。

最后，借款人与金融机构的信贷员或者部门审核人员串通，共同欺骗分管领导，或者借款人与金融机构的信贷员串通，共同欺骗审核人员与分管领导，使后者陷入了认识错误并处分了财产（核准贷款）的，借款人成立贷款诈骗罪，受串通的信贷员和部门审核人员成立贷款诈骗罪共犯和违法发放贷款罪、贪污罪、职务侵占罪（肯定骗取是职务侵占罪行为方式的通说）。

12. 行为人能否就同一笔贷款资金既构成贷款诈骗罪,又构成高利转贷罪?

如果行为人在套取金融机构的信贷资金时就具有非法占有目的,无论事后是否进行高利转贷牟利,都成立贷款诈骗罪。但如果行为人在套取金融机构的信贷资金时没有非法占有目的(有还本付息的意思),在套取金融机构贷款后才产生不归还金融机构贷款本息的意思,则根据行为与责任同时存在原理,不能成立贷款诈骗罪。由于金钱占有即所有,所以事后占有贷款不还的,也不能成立"易占有为所有"的侵占罪,只能成立高利转贷罪。所以,就同一笔贷款资金而言,要么构成贷款诈骗罪(套取贷款时就具有非法占有目的),要么构成高利转贷罪(套取贷款时不具有非法占有目的),而不可能既构成贷款诈骗罪,又构成高利转贷罪。

13. 行为人采用某种虚假手段取得贷款,虽具有归还本金的意图与行动,但却没有支付利息的意图与行动时,应当如何处理?

在市场经济条件下,资金的无偿使用无疑也是一种财产性利益。所以,对于上述行为宜认定为普通诈骗罪或者合同诈骗罪。至于行为人采用某种虚假手段取得贷款,具有付息的意图与行动,却没有归还本金的意图与行动的,则应认定为贷款诈骗罪。行为人使用欺骗手段取得贷款时,只有归还部分本息的意图,事实上只归还部分本息的,可以认为行为人对部分贷款本金具有非法占有目的,对于没有归还的部分,应认定为贷款诈骗罪。

14. 贷款诈骗罪中的数额较大是指金融机构贷出款项的数额较大,还是行为人"申请"贷款的数额较大?

由于申请贷款的数额往往高于金融机构实际贷出的金额,所以不宜将借款人"申请"的数额作为贷款诈骗罪的数额,而应将金融机构实际贷出的数额(行为人或第三者实际取得的数额)作为贷款诈骗罪的数额。

15. 正常利息应否计入贷款诈骗数额?

由于在行为人取得贷款时,贷款诈骗就已经实施完成,所以,贷款利息不宜计入贷款诈骗数额。

16. 如何处理冒用他人支付宝等在第三方平台骗取贷款的案件？

案13：甲拾得乙的手机后，利用乙手机上的支付宝从第三方支付平台透支消费5万元。

第三方支付平台系小额贷款公司，虽然不是违法发放贷款罪的犯罪主体，但可以成为贷款诈骗罪和骗取贷款罪的被害人，所以，可以肯定的是，甲对第三方支付平台成立贷款诈骗罪。虽然甲对乙设定了还本付息的债务，第三方支付平台也会对乙进行催收甚至向乙提起民事诉讼，但由于甲没有对乙实施欺骗行为，故对乙不可能成立诈骗罪。又由于甲并没有将乙占有的财物转移为自己或者第三者占有，因而也不可能成立盗窃罪。

案14：2015年4月26日至28日，被告人曹某庆、徐某厂经预谋，利用网上泄露的个人身份信息和建设银行e付卡注册漏洞，并借助支付宝（中国）网络技术有限公司"借呗"平台的漏洞，冒用陈某等人的真实身份信息通过支付宝实名认证，并利用陈某等人的真实信用额度从"借呗"平台骗取贷款21笔，共计人民币203040元。案发后，被告人曹某庆退赔共同违法所得人民币99596元。对于本案，人民法院经审理认为：被告人曹某庆、徐某厂以非法占有为目的，冒用他人支付宝账号诈骗其他金融机构的贷款，数额巨大，其行为均已触犯刑法，构成贷款诈骗罪。①

实践中，行为人冒用他人名义通过支付宝认证，骗取借款的行为，毫无疑问符合贷款诈骗罪的构成要件。

案15：被告人何某趁吴某不备，秘密窃取吴某手机SIM卡，后使用该SIM卡登录吴某支付宝账户并擅自变更密码。何某登录吴某支付宝账户，通过花呗购买手机1部，消费6000余元，又通过花呗在大众点评网消费187

① 参见浙江省平阳县人民法院刑事判决书，(2015)温平刑初字第1240号。

元。法院认为，被告人通过花呗获得贷款购买商品的行为构成合同诈骗罪。[①]

对于冒用他人已经认证的蚂蚁花呗骗取贷款的行为，司法机关的处理并不一致，存在认定该行为构成盗窃罪、信用卡诈骗罪、合同诈骗罪、诈骗罪、贷款诈骗罪等观点和做法。

本书认为，对于冒用他人已经认证的蚂蚁花呗骗取贷款的，如果行为人不需要通过阿里巴巴公司的工作人员，而是直接通过机器或者系统非法占有阿里巴巴公司的资金，则按照本书"机器不能被骗"的观点，只能认定为盗窃罪。但是如果需要对阿里巴巴公司的工作人员实施欺骗行为，进而使工作人员基于认识错误处分了财产，则不成立盗窃罪，而是成立贷款诈骗罪。

需要指出的是，支付宝账户不属于信用卡，冒用他人支付宝账户不等于冒用他人信用卡。即使冒用他人支付宝账户的结果是使被害人信用卡上的存款减少，也不能认定为冒用他人信用卡，因为行为人根本没有使用他人的信用卡资料，所以不能成立信用卡诈骗罪。

在支付宝账户所有人未开通花呗时，行为人冒用账户所有人名义开通花呗进行消费的，花呗服务商当然受到了欺骗，并且陷入了行为人就是支付宝账户所有人的认识错误，进而基于认识错误与行为人签订了合同，处分了财产，所以行为人的行为已经成立合同诈骗罪。只要授信服务商、保理服务商属于金融机构，就应当认定为贷款诈骗罪。由于贷款诈骗罪是合同诈骗罪的特殊类型，所以利用合同骗取金融机构贷款时，应当认定为贷款诈骗罪。

在支付宝账户所有人已经开通了花呗的情况下，行为人盗用他人支付宝账户后冒用他人已经开通的花呗进行消费的，由于欺骗了花呗服务商，当然构成贷款诈骗罪。

总之，虽然冒用他人蚂蚁花呗的行为触犯诈骗罪，也属于冒用他人名义签订合同，因而符合合同诈骗罪的成立条件，但由于被害人属于金融机构，行为人实

① 参见上海市嘉定区人民法院刑事判决书，(2016)沪0114刑初681号。

际上骗取的是贷款,故应当以贷款诈骗罪追究刑事责任。当然,如果不存在自然人被骗,则不能成立诈骗类犯罪,只能成立盗窃罪。

17. 司法实践中对贷款诈骗数额的认定主要看行为人在案发前有多少贷款仍未归还的做法,有无疑问?

这种做法是错误的。如果有充分的证据证明行为人的行为性质为贷款诈骗,行为人具有非法占有目的,即使短时间内归还贷款,也应认定为贷款诈骗罪。反之,如果不能认定行为人的行为性质为贷款诈骗,不能证明行为人在贷款时具有非法占有目的,即使两年后不能归还,也不能认定为贷款诈骗罪。

18. 如何评价"拆东墙补西墙"的行为性质?

以"拆东墙补西墙"的方式获取贷款,是贷款诈骗罪与一般贷款纠纷、骗取贷款罪难以区分的一种既常见又特殊的现象。对于这种现象,需要通过整体考察获取贷款的手段与方式、各次贷款的用途与去向、归还贷款的原因与情形等事实,得出妥当的结论。如果构成贷款诈骗罪,也并非一概仅以最后不能归还的数额认定为贷款诈骗数额,而是要通过各次贷款与还贷的具体情形,判断何次还款属于贷款诈骗既遂后的退还赃物、何次还款属于正常贷款后的还贷,从而合理确定贷款诈骗数额。例如,行为人每次都编造虚假的经济合同、虚假的证明文件骗取贷款,取得贷款后根本不用于生产经营,而是从事赌博活动与用于挥霍,在贷款人反复催讨的情况下,不得已通过新的贷款偿还前次贷款的,应将所有贷款数额的总和认定为贷款诈骗数额,而不能仅将最后不能归还的数额认定为贷款诈骗数额。

第三节 票据诈骗罪

·导 读·

票据诈骗罪的构造为：行为人利用(虚假)金融票据进行欺骗→使对方陷入或继续维持错误(强化错误)→对方基于认识错误处分财产→行为人或者第三者取得财产→被害人遭受财产损失。不符合票据诈骗罪构造的行为，不能成立票据诈骗罪。对于盗窃不同支票并使用的行为，应当视支票的种类与是否存在伪造、冒用等行为，以及被害人的情形，综合判断行为人的行为性质。行为人误以为使用的是伪造的票据，而实际上是真实有效的票据的，也不能认定为使用伪造的票据，因为客观上不存在伪造的票据，而只能认定为冒用他人的票据。不管金融诈骗罪条文有无规定"非法占有目的"，成立金融诈骗罪都要求行为人主观上必须具有非法占有目的。票据诈骗罪也不例外。未达到本罪的追诉标准，但达到诈骗罪追诉标准的，能以诈骗罪或者本罪的未遂论处。成立票据诈骗罪，必须要有受骗者，而受骗者要么是占有财产的人，要么是虽然没有占有财产却对财产具有处分权限或者支配地位的人。如果在一个案件中根本没有受骗者，就不可能成立票据诈骗罪。行为人非法"补记"的数额没有超过付款人处实有的存款金额的，出票人为被害人。如果出票人、付款人并不存在受欺骗的情形，那么对行为人应认定为盗窃罪。行为人在明知的情况下，非法"补记"的数额超过付款人处实有的存款金额的，被害人为出票人以外的其他人或者付款人的，对该行为应认定为诈骗罪。

条 文

第一百九十四条第一款 【票据诈骗罪】有下列情形之一，进行金融票据诈骗活动,数额较大的,处五年以下有期徒刑或者拘役,并处二万元以上二十万元以下罚金;数额巨大或者有其他严重情节的,处五年以上十年以下有期徒刑,并处五万元以上五十万元以下罚金;数额特别巨大或者有其他特别严重情节的,处十年以上有期徒刑或者无期徒刑,并处五万元以上五十万元以下罚金或者没收财产:

(一)明知是伪造、变造的汇票、本票、支票而使用的;

(二)明知是作废的汇票、本票、支票而使用的;

(三)冒用他人的汇票、本票、支票的;

(四)签发空头支票或者与其预留印鉴不符的支票,骗取财物的;

(五)汇票、本票的出票人签发无资金保证的汇票、本票或者在出票时作虚假记载,骗取财物的。

罪名精释

1.何谓票据诈骗罪的构造?

票据诈骗罪,是指以非法占有为目的,利用(虚假)金融票据(汇票、本票、支票)进行诈骗活动,骗取数额较大财物的行为。票据诈骗罪因为手段特殊而成为诈骗罪的特殊类型,因而成立票据诈骗罪必须符合诈骗罪的构造。诈骗罪的构造为:欺骗行为→认识错误→处分财产→取得财产→遭受财产损失。具体到票据诈骗罪,其构造为:行为人利用(虚假)金融票据进行欺骗→使对方陷入或继续维持错误(强化错误)→对方基于认识错误处分财产→行为人或者第三者取得财产→被害人遭受财产损失。不符合票据诈骗罪构造的行为,不能成立票据诈骗罪。

2.如何认定票据诈骗罪的客观行为类型?

《刑法》第194条关于票据诈骗罪规定了5种具体行为类型。

(1)明知是伪造、变造的汇票、本票、支票而使用。

案1:某市一公司急需融资。被告人甲主动上门找到该公司总经理A,

称香港某公司有意投放1亿元人民币到该市,并拿出一份伪造的商业承兑汇票给A过目。A求“资”若渴,当即请甲引荐。甲将自称“香港公司商务代表”的乙引荐给A,乙声称他们只能通过银行汇票划账。此后,甲安排丙、丁等人假冒该市某银行支行行长、业务科科长等,纷纷出场洽谈融资事项,最后“行长”以20万元“签字费”为条件,承诺了贴现要求。在支付20万元“签字费”的第二天,A得知上当受骗。

该案中,甲以非法占有为目的,单纯以伪造的承兑汇票显示自己的“经济实力”,从而骗取财物,不属于“使用”伪造的汇票,所以不构成票据诈骗罪。该案中甲等人的行为只能构成普通诈骗罪。

票据诈骗,是通过产生、变更和消灭票据上的权利义务关系而骗取财物的行为。所谓伪造票据,是指以行使票据上的权利义务为目的,假冒他人的名义或者以虚无人的名义为票据行为的行为。伪造票据的行为具有三个特征:首先,伪造者所做的行为符合票据行为的形式要件;如果伪造行为并非票据行为,则不构成票据的伪造。其次,必须假冒他人名义,包括假冒真实的他人、已经死亡的人或者虚无人的名义。如果受他人委托而在票据上代他人签名盖章,则不存在伪造问题。伪造的方法,既可以是模仿他人的签名,也可以是伪刻他人的印章,或者盗用他人真正的印章,或者滥用在自己手中保管的他人的印章,等等。最后,必须是以行使票据上权利义务为目的而伪造票据行为。

票据的变造,是指没有变更权限的人,以使票据权利义务得以行使和承担为目的,变更票据上记载的除签名之外的有关事项的一种行为。构成票据的变造必须具备以下几个条件:第一,必须是没有变更权限的人所为的变更行为。第二,必须是变更票据签名以外的其他事项的变更行为,比如变更票据到期日以及变更票据付款地等。变更票据签名的行为属于票据的伪造行为。第三,必须是以行使和承担票据权利义务为目的而为的变更行为。

“使用”,是指按照汇票、本票、支票的功能及其通常使用方式予以利用的行为。使用伪造、变造的票据作担保骗取他人财物的行为,也侵害了票据的信用和票据管理秩序,所以也属于“使用”而成立票据诈骗罪。票据的通常用法或作用可归纳为汇兑、信用、支付、流通、结算、融资几个方面,因此,常见的使用行为也可归纳为以下几个方面:①使用伪造、变造的票据汇兑,如行为人利用伪造的汇票让银行或交易所向自己支付一定金额的货币;②利用票据的信用功能骗取财物,如乙有一批急于脱手的货物,甲为了骗取该货物,向乙出具一张伪造的本票,取得货物后逃走;③使用伪造、变造的票据支付货款以骗取财物,如行为人在商店购物时,以伪造的支票支付货款;④转让伪造、变造的票据,如行为人将伪造的票据冒充真实有效的票据"背书"后转让给他人,从而骗取对价;⑤使用伪造、变造的票据结算,如行为人用伪造、变造的票据通过银行抵消自己的债务;⑥使用伪造、变造的票据融资,如行为人将伪造、变造的未到期的票据,通过贴现方式向银行申请贴现以骗取资金。

《刑法》分则中的"明知"规定都是注意性规定,本罪也不例外。当然,"明知"不限于确切知道,还应包括明知自己使用的可能是伪造、变造的票据。但是,如果只是"应当"知道而实际上并不知道,不得认定为"明知"。

(2)明知是作废的汇票、本票、支票而使用。

案2:甲与乙签订购销合同,甲向乙出卖价值10万元的货物,乙以支票形式付款。出票人乙开出10万元的支票后,持票人甲应在10日内向银行取款,但甲在10日后才向银行取款。银行工作人员本可以不予付款,但由于疏忽,银行工作人员向甲付款10万元。

仅仅超过票据提示付款日期予以使用的,不属于使用过期的票据,也就不属于明知是作废的票据而使用,不成立票据诈骗罪。该案中,甲的行为没有造成乙的财产损失,所以不成立任何犯罪。

付款请求权已经得到实现的票据以及被依法宣布作废的票据,属于刑法上作废的票据。关于过期的票据是否属于刑法上的作废票据,不可一概而论。应从实质上考察使用过期票据的行为是否足以导致他人遭受财产损失。仅仅超过票据提示付款日期予以使用的,不属于使用过期的票据。《刑法》第194条所规定的使用作废的票据,原则上包括使用自始无效的票据。因为行为人完全可能通过使用无效的票据骗取他人财物,既然如此,就没有理由将这种行为排除在票据诈骗罪之外。

(3)冒用他人的汇票、本票、支票。

案3:2008年6月,被告人张某采用翻围墙、撬门锁等手段,窃得林某某家的现金5000元及银行承兑汇票2张(出票金额均为5万元)。后被告人张某以其中一张汇票向杨某兑换现金4万元,以另一张汇票向王某某偿付结欠的货款3万余元并兑换现金1.7万元。被害人林某某发现失窃后,于当日晚向公安机关报案,并于次日向两家付款行对失窃的银行承兑汇票进行电话挂失,后又以公示催告程序向两家付款行所在的法院申请宣告两张汇票无效。上述法院先后作出除权判决,宣告汇票无效。

对于该案,一审法院审理认为:被告人张某以非法占有为目的,秘密窃取他人现金5000元,数额较大,其行为构成盗窃罪,判处有期徒刑1年6个月;其隐瞒真相,以合法持票人的名义使用其所窃得的银行承兑汇票,骗取他人财物达8.7万余元,数额巨大,其行为构成票据诈骗罪,判处有期徒刑8年,数罪并罚后决定执行有期徒刑9年。一审宣判后,检察院提出抗诉,认为被告人具有非法占有他人财物的故意,而无诈骗的企图,对国家金融票据管理制度并未造成实际损害;其采用翻围墙、撬门锁等手段,实施了窃取现金和银行承兑汇票的犯罪行为,符合盗窃罪的构成要件。二审法院在审理后认为:被告人具有盗窃公私财物和利用窃得的银行承兑汇票实施诈骗的两个犯意,在客观行为上亦表现为既有先前秘密窃取行为,又有事后隐瞒事实真相,冒充合法持票人使用窃得的银行承兑汇票骗取他人财物的行为,被窃者和被骗者的损失分别由张某先前的盗窃行为与之后的诈骗行为所造成,分别侵犯了公私财物的所有权和国家对金融票据的管理制度,其行为符合盗窃罪和票据诈骗罪的构成要件,应以盗窃罪和票据诈骗罪予以数罪并罚,故裁定驳回抗诉,维持原判。

上述一审、二审法院认定被告人张某的行为构成盗窃罪与票据诈骗罪是正确的。张某冒用他人的承兑汇票骗取数额较大的财物,构成票据诈骗罪。

案4:行为人用欺骗的方法骗取公司登记后,在银行开立账户,随后通过电话等方式与一些生产厂家联系购进棉纱等货物,承诺货到付款,并使用银行承兑汇票结算。在收到货物后,行为人先出具真实的商业汇票并与送货人一同到当地银行验票,骗取送货人的信任,再以先卸货、后给汇票为由收回真实票据。待送货人卸货后,行为人以合同有问题未能履行或者改为现金交易为由,到开票银行退票并将货物转卖后逃离作案现场。

该案中,由于行为人使用的是真实的汇票,不属于冒用他人的汇票,不能成立票据诈骗罪,只能视行为性质认定为合同诈骗罪或者普通诈骗罪。

案5:被告人赵某系某单位出纳。某日,单位领导指派赵某持一张金额为6万元的现金支票到该单位开户的某银行营业所取款。由于银行营业所的经办人严重失职,付款后未收回支票。赵某取款后趁机将该支票拿回家私藏,所取6万元如数交给单位入账。5天后,赵某持私藏的6万元现金支票再次来到该营业所,凭此支票从该营业所提取6万元现金。20天后因案发被追回。

在赵某第一次取款后,该支票便属于他人,赵某加以利用的行为,属于冒用他人的支票,构成票据诈骗罪。

冒用他人的票据的典型情形是,行为人将自己冒充为合法的持票人,使用他人真实有效的票据,从而骗取财物。冒用他人票据行为的实质,是假冒票据权利人或其授权的代理人,行使本应属于他人的票据权利,从而骗取财物。行为人使用他人的无记名式票据骗取财物的,也属于冒用他人的票据。行为人所冒用票据的来源,不影响冒用他人票据的性质。行为人重复使用支票的,也属于冒用他人支票,构成票据诈骗罪。冒用他人的汇票、本票、支票构成票据诈骗罪的,也要求行为人主观上明知是他人的汇票、本票、支票,即行为人明知自己不是合法的票据权利人与授权的代理人,但依然假冒票据权利人或其授权的代理人行使票据权利,从而骗取财物。

虽然冒用他人的汇票、本票、支票一般应是指冒用他人真实有效的票据,但是从解释论上来说,没有必要作如此限定。也就是说,冒用他人的汇票、本票、支票是指行为人使用了自己无权使用的汇票、本票、支票,至于该汇票、本票、支票是否真实有效,则不必予以限定。质言之,只要不是使用自己有权使用的汇票、本票、支票,就可以认定为冒用他人的汇票、本票、支票,票据的真假并不重要。行为人误以为是冒用他人真实有效的票据,而实际上使用的是伪造、变造、作废的票据的,或者相反,均应评价为“冒用他人的汇票、本票、支票”,成立票据诈骗罪的既遂。

(4)签发空头支票或者与其预留印鉴不符的支票,骗取财物。

案6:甲向乙购买了价值10万元的货物,协议以支票形式付款。甲在2005年6月1日制作支票时,明知自己的银行账户内没有资金,但同时知道丙将于2005年6月3日向自己的银行账户汇款10万元。甲将支票交付给乙时,让乙于2005年6月5日之后向银行作付款提示。但乙因急于得到付款,于2005年6月2日向银行进行付款提示时,被银行工作人员告知甲的账户内没有资金。

如果行为人在制作支票时,虽然明知自己在银行账户内没有资金或者资金不足,但是在票据权利人向银行付款提示前,向银行存入或者补足资金,不宜认定为“签发空头支票”。本案中,只要丙向甲的银行账户内汇款具有真实性,就不能认定甲的行为属于“签发空头支票……骗取财物”,就不构成票据诈骗罪。

案7:电视剧制作人员伍某,于2003年5月与甲公司签订协议,由甲公司出资200万元用于A电视剧制作,待电视剧摄制完成后,电视剧组返还甲公司200万元并另向甲公司交付200万元利润。合同签订后,甲公司给电视剧组汇款200万元。伍某将该200万元全部用于A电视剧制作。A电视剧于2003年10月开拍,2004年8月完成摄制。后因市场问题,A电视剧出售情况未达到预期效果,与此同时,一些购买电视剧的单位也未能按约向伍某付款。2004年11月,甲公司向伍某催讨400万元,伍某不仅承认债务,而且承诺待他人付款后立即清偿债务。2004年年底,甲公司不断派人催讨债务,伍某将两张共计160万元的支票交付给甲公司,让甲公司人员“晚几天入账”。甲公司入账时,被告知是空头支票。

该案中,被告人伍某并无骗取他人财物的故意和非法占有目的。伍某之所以签发空头支票,是为了缓解甲公司的催讨行为。所以,伍某先前取得甲公司200万元的行为不成立合同诈骗罪,后来签发空头支票的行为不成立票据诈骗罪。即使伍某取得甲公司200万元时存在诈骗故意与非法占有目的,事后签发空头支票的行为也不成立票据诈骗罪。简言之,只要不是出于非法占有目的通过签发空头支票取得对方财物的，就不能成立“签发空头支票”型票据诈骗罪。

案8：被告人李某于1999年5月25日至7月29日，以惠春公司的名义向易高公司采用先送货后付款的方法购买5台电脑，价值2.07万元。易高公司将电脑送至惠春公司后，李某指使财务人员于1999年7月29日向对方开具了出票日期为1999年8月10日，金额为2.07万元的支票一张。后因惠春公司账户无存款，该支票遭银行退票。易高公司当即派人至惠春公司办公地点，发现该公司已搬离，李某下落不明。1999年6月，李某以惠春公司的名义与瑞协公司签订了关于嘉士伯罐装啤酒的购销协议，约定由瑞协公司向惠春公司供应啤酒，惠春公司指定徐某为收货人，每40天为一付款期。同年6月至8月，瑞协公司供应啤酒4000余箱，价值近29万元，由徐某签收。同年7月底，瑞协公司要求惠春公司支付货款，李某指使财务人员开具了一张出票日期为1999年8月10日，金额为10万元的支票交给对方。同年8月11日，李某又开具了一张金额为12万元的支票交给瑞协公司。同月19日，两张支票均因存款不足而遭银行退票。瑞协公司与惠春公司联系时，惠春公司已搬离其办公地点，李某亦下落不明。

应该认为，就送货后立即付款的情形而言，如果销售人员送货后，购买人并不付款，销售人员就不会最终交付货物。在这种情况下，行为人（购买人）在对方送货后立即签发空头支票的，宜认定为票据诈骗罪。但是，就送货后相隔一定时期才付款的情形而言，行为人在对方送货后相隔一段时间才签发空头支票的，不宜认定为票据诈骗罪，而应认定为合同诈骗罪或者普通诈骗罪。就李某骗取电脑的行为而言，由于原文交代事实不清楚，难以下结论。就李某骗取啤酒的行为而言，应认为不能成立票据诈骗罪。

所谓“签发空头支票”，是指出票人所签发的支票金额超过其付款时在付款人处实有的存款金额的支票。签发空头支票骗取财物成立票据诈骗罪，在客观上必须符合以下条件：①行为人签发的是空头支票；②完成了支票出票行为；③骗取财物（既遂）或者可能骗取他人财物（未遂）。行为人开始制作空头支票时，并不是票据诈骗罪的着手，只有当行为人以非法占有为目的，将空头支票交付给他人时，才是票据诈骗罪的着手。

签发空头支票骗取财物，显然只能是出于故意。因此，行为人误以为自己在银行账户内有足够资金，客观上签发了空头支票的，不得认定为票据诈骗罪。行为人在制作支票时，虽然明知自己在银行账户内没有资金或者资金不足，但是，在票据权利人向银行付款提示前，向银行存入或者补足资金的，不宜认定为签发空头支票骗取财物。反之，行为人在制作支票时明知自己在银行账户内有足额资金，但是在票据权利人向银行付款提示前，行为人故意提回存款，使银行对票据权利人拒付的，只要符合其他要件，也能成立票据诈骗罪。行为人签发空头支票并不是为了骗取他人财物时，不可能成立票据诈骗罪。

关于签发空头支票骗取财物是否包括先骗取财物后签发空头支票的行为，不可一概而论。在约定货到立即付款的场合，行为人（购买人）签发空头支票的，可以评价为被害人因为获得支票而处分财产，行为人通过签发空头支票骗取财物，因而可以认定为票据诈骗罪。而在约定货到后相隔一段时期付款的场合，行为人（购买人）签发空头支票的，不能认为被害人因为获得支票而处分财产，难以评价为行为人通过签发空头支票骗取财物，故不宜认定为票据诈骗罪。对于只是先“承诺”以支票形式支付货款，骗取货物后签发空头支票交付对方的行为，难以认定为票据诈骗罪。质言之，货物必须是行为人通过使用票据的手段骗来的，才可能成立票据诈骗罪。如果购买人事后签发空头支票旨在使他人误以为自己清偿了债务，并且导致他人不再向自己索取债务，则属于骗取财产性利益，符合（财产性利益）票据诈骗罪的构成要件。倘若交付空头支票并不意味着使对方免除了自己的债务，则不能认定为骗取了财产性利益，不构成票据诈骗罪。

所谓“签发与其预留印鉴不符的支票”，是指票据签发人在其签发的支票上加盖与其预留于银行或者其他金融机构处的印鉴不一致的财务公章或者支票签发人的名章。“与其预留印鉴不符”，可以是与其预留的某一个印鉴不符，也可以是与所有预留印鉴不符。在司法实践中，行为人签发与其预留印鉴不符的支票，是为了使持票人遭受拒付，从而实现骗取他人财物的目的。所以，签发与其预留签名式样、密码不符的支票骗取财物的，也能评价为“签发与其预留印鉴不符的支票骗取财物”，而成立票据诈骗罪。如果行为人以非法占有为目的，在签发支票(出票)时就打算更换预留印鉴并事实上更换预留印鉴以使银行拒付，完全符合票据诈骗罪的构成要件。

(5)汇票、本票的出票人签发无资金保证的汇票、本票或者在出票时作虚假记载，骗取财物。

签发汇票、本票的行为人有无资金保证，不能在实践上过于形式化，而要从实质上考察签发行为是否足以造成持票人、承兑人、付款人的财产损失；不能仅根据客观行为作出结论，还要联系行为人是否具有骗取持票人、承兑人、付款人财产的故意与目的进行判断。

所谓“在出票时作虚假记载，骗取财物”，应是指汇票、本票的出票人在出票时作虚假记载。如果支票出票人在出票时作虚假记载，则分别属于伪造、签发空头支票或者与其预留印鉴不符的支票。作虚假记载骗取财物构成票据诈骗罪的，仅限于汇票、本票的出票环节，而不包括票据背书、提示承兑、付款以及保证环节。出票后对票据的记载事项进行补充、修改，则可构成伪造票据或者变造票据。

3. 盗窃支票并使用的，如何处理？

2013年4月2日最高人民法院、最高人民检察院《关于办理盗窃刑事案件适用法律若干问题的解释》第5条规定：“盗窃有价支付凭证、有价证券、有价票证的，按照下列方法认定盗窃数额：(一)盗窃不记名、不挂失的有价支付凭证、有价证券、有价票证的，应当按票面数额和盗窃时应得的孳息、奖金或者奖品等可得收益一并计算盗窃数额；(二)盗窃记名的有价支付凭证、有价证券、有价票证，已经兑现的，按照兑现部分的财物价值计算盗窃数额；没有兑现，但失主无法通过挂失、补领、补办手续等方式避免损失的，按照给失主造成的实际损失计算盗窃数额。”

就盗窃支票而言，上述司法解释暗示了以下几点：(1)对盗窃不记名、不挂失的支票的，认定为盗窃罪；(2)对盗窃记名的支票且已经兑现的，认定为盗窃罪，按兑现价值计算盗窃数额；(3)对盗窃记名的支票但没有兑现的，如果造成了损失，也认定为盗窃罪，按损失数额计算盗窃数额。该观点可能存在疑问。

支票分为不同种类，行为人在盗窃支票时也可能同时实施伪造行为，使用支票的情形也并不完全相同。所以，对于盗窃不同支票并使用的行为，应当视支票的种类与是否存在伪造、冒用等行为，以及被害人的情形，综合判断行为性质。

第一，对于盗窃定额支票的行为，不管行为人盗窃后是否使用、如何使用，都应认定为盗窃罪，支票上记载的金额就是盗窃数额。定额支票与金钱的功能几乎没有区别，被害人损失定额支票，就意味着损失金钱、损失财产。所以窃取这种定额支票的行为，就成立盗窃既遂，而不管其盗窃后是否使用以及如何使用。

第二，行为人盗窃定额支票之外的不记名、不挂失支票的，也构成盗窃罪。因为不记名、不挂失的支票不仅具有财产价值，而且如同货币。行为人窃取了该支票，就相当于窃取了财物。又由于这种支票不记名、不挂失，被害人不可能通过正当途径挽回自己的损失，因此，盗窃了不记名、不挂失的支票的行为本身就给被害人造成了财产损失。

第三，行为人盗窃记名的空白支票，然后补记支票收款人或者支票金额并使用的，属于冒用他人的支票，构成票据诈骗罪。

第四，行为人盗窃记名支票的，无论在挂失之前还是之后使用，均属于冒用他人的支票，构成票据诈骗罪。

第五，盗窃记名的支票，没有兑现，但失主无法通过挂失、补领、补办手续等方式避免损失的，不应当按照给失主造成的实际损失计算盗窃数额，因为盗窃数额只能是行为人转移他人占有的财物的数额。

第六，行为人盗窃他人记名支票后并使用的，由于后行为是典型的票据诈骗行为，所以，对于使用行为应当认定为票据诈骗罪。如果盗窃记名支票的行为本身构成盗窃罪（如扒窃、入户盗窃、携带凶器盗窃），则应以盗窃罪与票据诈骗罪数罪并罚。

第七，盗窃格式票据（票据用纸）并偷盖印章或者伪造印鉴，记载相关事项，无论在挂失之前还是之后使用的，均触犯了伪造金融票证罪与票据诈骗罪（使用伪造的支票），作为牵连犯处理，从一重罪处罚。

综上，不能简单地认为盗窃支票并使用的就构成盗窃罪，盗窃数额就是支票上所记载的金额,而应考虑所盗窃的是定额、不记名、不挂失的支票还是记名支票,使被害人遭受财产损失的是窃取支票的行为本身,还是盗窃后的使用行为,而分别认定为盗窃罪、票据诈骗罪、故意毁坏财物罪,根据是否侵犯新的法益,而决定是从一重罪论处还是数罪并罚。

4. 行为类型之间的认识错误,如误以为使用的是伪造的汇票,实际上使用的是作废的汇票,影响票据诈骗罪既遂的认定吗?

虽然伪造、变造的票据、作废的票据是客观构成要件要素,需要行为人主观上必须认识到,但一般认为,某个罪名各具体行为类型之间的错误属于具体的事实认识错误,如误以为使用的是伪造的票据,而实际上使用的是作废的票据,或者相反,不影响故意既遂犯的认定。至于冒用他人的票据,虽然理论上一般认为是真实有效的票据,但为了避免在认识错误时出现处罚漏洞,不应限于真实有效的票据。误以为冒用的是真实有效的票据,其实是伪造的票据的,也应认定为冒用他人的票据,而不能认定为使用伪造的票据,因为行为人没有使用伪造的票据的故意。行为人误以为使用的是伪造的票据,而实际上使用的是真实有效的票据的,也不能认定为使用伪造的票据,因为客观上不存在伪造的票据,而只能认定为冒用他人的票据。

5. 能否认为成立金融诈骗罪,行为人主观上必须具有非法占有的目的?

由于金融诈骗罪是诈骗罪的特殊类型,成立金融诈骗罪必须符合诈骗罪的构成要件。而成立诈骗罪,要求行为人主观上必须具有非法占有目的(为了和毁弃罪与不可罚的骗用行为相区分),因而,不管金融诈骗罪条文有无规定“非法占有目的”,成立金融诈骗罪都要求行为人主观上必须具有非法占有目的。票据诈骗罪也不例外。

6. 未达到本罪追诉标准,但达到诈骗罪追诉标准的,能否以诈骗罪或者本罪的未遂论处?

根据2022年4月6日最高人民检察院、公安部《关于公安机关管辖的刑事案件立案追诉标准的规定(二)》的规定,票据诈骗罪的立案追诉标准为 5 万元以上。而 2011 年 3 月 1 日最高人民法院、最高人民检察院《关于办理诈骗刑事案件具体应用法律若干问题的解释》规定,诈骗罪的立案追诉标准为 3000 元以上。当行为人实施票据诈骗,数额未达票据诈骗罪的立案追诉标准但达到了诈骗罪的立案追诉标准的,由于不属于《刑法》第 266 条诈骗罪条文后段的"本法另有规定的,依照规定",所以可以诈骗罪既遂处罚。如果行为人利用票据实施诈骗,主观上有骗取数额较大财物的目的,客观上也存在骗取数额较大财物的可能性,则可以评价为票据诈骗罪的未遂,与诈骗罪既遂形成竞合,从一重处罚即可。

7. 如何评价内外勾结使用伪造、变造、作废票据的行为性质?

首先必须明确,成立票据诈骗罪,必须要有受骗者,而受骗者要么是占有财产的人,要么是虽然没有占有财产却对财产具有处分权限或者地位的人。如果在一个案件中根本没有受骗者,就不可能成立票据诈骗罪。因此,(1)一般公民与银行内部具有处分财产权限的人相勾结,使用伪造、变造、作废的票据从银行取得财产的,由于没有受骗者,不可能认定为票据诈骗罪,只能成立贪污罪或者职务侵占罪的共犯;(2)一般公民与银行内部不具有财产处分权限的人相勾结,使用伪造、变造、作废的票据从银行取得财产的,由于存在受骗者(具有财产处分权限的人),所以成立票据诈骗罪的共犯。

8. 如何认定行为人合法取得空白支票后通过非法补记取得他人财物的行为性质?

案 9:1999 年 5 月,某太阳观测站的职工阮某从唐某的木材经销部为本单位购买了价值 1993 元的木料,因为阮某以前经常从唐某处为单位购买木材等物,对唐某比较信任,就把本单位的一张空白转账支票交给了唐某,并告诉唐某让他自己填上 1993 元的金额。之后,阮某将木材运回单位。唐某在填写转账支票的金额时把 1993 元写成了 121993 元,两天后从银行取出 121993 元,后携款潜逃,2002 年年底被抓获归案。

根据《票据法》的规定，只有支票上的金额与收款人，可以由出票人授权补记。司法实践中，出票人往往出于信任等原因，将印鉴齐全的空白支票交给行为人，由其自行补记，行为人便以非法占有为目的，乘机填写超出约定的大额款项，提取现金后逃之夭夭；或者乘机填写超出约定的大额款项，骗取其他被害人的财物。

应该认为，行为人非法"补记"的数额没有超过付款人处实有的存款金额的，出票人为被害人。如果出票人、付款人并不存在受欺骗的情形，便应对行为人的行为认定为盗窃罪。行为人在明知的情况下，非法"补记"的数额超过付款人处实有的存款金额的，被害人为出票人以外的其他人或者付款人的，应对其行为认定为诈骗罪。

对于案9，不能认定为"签发空头支票"，不成立票据诈骗罪，只能视非法"补记"的数额是否超过付款人处实有的存款金额，而分别认定唐某的行为成立盗窃罪或者诈骗罪。

第四节　金融凭证诈骗罪

·导　读·

银行结算凭证，是指银行专门用以结算的凭证，是银行、单位和个人用以记载账务的会计凭证，也是办理支付结算的重要依据。本罪中的金融凭证，只能是票据、信用证与信用卡之外的银行结算凭证。冒用他人真实存折的，不符合金融凭证诈骗罪的构成要件，只能成立诈骗罪。误以为冒用的是他人的真实存折，实际上系伪造的存折的，或者相反，只能认定成立诈骗罪。未达到本罪追诉标准，但达到诈骗罪追诉标准的，能以诈骗罪既遂或者本罪的未遂论处。以伪造的银行存折作质押骗取银行贷款的，成立金融凭证诈骗罪与贷款诈骗罪的包括的一罪。通过在事先购买的"真实"的空白银行结算凭证上偷盖"借款人"真实印章的手段骗取财物的，成立伪造金融票证罪与金融凭证诈骗罪的包括的一罪。使用作废的金融凭证骗取财物的,不成立金融凭证诈骗罪,只能成立诈骗罪。利用伪造、变造的银行电汇、信汇传真件骗取财物的,属于使用伪造、变造的金融凭证,构成金融凭证诈骗罪。单纯向对方出示伪造、变造的金融凭证的行为,不属于"使用"伪造、变造的金融凭证,不能构成金融凭证诈骗罪。行为人窃取、骗取、拾取、抢夺、敲诈勒索、抢劫他人存折(单)后,通过银行职员取款的,均应认定为诈骗罪。

条 文

第一百九十四条第二款 【金融凭证诈骗罪】使用伪造、变造的委托收款凭证、汇款凭证、银行存单等其他银行结算凭证的,依照前款的规定处罚。

罪名精释

1. 何谓本罪中的"银行结算凭证"?

金融凭证诈骗罪中的金融凭证,是指银行结算凭证。结算,是指基于商品交易、劳务供应、资金调拨及其他交易而发生的货币收付行为。银行结算凭证,是指银行专门用以结算的凭证,是银行、单位和个人用以记载账务的会计凭证,也是办理支付结算的重要依据。票据、信用证、信用卡虽然具有结算功能,也可谓结算凭证,但由于《刑法》另规定了票据诈骗罪、信用证诈骗罪与信用卡诈骗罪,所以本罪中的金融凭证只能是票据、信用证与信用卡之外的结算凭证,具体指委托收款凭证、汇款凭证、银行存单等其他银行结算凭证。所谓委托收款,是指收款人委托银行向付款人收取款项的结算方式。委托收款时所需的凭证即为委托收款凭证。汇款凭证,是指汇款人委托银行将其款项支付给收款人时所需的凭证,包括信汇凭证与电汇凭证。银行存单包括银行存折,因为存单与存折只是外形不同而已。银行存单并不限于狭义的银行出具的存单,还包括邮政储蓄机构等具有吸收存款资格的金融机构出具的存单。除了上述银行结算凭证外,还有其他银行结算凭证。例如,拨款凭证、银行进账单、托收承付凭证等均属于银行结算凭证。

2. 冒用他人真实存折的，如何处理？

金融凭证诈骗罪的行为方式是“使用伪造、变造的委托收款凭证、汇款凭证、银行存单等其他银行结算凭证”，所以，冒用他人真实存折的，不符合金融凭证诈骗罪的构成要件，只能成立诈骗罪。

3. 误以为冒用的是他人真实存折，实际上系伪造的存折的，或者相反，如何处理？

误以为冒用的是他人真实的存折，而实际上系伪造的存折的，可谓主观上具有普通诈骗的故意，客观上实现的是金融凭证诈骗的事实，或者相反，都只能认定成立诈骗罪。

4. 未达到本罪追诉标准，但达到诈骗罪追诉标准的，能否以诈骗罪或者本罪的未遂论处？

未达到本罪追诉标准，但达到诈骗罪追诉标准的，能够以诈骗罪既遂定罪处罚。如果行为人主观上具有使用伪造、变造的金融凭证骗取较大数额财物的故意，客观上也可能骗取数额较大的财物，因为意志以外的原因未得逞，还能认定成立金融凭证诈骗罪的未遂，与诈骗罪既遂形成竞合，从一重处罚即可。

5. 以伪造的银行存折作抵押（质押）通过签订借款合同骗取银行贷款的，应当如何处理？

案1：王某系某县农业银行下属营业代办站的代办员。1999年4月，周某找到王某，称其想贷款做生意，让王某为其出具假存单，用于抵押贷款，并承诺贷出款后让王某使用1万元。王某遂为周某出具了一份金额为5万元、定期1年的假存单。周某持此假存单到农业银行抵押贷款，银行核保时，王某又以代办站名义出具虚假存单质押止付的承诺书，使周某得到5万元贷款。事后，周某给王某1万元。周某生意未成，王某多次找周某促其还贷,周某一直未还。

该案中,王某出具形式真实内容虚假的存单的行为,属于无形伪造金融票证,构成伪造金融票证罪。以银行存单担保取得贷款是银行存单的通常用法。所以,周某使用(无形)伪造的银行存单骗取银行贷款,属于使用伪造的金融凭证骗取财物,不仅构成贷款诈骗罪,还构成金融凭证诈骗罪,由于被害人只遭受一个财产损失,故成立包括的一罪,从一重处罚即可。因王某并无非法占有目的,其误以为周某会归还银行贷款,所以周某成立伪造金融票证罪和骗取贷款罪的共犯,可以作为包括的一罪,从一重处罚。

由于银行存折具有质押功能,所以以伪造的银行存折作质押骗取银行贷款的,既成立金融凭证诈骗罪,也成立贷款诈骗罪,还可能成立合同诈骗罪,由于被害人(金融机构)仅遭受一个财产损失,所以成立包括的一罪,从一重处罚即可。

6. 通过在事先购买的“真实”的空白银行结算凭证上偷盖“借款人”真实印章的手段骗取财物的,构成何罪?

所谓“事先购买的空白银行结算凭证”,只不过是一种金融凭证用纸,不能称为真实的银行结算凭证,而只有经过必要的填写与签章等之后,才成为金融凭证。行为人在银行结算凭证用纸上偷盖借款人的印章的,就是一种伪造银行结算凭证的行为,行为人利用这种银行结算凭证骗取财物的,同时触犯了伪造金融票证罪与金融凭证诈骗罪,可以作为包括的一罪,从一重处罚。

7. 对于使用作废的金融凭证骗取财物的,应当如何处理?

由于金融凭证诈骗罪仅规定了使用伪造、变造金融凭证一种情形,所以使用作废的金融凭证骗取财物的,不成立金融凭证诈骗罪,只能成立诈骗罪。

8. 利用伪造、变造的银行电汇、信汇传真件骗取财物的,如何处理?

案 2:2000 年,陈某坤与陈某发预谋后,以苏某的身份证在福建省石狮市某地租住一间房,并安装一部电话,后陈某坤以苏某的名义到广州索要商家名片,再由陈某发用事先安装的电话与商家洽谈,商定以汇款的付款形式向对方购货。在货主同意后,陈某坤与陈某发将事先伪造的中国农业银行电汇凭证回单联传真给货主,以得到货主的信任,并要求其发货。至同年12月12日,陈某坤伙同陈某发先后作案3次,共骗取他人价值近2万元的货物。

案3:2002年12月,甲公司与乙公司就家用电器买卖达成口头协议,其中交货条件为付款后发货。同月3日,乙公司收到甲公司通过信汇方式汇来的10万元货款后,即按约发货。29日,甲公司将信汇凭证回单联传真给乙公司,并电话告知,款已汇出,请即发货。乙公司念及甲公司先前的履约行为,又虑及今后的业务发展,在接受信汇凭证回单联传真件的当天,即发给甲公司等值的家电产品。然而,在超过信汇款到账的合理期限后仍未到款,乙公司便通过银行查询,得悉无此汇款。案发后,经查明,甲公司发送给乙公司的信汇凭证回单联传真件,是在前一次已使用过的金额记载事项都相同的信汇凭证回单联上,经对原日期进行覆盖并重新填写等变造后再予传真。

异地交易的双方为加速商品流转的速度和合同履行的效率,借助传真等现代化通信工具,将据以证明已付款的信汇或电汇凭证传真给收款人的,应视为对金融凭证的使用,而且,信汇和电汇凭证回单联,是由付款人收执,不存在交付收款人的问题。因此,对付款人而言,使用信汇或电汇凭证,即意味着将回单联向收款人出示,而出示又有原件出示和传真件出示两种形式。当行为人在真实的信汇或电汇凭证回单联的基础上或者以真实的信汇或者电汇凭证为基础材料,通过挖补、剪贴、粘接、涂改、覆盖等方法,非法改变其主要内容,如改变确定的金额、有效日期等,使之以假乱真,进而向受害人直接出示或以传真形式出示,以虚构已付款的事实,骗取财物的,符合使用伪造的金融凭证进行诈骗的客观特征,应以金融凭证诈骗罪定罪。上述案2和案3,行为人都同时构成合同诈骗罪和金融凭证诈骗罪,属于想象竞合,从一重处罚即可。

9. 单纯向对方出示伪造、变造的金融凭证的行为,属于“使用”伪造、变造的金融凭证而构成金融凭证诈骗罪吗?

案4:被告人利用在原单位工作期间曾用单位的营业执照在某银行开

立账户的机会,购买了空白电汇凭证若干份。后来,被告人遇见一外地公司经理欲“以存代贷”(给自己公司的开户银行引进资金,然后取得银行的优惠贷款)的方式在西安寻找资金,便冒充银行某处长,声称能够拉来资金。被告人私刻了3枚印章,在自己原持有的空白电汇凭证上填写、伪造了一份通过某银行汇往这一外地公司所在银行3000万元的电汇凭证,向该外地公司经理出示后,取得其信任,并骗取其“好处费”45万元。

该案中,若认为被告人单纯出示伪造的金融凭证的行为,也属于使用伪造的金融凭证,那么,其骗取财物的行为便构成金融凭证诈骗罪,否则仅成立普通诈骗罪。应该认为,所谓“使用”伪造、变造的银行结算凭证,是指将伪造、变造的银行结算凭证作为真实有效的银行结算凭证并按照银行结算凭证的通常用法予以利用,骗取财物的行为。或者说,法律规定的所谓“使用”伪造、变造的银行结算凭证,就是行为人将伪造、变造的银行结算凭证,通过银行等金融机构来实际投入或进入到商品的交换、流通或资金货币的结算运转途径中以及金融机构的往来中,利用银行结算凭证的兑付、信用等特殊功能来达到骗取财物的目的。该案中,被告人并没有使伪造的金融凭证置入商品的交换、流通或资金货币的结算运转途径中以及金融机构的往来中,其所取得的财产并不是伪造的金融凭证所记载的数额,而是所谓为被害人拉存款的“好处费”。因此,该行为仅成立普通诈骗罪。概言之,被告人的行为触犯了伪造金融票证罪与诈骗罪,应当数罪并罚。

10. 行为人窃取、骗取、拾取、抢夺、敲诈勒索、抢劫他人存折(单)后,通过银行职员取款的,应当如何处理?

案5:鲍某是某企业职工。一日,鲍某与同事程某、林某到隔壁办公室打扫卫生,程某发现办公桌底下有一张存折,被鲍某捡到手,接着鲍某去另一办公室接电话。接完电话上厕所的路上,鲍某掏出存折看,方知是同事王某的活期存折,存额为15000元。回到办公室后,鲍某将存折锁在自己的抽屉里,没有声张。当天下午,王某找到鲍某问其是否见到她丢失的存折时,鲍某称,在接电话时,把存折扔到了桌子上,不知被谁拿走了。几天后,鲍某持此存折到储蓄所提出现金15000元,并到另一储蓄所把所提出的款项存入自己的名下。

存折(单)的特点决定了,单纯丢失存折(单)不会给被害人造成财产损失,给被害人造成财产损失的是行为人取得存折(单)后的利用行为。所以,评价的重心不是取得存折(单)的行为,而是取得之后利用存折(单)的行为。也就是说,不管行为人通过何种途径(盗窃、诈骗、捡拾、抢夺、敲诈勒索、抢劫)取得了他人的银行存折(单),其事后使用他人银行存折(单)通过银行职员取款的,均应认定为诈骗罪。该案中,虽然"捡拾"他人办公桌底下存折的行为可谓盗窃行为,但因为不是特殊盗窃,对盗取存折本身难以认定为盗窃罪,只能认定鲍某事后在银行柜台冒用他人存折(单)取款的行为构成诈骗罪。由于成立抢劫罪也不要求数额,所以单纯抢劫存折(单)的行为,也能成立针对存折(单)本身的抢劫罪。若是在控制被害人的情况下让同伙在银行柜台取款,则取款的金额为抢劫金额;若是释放被害人后到银行柜台冒用存折(单)取款,则取款的金额不能认定为抢劫金额,只能认定为诈骗金额,与抢劫罪[针对存折(单)本身]数罪并罚。总之,行为人窃取、骗取、拾取、抢夺、敲诈勒索、抢劫他人存折(单)后,通过银行职员取款的,均应认定为诈骗罪。

第五节　信用证诈骗罪

·导　读·

信用证诈骗罪不仅侵犯金融秩序,还具有财产犯罪的本质。骗取信用证包含两种情形:一是通过欺骗手段骗取他人已经持有的信用证,属于信用证诈骗罪的预备犯;二是通过欺骗手段使银行或者其他人开具信用证,可能构成骗取金融票证罪的既遂、(无形)伪造金融票证罪(间接正犯)的既遂和信用证诈骗罪的预备的想象竞合,从一重处罚。骗取信用证只是信用证诈骗罪的预备,而非着手实行。非法占有目的,是信用证诈骗罪的主观要素。

骗取信用证型信用证诈骗罪，是结果犯，不是行为犯。利用信用证诈骗银行“打包贷款”，可能同时成立信用证诈骗罪与贷款诈骗罪，系包括的一罪，从一重处罚。单纯盗窃信用证的行为，一般并不成立犯罪（构成特殊类型的盗窃的除外），只能根据事后利用信用证的行为，认定成立信用证诈骗罪。为了实施信用证诈骗行为，而伪造、变造信用证或者附随的单据、文件的，成立伪造、变造金融票证罪与信用证诈骗罪的包括的一罪，从一重处罚。

条　文

第一百九十五条　【信用证诈骗罪】有下列情形之一，进行信用证诈骗活动的，处五年以下有期徒刑或者拘役，并处二万元以上二十万元以下罚金；数额巨大或者有其他严重情节的，处五年以上十年以下有期徒刑，并处五万元以上五十万元以下罚金；数额特别巨大或者有其他特别严重情节的，处十年以上有期徒刑或者无期徒刑，并处五万元以上五十万元以下罚金或者没收财产：

（一）使用伪造、变造的信用证或者附随的单据、文件的；

（二）使用作废的信用证的；

（三）骗取信用证的；

（四）以其他方法进行信用证诈骗活动的。

罪名精释

1. 信用证诈骗罪的本质是什么？

虽然信用证诈骗罪具有侵犯金融秩序的本质，但无论如何也不可否认信用证诈骗罪的财产犯罪本质。所以，没有造成财产损失危险性的行为，不可能成立金融诈骗罪；没有造成财产实际损失的，不可能成立金融诈骗罪的既遂；单纯骗取信用证的行为，不可能成立信用证诈骗罪的既遂。

2. 如何理解“骗取信用证”?

骗取信用证实际上包含两种情形:一是通过欺骗手段骗取他人已经持有的信用证(骗得信用证);二是通过欺骗手段使银行或者其他人开具信用证(骗开信用证)。对于“骗得信用证”,认定成立信用证诈骗罪的预备犯即可,行为人主动放弃使用信用证的,则成立预备阶段的中止。对于以非法占有为目的“骗开信用证”的行为,可能同时触犯三个罪名的三种犯罪形态:一是信用证诈骗罪的预备犯;二是(无形)伪造金融票证罪(间接正犯)的既遂犯;三是骗取金融票证罪的既遂犯。由于只有一个行为,宜认定为想象竞合,从一重处罚。

3. 骗取信用证是信用证诈骗罪的预备还是着手实行?

《刑法》分则条文中规定的行为并非都是实行行为。实行行为必须是具有侵害法益的紧迫危险性的行为。单纯骗取信用证不使用的,并不具有侵害他人财产的紧迫危险性。所以,骗取信用证只是信用证诈骗罪的预备,而非着手实行。

4. 以非法占有为目的骗取信用证的行为,除成立骗取金融票证罪之外,是否另成立其他犯罪?

以非法占有为目的骗取信用证的行为,除成立《刑法》第175条之一的骗取金融票证罪之外,还可能成立信用证诈骗罪的预备和(无形)伪造金融票证罪(间接正犯)的既遂。

5. 应否承认非法占有目的是信用证诈骗罪的主观要素?

非法占有目的是信用证诈骗罪的主观要素。理由是:(1)既然承认信用证诈骗罪与诈骗罪是特别关系的法条竞合,就必须承认非法占有目的是信用证诈骗罪的主观要素;(2)信用证诈骗罪不是单纯侵犯信用证管理秩序的犯罪,而是同时侵犯财产的犯罪,否则不可能称为信用证“诈骗”罪;(3)主观要素认定困难,并不能成为取消主观要素的理由;(4)在《刑法修正案(六)》增设了骗取金融票证罪之后,更有理由要求信用证诈骗罪中的骗取信用证行为必须具有非法占有目的。

6. 使用涂改的信用证骗取财物的,如何适用法律?

在《刑法》规定了使用伪造、变造的信用证的情况下,不宜将使用涂改的信用证归于使用作废的信用证。应根据是涂改了信用证的本质部分还是非本质部分,分别评价为使用伪造的信用证和使用变造的信用证。

7. 骗取信用证型信用证诈骗罪是行为犯还是结果犯?

诈骗罪没有争议地被认为是结果犯,而信用证诈骗罪的财产犯罪性质是不可否认的,况且,刑法理论的通说认为信用证诈骗罪是诈骗罪的特殊类型,所以信用证诈骗罪也应是结果犯,作为信用证诈骗罪一种行为类型的骗取信用证也应是结果犯。

8. 相互勾结,没有人受骗,能成立信用证诈骗罪吗?

案1:A公司负责人甲向B公司负责人乙行贿后,二人通谋由B公司作为开证申请人,A公司作为受益人向银行申请信用证。双方约定,甲获得银行付款后,其中的30%归乙所有。B公司将货款全部交给银行后,银行开出信用证,事后,乙利用职务上的便利帮助甲伪造附随的单据、文件,甲使用伪造的附随单据、文件,使银行付款2000万元人民币,乙非法占有其中的600万元。

该案中,虽然银行工作人员在某种意义上是受骗者,但本案中银行并非被害人,所以不成立甲与银行二者间的诈骗条件。由于作为财产处分人的乙不仅“承诺”了甲的行为,而且与甲相勾结取得B公司的财产,乙与甲不是被害人与被告人的关系,而是共同犯罪人,所以本案也不成立以银行工作人员为被骗者、B公司为被害人的三角诈骗。该案中,B公司虽然是被害人,但不是信用证诈骗罪的被害人,而是贪污的被害人。所以,该案中甲与乙成立贪污罪的共犯,而不成立信用证诈骗罪的共犯。

应该认为,无论谁是行为人,也无论哪一方是被害人,都需要有受骗者与被害人。换言之,信用证诈骗罪的成立,也必须符合普通诈骗罪的构造,否则不可能成立信用证诈骗罪。例如,开证申请人、受益人与开证银行负责人、工作人员相勾结,利用开证银行负责人及工作人员的职务之便,非法取得开证银行资金的,在不存在受骗者的情况下,只能认定为共同贪污罪或者共同职务侵占罪,而不可能认定为信用证诈骗罪。但是,如果开证申请人、受益人与开证银行的个别工作人员相勾结,使开证银行的财产处分人受欺骗,从而骗取开证银行的资金,则依然成立信用证诈骗罪的共犯。

9. 何谓“以其他方法进行信用证诈骗活动”?

解释《刑法》第 195 条第 4 项所规定的“以其他方法进行信用证诈骗活动”,应当遵守同类解释规则,而且必须符合普通诈骗罪的基本构造。刑法理论上比较公认的其他方法有:(1)利用“软条款”(陷阱条款)进行信用证诈骗活动。这是指开证申请人与开证人在开证时,故意设置隐蔽性的陷阱条款,使开证申请人或者开证银行可能随时单方面地导致信用证止付,从而骗取他人财产。(2)利用远期信用证“先取货、后付款”的特点进行信用证诈骗。(3)利用转让信用证进行信用证诈骗活动,即通过中间商以转让国外原开证银行信用证的方式骗取财物。

10. 如何评价利用信用证诈骗银行“打包贷款”的行为性质?

所谓打包贷款,是指借款人收到出口商所在地银行开出的信用证后,以信用证正本作抵押从银行申请的贷款,用于该信用证项下出口商品的进货、备料、生产和装运。利用信用证诈骗银行打包贷款则是一种骗局,名义上是要求银行为其贷款以筹集货物,实则意图非法占有贷款。利用信用证诈骗银行打包贷款包括三种情形。第一种情形是使用伪造、变造的信用证或者附随的单据、文件或者作废的信用证作担保,诈骗打包贷款。这种情形属于一个行为触犯两个罪名(信用证诈骗罪、贷款诈骗罪)的想象竞合,从一重处罚即可。第二种情形是在合法取得信用证后,产生诈骗打包贷款的故意,进而实施该行为。对此,如果在合法取得信用证后，骗取贷款的行为与信用证没有关系，当然仅成立贷款诈骗罪；如果以合法取得的信用证作担保取得贷款，没有其他欺骗行为，则不成立任何犯罪；如果利用合法取得的信用证骗取银行贷款，依然可能是贷款诈骗罪与信用证诈骗罪的想象竞合，从一重处罚。第三种情形是为诈骗“打包贷款”而先骗取信用证并以此作担保，诈骗银行贷款。对此，如果行为人单纯骗取他人持有的有效信用证，只是事后诈骗的预备行为，而以骗取的信用证作担保骗取银行贷款，则属于贷款诈骗罪与信用证诈骗罪的想象竞合，从一重处罚。除以上三种情形外，利用骗取的信用证骗取“打包贷款”的，还可能触犯合同诈骗罪。

案2：被告人顾某以替港商加工成衣并出口为名，欺骗某进出口公司为其代理出口这批成衣，随后顾某借口缺乏购买面料的资金，向该进出口公司提供了以港商为开证申请人、以该进出口公司为受益人的信用证。顾某要求该进出口公司在收到信用证后，到银行以该信用证作担保，申请全部信用证金额的70%，即210万元人民币的贷款（打包贷款），并将贷款以预付款形式汇入顾某所在公司的账号。随后，顾某出于公司巨额资金划拨方便的考虑，与该进出口公司签订了代理出口协议。顾某收到预付款后，并未按合同组织生产，而是非法占有了该笔款项。

本案中顾某的行为同时触犯了合同诈骗罪与信用证诈骗罪，系想象竞合，应从一重处罚。

11. 盗窃他人信用证后又使用的，应当如何处理？

单纯盗窃信用证，不管是真实有效的信用证，还是伪造、变造的信用证，虽然可谓窃取了财产性利益，但是，在不使用信用证的情况下，不会导致他人信用证下的财产损失。所以，单纯盗窃信用证的行为，一般并不成立犯罪（构成特殊类型的盗窃的除外），只能根据事后利用信用证的行为，认定成立信用证诈骗罪。

12. 为了实施信用证诈骗行为，而伪造、变造信用证或者附随的单据、文件的，如何处理？

为了实施信用证诈骗行为，而伪造、变造信用证或者附随的单据、文件的，如果尚未使用伪造、变造的信用证或者附随的单据、文件骗取财物,则成立信用证诈骗罪的预备犯和伪造、变造金融票证罪既遂的想象竞合,从一重处罚即可。如果使用伪造、变造的信用证或者附随的单据、文件,则不管信用证诈骗行为是否既遂,都作为包括的一罪处理,从一重处罚。

第六节 信用卡诈骗罪

·导 读·

信用卡诈骗罪的构造是:行为人利用信用卡实施欺骗行为→使对方(自然人)陷入或者继续维持(强化)认识错误→自然人基于认识错误处分或者交付财产→行为人或者第三者取得财产→被害人(自然人或者单位)遭受财产损失。冒用他人信用卡,只能是对自然人冒用,在自动柜员机或者电话银行"冒用"的,不属于冒用他人信用卡,不成立信用卡诈骗罪,只能成立盗窃罪或者其他犯罪。成立恶意透支型信用卡诈骗罪,必须满足"透支时就具有非法占有目的(不归还本息的意思)"和事后"经发卡银行催收后仍不归还"两个条件,缺一不可。盗刷他人社保卡的,不能构成信用卡诈骗罪。持卡人在自动柜员机上或者利用 POS 机恶意透支,经银行催收后仍不归还的,不能构成信用卡诈骗罪,只能构成盗窃罪。《刑法》第 196 条第 3 款盗窃信用卡并使用定盗窃罪的规定,既是注意规定,也是法律拟制。

条 文

第一百九十六条 【信用卡诈骗罪】有下列情形之一,进行信用卡诈骗活动,数额较大的,处五年以下有期徒刑或者拘役,并处二万元以上二十万元以下罚金;数额巨大或者有其他严重情节的,处五年以上十年以下有期徒刑,并处五万元以上五十万元以下罚金;数额特别巨大或者有其他特别严重情节的,处十年以上有期徒刑或者无期徒刑，并处五万元以上五十万元以下罚金或者没收财产：

（一）使用伪造的信用卡，或者使用以虚假的身份证明骗领的信用卡的；

（二）使用作废的信用卡的；

（三）冒用他人信用卡的；

（四）恶意透支的。

前款所称恶意透支，是指持卡人以非法占有为目的，超过规定限额或者规定期限透支，并且经发卡银行催收后仍不归还的行为。

罪名精释

1. 如何把握信用卡诈骗罪的构造？

信用卡诈骗罪是诈骗罪的特殊类型，成立信用卡诈骗罪必须符合诈骗罪的构造。诈骗罪的构造为：行为人实施欺骗行为→使对方（自然人）陷入或者继续维持（强化）认识错误→对方基于认识错误处分或者交付财产→行为人或者第三者取得财产→被害人遭受财产损失。具体到信用卡诈骗罪，其构造是：行为人利用信用卡实施欺骗行为→使对方（自然人）陷入或者继续维持（强化）认识错误→自然人基于认识错误处分或者交付财产→行为人或者第三者取得财产→被害人（自然人或者单位）遭受财产损失。可见，如果不存在受骗的自然人（如在机器上使用信用卡），就不符合诈骗罪的构造，就不可能构成信用卡诈骗罪，只可能构成盗窃罪。

2. 如何理解“使用以虚假的身份证明骗领的信用卡”？

案1：张某于2010年9月20日乘办公室同事关某外出之机，盗窃了被害人关某的背包，内有人民币100元、信用卡一张和被害人关某的身份证一张。关某发现被盗后随即持临时身份证到银行办理信用卡挂失手续，并补办了一张新信用卡。同年12月5日，张某持盗窃的关某的身份证到某银行北京分行，骗取银行办事员信任，将关某9月补办的新信用卡挂失，并重新补办了一张信用卡。随后，张某持这张信用卡与关某的身份证，在4个商场透支购物，共透支人民币5000元。

领取信用卡，既包括申请领取新的信用卡（从无到有），也包括领取信用卡后由于失落而挂失并重新获得补办的信用卡（从有到无再到有）。同时，以虚假的身份证明骗领信用卡，也应包括以虚假的身份证明骗领新的信用卡和骗领因挂失补办的信用卡。也就是说，将以虚假的身份证明骗领因挂失而补办的信用卡解释为“以虚假的身份证明骗领的信用卡”，并不存在文理障碍，因而并不违反罪刑法定原则。所以，本案中张某的行为构成信用卡诈骗罪。

由于行为人以虚假的身份证明骗领信用卡属于无形伪造信用卡的间接正犯，所以，即便《刑法修正案（五）》没有增加规定“使用以虚假的身份证明骗领的信用卡”，对于这种行为原本也能认定为“使用伪造的信用卡”。所谓使用以虚假的身份证明骗领的信用卡，既包括使用他人以虚假的身份证明骗领的信用卡，也包括使用自己以虚假的身份证明骗领的信用卡。以虚假的身份证明骗领的信用卡，并不要求身份证明本身是虚假的，行为人使用他人的真实身份证明为自己骗领的信用卡，也属于以虚假的身份证明骗领的信用卡。使用自己真实的身份证明的同时，使用虚假的保证人身份证明骗领信用卡的，也属于以虚假的身份证明骗领信用卡。以虚假的身份证明骗领因挂失而补办的信用卡，也属于“以虚假的身份证明骗领的信用卡”。

由于行为人以虚假的身份证明骗领了信用卡，就意味着银行工作人员已经因为行为人的欺骗行为而作出了概括性的财产处分，即概括性地承诺了行为人可以使用该信用卡取款，因而行为人在自动柜员机上使用以虚假的身份证明骗领的信用卡，也完全符合信用卡诈骗罪的构成要件。换言之，不同于“使用伪造的信用卡”和“使用作废的信用卡”型信用卡诈骗罪，使用以虚假的身份证明骗领的信用卡，并不限于对自然人使用，还包括在自动柜员机上使用。由于借记卡不具有透支功能，行为人使用他人身份证明存款取得借记卡并使用的，不能成立信用卡诈骗罪。虽然狭义的信用卡具有透支功能，但行为人使用虚假的身份证明骗领信用卡后并不透支，而是仅在信用卡账户资金限额内使用该信用卡的，不成立信用卡诈骗罪。行为人使用以虚假的身份证明骗领的信用卡，透支后及时归还的，若行为不具有诈骗性质，行为人不具有诈骗故意与非法占有目的，不宜认定为信用卡诈骗罪;若认定行为具有诈骗性质,行为人在透支时具有诈骗的故意与非法占有目的,事后的归还属于既遂后返还财物,则宜认定为信用卡诈骗罪,且不适用“恶意透支”的规定。

总之,对于修正后的《刑法》第196条第1款第1项规定的“使用以虚假的身份证明骗领的信用卡”,不能仅从形式上理解,而应联系财产犯罪的性质以及行为人的主观内容作出合理解释。

3. 何谓“使用伪造的信用卡”?

案2:2004年年底,某储蓄所主任项某(国家工作人员)利用职务之便,自制了一张“银联”借记卡,做好了盗取储户存款的准备。其间,储户常某到储蓄所取款时,不慎将密码念出声来,被正在值班的项某听到并暗记心间。2005年年初,项某因为购买住房缺少资金,便在常某有高额存款时,利用自制的“银联”借记卡和获取的密码,从农业银行储蓄所通过职员提取现金10万元。

银行工作人员利用自己掌握的储户的信用卡信息资料,所制作的与储户的信用卡信息资料相同的信用卡,属于伪造的信用卡。该案中,项某利用掌握的储户的卡号、密码等信息资料自制的“银联”借记卡,就是(无形)伪造的信用卡,其使用该伪造的信用卡通过农业银行储蓄所职员提取现金的行为,就属于“使用伪造的信用卡”,构成信用卡诈骗罪。

必须将《刑法》第196条第1款第1项所规定的内容与项前规定“进行信用卡诈骗活动”进行整体理解。所谓“使用伪造的信用卡”,是指将伪造的信用卡冒充真实有效的信用卡,依照信用卡的通常功能予以使用,骗取他人数额较大财物的行为。首先,使用伪造的信用卡,必须是一种欺骗他人作出财产处分决定的行为,因而持伪造的信用卡在自动柜员机上提取现金的,不能成立信用卡诈骗罪,只能成立盗窃罪。其次,使用伪造的信用卡,必须是依照信用卡的通常功能与通常的使用方法予以利用的行为。出售、赠与伪造的信用卡,以及使用伪造的信用卡私下质押担保骗取他人财物,均不属于依照信用卡的通常功能予以利用的行为,不成立信用卡诈骗罪。最后,根据责任主义原理,使用伪造的信用卡构成信用卡诈骗罪,还要求行为人明知所使用的是伪造的信用卡。

从理论上讲,刑法中广义的伪造包括变造,而伪造与变造又分别包括有形伪造、有形变造与无形伪造、无形变造。而有形与无形的区别在于行为人是否具有制作的权限,伪造与变造的界限在于是否进行了实质性的变更。但事实上对信用卡进行非本质的变造,一般不具有实际意义。对信用卡磁条内部储存信息的本质性变更,都属于伪造信用卡。行为人没有在银行存款,却制作了可以向银行提取存款的借记卡,可谓有形伪造信用卡。银行工作人员甲利用自己掌握的乙的信用卡信息资料,所制作的与乙的信用卡信息资料相同的信用卡,可谓无形伪造信用卡。对无效、作废的信用卡加工后形成的信用卡,也属于伪造的信用卡。使用伪造的空白的信用卡的行为并不构成犯罪。而区分伪造的信用卡与伪造的空白信用卡的关键在于信用卡中是否存在有效信用卡的相关信息,相关设备(如 ATM 机)能否读取其中的数据。如果其中没有任何数据,或者相关数据没有实际意义,则不属于伪造的信用卡。

使用伪造的信用卡骗取财物的,不管被害人是发卡行、特约商户还是合法持卡人,均成立信用卡诈骗罪。至于谁是被害人,则难以一概而论。行为人使用合法持卡人的复制卡的,一般来说合法持卡人为被害人;行为人使用以银行的空白信用卡制作的信用卡的,一般而言发卡银行为被害人;行为人使用伪造的信用卡在特约商户购物的,一般来说特约商户为被害人。

4. 如何认定“使用作废的信用卡”?

使用作废的信用卡,是指使用因法定原因而丧失效用的信用卡。根据相关规定,所谓作废的信用卡主要有:超过有效使用期限而失效的信用卡;持卡人在信用卡有效期限内中途停止使用,并办理退卡手续的信用卡;因挂失而失效的信用卡;被列入止付名单的信用卡;发卡银行已销户的信用卡;发卡银行因持卡人死亡而销户的信用卡;发卡银行应持卡人要求销户或担保人撤销担保而销户的信用卡;因信用卡账户两年以上未发生交易而销户的信用卡;发卡银行因持卡人违反有关规定而销户的信用卡;等等。使用作废的信用卡的主体既可以是持卡人本人,也可以是其他人。

使用作废的信用卡进行信用卡诈骗活动，也仅限于对自然人使用。在自动柜员机上使用作废的信用卡的，应认定为盗窃罪。使用作废的信用卡实施的诈骗行为，其被害人既可能是银行，也可能是特约商户。

5. 如何认定恶意透支型信用卡诈骗罪？

案3：2014年，被告人张某向重庆农村商业银行有限公司信用卡中心申办了信用卡。同年8月15日，张某申办的重庆农村商业银行信用卡被激活使用。2015年3月，张某搬离其原住址居住而未通知发卡银行。2015年11月21日，在归还发卡银行7272元后，被告人张某仅以每次5元至40.57元不等的数额向银行归还透支金额。张某在2015年12月1日最后一次还款，自2016年2月起逾期，其尚欠透支本金56504.71元。2016年2月18日至3月14日，发卡银行多次通过电话、信函等方式进行催收，张某经银行多次催收后仍未归还信用卡欠款。2016年7月28日，被告人张某因涉嫌恶意透支银行信用卡被抓获。庭审中，张某辩称其系因公司经营亏损无法偿还并出示了两份营业执照复印件。经查询，重庆贵通科技有限公司注册资本100万元，成立于2013年11月5日，法定代表人为张某；重庆胜加利亚商贸有限公司注册资本为50万元，成立于2012年8月21日，法定代表人为张某。对于本案，重庆市渝北区人民法院审理认为，现有证据不能排除被告人张某透支信用卡用于生产经营并因经营亏损而无法偿还的合理怀疑，其行为不构成信用卡诈骗罪。①

上述法院判决是正确的。成立恶意透支型信用卡诈骗罪的前提，是行为人透支时就具有非法占有目的（不归还透支款的意思）。若不能查明这一点，就不能认定犯罪的成立。

案4：2015年3月24日，被告人马某某在中国工商银行西宁湟中支行申请办理信用卡，同年5月10日申领了信用卡。后马某某持该卡透支消费，截至2017年3月8日，马某某持该卡多次透支本金，共计11978.71元，

---

① 参见重庆市渝北区人民法院刑事判决书，（2017）渝0112刑初702号。

经该工商银行自2015年10月16日起至2017年2月23日多次催收后，被告人马某某仍拒不归还。2017年6月7日，在经公安机关多次传唤后，马某某的弟弟马某1向银行归还了被告人马某某所欠本金11978.71元、利息及滞纳金11174.34元，共计23153.05元。对于本案，法院判决指出："被告人马某某以非法占有为目的，超过规定期限透支信用卡本金11978.71元，经发卡银行多次催收后超过三个月仍未归还，属恶意透支，数额较大，其行为已构成信用卡诈骗罪，应予处罚。"①

对于该案，法院很显然将被告人事后没有归还本息的行为直接认定为恶意透支型信用卡诈骗罪，没有判断持卡人在透支时是否具有非法占有目的（不归还本息的意思），没有考虑持卡人没有归还本息的原因。因此，该判决存在疑问。

司法实践中，恶意透支型信用卡诈骗罪被普遍滥用。成立恶意透支型信用卡诈骗罪，必须具备以下条件：（1）主体为信用卡的持卡人；（2）具备非法占有目的；（3）超过规定限额或者规定期限透支；（4）经发卡银行催收后仍不归还。根据诈骗罪的构造，除非持卡人在申领信用卡时就具有恶意透支的意图，否则只有持卡人在银行柜台或者特约商户对着自然人恶意透支的，才可能构成信用卡"诈骗"罪，而所谓在自动柜员机上恶意透支的，只能成立盗窃罪。根据行为与责任同时存在的原则，只有行为人在透支时就具有非法占有目的（不归还透支款的意思），才能构成信用卡诈骗罪。换言之，倘若行为人透支时不具有非法占有目的（具有归还透支款的意思），即便事后产生了不归还透支款的意思，也不能成立信用卡诈骗罪。所以，对于恶意透支型信用卡诈骗罪，只有在行为人出于非法占有目的进行透支后，经发卡银行催收仍不归还时，才能成立。

6. 何谓"冒用他人信用卡"？

案5：合法持卡人甲，在使用信用卡从自动取款机提取现金后忘记取走信用卡。三天后甲才办理挂失手续。但其信用卡已被乙冒用两次，累计消

---

① 参见青海省湟中县人民法院刑事判决书，(2018)青0122刑初101号。

费金额达5万元。乙在刷卡消费时,根本没有提供密码与有效证件,仅凭签名就进行了交易,而且假冒甲的签名时还写错了字。

很显然,不能因为乙签名时写错了字,就认定乙没有冒用甲的信用卡。国内不少商业银行为了简化刷卡消费手续,提高刷卡效率,按照国际惯例,纷纷废除了以往要求持卡人输入信用卡密码、出示有效身份证明等规定,而只需要提供一个有效签名即可。所以,只要行为人大体仿冒信用卡持卡人的签名,不管仿冒签名是否逼真,都不影响冒用信用卡行为的认定。本案中,乙的行为属于冒用他人信用卡,构成信用卡诈骗罪。

案6:丙与丁外出打工,并同住一室,由于丁未成年,丁的父母托付丙照顾丁。丙将自己的身份证借给未成年人丁使用,丁冒用丙的姓名进入一家公司工作,公司用丙的身份证给丁办理了银行卡发工资。丁将身份证还给丙,并将银行卡交给丙保管。丙在保管期间瞒着丁到银行将其中的大部分存款存入自己的银行卡。

对于该案,张明楷教授认为,由于银行卡的名义人为丙,所以丙与银行之间存在债权债务关系,而非丁与银行之间存在债权债务关系。既然如此,丙的行为就不属于冒用他人信用卡,因而不成立信用卡诈骗罪。从法律关系上看,也不能认定丙欺骗了银行工作人员,因此,丙的行为不成立普通诈骗罪。由于丙从法律上占有了丁的财产,对法律上占有的财物可能成立侵占罪,所以,对丙的行为应以侵占罪论处。①

本书认为,银行卡名义人是存款的权利人,只是金融法上为了交易的便捷而做出的一种推定。如果有充分证据表明,名义人并非卡中存款的权利人,则名义人隐瞒真相在银行柜台取款的构成诈骗罪,在自动柜员机取款的构成盗窃罪。本案中,卡中的存款是丁所在单位给其发放的工资,显然丁才是卡中存款的权利人,丙违背他人的真实意志将他人的存款转移给自己占有和所有,应成立作为夺取型财产犯罪的诈骗罪,而非侵占罪。

冒用他人的信用卡,一般表现为非持卡人以持卡人名义使用合法持卡人的

---

① 参见张明楷:《诈骗犯罪论》,法律出版社2021年版,第809页。

信用卡进而骗取财物的行为,如使用捡拾的信用卡或擅自使用为他人代为保管的信用卡。冒用他人信用卡,并不要求行为人冒用他人的身份证明等,使用他人信用卡的行为本身就是一种欺骗行为。虽然冒用他人信用卡,通常是指冒用他人真实有效的信用卡,但从解释论的角度讲,没有必要进行这种限定,即只要行为人使用的不是自己名义的信用卡,客观上就符合了冒用他人信用卡的条件。因此,误以为冒用的是他人真实有效的信用卡,实则是伪造、作废、以虚假的身份证明骗领的信用卡的,因为也属于冒用"他人"的信用卡,因而构成"冒用他人信用卡"型信用卡诈骗罪,而不构成使用伪造、作废、以虚假的身份证明骗领的信用卡型信用卡诈骗罪,因为行为人主观上没有认识到所使用的信用卡是伪造、作废、以虚假的身份证明骗领的信用卡。

冒用他人信用卡,不包括使用自己名义的信用卡。冒用他人信用卡,不需要行为人现实地持有他人的信用卡,使用他人信用卡的姓名、卡号、密码等内容的,就应认定为"冒用他人信用卡"。直接登录第三方支付平台或者利用他人已经关联的信用卡非法获取资金,以及获得他人信用卡信息后,将信用卡与第三方支付平台绑定而非法获取资金,即便资金最终源于他人信用卡,由于既没有直接冒用他人实体信用卡,也没有冒用他人信用卡的姓名、卡号、密码等信用卡信息资料,所以不能认定为冒用他人信用卡,不构成信用卡诈骗罪,而只能成立盗窃罪。

冒用他人信用卡,只能是对自然人冒用,在自动柜员机或者电话银行"冒用"的,不属于冒用他人信用卡,不成立信用卡诈骗罪,只能成立盗窃罪或者其他犯罪。冒用他人信用卡,以没有得到合法持卡人的同意为前提。

7. 如何确定恶意透支的"持卡人"?

案7:甲盗窃了乙的信用卡,不仅消费了乙的信用卡账户内的全部资金(2万元),而且在明知信用卡账户内无资金的情况下又在商场购物时"恶意透支"3万元。

该案中,就乙的信用卡账户内的2万元资金而言,甲的行为当然成立《刑法》第196条第3款"盗窃信用卡并使用定盗窃罪"的规定,成立盗窃罪。由于甲不是真正的持卡人，所以甲所谓“恶意透支”3万元的行为，不能评价为恶意透支型信用卡诈骗罪，而只能认定为“冒用他人信用卡”，构成冒用他人信用卡型信用卡诈骗罪。

《刑法》第196条第2款规定的持卡人是特殊身份，恶意透支型信用卡诈骗罪是真正身份犯。由于信用卡本来就是用来透支贷款消费的，持卡人可以正常贷款，将持卡人作为行为主体实际上是提高了持卡人构成信用卡诈骗罪的要求。司法实践中，使用伪造的信用卡、以虚假的身份证明骗领的信用卡、作废的信用卡以及冒用他人信用卡进行信用卡诈骗活动，数额较大、巨大、特别巨大的标准分别是5000元、5万元、50万元，而恶意透支型信用卡诈骗罪是5万元、50万元、500万元，后者是前者的10倍。可见，持卡人这一特殊身份虽然是违法身份，但不是违法加重身份，而是违法减轻身份，所以应严格限制恶意透支型信用卡诈骗罪犯罪主体“持卡人”的范围。

应认为，以虚假的身份证明骗领信用卡的行为人，不是持卡人；以真实的身份证明和虚假的资产证明骗领信用卡的人，属于持卡人；非法持卡人不是持卡人；实际用卡人不是持卡人，持卡人对实际用卡人的恶意透支知情且放任不管，也不归还透支款的，与实际用卡人成立恶意透支型信用卡诈骗罪的共犯。

8. 如何把握“经发卡银行催收后仍不归还”的体系地位？

在涉及信用卡的犯罪中，信用卡诈骗罪占95%以上，而信用卡诈骗罪中，恶意透支占90%左右。之所以如此，一方面是因为恶意透支之外的信用卡诈骗行为较难实施，另一方面是因为恶意透支型信用卡诈骗罪被滥用，司法机关基本上是将事后没有归还本息的行为直接认定为恶意透支型信用卡诈骗罪，而不判断持卡人在透支时是否具有非法占有目的，不考虑持卡人没有归还本息的原因；案件承办人没有正确认识非法占有目的之于恶意透支型信用卡诈骗罪的独立意义，对非法占有目的要件的作用认识不足；即使查明持卡人在透支时没有非法占有目的，只是由于事后的客观原因导致不能归还本息，也会认定为恶意透支型信用卡诈骗罪。事实上，大量的恶意透支并不成立信用卡诈骗罪，或者不属于恶意透支型信用卡诈骗罪。之所以将大量不构成恶意透支型信用卡诈骗罪的行为人认定为犯罪,就是因为司法机关没有正确理解和适用《刑法》第196条第2款,尤其是没有正确理解"经发卡银行催收后仍不归还"这一条件的真实含义,而基本上将"经发卡银行催收后仍不归还"当作恶意透支型信用卡诈骗罪的核心要件,也就是持卡人事前的透支只是一个前提条件,不管是恶意透支还是善意透支,只要"经发卡银行催收后仍不归还"的,一律以信用卡诈骗罪论处。

应认为,之所以仅在恶意透支型信用卡诈骗罪的成立条件中加上"经发卡银行催收后仍不归还",是因为信用卡本来就是用来透支的,而透支包括善意透支和恶意透支,善意透支显然是银行所允许的。而是否属于恶意透支,往往很难判断。加上银行办理信用卡本应承担一定的风险,为了避免将善意透支作为犯罪进行处理,也是为了将银行与客户之间的利益进行平衡,立法者特意强调,对于具有非法占有目的的恶意透支,只有"经发卡银行催收后仍不归还",才能认定为信用卡诈骗罪。所以,"经发卡银行催收后仍不归还",既不是构成要件要素与责任要素,也不是只具有语感意义,而是一种客观处罚条件。反过来说,经发卡银行催收后予以归还的,成为处罚阻却事由。或者说,虽然恶意透支行为原本构成信用卡诈骗罪(可谓"借钱诈骗"),但由于经发卡银行催收后予以归还的,就不需要处以刑罚。

根据持卡人的透支行为是善意还是恶意,以及经发卡银行催收后是否归还,可以将与恶意透支型信用卡诈骗罪相关的案件分为以下几种基本类型:

(1)行为人在申领信用卡时,就打算恶意透支后拒不归还,申领信用卡后超过规定限额或者期限透支,并且经发卡银行催收后仍不归还。对于这种类型的行为,由于行为人申领信用卡时就隐瞒了恶意透支(透支后拒不归还本息)的意图,使发卡银行职员陷入了行为人会正当使用信用卡(不会以非法占有为目的进行恶意透支)的认识错误,而进行了概括性的财产处分(使行为人能够在一定限额和期限内进行透支),所以无论行为人是在银行柜台、特约商户还是自动柜员机上透支,都符合诈骗罪的构造,均成立信用卡诈骗罪。

(2)行为人正当申领了信用卡后产生了恶意透支的故意与非法占有目的(透支时就具有拒不归还本息的想法),超过规定限额或者期限透支,并且经发卡银行催收后仍不归还。对于这种类型,如果行为人在银行柜台或者特殊商户透支,那么完全符合诈骗罪的构造和恶意透支的构成要件,故成立恶意透支型信用卡诈骗罪。但如果行为人在自动柜员机透支,那么不符合诈骗罪的构造,只能成立盗窃罪。

(3)如果行为人在申领信用卡时,就打算恶意透支后拒不归还,或者在正当申领了信用卡后产生恶意透支的故意与非法占有目的,超过规定限额或者期限透支,但经发卡银行催收后予以归还。对于这种类型的行为,因为缺乏客观处罚条件,所以不能追究刑事责任,这是将"经发卡银行催收后仍不归还"理解为客观处罚条件所得出的当然结论。

(4)尽管持卡人在透支时具有归还本息的意思(善意透支),但透支后产生了不再归还本息的想法,并且经发卡银行催收后仍不归还。对于这种类型的行为,虽然看似符合"经发卡银行催收后仍不归还"的客观处罚条件,但由于行为人透支时不具有诈骗故意与非法占有目的,行为不符合诈骗罪的构造,因而不成立信用卡诈骗罪。也就是说,不能因为事后单纯具备了客观处罚条件,便以信用卡诈骗罪论处。因为客观处罚条件的适用,以行为已经构成犯罪为前提,而本类型的行为,因为透支时不具有非法占有目的而原本就不符合信用卡诈骗罪的构成要件。

(5)尽管持卡人在透支时具有归还本息的意思(善意透支),但透支后由于客观原因不能归还本息,并且经发卡银行催收后仍不归还。对于这种类型的行为,也由于透支时不具有诈骗故意与非法占有目的,原本就不符合信用卡诈骗罪的构造,所以即便具备了客观处罚条件,也不能追究其刑事责任。

综上,成立恶意透支型信用卡诈骗罪,必须满足"透支时就具有非法占有目的(不归还本息的意思)"和事后"经发卡银行催收后仍不归还"两个条件,缺一不可。

9. 如何认定"超过规定限额或者规定期限透支"?

超过规定限额或者超过规定期限透支,是构成恶意透支型信用卡诈骗罪的客观构成要件要素,需要进行客观判断。无论行为人是否具有非法占有目的,超过规定限额或期限透支都是客观事实。没有超过规定限额或期限透支的,即使行为人具有非法占有目的,也不可能构成恶意透支型信用卡诈骗罪。超过规定限额或期限透支,但行为人透支时不具有非法占有目的的,也不成立恶意透支型信用卡诈骗罪。

10.行为人透支时不具有非法占有目的,相反具有归还意图,但在发卡银行催收后产生非法占有目的,超过透支期限仍不归还的,应当如何处理?

非法占有目的被公认为诈骗罪的不成文的构成要件要素,金融诈骗罪作为诈骗罪的特殊类型,都要求以非法占有为目的。信用卡诈骗罪明显具有财产犯罪的性质,当然也要求具有非法占有目的。根据行为与责任同时存在的原则,如果行为人在超过规定限额或者规定期限透支时不具有非法占有目的,就不可能成立恶意透支型信用卡诈骗罪。也就是说,行为人在透支消费过程中,因市场环境、工作情况、家庭原因等因素,导致自身还款能力大幅下降,或者行为人因突发变故,大量透支用于处理紧急事务而未及时还款的,应当认定属于正常使用,不具有非法占有目的,不构成信用卡诈骗罪。

行为人在透支时不具有非法占有目的,相反具有归还意图,但在经发卡银行催收后产生非法占有目的,超过透支期限仍不归还的,不构成信用卡诈骗罪。如同具有归还意图以合法手段取得贷款后单纯不归还贷款的,不成立贷款诈骗罪,只能作为债务纠纷处理。但是,行为人在发卡银行催收后,虚构事实、隐瞒真相,使发卡银行免除自己债务的,则成立免除债务的财产性利益诈骗罪。

司法实践中,之所以90%以上的信用卡诈骗案件都是恶意透支型信用卡诈骗罪,就是因为在认定恶意透支型信用卡诈骗罪时无视信用卡诈骗罪的构造,将透支时不具有非法占有目的(钱不是骗来的),事后经银行催收仍不归还的均作为恶意透支型信用卡诈骗罪处理,这就如同将借钱后不还的一律认定为诈骗罪一样,而明显有悖诈骗罪的构造和责任主义原理。

11.如何认定“经发卡银行催收后仍不归还”?

2018年11月28日修正后的最高人民法院、最高人民检察院《关于办理妨害信用卡管理刑事案件具体应用法律若干问题的解释》(以下简称《信用卡案件解释》)第7条规定:“催收同时符合下列条件的,应当认定为本解释第6条规定的‘有效催收’:(一)在透支超过规定限额或者规定期限后进行;(二)催收应当采用能够确认持卡人收悉的方式,但持卡人故意逃避催收的除外;(三)两次催收至少间隔三十日;(四)符合催收的有关规定或者约定。对于是否属于有效催收,应当根据发卡银行提供的电话录音、信息送达记录、信函送达回执、电子邮件送达记录、持卡人或者其家属签字以及其他催收原始证据材料作出判断。发卡银行提供的相关证据材料,应当有银行工作人员签名和银行公章。”

应认为,发卡银行的催收既可以是书面催收,也可以电话等形式进行口头催收;催收并不限于发卡银行直接向持卡人催收,发卡银行通过保证人或持卡人家属、通告或者公告等形式催收的,都属于《刑法》第196条第2款的“催收”;只要持卡人透支后发卡银行实施过催收行为,持卡人按照信用卡的通常使用情形认识到发卡银行实施过催收行为并仍不归还的,即使持卡人没有直接或间接收到发卡银行的催收,也应认定为“经发卡银行催收后仍不归还”;由于“经发卡银行催收后仍不归还”是客观处罚条件,所以,只要在一审判决宣告前经发卡银行催收后已经归还的,不管透支数额有多大,都因为已经存在阻却处罚的条件,不能追究持卡人的刑事责任;对于担保人归还本息的,也应当认定持卡人具备阻却处罚的条件。

12. 能否承认所谓“事后故意”与“事后非法占有目的”?

根据目的(责任)与行为同时存在的原则,只有当持卡人在实施透支行为时就具有非法占有目的,才能认定为持卡人具有非法占有目的,不能承认所谓“事后故意”与“事后非法占有目的”。由于非法占有目的存在于持卡人的内心,需要基于各种资料进行综合判断,“经发卡银行催收后仍不归还”只是一个判断资料。非法占有目的是主观的超过要素,在部分案件中是可以由事实证明的,在部分案件中只能基于相关事实进行推定而得出结论。对于非法占有目的的推定显然只是事实推定,而不是法律推定,故而可以推翻。

《信用卡案件解释》第6条第3款规定:“具有以下情形之一的,应当认定为刑法第一百九十六条第二款规定的‘以非法占有为目的’,但有证据证明持卡人确实不具有非法占有目的的除外:(一)明知没有还款能力而大量透支,无法归还的;(二)使用虚假资信证明申领信用卡后透支,无法归还的;(三)透支后通过逃匿、改变联系方式等手段,逃避银行催收的;(四)抽逃、转移资金,隐匿财产,逃避还款的;(五)使用透支的资金进行犯罪活动的;(六)其他非法占有资金,拒不归还的情形。"

上述规定中,除第(1)项和第(2)项,足以证明持卡人在透支时具有非法占有目的外,第(3)项至第(6)项以及"经发卡银行催收后仍不归还",都只是推定持卡人具有非法占有目的的基础事实,或者说是认定持卡人具有非法占有目的的判断资料。所以司法机关应当采纳持卡人的合理解释,不能因为持卡人具有司法解释所规定的情节,就直接否认持卡人的合理解释。例如,持卡人将透支取得的资金大部分用于合法经营,但由于经营不善、市场风险等原因事后无法归还的,即使透支后通过逃匿、改变联系方式等手段,逃避银行催收,也必须否认行为人透支时具有非法占有目的。又如,持卡人透支后因患病、失业等引起财务状况恶化导致不能归还的,也不能认定其具有非法占有目的。反过来说,不能因为持卡人具有上述六种情形之一,就直接认定持卡人透支时就具有非法占有目的,而不考虑其他足以否认持卡人具有非法占有目的的证据(包括持卡人的辩解)。

13."恶意透支数额较大,在提起公诉前全部归还或者具有其他情节轻微情形的,可以不起诉;在一审判决前全部归还或者具有其他情节轻微情形的,可以免予刑事处罚"的司法解释规定,有无疑问?

《信用卡案件解释》第10条作了如是规定。但该规定存在疑问。由于"经发卡银行催收后仍不归还"是客观处罚条件,在持卡人全部归还后不起诉或者免予刑事处罚均具有合理性,在不具备客观处罚条件的情况下,就"应当"不处罚,而不是"可以"不处罚。所以,建议司法机关将上述司法解释中的"可以"理解成"应当",不能因为司法解释中使用了"可以",就发动刑罚权。

14.如何认定帮助他人透支以取得手续费的行为性质?

将恶意透支的主体限定为持卡人是就正犯而言的,恶意透支的帮助者,并不需要具备持卡人身份，帮助他人透支以取得手续费的行为人，构成恶意透支型信用卡诈骗罪的帮助犯。

15. 盗刷他人社保卡的，构成信用卡诈骗罪吗？

《刑法》中规定的“信用卡”，是指由商业银行或者其他金融机构发行的具有消费支付、信用贷款、转账结算、存取现金等全部功能或者部分功能的电子支付卡。信用卡诈骗罪中的“信用卡”，既包括具有信用贷款即透支功能的严格意义上的信用卡，也包括不具有透支功能，只具有消费支付、转账结算、存取现金功能的借记卡（储蓄卡）。

虽然社保卡也具有信用卡的存取款、转账、银联消费等功能，但社保卡的发放主体不是金融机构，而是人力资源和社会保障部门，卡内的社保款项也只能在定点医院、药店就医购药时刷卡使用，不能提取现金。因此，社保卡不能等同于信用卡。如果行为人对自然人非法使用（盗刷）他人社保卡，只能成立普通诈骗罪，而不是信用卡诈骗罪。虽然理论上认为在机器上使用他人社保卡的成立盗窃罪，但这种情形目前似乎还不可能出现。

16. 持卡人在自动柜员机上或者利用 POS 机恶意透支，经银行催收后仍不归还的，构成信用卡诈骗罪吗？

从司法实践看，“恶意透支”主要表现为三种情形：一是持信用卡从银行柜台透支；二是持信用卡从特约商户购买商品、消费时透支；三是持信用卡从自动柜员机上透支现金。由于信用卡诈骗罪属于诈骗罪的特殊类型，成立信用卡诈骗罪必须符合诈骗罪的构造，即只有存在受骗的自然人，才可能成立信用卡诈骗罪。持卡人在银行柜台和特殊商户透支，存在被骗的自然人（银行职员和商户店员），符合“经发卡银行催收后仍不归还”客观处罚条件的，当然成立信用卡诈骗罪。

对于持卡人在自动柜员机上或者利用 POS 机恶意透支，如前所述，要分情形对待：一是在领取信用卡时，就具有恶意透支的意图（不归还本息的意思），然后在自动柜员机上或者利用 POS 机恶意透支，经发卡银行催收后仍不归还；二是在领取信用卡时,不具有恶意透支的意图,在使用过程中产生非法占有目的,在自动柜员机上或者利用POS机恶意透支,经发卡银行催收后仍不归还。

首先,就第一种情形而言,行为人虽然使用自己的真实身份证明申领信用卡,但行为人隐瞒了恶意透支(透支后拒不归还本息)的意图,使发卡银行职员误以为行为人会正常使用信用卡,即误以为行为人不会以非法占有目的恶意透支,于是进行了概括性的财产处分,使行为人能够在一定限额内进行透支,所以持卡人的行为依然符合诈骗罪的构造,又由于该行为符合恶意透支的构成要件和客观处罚条件,故成立恶意透支型信用卡诈骗罪。

其次,就第二种情形而言,由于在自动柜员机上和利用POS机恶意透支,不存在受骗的自然人,其行为属于"以非法占有为目的,违反被害人(银行管理者)的意志,采取平和的方式从自动柜员机上提款或者通过POS机刷卡免除支付货款的债务,属于将银行占有的财物非法转移为自己占有",因而完全符合盗窃罪的构成要件。换言之,这种情形与利用自己的钥匙打开他人的仓库窃取他人财物,没有区别。

17. 在提起公诉前全部归还的可以不起诉和一审判决前全部归还的可以免予刑事处罚的法律后果,不适用于曾因信用卡诈骗受过两次以上处罚的被告人的司法解释规定,有无疑问?

《信用卡案件解释》第10条"但书"作了如是规定。但该规定存在明显疑问。既然"经发卡银行催收后仍不归还"是客观处罚条件,那么,持卡人以前是否因为信用卡诈骗罪受到处罚,与持卡人是否具备客观处罚条件,就没有任何关系。也就是说,持卡人在恶意透支后于提起公诉前或者一审判决前全部归还的,便具备了客观处罚条件,曾因信用卡诈骗受过两次以上处罚的事实,不可能阻却该客观处罚条件。

18. 行为人以为是真实有效的信用卡而盗窃并对自然人使用,但客观上使用的是伪造或者作废的信用卡的,应当如何处理?

虽然一般来说"信用卡"就是指真实有效的信用卡,但从解释论上来说,没有必要将“盗窃信用卡并使用”限定为盗窃他人真实有效的信用卡并使用。只要行为人盗窃他人信用卡并使用，即使该信用卡并非真实有效的信用卡，也不妨碍适用“盗窃信用卡并使用”的规定。因此，行为人以为是真实有效的信用卡而盗窃后对自然人使用，但客观上使用的是伪造或者作废的信用卡的，还是应认定为“盗窃信用卡并使用”，构成盗窃罪。

19. 误以为他人盗窃的信用卡为捡拾的信用卡而使用的，应当如何处理？

由于行为人没有参与盗窃，不属于“盗窃信用卡并使用”，以为是捡拾的信用卡而在自动柜员机上使用的，成立盗窃罪；在银行柜台或者特约商户使用的，属于“冒用他人信用卡”，成立信用卡诈骗罪。

20. 如何评价捡拾他人信用卡并使用的行为？

由于信用卡本身价值不大，捡拾信用卡行为本身不可能构成侵占罪。又由于使他人遭受财产损失的不是丢失信用卡而是使用信用卡，所以捡拾信用卡后在自动柜员机上使用的，成立盗窃罪；在银行柜台或者特约商户使用的，属于“冒用他人信用卡”，成立信用卡诈骗罪。

21.《刑法》第 196 条第 3 款盗窃信用卡并使用定盗窃罪的规定，是注意规定还是法律拟制？

盗窃信用卡后在自动柜员机上使用，由于没有自然人受骗，原本就成立盗窃罪，从这个角度而言，本款属于注意规定。如果在银行柜台和特约商户使用，因为存在受骗的自然人，属于冒用他人信用卡，本来应成立信用卡诈骗罪，但由于该款的规定而只能以盗窃罪定罪处罚，因而该款又属于法律拟制。因此，可以认为该款既是注意规定又是法律拟制。不过，如果认为盗窃信用卡后在自动柜员机上使用，直接根据《刑法》第 264 条的规定定盗窃罪，而不援引《刑法》第 196 条第 3 款，只有在银行柜台和特约商户使用，才援引《刑法》第 196 条第 3 款的规定，则可以认为该款只是法律拟制。

22. 行为人盗窃信用卡并使用且“透支”的，应当如何处理？

就使用卡中存款而言，当然属于“盗窃信用卡并使用”，构成盗窃罪。就“透支”部分而言，由于行为人不是持卡人，不符合“恶意透支”的主体条件，不成立恶意透支型诈骗罪。行为人在自动柜员机上“透支”的，成立盗窃罪，在银行柜台或者特约商户“透支”的，属于“冒用他人信用卡”，成立信用卡诈骗罪。如果认为盗窃信用卡并“使用”与“透支”存在两个行为，就可以数罪并罚；如果认为只有一个行为，就只能成立想象竞合（包括同种类的想象竞合）。本书倾向于认为在规范性意义上存在两个行为，正如《刑法》第204条第2款关于骗取出口退税的一个行为可以成立逃税罪和骗取出口退税罪两个罪一样，应当数罪并罚（包括同种数罪并罚）。

23. 盗窃他人未激活的信用卡后激活使用的，如何处理？

未激活的信用卡也是信用卡，盗窃他人未激活的信用卡后激活使用的，也属于“盗窃信用卡并使用”，构成盗窃罪。

24. 明知是他人盗窃的信用卡而使用的，应当如何处理？

对此，张明楷教授认为，乙虽然没有就盗窃信用卡与甲通谋，但既然乙在使用时明知信用卡为甲盗窃所得，那么，就应认定乙使用甲盗窃的信用卡的行为，是《刑法》第196条第3款所规定的盗窃罪的一部分，因此，乙与甲构成《刑法》第196条第3款所规定的盗窃罪的共同犯罪。①

本书不赞成上述观点。虽然盗窃信用卡的行为未必构成盗窃（不是特殊盗窃），但“盗窃信用卡并使用”与结合犯无异。既然行为人只是参与了后行为，而对前行为和结果没有贡献，则只能评价后行为。正如没有参与拐卖妇女，只是参与奸淫被拐卖的妇女，不可能成立拐卖妇女罪的加重犯；没有参与绑架，只是参与杀人，不能成立绑架罪的加重犯“杀害被绑架人”。使用他人盗窃来的信用卡，若是在自动柜员机上使用，成立盗窃罪；如果在银行柜台或者特约商户使用，

① 参见张明楷：《诈骗犯罪论》，法律出版社2021年版，第907页。

属于“冒用他人信用卡”，成立信用卡诈骗罪。总之，没有参与盗窃，只是使用他人盗窃的信用卡的，不属于“盗窃信用卡并使用”，不能与盗窃犯成立“盗窃信用卡并使用”的共犯。

25. 偷看他人卡号和密码伪造借记卡取款的，应当如何处理？

偷看他人卡号和密码伪造借记卡的行为，成立伪造金融票证罪，之后的取款行为，根据是在自动柜员机上使用还是银行柜台或者特约商户使用，分别成立盗窃罪与信用卡诈骗罪。若认为二者之间存在牵连关系，作为牵连犯从一重处罚。如果认为不存在牵连关系，就应该数罪并罚。本书倾向于否认牵连关系，将其作为数罪并罚处理。

26. 如何评价骗取他人信用卡并使用的行为？

如果行为人实施欺骗手段，使他人对卡中存款进行了概括性处分，则成立诈骗罪，使用的金额就是诈骗金额。若行为人只对卡中部分存款做出了处分，如行为人假装找被害人借 1 万元，被害人将存有 10 万元的银行卡交给行为人自取，结果行为人取出了全部存款，则对卡中 1 万元的部分成立诈骗罪，对于 9 万元部分，根据是在自动柜员机上取款还是在银行柜台或者特约商户使用，分别成立盗窃罪和“冒用他人信用卡”型信用卡诈骗罪。如果认为只有一个行为，成立想象竞合；如果认为存在两个行为，则数罪并罚。

27. 如何认定银行职员的信用卡犯罪？

所谓银行职员的信用卡犯罪，是指银行职员利用职务或者工作之便的信用卡犯罪。由于难以类型化，只能选择几例进行讨论。

案 8：对于银行职员伪造信用卡并使用的案件，不仅要考察行为人是否利用职务上的便利，而且要考察制作信用卡的行为性质、被害人是谁、是否存在受骗者（处分人），然后得出合理结论。首先，银行职员伪造信用卡的行为肯定触犯了伪造金融票证罪。其次，如果银行职员将储户的信用卡磁条内容改写至其本人或捡拾他人的信用卡上，则属于将他人信用卡上的债权转移为自己的债权,这种行为虽然利用了所谓职务上的便利,但直接遭受财产损失的并不是银行,而是储户,因此成立盗窃罪,而不是贪污罪或者职务侵占罪。最后,之后使用信用卡的行为,因为没有造成新的法益侵害,属于不可罚的事后行为。

案9:银行职员利用职务之便非法删除自己信用卡提款记录的,由于遭受财产损失的是银行,没有对任何自然人实施欺骗行为,也没有受骗者处分财产,不可能构成信用卡诈骗罪,其行为属于利用职务上的便利侵吞银行财产,故成立贪污罪或者职务侵占罪。

案10:银行职员截留客户信用卡并使用的,属于"冒用他人信用卡",成立信用卡诈骗罪。

案11:银行职员拾得顾客的信用卡并使用的,由于没有直接侵吞、骗取银行的财产,不成立贪污罪和职务侵占罪;利用职务之便修改密码的行为,充其量只是一种预备行为,利用信用卡取款才是实行行为;而利用他人信用卡取款,根据是通过自动柜员机还是银行柜台和特约商户,分别构成盗窃罪和信用卡诈骗罪。

28. 如何评价非法利用信用卡资料取得财物的行为性质?

《信用卡案件解释》第5条第2款第3项规定,"窃取、收买、骗取或者以其他非法方式获取他人信用卡信息资料,并通过互联网、通讯终端等使用的",属于信用卡诈骗罪中的"冒用他人信用卡"的情形之一。对此规定不能机械理解适用。其一,只有当行为人针对自然人使用他人信用卡信息资料时,才可能认定为信用卡诈骗罪。其二,只有当行为人使用他人信用卡信息资料,直接获取了他人财物时,才可能符合诈骗犯罪的直接性要件,进而认定为信用卡诈骗罪。其三,行为人只是非法获取他人信用卡信息资料,并没有现实转移信用卡本身,所以不能认定为"盗窃信用卡并使用"。其四,行为人非法获取他人银行卡卡号等信息资料后,注册第三方支付账户并且将银行卡与之绑定的,绑定行为充其量是后来的不法行为的预备行为,司法人员不能直接根据预备行为确定实行行为的性质。其五,行为人通过支付宝或者微信来转移银行卡内的资金时,即使属于在互联网通信终端上使用,但没有直接使用信用卡信息资料,因而不能认定为冒用他人信用卡,也不是对自然人使用,而是对机器使用,故不成立诈骗罪,只能认定为盗窃罪。

29. 有关"抢劫信用卡后使用、消费的,其实际使用、消费的数额为抢劫数额"的司法解释规定,有无疑问?

对于2005年6月8日最高人民法院《关于审理抢劫、抢夺刑事案件适用法律若干问题的意见》第6条第1款的规定,根据抢劫罪的构造,只有强取财物才能评价为抢劫罪。抢劫信用卡并使用的,只有在逼问出密码并控制被害人取款的情况下的数额,才能评价为抢劫的数额。释放被害人后取款,只能根据是在自动柜员机上还是银行柜台或者特约商户取款消费,分别认定为盗窃罪与信用卡诈骗罪。所以有关抢劫信用卡后使用、消费的,其实际使用、消费的数额为抢劫数额的司法解释规定,存在疑问。

30. 如何评价抢夺信用卡并使用的行为?

虽然抢夺行为也符合盗窃罪的构成要件,但"盗窃信用卡并使用"毕竟属于法律拟制,不宜扩张适用。所以就抢夺信用卡行为本身而言,因为价值不大不成立抢夺罪。之后使用的,根据是在自动柜员机上使用还是在银行柜台或者特约商户使用,分别成立盗窃罪与信用卡诈骗罪。

31. 如何评价补办信用卡并使用的行为性质?

这里的补办信用卡并使用,是指行为人将自己名义的信用卡出卖给他人以后,再重新以自己的身份证补办信用卡,进而获得信用卡中的他人款项的情形。由于行为人在向银行申领补办银行卡时隐瞒了事实真相,也就是说如果银行职员知道事实真相是不可能同意其补办银行卡的请求,所以成立诈骗罪。

32. 如何处理特约商户职员的信用卡犯罪?

所谓特约商户职员的信用卡犯罪,是指特约商户从业人员利用消费者的信用卡实施的相关犯罪。由于难以类型化,也只能选择几例进行讨论。

案12:对于特约商户职员利用工作之便,在顾客使用信用卡购物、消费结算时,私下重复刷卡,侵吞顾客信用卡账户内资金的,由于没有受骗者,被害人是持卡人,而不是商户和银行,其行为属于"违背被害人意志,以平和方式转移被害人财物",构成盗窃罪。

案13:对于特约商户职员捡拾信用卡后,伪造客户签单,骗取财物。在特约商户没有接收到发卡银行的止付通知的情况下,特约商户职员捡拾他人信用卡后,持该信用卡到其他商户或者到本商户的其他职员处购物或者消费的,当然成立"冒用他人信用卡"型信用卡诈骗罪;在特约商户没有接收到发卡银行的止付通知的情况下,特约商户职员捡拾他人信用卡后,假冒让人签名、自己向自己购物的,由于行为人不可能欺骗行为人,即行为人不可能对自己冒用他人信用卡,故不可能对特约商户成立信用卡诈骗罪,特约商户职员实际上等同于窃取持卡人的财产为自己交付商品的货款,所以成立盗窃罪;在特约商户接收到发卡银行的止付通知后,捡拾他人信用卡的特约商户职员,持该信用卡到其他商户购物或者消费的,当然成立"使用作废的信用卡"的信用卡诈骗罪;在特约商户接收到发卡银行的止付通知后,捡拾他人信用卡的特约商户职员,假冒他人签名,自己向自己购物的,由于不存在受骗者与处分人,而且遭受财产损失的是特约商户,不可能认定为信用卡诈骗罪,又由于行为人利用了职务之便,而且所取得的是自己主管、管理、支配的财物,故应认定为职务侵占罪或者贪污罪。

第七节　有价证券诈骗罪

·导　读·

使用伪造、变造的外国发行的有价证券,不能成立有价证券诈骗罪。使用伪造、变造的地方政府债券、公司证券、商业银行证券进行诈骗活动,不构成有价证券诈骗罪,可能构成普通诈骗罪。作废、无效的国家有价证券,不属于伪造、变造的国家有价证券。行为人误以为使用的是作废、无效的国家有价证券,实际上是伪造、变造的国家有价证券的,或者相反,均只能成立普通诈骗罪。使用伪造、变造的国家有价证券,以相对方不明知所接收的系伪造、变造的国家有价证券为前提。将伪造、变造的国家有价证券出售给知情的对方,构成倒卖伪造的有价票证罪。冒用他人真实有效的记名证券的行为,不能成立有价证券诈骗罪。对于行为人误以为自己使用的是真实有效的国家有价证券,但客观上使用了伪造、变造的国家有价证券的,或者相反,均不成立犯罪。行为人客观上使用了伪造的国家有价证券,但误以为自己使用的是伪造的有价票证的,不影响有价证券诈骗罪既遂的认定。

条　文

第一百九十七条 【有价证券诈骗罪】使用伪造、变造的国库券或者国家发行的其他有价证券,进行诈骗活动,数额较大的,处五年以下有期徒刑或者拘役,并处二万元以上二十万元以下罚金;数额巨大或者有其他严重情节的,处五年以上十年以下有期徒刑,并处五万元以上五十万元以下罚金;数额特别巨大或者有其他特别严重情节的,处十年以上有期徒刑或者无期徒刑,并处五万元以上五十万元以下罚金或者没收财产。

罪名精释

1. 何谓本罪中的“国库券或者国家发行的其他有价证券”?

首先应当明确,本罪中的“伪造、变造的国库券或者国家发行的其他有价证券”,并不是有价证券诈骗罪的对象,而是犯罪工具,即供犯罪行为使用之物。在金融法上,所谓有价证券,是指标有票面金额,代表一定财产所有权或债权的书面凭证。它证明并代表持券人的财产权益,即拥有一定财产所有权或债权。如国库券、公债券、公司债券、股票、提单、仓单、汇票、本票、支票等。这类证券本身也没有价值,但由于它代表着一定量的财产权利,持有者可凭其直接取得一定量的商品、货币或利息、股票收入,因而客观上也就具有交易价格,故称为有价证券。有价证券可以进入金融市场流通转让。金融法学根据有价证券的经济功能,将有价证券分为财产证券、货币证券与资本证券。其中,财产证券是指表示财产权利的证券,如仓单、提单等;货币证券是指表示一定金额支付的金钱证券,如汇票、本票、支票;资本证券是指表示一定投资权利的证券,如股票、债券等。结合相关法律规定,很显然,仓单、提单等财产证券以及汇票、本票、支票等货币证券,不属于《刑法》第197条所规定的有价证券。至于股票、债券等资本证券,并非全部属于《刑法》第197条所规定的有价证券。因为股票都不是国家发行的,而债券既可能是国家发行的,也可能是公司、企业发行的。所以,只有伪造、变造国家发行的债券等资本证券才属于《刑法》第197条所规定的伪造、变造的有价证券。

《刑法》第197条规定的有价证券,只要"国家发行"即可,不要求在国内上市、流通。换言之,国家发行的但在国外上市、流通的有价证券,也包括在"国家发行的有价证券"之内。国家发行的有价证券,不限于本币债券,也包括外币债券。而所谓"国家发行",并不限于中央人民政府发行。事实上,只要有代表国家的国家职能部门(如财政部、中国人民银行及其有关职能部门)发行即可。国家发行包括国家直接发行与国家间接发行。前者是指国家直接向特定的投资者推销有价证券,后者是指国家通过证券商(包括投资银行、证券公司等)承诺出售证券的方式发行。

《刑法》第197条所规定的供犯罪行为使用之物包括两大类:一类是伪造、变造的国库券;另一类是伪造、变造的国家发行的其他有价证券。后者主要有:(1)伪造、变造的国家重点建设债券;(2)伪造、变造的国家建设债券;(3)伪造、变造的财政债券;(4)伪造、变造的特种债券;(5)伪造、变造的保值债券;(6)伪造、变造的基本建设债券;(7)伪造、变造的国家投资债券;(8)伪造、变造的其他国债。

2. 使用伪造、变造的外国发行的有价证券的行为,是否成立有价证券诈骗罪?

本罪中的“国家发行”,应限于我国发行,即应当将外国发行的有价证券排除在《刑法》第197条的有价证券之外。所以,对使用伪造、变造的外国有价证券诈骗财物的,不能构成有价证券诈骗罪,只能以普通诈骗罪论处。

3. 对于使用伪造、变造的地方政府债券、公司证券、商业银行证券进行诈骗活动的,应当如何处理?

有价证券诈骗罪中的“有价证券”限于国家发行的有价证券,所以,使用伪造、变造的地方政府债券进行诈骗活动的,不能成立有价证券诈骗罪,只能成立普通诈骗罪。同样,使用伪造、变造的公司证券、商业银行证券的,也不成立有价证券诈骗罪,只能成立普通诈骗罪。

4. 中奖彩票是否属于国家发行的有价证券?

案1:2004年5月6日下午,犯罪嫌疑人程某带着40元,在昆山体育场购买了20张民政福利彩票,刮开后发现没有一张中大奖。出于捞钱装修房子的想法,程某回家后,就用水果刀、荧光水彩笔慢慢地把红桃2彩票修改成红桃Q,晚上其丈夫陈某下班回家后,觉得不够逼真,又进行修改。同年5月7日上午10时许,程某等3人来到昆山体育场彩票销售点领奖,称自己中了特等奖(15.3万元现金加一辆帕萨特轿车)。现场检测表明,特等奖的红桃Q是由红桃2改成的。程某等人与工作人员发生了争执,随即被带到长江派出所询问,程某等人否认彩票有问题,坚持要求兑奖。在警方的耐心说服下,他们同意将彩票送江苏福利中心鉴定,同时,程某在这张彩票上按了手印,留下了指纹。同年5月8日,彩票经江苏福利中心鉴定确定系人为变造。

案2:翁某于2004年7月3日在湖北襄樊买了几种即开型福利彩票,回到暂住处后轻轻撕开,用射灯照出彩票票面刮奖数字的位置,并记录在纸上。然后,翁某用特种胶水将票面重新粘合,用吹风机吹干彩票后再将彩票压平。同月3日下午,翁某从票面上15个数字中刮出中奖的5个数字后,到福彩中心兑奖,结果被人识破。据查,翁某用此种手法伙同他人多次在全国各地彩票中心套取现金,"打一枪换一个地方"。同月2日,翁某在十堰市以此种方法刮中两张"幸运8"即开型福利彩票一等奖,到十堰市福彩中心兑奖。因当时账上钱不够,十堰市福彩中心给翁某开出了两张面值2000元的现金支票。当翁某落网后,十堰市福彩中心连夜派人赶到襄樊,将翁某身上的两张现金支票作废。

对于上述类似的案件,是认定为有价证券诈骗罪还是普通诈骗罪,理论上有争议。问题的关键在于,中奖彩票是否属于国家发行的有价证券。

金融法学理论认为,有价证券必须具有三个法律特征:(1)有价证券是表示财产权利的书面凭证,证券记载权利人的财产权内容。(2)有价证券是证券发行人和证券持有人之间权利义务关系的书面凭证,证券持有人行使权利时必须占有该证券;离开了证券就不可能行使证券记载的权利。(3)有价证券是可以自由流通转让的书面凭证,受让人取得证券后,便取得了证券规定的全部权利。2000年以前,中国人民银行是主管彩票发行的机关。2000年1月起,由财政部主管彩票的发行。

流通性被认为是有价证券的一个特征,所以问题便在于,不具有流通性而具有有价证券的其他特征的中奖彩票是否属于有价证券。在我国民商法学界,尽管有人以彩票不具有流通性为由否认彩票属于有价证券,但许多学者已认为彩票属于有价证券。既然民商法理论认为开奖前的彩票都是有价证券,那么,将中奖彩票认定为有价证券应当没有疑问。

其实,即使民商法否认彩票属于有价证券,也不妨碍刑法学肯定彩票属于有价证券。因为民商法上之所以将流通性作为有价证券的基本特征,是基于证券投资变现性的需要。但刑法上禁止伪造、变造和使用伪造、变造的有价证券,是为了保护有价证券的公共信用、公私财产以及证券管理秩序。这种目的上的区别,使刑法上的有价证券不同于证券法上的有价证券。而且,从实质上说,发行彩票可谓一种特殊的再分配的手段,表现为将个人消费资金的一部分再集中起来用于社会公益事业,实质上是社会财富的第三次分配。换言之,国家是将彩票作为一种金融工具使用的，而刑法中的有价证券正是指作为国家金融工具的一种凭证。在此意义上，也应将彩票认定为刑法上的有价证券。

基于上述理由，对于使用伪造、变造的中奖彩票骗取奖金的行为，应当认定成立有价证券诈骗罪。所以，上述案 1 和案 2 中的程某、翁某等人的行为，构成有价证券诈骗罪。

5. 作废、无效的国家有价证券是否属于伪造、变造的国家有价证券？

一般来说，所谓作废、无效的有价证券，是指根据法律和其他有关规定不能使用的有价证券。所以，没有进行任何伪造、变造的作废或无效的国家有价证券，不属于伪造、变造的国家有价证券，使用作废、无效的国家有价证券骗取财物的，也就不能成立有价证券诈骗罪，只能构成普通诈骗罪。当然，如果行为人对作废、无效的国家有价证券进行加工，使之成为外观真实有效的国家有价证券的，则属于伪造、变造国家有价证券，使用这种有价证券进行诈骗活动的，当然构成有价证券诈骗罪。

6. 行为人误以为使用的是作废、无效的国家有价证券，实际上是伪造、变造的国家有价证券的，或者相反，应当如何处理？

这属于抽象的事实认识错误，应当在构成要件重合即主客观相统一的范围内认定犯罪的既遂。由于成立有价证券诈骗罪，不仅要求行为人主观上必须具有有价证券诈骗的故意，客观上还必须使用的是伪造、变造的国家有价证券。所以无论哪种情形，都只能认定成立普通诈骗罪的既遂。

7. 伪造、变造的无客观对应的国家有价证券，是否属于伪造、变造的国家有价证券？

所谓伪造、变造的无客观对应的国家有价证券，是指某种伪造、变造的国家有价证券，从名称上看属于国家有价证券，但国家根本没有发行过该有价证券的情形。例如，国家根本没有发行过"奥运债券"，但行为人假冒国家名义制作所谓"奥运债券"用于骗取财物。应认为，伪造、变造无客观对应的国家有价证券，也会足以使一般人误认为其是真实有效的有价证券，使用这种有价证券，也会侵害国家有价证券的公共信用和公私财产。所以，伪造、变造的无客观对应的国家有价证券，也属于伪造、变造的国家有价证券，使用这种有价证券骗取财物的，也成立有价证券诈骗罪。

8. 何谓“使用”伪造、变造的国家有价证券？

所谓“使用”伪造、变造的国家有价证券，是指将伪造、变造的国家有价证券作为真实有效的有价证券使用的行为。将伪造、变造的国家有价证券用于兑付或者置于市场流通，是常见的使用方式。除此之外，还包括其他使用方式。所以，持伪造、变造的国库券或者其他国家有价证券直接向有关金融机构要求兑付一定数额的现金的，属于使用伪造、变造的国家有价证券。将伪造、变造的国库券等国家有价证券用于抵押或质押骗取他人财物的，也成立有价证券诈骗罪。使用伪造、变造的国库券作质押骗取金融机构贷款的，属于一个行为触犯两个罪名（贷款诈骗罪与有价证券诈骗罪）的想象竞合，从一重处罚。在签订、履行合同的过程中，使用伪造、变造的国库券作担保，骗取对方当事人财物的，同时触犯了合同诈骗罪和有价证券诈骗罪，也应按照想象竞合从一重处罚。在国家批准的交易场所或者非法的交易场所，将伪造、变造的国库券或者其他国家有价证券冒充真实有效的国家有价证券有偿转让给他人的，成立有价证券诈骗罪。使用伪造、变造的国库券或者其他国家有价证券购物的，成立有价证券诈骗罪。将伪造、变造的国家有价证券用于偿还债务的，也属于使用伪造、变造的国家有价证券。

需要强调的是，使用伪造、变造的国家有价证券，以相对方不明知所接收的系伪造、变造的国家有价证券为前提。若双方明知是伪造、变造的国家有价证券而进行买卖，不成立有价证券诈骗罪。

9. 对于将伪造、变造的国家有价证券出售给知情的对方的行为，应当如何处理？

应认为，虽然有价票证不能评价为有价证券，但有价证券完全可以评价为有价票证，所以，出售伪造的国家有价证券的行为，可以认定为倒卖伪造的有价票证罪。

10. 对于冒用他人真实有效的记名证券的行为，应当如何处理？

有价证券可以分为无记名证券、指示证券与记名证券。在证券法上以固定姓名记载权利人的证券便是记名证券，如记名债券。由于《刑法》第 197 条规定的行为仅限于使用伪造、变造的国家有价证券，所以，冒用他人真实有效的记名证券的行为，不能成立有价证券诈骗罪。只能视行为性质认定成立票据诈骗罪、普通诈骗罪等犯罪。

11. 对于将真实有效但没有到期的国库券冒充到期的国库券兑现的，应当如何处理？

很显然，将真实有效但没有到期的国库券冒充到期国库券兑现的，不可能成立有价证券诈骗罪，但可能成立普通诈骗罪。

12. 对于行为人误以为自己使用的是真实有效的国家有价证券，但客观上使用了伪造、变造的国家有价证券的，或者相反，应当如何处理？

成立有价证券诈骗罪，不仅要求行为人客观上使用的是伪造、变造的国家有价证券，而且要求行为人主观上必须明知自己所使用的是伪造、变造的国家有价证券。行为人误以为自己使用的是真实有效的国家有价证券，但客观上使用了伪造、变造的国家有价证券，因为缺乏犯罪故意，不构成犯罪。反之，如果行为人误以为自己使用的是伪造、变造的国家有价证券，但客观上使用了真实有效的国家有价证券，因为缺乏客观犯罪事实，所以也不成立犯罪（也不成立未遂犯）。

13. 对于行为人客观上使用了伪造的国家有价证券，但误以为自己使用的是伪造的有价票证的，或者相反，应当如何处理？

对于这种认识错误的处理，需要根据案件事实判断行为人的认识错误是影响故意的事实认识错误，还是不影响故意的涵摄的错误（评价的错误）。对于行为人客观上使用了伪造的国家有价证券,但误以为自己使用的是伪造的有价票证,应作为涵摄的错误处理,不影响有价证券诈骗罪既遂的认定。对于客观上使用了伪造的有价票证,但误以为使用的是伪造的国家有价证券的,由于客观上并不存在使用伪造的国家有价证券的事实,所以只能成立普通诈骗罪。

14. 对于单位使用伪造、变造的国家有价证券骗取财物的,应当如何处理?

虽然《刑法》没有将单位规定为有价证券诈骗罪的主体,但对于单位使用伪造、变造的国家有价证券骗取财物的案件,完全可以而且应当追究单位中组织、策划、实施使用伪造、变造的国家有价证券骗取财物的直接责任人员的有价证券诈骗罪的刑事责任。

15. 对于银行等金融机构工作人员使用伪造、变造的国家有价证券兑换现金的,应当如何处理?

决定该行为是成立贪污罪(或者职务侵占罪)还是有价证券诈骗罪,不仅取决于行为人是否利用了职务上的便利(财物是否事先在其占有支配之下),还取决于行为是否符合有价证券诈骗罪的构成要件,此外,还要考虑行为人所骗财物的性质。具体而言:(1)金融机构工作人员利用职务上的便利,自己直接将伪造、变造的国家有价证券兑换为现金的,由于行为人没有对任何人实施欺骗行为,也没有任何受骗者实施财产处分行为,故完全不符合有价证券诈骗罪的构成要件,只能成立贪污罪或者职务侵占罪。(2)金融机构工作人员,将伪造、变造的国家有价证券作为真实有效的国家有价证券,通过本金融机构的其他工作人员或者其他金融机构的工作人员兑换现金的,由于行为人实施了欺骗行为,而且使其他工作人员陷入了认识错误并处分财产,成立有价证券诈骗罪。(3)金融机构工作人员利用熟悉环境的便利条件,没有经过其他工作人员的"同意",通过在他人电脑上做兑换假账,擅自将他人管理、经手的现金据为己有的,以伪造、变造的国家有价证券掩盖犯罪事实的,应认定为盗窃罪。

16. 对于行为人与金融机构工作人员相勾结，使用伪造、变造的国家有价证券的，应当如何处理？

如果行为人是与金融机构中具有财产处分权限的人相勾结使用伪造、变造的国家有价证券，由于没有人受骗，不能成立有价证券诈骗罪，只能与金融机构工作人员构成贪污罪或者职务侵占罪的共犯。如果行为人是与金融机构中不具有财产处分权限的人相勾结，使用伪造、变造的国家有价证券，共同欺骗金融机构中具有财产处分权限的人，则成立有价证券诈骗罪的共犯。

17. 对于行为人伪造、变造国家有价证券后，将伪造、变造的国家有价证券提供给他人使用的，应当如何处理？

对此应分不同情形处理：伪造者、变造者与使用者事先通谋，由一部分人伪造、变造，另一部分人使用的，则所有共犯人均同时构成伪造、变造国家有价证券罪与有价证券诈骗罪，作为包括的一罪，从一重处罚；事先无通谋，但伪造、变造者明知对方使用伪造、变造的国家有价证券骗取财物而提供的，使用者构成有价证券诈骗罪，伪造、变造者构成伪造、变造国家有价证券罪的正犯和有价证券诈骗罪的共犯的包括的一罪，从一重处罚；使用者在不知情的情况下使用的，使用者的行为不构成犯罪，伪造、变造、提供者构成伪造、变造国家有价证券罪的正犯和有价证券诈骗罪的间接正犯，作为包括的一罪，从一重处罚。

第八节　保险诈骗罪

·导　读·

虚构保险标的，编造未曾发生的保险事故，故意造成财产损失的保险事故，故意造成被保险人死亡的，只是保险诈骗罪的预备。保险诈骗罪主体以外的人骗取保险金的，只能成立普通诈骗罪。仅实施了制造保险事故的犯罪行为，而没有向保险人索赔时，不能认定为数罪。骗取保险金的数额特别巨大,能以诈骗罪判处无期徒刑。《刑法》第198条第4款关于保险诈骗罪共犯的规定,是注意规定。虚构保险标的签订保险合同,如谎报被保险人年龄,超过除斥期间的,构成保险诈骗罪。单位决定放火烧毁投保财产的,对于单位而言,只能成立保险诈骗罪,不成立放火罪,但对于单位中组织、策划、实施放火和保险诈骗行为的自然人,则成立放火罪与保险诈骗罪,应当数罪并罚。保险诈骗的行为人如果与保险公司具有保险金理赔权限(处分权限)的人相勾结,只能成立职务侵占罪或者贪污罪的共犯,但如果保险诈骗的行为人勾结的是没有保险金最终理赔权限的人(如保险代理人),则可以成立保险诈骗罪的共犯。

条 文

第一百九十八条 【保险诈骗罪】有下列情形之一,进行保险诈骗活动,数额较大的,处五年以下有期徒刑或者拘役,并处一万元以上十万元以下罚金;数额巨大或者有其他严重情节的,处五年以上十年以下有期徒刑,并处二万元以上二十万元以下罚金;数额特别巨大或者有其他特别严重情节的,处十年以上有期徒刑,并处二万元以上二十万元以下罚金或者没收财产:

(一)投保人故意虚构保险标的,骗取保险金的;

(二)投保人、被保险人或者受益人对发生的保险事故编造虚假的原因或者夸大损失的程度,骗取保险金的;

(三)投保人、被保险人或者受益人编造未曾发生的保险事故,骗取保险金的;

(四)投保人、被保险人故意造成财产损失的保险事故,骗取保险金的;

(五)投保人、受益人故意造成被保险人死亡、伤残或者疾病,骗取保险金的。

有前款第四项、第五项所列行为,同时构成其他犯罪的,依照数罪并罚的规定处罚。

单位犯第一款罪的,对单位判处罚金,并对其直接负责的主管人员和其他直接责任人员，处五年以下有期徒刑或者拘役；数额巨大或者有其他严重情节的，处五年以上十年以下有期徒刑；数额特别巨大或者有其他特别严重情节的，处十年以上有期徒刑。

保险事故的鉴定人、证明人、财产评估人故意提供虚假的证明文件，为他人诈骗提供条件的，以保险诈骗的共犯论处。

罪名精释

1. 虚构保险标的，编造未曾发生的保险事故，故意造成财产损失的保险事故，故意造成被保险人死亡的行为，是保险诈骗罪的预备还是着手实行？

实行行为是个规范的概念，实行行为只能是具有侵害法益的紧迫危险性的行为。具体到保险诈骗罪而言，只有当行为人向保险公司索赔，才能认为保险秩序与保险公司的财产受侵害的危险性达到了紧迫程度。因此，到保险公司索赔的行为或者提出支付保险金请求的行为，才是保险诈骗罪的实行行为；开始实施索赔行为或者开始向保险公司提出支付保险金请求的行为，才是保险诈骗罪的着手。而虚构保险标的，编造未曾发生的保险事故，故意造成财产损失的保险事故，故意造成被保险人死亡的，还只是保险诈骗罪的预备。

2. 保险诈骗罪主体以外的人骗取保险金的，如何处理？

从《刑法》第 198 条的文字表述上看，保险诈骗罪的行为主体只能是投保人、被保险人或者受益人。所以，保险诈骗罪可谓真正身份犯，即正犯必须具有特殊身份，不具有特殊身份的人只能成立狭义的共犯（教唆犯、帮助犯）。问题是：保险诈骗罪主体以外的人骗取保险金的，如何处理？

> 案 1：个体户甲开办的汽车修理厂系某保险公司指定的汽车修理厂家。甲在为他人修理汽车时，多次夸大汽车毁损程度，向保险公司多报汽车修理费用，从保险公司骗取了 35 万元。

从客观方面来说，甲的确通过夸大损失程度的手段骗取了保险公司 35 万元保险金，似乎符合保险诈骗罪的构成要件。但是，根据《刑法》第 198 条的规定，只有当投保人、被保险人或者受益人夸大损失的程度，骗取保险金时，才能成立保险诈骗罪。本案中，甲本身并非投保人、被保险人与受益人，也不存在与投保人、被保险人或者受益人共同犯罪的问题，所以，甲的行为不成立保险诈骗罪。但是，甲的行为完全符合普通诈骗罪或者合同诈骗罪的构成要件，应以普通诈骗罪或者合同诈骗罪定罪处罚。

3. 如何认定保险诈骗罪的客观行为类型？

《刑法》第198条关于保险诈骗罪封闭性地规定了五种具体行为类型，没有兜底性的规定，所以只有能够归入其中一种行为类型时，才能论以保险诈骗罪。

(1)投保人故意虚构保险标的，骗取保险金。

根据《保险法》的规定，保险标的是指作为保险对象的人的寿命和身体或者财产及其有关利益。投保人故意违背诚实信用原则，与保险人订立保险合同时，虚构保险标的，骗取保险金的，成立保险诈骗罪。虚构保险标的，要求行为人在虚构保险标的时，就具有诈骗保险金的故意与非法占有目的。虚构保险标的一般表现为：原本不存在保险标的，却谎称存在保险标的，与保险人签订保险合同；恶意超值（超额）投保；以不合格的保险标的冒充合格的保险标的；将非保险标的冒充保险标的投保；等等。

事后投保，是否属于虚构保险标的？应认为，所谓事后投保无异于虚构一个根本不存在的标的投保，因而完全符合"故意虚构保险标的，骗取保险金"，而能成立保险诈骗罪。

恶意复保险，是否属于虚构保险标的？应认为，虚构保险标的，既可能表现为将并不存在的保险标的虚构为已经存在的保险标的，也可能表现为将价值较小的保险标的虚构为价值较大的保险标的，还可能表现为将不符合保险合同要求的标的虚构为符合保险合同要求的标的，从而获得不应获得的保险金。在恶意复保险的情况下，行为人实际上是将价值较小的保险标的虚构为价值较大的保险标的，因而属于"故意虚构保险标的，骗取保险金"，而能构成保险诈骗罪。

隐瞒保险危险，是否属于虚构保险标的？所谓隐瞒保险危险骗取保险金，是指行为人隐瞒已经存在的危险，与保险公司签订某种保险合同，从而骗取保险金。例如,行为人隐瞒自己的严重疾病与保险公司签订健康保险合同,然后向保险公司通知病情,骗取保险金。这种隐瞒保险危险,实际上是将不符合保险合同要求的标的虚构为符合保险合同要求的标的,或者说,被保险人并不存在健康保险合同所要求的健康,而行为人通过隐瞒疾病的真相,虚构了被保险人身体健康的事实,这便是虚构保险标的。所以,隐瞒保险危险骗取保险金的行为,完全符合保险诈骗罪的构造。

谎报被保险人年龄,是否属于虚构保险标的?人身保险、健康保险一般会涉及被保险人的年龄。作为保险标的的被保险人的寿命,当然包含了被保险人的年龄情况,所以,谎报被保险人的年龄应当属于虚构保险标的,以此骗取保险金的,能够成立保险诈骗罪。

(2)投保人、被保险人或者受益人对发生的保险事故编造虚假的原因或者夸大损失的程度,骗取保险金。

所谓编造虚假的原因,是指投保人、被保险人或者受益人通过编造虚假的原因,将非保险事故谎称为保险事故,从而骗取保险金。如果事故原本属于《保险法》或保险合同约定的保险事故,投保人等编造虚假原因,仅领取应得保险金的,并不构成保险诈骗罪。所谓夸大损失程度,是指投保人、被保险人或者受益人,对已经发生的保险事故所造成的损失作夸大陈述、申报(以少报多、以小报大)。

(3)投保人、被保险人或者受益人编造未曾发生的保险事故,骗取保险金。

所谓编造未曾发生的保险事故,是指投保人与保险人签订保险合同后,投保人、被保险人或者受益人,在没有发生保险事故的情况下,捏造保险事故。基本表现形式为无中生有,即原本没有发生保险事故,但行为人谎称发生保险事故。例如,冒名顶替,将他人尸体冒充被保险人尸体骗取保险金;在保险期届满后未续保期间发生事故时,行为人采取更改保险期等方法,将保险期外的事故谎称为保险责任期限内的保险事故;投保人将自己的汽车转让给他人后,声称轿车被盗而向保险人索赔。

(4)投保人、被保险人故意造成财产损失的保险事故,骗取保险金。

所谓故意造成财产损失的保险事故,是指投保人与保险人签订财产保险合同后，投保人、被保险人为了骗取保险金，在保险标的本身没有危险的情况下，故意造成财产损失，骗取保险金的行为。例如，行为人将房屋投保后，故意放火烧毁房屋，然后谎称房屋失火，骗取保险金。故意造成财产损失的保险事故，并不限于作为，还包括不作为。行为人面临财产的危险时，故意不采取必要措施防止事故发生，或者在发生事故时故意不采取必要措施防止、减少财产损失，以(多)骗取保险金的，依然属于“故意造成财产损失的保险事故，骗取保险金”。

至于受益人故意造成财产损失的保险事故后，编造虚假的原因，将非保险事故谎称为保险事故，从而骗取保险金的，完全符合《刑法》第198条第1款第2项的规定，宜认定为受益人对发生的保险事故编造虚假的原因骗取保险金。

(5)投保人、受益人故意造成被保险人死亡、伤残或者疾病，骗取保险金。

> 案2：甲为自己在3家保险公司投保了总额达50万元的意外伤害险，另有其所在平安保险公司为在职员工投保的意外伤害险30万元。此后，甲故意将自己双脚踝以下部位砍断。但甲向保险公司提出索赔时，被保险公司职员识破骗局。

该案中，甲虽然是自伤，但因为自己就是被保险人，所以其自伤的行为也完全符合“投保人故意造成被保险人伤残，骗取保险金”的构成要件，所以，对于甲的行为应认定为保险诈骗罪(未遂)。

在人身保险的情况下，投保人或者受益人故意伤害、杀害被保险人，造成被保险人死亡、伤残或者疾病，骗取保险金的，成立保险诈骗罪。投保人、受益人将他人作为被保险人的替身而杀害，骗取保险金的，不属于“故意造成被保险人死亡，骗取保险金”，而属于《刑法》第198条第1款第3项编造未曾发生的保险事故骗取保险金。

《刑法》第198条第1款第5项仅将投保人、受益人规定为行为主体，于是有人认为，刑法典已经排除了被保险人以自杀、自残或者自己染病骗取保险金的可能性。其实并非如此。一则，当保险人同时为投保人或者受益人时，被保险人自伤、自残或者自己感染疾病，骗取保险金的，可以认定为投保人或受益人故意造成被保险人死亡、伤残或者疾病骗取保险金，应以保险诈骗罪论处。二则，当被保险人不是投保人、受益人，但与受益人通谋，以自杀、自残或者自己故意感染疾病骗取保险金的,成立保险诈骗罪的共犯。三则,当被保险人不是投保人、受益人时,被保险人以自杀、自残或者自己染病的方式骗取保险金的,完全符合编造虚假的原因骗取保险金的构成要件,仍应认定为保险诈骗罪。被保险人过失感染疾病后,投保人或者受益人索赔的,不成立保险诈骗罪。

需要指出的是,由于《刑法》第 198 条明文规定了保险诈骗罪的行为类型与主体身份,而且没有设立概括性条款,所以,行为人所实施的行为不符合《刑法》第 198 条规定的行为类型的,或者行为人不具有保险诈骗罪的主体身份,无论是否骗取了保险金,都不能认定为保险诈骗罪。此外,由于保险诈骗罪属于金融诈骗罪,所以如果行为人并未骗取金融机构的保险金,则不成立保险诈骗罪。对于符合其他犯罪(如诈骗罪、合同诈骗罪等)构成要件的,应认定为其他犯罪。具体而言:①不符合法定的行为类型与诈骗罪构造的行为,不成立保险诈骗罪;②不符合法定的主体身份的人骗取保险金的,不构成保险诈骗罪;③保险公司工作人员利用职务上的便利骗取本单位保险金的,不构成保险诈骗罪;④骗取客户保费的行为,不成立保险诈骗罪;⑤骗取社会保险事业管理局财产的,不成立保险诈骗罪。

4. 仅实施了制造保险事故的犯罪行为,而没有向保险人索赔时,应否认定为数罪?

案 3:被告人王某峰与被害人朱某某相识后,起意先抢朱某某的钱后再买人寿保险来骗取保险金。1999 年 1 月,王某峰乘朱某某熟睡时,用斧子猛击朱某某的头部数下,致其死亡,并搜走朱某某随身携带的 5300 余元。随后,王某峰用抢来的一部分钱先后在太平洋保险公司为自己购买人寿保险 7 份,保险金额总计 14 万余元。其后与其弟被告人王某生共同预谋杀死被害人刘某某,自己再借尸诈死实施保险诈骗。1999 年 3 月,王某峰在将刘某某灌醉后,两人共同将刘某某掐死。次日晨,王某峰用事先准备好的汽油浇在尸体上和室内,点燃后逃往外地躲藏起来,王某生则向公安机关报案谎称死者系其兄,以骗取公安机关的证明后再向保险公司骗取保险金。因公安机关及时侦破此案,王某生尚未来得及向保险公司申请赔付。某中级人民法院经审理后认为,检察机关指控二被告人犯有保险诈骗罪,定性不准,不予支持。被告人王某峰为购买人寿保险而杀死朱某某抢劫财物,又为诈骗保险金与被告人王某生共同预谋并杀死刘某某,认定被告人王某峰犯故意杀人罪,判处死刑;犯抢劫罪,判处死刑,缓期2年执行,决定执行死刑,剥夺政治权利终身,并处没收个人全部财产;被告人王某生为帮助王某峰骗取保险金,与王某峰共同预谋杀死刘某某,认定其犯故意杀人罪,判处死刑,剥夺政治权利终身。

案件的焦点:(1)该案中人身保险的被保险人是被告人王某峰,而不是被杀死的被害人刘某某,故本案不能适用《刑法》第198条第1款所列举的第5种行为类型。(2)《刑法》第198条第2款关于数罪并罚的规定,严格限定在所列举的第4种和第5种行为方式。在本案不能适用第198条第2款关于数罪并罚规定的前提下,对于两个被告人两次实施并完成的手段行为和最终目的行为保险诈骗,须分别进行评价:首先,为了获取保险诈骗所需的投保费,被告人王某峰以故意杀死被害人朱某某的方式取财,应定性为抢劫罪,而这是为目的行为保险诈骗去创造条件,同时构成保险诈骗罪(预备),应该择一重罪处断,以抢劫罪论处;其次,两个被告人杀死被害人刘某某的行为应构成故意杀人罪,并以此编造未曾发生的保险事故来骗取保险金,同时构成保险诈骗罪(预备),应该择一重罪处断,以故意杀人罪论处。(3)区分保险诈骗是预备还是未遂的分水岭,是考察行为人是否已"着手"实施保险诈骗行为。关于"着手"的认定问题,应以行为人开始向保险人提出赔付保险金的申请为标准。当行为人制造已发生保险事故的假象,但尚未开始向保险公司实施索赔之前,其实行行为并没有对保险法益造成实际的危险,在实质上是为保险诈骗制造条件。据此,本案属于保险诈骗的预备。①

应认为,行为人为了骗取保险金而制造保险事故,如放火烧毁投保的财产或者杀害被保险人,成立放火罪或者故意杀人罪的既遂。但由于行为人尚未向保险公司索赔,所以就保险诈骗罪而言只是犯罪预备。由于只有一个行为,所以成

① 参见王新:《刑法分论精解》,北京大学出版社2023年版,第173~174页。

立放火罪或者故意杀人罪的既遂与保险诈骗罪预备的想象竞合,从一重处罚,最终仅以放火罪或者故意杀人罪定罪处罚。

5. 骗取保险金的数额特别巨大,能否以诈骗罪判处无期徒刑?

一个罪名的法定刑通常只能根据行为对主要法益的侵害程度进行配置。例如,之所以盗伐林木罪的法定最高刑只有15年,而轻于盗窃罪的无期徒刑,是因为盗伐林木罪所侵害的主要法益是森林资源,而不是他人的财产。就保险诈骗罪而言,所侵害的主要法益是保险秩序,而不是保险公司的财产。在立法者看来,对保险秩序的侵害行为,为其配置15年的有期徒刑就能做到罪刑相适应。但不可否认,保险诈骗行为除侵害保险秩序外还侵害了保险公司的财产。当行为对次要法益的侵害超出了根据行为对主要法益的侵害程度所配置的法定刑能够评价的范畴时,就应考虑罪刑相适应原则的需要,根据行为对次要法益的侵害所触犯的罪名进行评价。正如盗伐林木价值特别巨大时,能够而且应该以盗窃罪最重判处无期徒刑一样,对保险诈骗数额特别巨大的,应以诈骗罪最重判处无期徒刑。

6.《刑法》第198条第4款关于保险诈骗罪共犯的规定,是注意规定还是法律拟制?

案4:沈某于1999年6月28日凌晨,驾驶王某某未上保险的汽车在某县公安局康庄检查站西侧发生单方交通事故,车辆严重损坏。沈某将该车拖至郑某某开的汽车修理厂停放。随后,沈某于当日通过某县分公司保险代办朱某某,以个人名义为该车向保险投保。同年7月6日,沈某到某县分公司报案,谎称发生了交通事故,车辆被撞毁,要求该公司对其撞损的汽车理赔,并准备了索赔所需的相关材料。该公司机动车车险科科长康某某和职员张某某接到报案后展开调查,查得该车系先出交通事故后办理投保手续,即表示拒赔。沈某矢口否认先发生的事故,坚持索赔,并委托朋友闫某某和康某某的亲属向康某某疏通关系,请求康某某在理赔一事上给予关照。康某某碍于情面,既未对调查情况做文字记录,也未向单位领导汇报调查情况,即指示理赔员张某某为沈某办理了理赔手续,保险公司某县分公司支付沈某车辆修理费7万元。

对于该案,有观点认为,康某某不具备刑法所规定的保险诈骗罪共犯的主体条件,所以不构成保险诈骗罪的共犯。① 很显然,这种观点是把《刑法》第198条第4款关于保险诈骗罪共犯的规定看作了法律拟制规定。

《刑法》第198条第4款规定,保险事故的鉴定人、证明人、财产评估人故意提供虚假的证明文件,为他人诈骗提供条件的,以保险诈骗罪的共犯论处。如果认为该款是法律拟制,则能得出两点结论:一是保险诈骗罪的共犯仅限于保险事故的鉴定人、证明人、财产评估人;二是不存在类似规定的其他金融诈骗犯罪,没有共犯成立的余地。但倘若认为该款是注意规定,则同样可以得出两点结论:一是保险诈骗罪的共犯不限于这三类人,只要符合《刑法》总则关于共犯成立条件的规定,就能成立保险诈骗罪的共犯;二是其他没有类似规定的金融诈骗犯罪,只要满足《刑法》总则关于共同犯罪成立条件的规定,就能成立金融诈骗犯罪的共犯。

应认为,《刑法》分则中所有关于共同犯罪的规定,都是注意性规定。《刑法》第198条第4款的规定也不例外。之所以规定第198条第4款,是因为立法者要提醒司法人员注意,保险事故的鉴定人、证明人、财产评估人为保险诈骗提供虚假的证明文件的行为,除成立《刑法》第229条的提供虚假证明文件罪的正犯外,还成立保险诈骗罪的共犯,属于想象竞合,应当从一重以保险诈骗罪的共犯处罚。因此,除保险事故的鉴定人、证明人、财产评估人外,只要符合了共同犯罪成立条件,就能成立保险诈骗罪的共犯。其他没有类似规定的金融诈骗犯罪,只要符合共同犯罪成立条件,就能以金融诈骗犯罪的共犯论处。

7. 虚构保险标的签订保险合同,如谎报被保险人年龄,超过除斥期间的,还能构成保险诈骗罪吗?

案5:某人寿保险公司开设康宁终身保险的险种。康宁终身保险合同

① 参见刘祥林、白欣:《保险公司工作人员徇私协助保险受益人骗取保险金的行为应如何认定》,载《首都检察官》2004年第3期。

约定;“凡70周岁以下,身体健康者,均可作为被保险人。”被告人乙于1998年、2000年两次为其母亲投保,但1998年时,其母亲已77岁,乙通过修改年龄使其母亲成为被保险人。2003年乙的母亲去世,乙从保险公司领取了27万元的保险金。

乙的行为是否构成保险诈骗罪,取决于对三个问题的认识:其一,乙的行为是否属于虚构保险标的?其二,乙是否实施了欺骗行为?其三,如何理解《保险法》第32条第1款?

应认为,乙的行为属于虚构保险标的和保险诈骗罪中的欺骗行为。《保险法》第32条第1款规定:“投保人申报的被保险人年龄不真实,并且其真实年龄不符合合同约定的年龄限制的,保险人可以解除合同,并按照合同约定退还保险单的现金价值。保险人行使合同解除权,适用本法第十六条第三款、第六款的规定。”而《保险法》第16条第3款与第6款分别规定:“前款规定的合同解除权,自保险人知道有解除事由之日起,超过三十日不行使而消灭。自合同成立之日起超过二年的,保险人不得解除合同;发生保险事故的,保险人应当承担赔偿或者给付保险金的责任。”“保险人在合同订立时已经知道投保人未如实告知的情况的,保险人不得解除合同;发生保险事故的,保险人应当承担赔偿或者给付保险金的责任。”该案中,被保险人是在投保人与保险人签订保险合同的两年后死亡的,或许有人以此规定为根据否认乙的行为成立保险诈骗罪。

本书认为,无论民商法学如何解释该规定,即使自合同成立之日逾两年后保险人才发现投保人申报的被保险人的年龄不真实,因而不能解除保险合同,也只是表明该保险合同继续生效,而不是否认乙的行为具备保险诈骗罪的构成要件。这是因为刑法与保险法的目的不同。《保险法》第16条与第32条的不可抗辩条款,并不是鼓励投保人虚构事实,而是为了平衡投保人与保险人利益,防止保险人滥用“主张保险合同无效”的权利所作的规定。而《刑法》设立保险诈骗罪,显然是为了保护保险人的利益,当然要防止投保人滥用《保险法》第16条与第32条骗取保险人财产。当投保人故意虚构保险标的骗取保险金时,即使保险合同依然有效,也不能排除其行为构成保险诈骗罪,如同经济合同有效,却不能排除行为人构成合同诈骗罪一样。一方面,保险人不能因为行为人的行为构成保险诈骗罪，就不承担赔偿或者给付保险金的责任。另一方面，在行为人构成保险诈骗罪的情况下，应当追缴行为人的犯罪所得。质言之，不能因为合同有效或者不得解除，就否认行为人的行为构成犯罪。所以，谎报被保险人年龄，即使超过除斥期间的，也不排除保险诈骗罪的成立。

8. 单位制造保险事故的，如单位决定放火烧毁投保的财产并索赔的，对单位能否进行数罪并罚？

单位决定放火烧毁投保财产的，由于单位不是放火罪的主体，所以对于单位而言，只能成立保险诈骗罪，不成立放火罪。但对于单位中组织、策划、实施放火和保险诈骗行为的自然人，则成立放火罪与保险诈骗罪，应当数罪并罚。

9. 保险诈骗的行为人与保险公司的工作人员相勾结骗取保险金的，如何处理？

保险诈骗的行为人如果与保险公司具有保险金最终理赔权限（处分权限）的人相勾结，由于没有人被骗，不符合保险诈骗罪的构造，只能成立职务侵占罪或者贪污罪的共犯。但如果保险诈骗的行为人勾结的是没有保险金最终理赔权限的人（如保险代理人），则可以成立保险诈骗罪的共犯。

10.《刑法》第 183 条关于保险公司工作人员利用职务上的便利编造保险事故进行虚假理赔，骗取保险金归自己所有的，以职务侵占罪、贪污罪论处的规定，是注意规定还是法律拟制？

就国有保险公司工作人员和国有保险公司委派到非国有保险公司从事公务的人员故意编造保险事故进行虚假理赔骗取保险金的，本来就属于《刑法》第 382 条第 1 款贪污罪中的“骗取”，因而《刑法》第 183 条第 2 款的规定属于注意规定。就非国有保险公司的工作人员而言，如果认为《刑法》第 271 条第 1 款规定的职务侵占罪的客观行为方式只有“易占有为所有”的侵吞，而不是如贪污罪那样包括“窃取”和“骗取”，则这类人员利用职务上的便利，故意编造未曾发生的保险事故进行虚假理赔，骗取保险金归自己所有的，本来不符合职务侵占罪的客观行为类型条件,也按照职务侵占罪定罪处罚,因而《刑法》第 183 条第 1 款的规定属于法律拟制。但如果认为《刑法》第 271 条第 1 款职务侵占罪的行为方式包括“窃取”与“骗取”,则该款规定属于注意规定。

由于《刑法》第 271 条第 1 款职务侵占罪的条文表述明显不同于第 382 条第 1 款的贪污罪,没有规定所谓“窃取”与“骗取”,职务侵占罪就是一种将自己基于职务或者业务占有下的财物变为自己所有的、不转移占有的侵占犯罪,行为方式只有侵占,没有“窃取”与“骗取”。《刑法》第 183 条第 1 款将原本不符合职务侵占罪构成要件的行为按照职务侵占罪论处,因而属于法律拟制规定。

第六章　危害税收征管罪

第一节　逃　税　罪

·导　读·

缴纳税款后骗取所缴纳的税款成立逃税罪的，除要求数额较大外，还应要求所骗取的税款占应纳税额10%以上。应将“不申报”限制解释为“只有经税务机关通知申报而不申报”。扣缴义务人成立逃税罪，除要求数额较大外，不要求占应缴税款的10%以上。《刑法》第201条第4款前段的规定，是处罚阻却事由，不适用于扣缴义务人的逃税行为。漏税、避税行为不成立逃税罪。《刑法》第204条第2款前段规定的情形，能够类推适用《刑法》第201条第4款处罚阻却事由的规定。《刑法》第201条第3款关于累计数额计算的规定，是注意规定。逃税罪是不作为犯，而虚开增值税专用发票、用于骗取出口退税、抵扣税款发票罪、骗取出口退税罪都可谓作为犯，系诈骗犯罪。

条　文

第二百零一条　【逃税罪】纳税人采取欺骗、隐瞒手段进行虚假纳税申报或者不申报，逃避缴纳税款数额较大并且占应纳税额百分之十以上的，处三年以下有期徒刑或者拘役，并处罚金；数额巨大并且占应纳税额百分之三十以上的，处三年以上七年以下有期徒刑，并处罚金。

扣缴义务人采取前款所列手段，不缴或者少缴已扣、已收税款，数额较大的，依照前款的规定处罚。

对多次实施前两款行为，未经处理的，按照累计数额计算。

有第一款行为，经税务机关依法下达追缴通知后，补缴应纳税款，缴纳滞纳金，已受行政处罚的，不予追究刑事责任；但是，五年内因逃避缴纳税款受过刑事处罚或者被税务机关给予二次以上行政处罚的除外。

罪名精释

1. 何谓作为逃税罪构成要件内容的“两类行为主体”、“三种手段行为”、“一种目的行为”与“两个情节要求”？

所谓“两类行为主体”，是指纳税人与扣缴义务人。

所谓“三种手段行为”分别为：(1)采取欺骗、隐瞒手段进行虚假纳税申报；(2)不申报；(3)根据《刑法》第204条第2款前段的规定，缴纳税款后，以假报出口或者其他欺骗手段，骗取所缴纳的税款，符合其他条件的，也成立逃税罪。

所谓“一个目的行为”，是指逃避缴纳税款，包括不缴或者少缴应纳税款或已扣、已收税款，以及不符合退税条件却通过虚假手段取得的退税款。

所谓“两个情节要求”，是指纳税人逃避缴纳税款数额较大并且占应纳税额10%以上。

2. 缴纳税款后骗取所缴纳的税款成立逃税罪的，除要求数额较大外，是否还要求骗取的税款占应纳税额10%以上？

虽然《刑法》第204条第2款前段的规定具有法律拟制的性质，但应认为，因为骗回所缴纳的税款与一开始就不缴纳税款没有本质的不同，所以缴纳税款后骗取所缴纳的税款成立逃税罪的，除要求数额较大外，也要求骗取所缴纳的税款占应纳税额10%以上。

3.应否将“不申报”限制解释为“只有经税务机关通知申报而不申报”？

因不申报而成立逃税罪的，不需要采取欺骗、隐瞒手段，为了与虚假申报构成逃税罪的行为的危害性相当，应当对“不申报”进行限制解释，即只有经税务机关通知申报而不申报的，才能认定为逃税罪。具有下列情形之一的，应当认定为“经税务机关通知申报”：(1)纳税人、扣缴义务人已经依法办理税务登记或者扣缴税款登记的；(2)依法不需要办理税务登记的纳税人，经税务机关依法书面通知其申报的；(3)尚未依法办理税务登记、扣缴税款登记的纳税人、扣缴义务人，经税务机关依法书面通知其申报的。但是，“经税务机关通知申报而拒不申报”，以行为人负有纳税义务、扣缴义务为前提。

4.1997年《刑法》第201条第1款偷税罪中关于“偷税数额占应纳税额的百分之十以上不满百分之三十并且偷税数额在一万以上不满十万元”“偷税数额占应纳税额的百分之三十以上并且偷税数额在十万元以上”的规定，是否会形成处罚漏洞？

曾有学者认为，1997年《刑法》的规定存在处罚漏洞，如行为人偷税11万元但偷税数额占应纳税额20%，或者偷税9万元，但占应纳税额40%。其实，成立偷税罪的基本犯只需要数额在1万元以上并且偷税数额占应纳税额10%以上就可以了，而要成立偷税罪的加重犯，则需要同时达到偷税数额在10万元以上和应纳税额30%以上。所以上述情形完全可以成立偷税罪的基本犯，而根本不存在处罚漏洞。从这个意义上讲，《刑法修正案(七)》关于偷税罪的修订并无必要。

5.扣缴义务人成立逃税罪，除要求数额较大外，是否也要求占应缴税款的10%以上？

1997年《刑法》第201条第2款曾规定，“扣缴义务人采取前款所列手段，不缴或者少缴已扣、已收税款，数额占应缴税额的百分之十以上并且数额在一万元以上的,依照前款的规定处罚。"2009 年的《刑法修正案(七)》将之修改成现在的规定。应认为,现在这种规定是合理的。之所以对于纳税人成立逃税罪,除要求数额较大外还要求占应纳税额比例的要求,是因为纳税人纳税的期待可能性较低,只有数额和比例才能使行为的违法性达到值得科处刑罚的程度。而扣缴义务人本来就不是纳税人,其将所代扣、代收的税款如数上交国家,期待可能性并不低,单纯的数额较大就能使其行为的违法性达到值得科处刑罚的程度。所以,扣缴义务人不缴或者少缴已扣、已收税款,成立逃税罪,只要求达到数额较大,不同时要求占应缴税额的 10% 以上。

6.《刑法》第 201 条第 4 款前段规定的是违法阻却事由还是处罚阻却事由?该规定是否适用于扣缴义务人的逃税行为?

应该认为,这是关于逃税罪处罚阻却事由的规定。也就是说,即使行为符合逃税罪的构成要件,但只要具备本款规定的处罚阻却事由,便不追究行为人的刑事责任。之所以对逃税罪规定处罚阻却事由,是因为纳税人缴纳税款本来就是期待可能性较低的行为,不能指望纳税人"兴高采烈"地主动去缴税。如果纳税人"补缴应纳税款,缴纳滞纳金,接受行政处罚",就没有必要作为犯罪处理。实践中需要注意以下几点:(1)任何逃税案件,首先必须经过税务机关的处理,税务机关没有处理或者不处理的,司法机关不能直接追究纳税人的刑事责任;(2)只有税务机关依法下达追缴通知后,纳税人补缴应纳税款(包括执行追缴退税款),缴纳滞纳金,已受行政处罚的,才不追究刑事责任;(3)只有当纳税人超过税务机关的规定期限而不接受处理,司法机关才能追究刑事责任。

该款处罚阻却事由的规定是对纳税人的"优待",而扣缴义务人不是纳税人,其缴纳已扣、已收税款的行为并不缺乏期待可能性,所以该处罚阻却事由的规定不能适用于扣缴义务人的逃税行为。

7. 漏税、避税行为是否成立逃税罪?

逃税罪是一种故意犯罪,而漏税是一种纳税单位或者个人过失漏缴或者少缴税款的行为,如因工作粗心大意,错用税率、漏报应税项目等,不成立逃税罪。

所谓避税,是指利用税法的漏洞或者模糊之处,通过对经营活动和财务活动的“合理”安排,以达到免税或者少缴税款目的的行为。从与税收法规的关系上看,避税表现为以下四种情况:(1)利用选择性条文避税;(2)利用不清晰的条文避税;(3)利用伸缩性条文避税;(4)利用矛盾性、冲突性条文避税。第一种情形并不违法,其他三种情形虽然违反税法精神,但由于这些情形不符合逃税罪的构成要件,故只能根据税法的有关规定做补税处理,不能认定为逃税罪。

8.《刑法》第204条第2款前段规定的情形能否类推适用《刑法》第201条第4款处罚阻却事由的规定?

案1:A企业缴纳税款80万元后,又骗取国家出口退税款80万元。税务机关发现后,A企业退回了骗取的80万元税款,并缴纳了罚款。

对于该案,按照《刑法》第204条第2款规定,应当认定为逃税罪。

应该认为,《刑法》第204条第2款前段规定的情形相当于纳税人实施的逃税行为。《刑法》第201条第1款规定的是纳税人没有缴纳税款的情形,而第204条第2款规定的是缴纳税款后又骗回的情形,主体都是纳税人,结局都是没有缴纳税款,如果构成犯罪都是按照纳税罪处理。既然如此,对第204条第2款前段规定的情形也应当类推适用第201条第4款处罚阻却事由的规定,对上述A企业的行为不能以逃税罪追究刑事责任。

9.《刑法》第204条第3款累计数额计算的规定,是注意规定还是法律拟制?

前面已经提到,理论通说和实践均将《刑法》分则中有关数额累计计算的规定作为注意规定理解适用,也就是说,无论有无这种规定,如盗窃、诈骗、抢劫、受贿,都对数额进行了累计计算。但是,如果想当然地认为数额就应该累计计算,那就意味着可以将多次轻伤累计成重伤、多次重伤累计成死亡,而这一点人们又都不会认可。因此,本书认为,若通过数额的累计计算可能达到判处无期徒刑或者死刑的数额标准,应当特别慎重。

10. 如何区分逃税罪与虚开增值税专用发票、用于骗取出口退税、抵扣税款发票罪、骗取出口退税罪？

逃税罪是采取虚假申报或者不申报的手段逃避缴纳税款的行为，故总体上是一种不作为（不纳税）。而后面几种犯罪都可谓作为形式的犯罪。虚开增值税专用发票、用于骗取出口退税、抵扣税款发票罪，是以虚开增值税专用发票、用于骗取出口退税、抵扣税款发票的方式，骗取国家增值税及其他税收抵扣款，可谓一种诈骗犯罪。而骗取出口退税罪明显是一种作为，纯粹就是诈骗犯罪，因为即便是原本所缴纳的税款，一旦上缴就成为国库中的钱款，而不再属于纳税人自己，行为人以假报出口或者其他欺骗手段骗取国家出口退税款，是不折不扣的诈骗。所以，从行为是作为还是不作为，以及从行为的对象来看，基本上可以区分上述各罪。

第二节　抗　税　罪

·导　读·

该罪的实行行为是作为，不是不作为与作为结合的复行为犯。逃税后又抗税的，原则上应作为包括的一罪，从一重处罚。本罪中的“暴力”，包括对人暴力和对物暴力。暴力抗税致人伤害、死亡的，成立抗税罪与故意伤害罪、故意杀人罪、过失致人重伤罪、过失致人死亡罪的想象竞合，从一重处罚。但暴力抗税致人轻伤、过失致人重伤的，应评价为抗税罪的“情节严重”，处三年以上七年以下有期徒刑。暴力抗税致人伤害、死亡，想象竞合从一重，以故意伤害罪、故意杀人罪定罪处罚的，能够同时判处罚金。

条　文

第二百零二条　【抗税罪】以暴力、威胁方法拒不缴纳税款的，处三年以下有期徒刑或者拘役,并处拒缴税款一倍以上五倍以下罚金;情节严重的,处三年以上七年以下有期徒刑,并处拒缴税款一倍以上五倍以下罚金。

罪名精释

1. 本罪是作为与不作为结合的复行为犯吗?

理论上一般认为,本罪是不作为与作为的结合,是所谓复行为犯。这种观点可能存在疑问。如果认为本罪的实行行为是不作为和作为的复合,则意味着只要行为人应当纳税而不纳税时就已经着手实施了抗税的行为,就能成立本罪的未遂。这显然导致本罪着手的认定过于提前,而不当扩大了本罪的处罚范围,而且导致本罪与逃税罪相混淆,使二者界限不清。应认为,应纳税而没有纳税只是一种身份,一种伴随的情状,或者说是本罪成立的前提,其本身并不是本罪的实行行为。正如"犯盗窃、诈骗、抢夺罪"只是事后抢劫成立的前提,不能认为开始实施盗窃、诈骗、抢夺犯罪时就已着手实施事后抢劫。而且,若认为本罪是复行为犯,则非纳税义务人教唆、帮助纳税义务人抗税的,不能成立抗税罪的共犯,正如未参与实施暴力、胁迫行为,只是参与取财的,不能成立抢劫共犯,只能成立盗窃共犯一样。这显然不能被人接受。所以,应当认为本罪是单行为犯,实行行为只有以暴力、威胁方法拒不缴纳税款。非纳税义务人教唆、帮助纳税义务人暴力抗税的,成立抗税罪的共犯。

2. 逃税后又抗税的,如何处理?

有观点认为,倘若行为人对同一税款先进行逃税,被税务部门发现责令其缴纳税款时,又以暴力、威胁手段抗拒缴纳的,同时构成逃税罪和抗税罪,实行数罪并罚。①

应认为,虽然逃税后又抗税,存在两个行为,同时符合了逃税罪与抗税罪的犯罪构成。但是,无论是逃税还是抗税,都侵害了国家的税收征管秩序。所以,

① 参见王新:《刑法分论精解》,北京大学出版社 2023 年版,第 179 页。

逃税后又抗税的，原则上应作为包括的一罪处理，从一重处罚即可。当然，如果逃税数额巨大，单纯以逃税罪论处就能判处3年以上7年以下有期徒刑，则可以在逃税罪之外另定妨害公务罪，数罪并罚。如果抗税行为导致伤害死亡结果，也可以逃税罪与故意伤害罪、故意杀人罪、过失致人重伤罪、过失致人死亡罪数罪并罚。因为抗税罪本来就能够与妨害公务罪、故意伤害罪、故意杀人罪、过失致人重伤罪、过失致人死亡罪之间存在竞合。

3. 何谓“暴力、威胁方法”？

本罪中的暴力包括两种情形：一是对人暴力，即对履行税收征收职责的税务人员的人身不法行使有形力，使其不能正常履行税收职责；二是对物暴力，即冲击、打砸税务机关及执法执勤公务专用机动车辆等，使税务机关、税务人员不能从事正常的征税活动。所谓“威胁方法”，是指对履行税收职责的税务人员实行恐吓，使其不敢或者难以正常履行税收职责。暴力、威胁是手段行为，拒绝缴纳税款才是目的行为。

4. 暴力抗税致人伤害、死亡的，如何处理？

暴力抗税致人伤害、死亡的，成立本罪与故意伤害罪、故意杀人罪、过失致人重伤罪、过失致人死亡罪的想象竞合犯，从一重处罚。不过，由于故意轻伤害与过失致人重伤罪比抗税罪的法定刑还要轻，所以对于抗税造成轻伤、过失造成重伤的，虽然也是想象竞合，但应按抗税罪情节严重的法定刑处罚，即认定为抗税情节严重，处3年以上7年以下有期徒刑并处拒缴税款一倍以上五倍以下罚金。

5. 暴力抗税致人伤害、死亡，想象竞合从一重，以故意伤害罪、故意杀人罪定罪处罚的，能否判处罚金？

无论是法条竞合还是想象竞合，被排除的法条仍能发挥作用，其规定的附加刑仍能得到适用。也就是说，暴力抗税致人伤害、死亡，按照想象竞合从一重，以故意伤害罪、故意杀人罪定罪处罚时，虽然《刑法》第232条、第234条规定的故意杀人罪、故意伤害罪没有罚金刑，但由于被排除的法条（抗税罪）仍然能发挥作用，而抗税罪规定有罚金刑，所以即使想象竞合从一重以故意伤害罪、故意杀人罪论处，也能同时判处拒缴税款1倍以上5倍以下的罚金。

第三节　逃避追缴欠税罪

·导　读·

本罪是作为犯，实行行为是转移、隐匿财产。所谓“无法追缴”，是指转移、隐匿财产达到足以使行为人逃税的程度。本罪与逃税罪的区别不在于所处环节的不同，而是行为方式不同，本罪是作为，而逃税罪是不作为。逃税后又采取转移、隐匿财产的手段逃避追缴欠税的，应作为包括的一罪，从一重处罚。本罪立案标准为1万元，与司法解释确定的逃税罪的立案标准10万元明显不协调。从立法论上讲，本罪没有存在的必要。

条　文

第二百零三条　【逃避追缴欠税罪】纳税人欠缴应纳税款，采取转移或者隐匿财产的手段，致使税务机关无法追缴欠缴的税款，数额在一万元以上不满十万元的，处三年以下有期徒刑或者拘役，并处或者单处欠缴税款一倍以上五倍以下罚金；数额在十万元以上的，处三年以上七年以下有期徒刑，并处欠缴税款一倍以上五倍以下罚金。

罪名精释

1. 本罪的实行行为是作为还是不作为？

有观点认为，本罪的实行行为是逃避税款的追缴，逃避行为专指转移、隐匿财产，如转移开户行、提走存款、运走商品、隐匿货物。不是转移或隐匿财产，而是欠税人本人逃匿、逃避纳税义务的，不构成本罪。①

若认为本罪的实行行为是逃避税款的追缴，就与逃税罪相混淆了，因为逃税罪也是逃避税款的追缴，而且将本罪的实行行为描述成逃避税款的追缴，还会给人本罪是不作为犯的感觉。其实，应当认为本罪的实行行为是作为，就是转移、隐匿财产。行为人单纯不纳税或者欠税后逃匿的，只可能构成逃税罪，而不可能构成逃避追缴欠税罪。

2. 何谓“转移、隐匿财产”？

本罪的实行行为是转移、隐匿财产。所谓转移财产，主要是指行为人从开户行或者有关金融机构将存款转入他人账号或者提走存款，或者将其商品、产品、货物或者其他财产转移至通常存放地以外的地点。所谓隐匿财产，是指行为人将其财产予以隐藏，使税务机关难以或者不能发现。将财产用于经营活动或者偿还正常债务的，不能认定为转移、隐匿财产，但没有根据地将财产转移至关联公司或者赠与他人的，则属于转移、隐匿财产。

3. 何谓“无法追缴”？

转移、隐匿财产的行为必须使税务机关无法追缴欠缴的税款。对于“无法追缴”，有观点认为，应当理解为足以使行为人逃税，即只要行为人转移、隐匿财产的行为达到足以使其逃避纳税义务的程度，则可以认定为本罪。而“足以使行为人逃税”，一方面是指存在使行为人逃税的现实可能性，另一方面是指存在导致税务机关不能追缴欠税的可能性。欠税人转移、隐匿财产，但明显容易追查财产去向的，没有发生使税务机关无法追缴欠税的结果，不构成本罪。例如，将室内财产转移到室外并加以覆盖，但稍加注意即可发现的，不属于足以使行为人逃税。②

应该说，上述理解是正确的。只要行为人转移、隐匿财产的行为达到了足以

① 参见周光权：《刑法各论》（第4版），中国人民大学出版社2021年版，第336页。

② 参见周光权：《刑法各论》（第4版），中国人民大学出版社2021年版，第336页。

使行为人逃税的程度，就可以认定为本罪。

4. 如何区分本罪与逃税罪？

有观点认为，本罪的时空特征表现为纳税人在纳税追缴环节故意拖欠缴纳所应纳的税款，而逃税罪是指纳税人在纳税申报环节实施逃避缴纳税款的行为，这是区分本罪与逃税罪的重要界限，两者在不同的纳税环节上共同构成完整的税收刑法保护阵地。① 其实，二者区分的关键并不在于所处的环节不同，而是行为方式不同。逃税罪是典型的不作为犯罪，而本罪是一种作为犯罪。简单地讲，单纯不缴纳税款的，成立逃税罪。而逃税后采取转移、隐匿财产的手段逃避追缴欠税的，才成立本罪。

5. 逃税后又逃避追缴欠税的，应当如何处理？

有观点认为，如果纳税人已经因实施逃税而构成逃税罪，却在税务机关查处追缴的过程中，采取转移或者隐匿财产的手段逃避缴纳义务，同时构成逃避追缴欠税罪的，鉴于行为人是在两个不同的犯意支配下实施的独立危害行为，应实行数罪并罚。② 也有观点认为，二者具有目的与手段的牵连关系，应当属于牵连犯，应按其中的一个重罪从重处罚。③

应认为，本罪与逃税罪所侵害的法益是相同的，都是侵害国家的税收管理秩序，所以逃税后又采取转移、隐匿财产的手段逃避追缴欠税的，应作为包括的一罪，从一重处罚。

6. 该罪立案标准为 1 万元，与逃税罪的 10 万元是否不协调？

1997 年全面修订《刑法》时就规定成立本罪的数额标准是 1 万元以上。当时规定偷税罪（现在的逃税罪）的数额标准是“偷税数额占应纳税额的百分之十

---

① 参见王新：《刑法分论精解》，北京大学出版社 2023 年版，第 180 页。

② 参见王新：《刑法分论精解》，北京大学出版社 2023 年版，第 180 页。

③ 参见高铭暄、马克昌主编：《刑法学》（第 10 版），北京大学出版社、高等教育出版社 2022 年版，第 431 页。

以上不满百分之三十并且偷税数额在一万元以上不满十万元的”。应认为,这时二罪的入罪标准还是协调的。后来《刑法修正案(七)》将“偷税数额占应纳税额的百分之十以上不满百分之三十并且偷税数额在一万元以上不满十万元”,修改为“数额较大并且占应纳数额百分之十以上”。这时从条文关于入罪标准的规定看,也是协调的。

问题是,后来司法解释将逃税罪的入罪标准提高到5万元,2022年4月6日最高人民检察院、公安部《关于公安机关管辖的刑事案件立案追诉标准的规定(二)》第52条直接将“数额较大”的标准提高到“10万元以上”。至此,本罪与逃税罪的入罪标准就明显不协调了。因为逃避追缴欠税并没有侵害新的法益,其违法性也仅止于逃税。甚至可以认为逃税后通过转移、隐匿财产的手段逃避追缴欠税,是缺乏期待可能性的不可罚的事后行为。但现在的规定,导致逃税10万元并且在应纳比例10%以上的才成立逃税罪,而逃税后通过采取转移、隐匿财产的手段致使税务机关无法追缴欠缴的税款数额达到1万元以上的,就成立本罪。换句话说,本来逃税9万元根本不可能构成犯罪,就因为逃税后采取转移、隐匿财产的手段致使税务机关无法追缴欠缴的税款达到1万元的,就可能构成犯罪。这无疑是本末倒置。

因此,不仅从立法论上讲本罪没有存在的必要,而且现行司法解释确定的关于逃税罪的入罪标准使得二罪在入罪标准上明显不协调。所以,本书认为,可以从立法上将本罪的入罪标准提高到10万元以上以与逃税罪保持协调或者废除本罪。

第四节　骗取出口退税罪

·导　读·

本罪的责任形式是故意。本罪以取得国家出口退税款为既遂。一个行为既骗取所缴纳的税款又骗取税款超过所缴纳的税款部分,同时触犯逃税罪与骗取出口退税罪时，应当实行数罪并罚。应从规范性意义上把握行为个数，《刑法》第204条第2款是注意性规定。虚开增值税专用发票用于骗取出口退税，抵扣税款发票后又骗取出口退税的，应作为包括的一罪，从一重处罚。本罪与诈骗罪之间是一种特别关系的法条竞合。骗取出口退税未达立案标准，但达到诈骗罪立案标准的，能以本罪的未遂或者诈骗罪的既遂论处。

条　文

第二百零四条　【骗取出口退税罪】以假报出口或者其他欺骗手段，骗取国家出口退税款，数额较大的，处五年以下有期徒刑或者拘役，并处骗取税款一倍以上五倍以下罚金；数额巨大或者有其他严重情节的，处五年以上十年以下有期徒刑，并处骗取税款一倍以上五倍以下罚金；数额特别巨大或者有其他特别严重情节的，处十年以上有期徒刑或者无期徒刑，并处骗取税款一倍以上五倍以下罚金或者没收财产。

罪名精释

1. 本罪的成立条件是什么？

骗取出口退税罪，是指以假报出口或者其他欺骗手段，骗取国家出口退税款，数额较大的行为。2002年9月17日最高人民法院《关于审理骗取出口退税刑事案件具体应用法律若干问题的解释》（以下简称《退税案件解释》）对"假报出口"和"其他欺骗手段"作出了明确规定。而所谓出口退税，是指将出口商品在出口以前所缴纳的国内税款和原材料进口关税全额退还。正因如此，有的行为人没有货物出口却假报出口，有的行为人出口数量少却谎称出口数量多，有的行为人重复虚报出口，有的行为人把低退税率商品虚报为高退税率商品，进而骗取出口退税。

案1：广州力程机电制造有限公司（以下简称力程公司）系有限责任公

司,法定代表人为莫某某,李某辅助莫某某管理公司事务,邹某甲系公司主管财务的副总经理。力程公司主营助力自行车、电动自行车生产和销售,其出口销售,除力程公司在取得出口货物免抵退税资格后自营出口外,还委托广州市明某贸易有限公司(以下简称明某公司)、广州顺溢进出口贸易有限公司(以下简称顺溢公司)代为出口。2010年6月底,经莫某某决策并组织实施,在李某、邹某甲参与下,力程公司在自营出口及委托出口过程中,高报出口货物价格,伪造虚假买卖合同,骗取出口退税。公司设置内、外两套账,外账委托中介机构核算,并以虚假高报的出口货物价格核算出口货物应付检查,内账通过"用友T6中小企业管理软件"记录实际生产及销售情况,以便公司管理。经税务稽查部门核算,自2010年6月至2012年6月,力程公司通过自营出口货物骗取出口退税人民币1352772.41元,通过明某公司出口货物骗取出口退税款人民币7531464.30元,通过顺溢公司出口货物骗取出口退税款人民币241765.63元,总计骗取出口退税人民币9126002.34元。对于该案,法院认定,力程公司以欺骗手段,骗取国家出口退税款,数额特别巨大,被告人莫某某作为直接负责的主管人员,被告人李某、邹某甲作为其他直接责任人员,其行为均已构成骗取出口退税罪。[①]

应该说,这是一起典型的骗取出口退税的案件,法院的判决是正确的。

2.本罪的责任形式是什么?

本罪具有诈骗性质,显然只能由故意构成。在通常情况下,认定行为人的故意不存在难度,但是由于委托代理出口、挂靠出口企业的现象较多,所以需要查明相关人员是否具有骗取出口退税的故意。

案2:广州德览贸易有限公司(以下简称德览公司)为外贸企业,具有进出口经营权和出口退税权,徐某伟任该公司法定代表人,为该公司的实际负责人。2013年,经与林某坤、张某萌商议,徐某伟同意林某坤、张某萌挂靠德览公司从事服装出口业务,由德览公司负责提供加盖公司的空白采购合

① 参见广东省广州市中级人民法院刑事判决书,(2013)穗中法刑二初字第142号。

同和报关单给林某坤、张某萌，由林某坤、张某萌自行负责组织货源和报关出口，德览公司在收到林某坤、张某萌提供的出口合同、报关单证及发票等资料后，再向国税部门申请退税，并按照出口金额每美元收取人民币0.03元至0.05元的手续费。2013年10月至2014年11月，德览公司通过上述方式共接收林某坤、张某萌提供的由内蒙古自治区赤峰市金金服装加工有限公司、内蒙古自治区赤峰市兴兴绒毛服装加工有限公司、山东省乳山市超越服装有限公司、河北省巨鹿县恒合绒毛制品厂等四家公司开具的增值税专用发票930份，并持其中的900份发票向国家税务部门申报出口退税，共计申请退税款人民币13982187.38元，其中已经实际退税人民币10256301.61元，所申请的退税款扣除应收取的挂靠费后，余款均汇入林某坤指定的账户。对于该案，广东省广州市中级人民法院认为，德览公司及其直接负责的主管人员徐某伟，利用德览公司作为进出口公司可以申请退税的资质，为他人提供挂靠服务，在不见客户、不见货物、不见外商的情况下，允许挂靠人自带客户、自带货源、自行报关从事出口业务，并持挂靠人提供的发票申请退税，显属违法违规行为。但该案并无证据证实德览公司主观上明知挂靠人具有骗取出口退税的故意，不能排除德览公司确系被挂靠人蒙蔽的合理怀疑。德览公司及其诉讼代表人、徐某伟及其辩护人所提辩护意见合理，依法予以采纳。公诉机关指控德览公司、徐某伟骗取出口退税的事实不清、证据不足、指控的罪名不能成立。遂判决德览公司和徐某伟无罪。①

应该说，从德览公司和徐某伟自始至终仅按照出口金额每美元收取人民币0.03元至0.05元的手续费来看，德览公司和徐某伟主观上并不明知挂靠人具有骗取出口退税的故意，也就是主观上没有共同的犯罪故意，所以不能成立责任形式为故意的骗取出口退税罪。

---

① 参见广东省广州市中级人民法院刑事判决书，(2016)粤01刑初472号。

3. 本罪的既遂标准是什么？

有观点认为，骗取出口退税罪的既遂标准是行为人取得非法利益。[①] 这种观点存在疑问。骗取出口退税，实际上是一种特殊的诈骗罪，其特殊性主要在于诈骗对象是国家出口退税这一财产，其他单位和个人在与外贸企业非法“买单”交易或者非法调汇的差额中获取的非法利益，不属于本罪构成要件的内容。此外，虽然本罪主体具有特殊性、复杂性和层次性，但在共同犯罪中，不应当根据主体身份不同，分别确立不同的既遂标准。

既然骗取出口退税罪的构成要件行为是骗取国家出口退税，那么，只有当行为人骗取了国家出口退税时，才能认定为发生了构成要件结果，进而认定为犯罪既遂。《退税案件解释》第 7 条关于“实施骗取国家出口退税行为，没有实际取得出口退税款的，可以比照既遂犯从轻或者减轻处罚”的规定，应该说具有合理性。

4. 一个行为既骗取所缴纳的税款又骗取税款超过所缴纳的税款部分，同时触犯逃税罪与骗取出口退税罪时，是按想象竞合从一重罪处罚，还是应当实行数罪并罚？

《刑法》第 204 条第 2 款规定：“纳税人缴纳税款后，采取前款规定的欺骗方法，骗取所缴纳的税款的，依照本法第二百零一条的规定定罪处罚；骗取税款超过所缴纳的税款部分，依照前款的规定处罚。”据此，骗取出口退税罪，只有在行为人没有缴纳税款，或者骗取的出口退税款超过了行为人原来所缴纳的税款部分时，才可能成立。纳税人缴纳税款后，采取假报出口等欺骗方法，骗取所缴纳的税款的，成立逃税罪。对于骗取的税款超过了行为人原来所缴纳的税款部分，则应认定为骗取出口退税罪。例如，行为人原来缴纳税款 100 万元，采取假报出口等欺骗手段骗取国家出口退税款 300 万元，则成立逃税罪（金额 100 万元）和骗取出口退税罪（金额为 200 万元），应当数罪并罚。

---

① 参见赵秉志主编：《犯罪停止形态适用中的疑难问题研究》，吉林人民出版社 2001 年版，第 328 页。

如果认为应从规范性意义上把握行为个数,则缴纳税款后骗取出口退税,原本就存在两个行为,即逃税行为和骗取出口退税行为,如同租用一艘万吨巨轮一次性走私报关多种物品(武器、假币、核材料、文物、贵重金属、象牙制品、珍稀植物、废物、淫秽物品、电子产品)应当认定存在多个走私行为,应当数罪并罚,则该款规定属于注意性规定。但如果认为应从自然意义上把握行为个数,则会认为即便缴纳税款后骗取出口退税也只有一个行为,规定对于一个行为也应数罪并罚,就是法律拟制。本书倾向于按照规范性意义把握行为个数,所以本款其实只是注意性规定。

5. 虚开增值税专用发票、用于骗取出口退税、抵扣税款发票后又骗取出口退税的,应当如何处理?

案3:被告人蔡某廷,原系广东省潮阳市中洋实业有限公司、广东省深圳市茵里仕电器有限公司法定代表人。起诉书认定被告人蔡某廷犯罪事实如下:蔡某廷于1998年3月至2000年,为骗取国家出口退税款,假借为中国邮电器材总公司办理出口业务的名义,利用虚假企业广东省潮阳市中雅仕皮革服装厂、虚构的外商及香港水利贸易公司,与中国邮电器材总公司分别签订内、外贸合同,使用虚开的增值税专用发票,假报出口,后将共计人民币10119689.93元的虚假出口退税凭证通过中国邮电器材总公司向税务机关申报退税,骗得出口退税款共计人民币6026962.13元,剩余部分因被发现,所以骗取未得逞。案发后,被骗取的国家出口退税款已由税务机关向中国邮电器材总公司追缴。蔡某廷因此非法获利共计887万余元,大部分无法追回。对于该案,北京市第一中级人民法院认定被告人蔡某廷的行为构成虚开增值税专用发票罪。北京市高级人民法院改判蔡某廷的行为构成骗取出口退税罪。①

有观点认为,实施骗取出口退税罪,同时构成虚开增值税专用发票罪等罪

① 蔡某廷骗取出口退税案,参见《最高人民检察院公报》2003年第2期(总第73期)。

的，依照处罚较重的规定定罪处罚。[①] 应认为，《刑法》第205条虽然规定了虚开增值税专用发票罪，但没有另规定骗取增值税款罪，而《刑法》第205条规定了虚开用于骗取出口退税发票罪，却另外规定了骗取出口退税罪，这多少显得不协调。不过，1997年《刑法》第205条第2款规定："有前款行为骗取国家税款，数额特别巨大，情节特别严重，给国家利益造成特别重大损失的，处无期徒刑或者死刑，并处没收财产。"而《刑法修正案（八）》只是废除了本条的死刑。这说明，虚开增值税专用发票骗取国家增值税款的，也只能认定为虚开增值税专用发票罪。所以，虚开增值税专用发票、用于骗取出口退税、抵扣税款发票，又采取假报出口等欺骗手段骗取出口退税款，同时成立虚开增值税专用发票、用于骗取出口退税、抵扣税款发票罪与骗取出口退税罪，由于都侵害了国家的税收管理秩序，故应作为包括的一罪处理，从一重处罚，而无须数罪并罚。

二审判决改判罪名的理由可能是认为，虚开增值税专用发票是骗取国家出口退税款的手段行为，而骗取国家出口退税款是其目的行为，这两个行为之间具有手段与目的的牵连关系。应该认为，由于虚开增值税专用发票与骗取出口退税都侵害了国家的税收管理秩序，所以应作为包括的一罪处理，从一重处罚。当然，作为包括的一罪处理，是就行为人将所虚开的增值税专用发票或者用于骗取出口退税发票，全部用于骗取出口退税的情形而言的。如果行为人虚开大量的增值税专用发票或者用于骗取出口退税发票，只有一部分用于骗取出口退税，那么，只有用于骗取出口退税的这一部分情形构成虚开增值税专用发票、用于骗取出口退税发票罪与骗取出口退税罪的包括的一罪，没有用于骗取出口退税的部分应另定虚开增值税专用发票、用于骗取出口退税发票罪，与骗取出口退税罪数罪并罚。例如，甲企业虚开30份增值税专用发票，每份虚开的税款数额为50万元，其中10份用于骗取出口退税，另外20份没有用于骗取出口退税，而是准备用于抵扣增值税款。虚开10份增值税专用发票的行为与骗取出口退税的行为属于包括的一罪，从一重处罚；对该重罪再与虚开增值税专用发票罪（20份）实行数罪并罚。

---

① 参见周光权：《刑法各论》（第4版），中国人民大学出版社2021年版，第337页。

6. 本罪与诈骗罪之间是什么关系？

本罪因为手段特殊(以假报出口等欺骗手段)和对象特殊(出口退税),而属于一种特殊诈骗罪。也就是说,本罪与诈骗罪之间是一种特别关系的法条竞合。

7. 骗取出口退税未达立案标准,但达到诈骗罪立案标准的,能否以诈骗罪定罪处罚？

2022 年 4 月 6 日最高人民检察院、公安部《关于公安机关管辖的刑事案件立案追诉标准的规定(二)》规定,以假报出口或者其他欺骗手段,骗取国家出口退税款,数额在 10 万元以上的,应予立案追诉。由于骗取出口退税罪就是一种诈骗罪,所以骗取出口退税未达立案标准,比如 1 万元,但达到诈骗罪立案标准(3000 元)的,应以本罪的未遂或者诈骗罪的既遂定罪处罚。

第五节　虚开增值税专用发票、用于骗取出口退税、抵扣税款发票罪

·导　读·

本罪所保护的法益是国家的税收财产以及发票的公共信用。相互对开,或者为虚增公司业绩,所虚开的增值税专用发票没有抵扣联,以及代开的发票有实际经营活动相对应,没有而且不可能骗取国家税款的,不构成本罪。本罪不是行为犯,不能认为只要虚开了增值税专用发票就构成本罪的既遂。本罪的既遂标准是实际骗取、抵扣了国家增值税款。本罪实际上是诈骗犯罪,而且是结果犯,要求行为人主观上必须具有骗取增值税款等税收财产的故意与非法占有目的。

虚开增值税专用发票罪的实行行为只有虚开。在伪造的增值税专用发票上虚开的,也能成立本罪。对于通过变更发票品名虚开增值税专用发票逃税的,不成立虚开增值税专用发票罪,只能成立虚开发票罪与逃税罪。

《刑法》第210条关于盗窃、骗取增值税专用发票或者可以用于骗取出口退税、抵扣税款的其他发票以盗窃、诈骗罪定罪处罚的规定，可谓注意性规定。抢劫、抢夺、敲诈勒索、侵占、故意毁坏发票的，能够以抢劫、抢夺、敲诈勒索、侵占、故意毁坏财物罪定罪处罚（不考虑数额）。

条 文

第二百零五条 【虚开增值税专用发票、用于骗取出口退税、抵扣税款发票罪】虚开增值税专用发票或者虚开用于骗取出口退税、抵扣税款的其他发票的，处三年以下有期徒刑或者拘役，并处二万元以上二十万元以下罚金；虚开的税款数额较大或者有其他严重情节的，处三年以上十年以下有期徒刑，并处五万元以上五十万元以下罚金；虚开的税款数额巨大或者有其他特别严重情节的，处十年以上有期徒刑或者无期徒刑，并处五万元以上五十万元以下罚金或者没收财产。

单位犯本条规定之罪的，对单位判处罚金，并对其直接负责的主管人员和其他直接责任人员，处三年以下有期徒刑或者拘役；虚开的税款数额较大或者有其他严重情节的，处三年以上十年以下有期徒刑；虚开的税款数额巨大或者有其他特别严重情节的，处十年以上有期徒刑或者无期徒刑。

虚开增值税专用发票或者虚开用于骗取出口退税、抵扣税款的其他发票，是指有为他人虚开、为自己虚开、让他人为自己虚开、介绍他人虚开行为之一的。

罪名精释

1. 相互对开，或者为虚增公司业绩，所虚开的增值税专用发票没有抵扣联，以及代开的发票有实际经营活动相对应，没有而且不可能骗取国家税款的，能构成本罪吗？

案1：甲公司为了虚增业绩，和乙公司签订了虚假的买卖合同，乙公司给甲公司虚开了增值税专用发票。甲公司把7000万元的货款打入乙公司账户，乙公司扣除了17%的增值税和2%的手续费后，把剩余的款项打回甲公司的账户。甲公司向税务机关抵扣了17%的税款,乙公司向税务机关缴纳了17%的税款。

该案中,虽然甲、乙两个公司之间没有实际的交易,乙公司给甲公司开具了增值税专用发票,似乎属于虚开增值税专用发票。但是,无论是甲公司还是乙公司,主观上都没有骗取、抵扣国家增值税款的故意和目的,客观上没有给国家增值税款造成损失的危险,事实上都按照规定缴纳税款了,没有给国家造成增值税款的损失,所以不成立虚开增值税专用发票罪。

行为人为了虚增公司业绩,所虚开的增值税专用发票没有抵扣联的,不应认定为本罪。还有代开的发票有实际的经营活动相对应,没有而且不可能骗取、抵扣国家增值税款的,也不能认定为本罪。

2. 能否认为只要虚开了增值税专用发票,就构成本罪的既遂?

司法机关习惯于认为,本罪是行为犯,只要虚开了增值税专用发票,就构成本罪,而且是既遂。应该说,这样理解本罪和行为犯是错误的。犯罪的本质是侵害法益,刑法的目的是保护法益。即便是行为犯,也是因为侵害或者威胁了法益,才值得科处刑罚。相对于结果犯而言,所谓行为犯是指行为终了与结果发生之间没有时间间隔,即行为与结果同时发生的犯罪,因而因果关系不需要特别判断。所以行为犯也是有法益侵害结果的,只是这种法益侵害结果通常是无形的、非物质性的、不可测量的。

1997年《刑法》第205条第2款规定:“有前款行为骗取国家税款,数额特别巨大,情节特别严重,给国家利益造成特别重大损失的,处无期徒刑或者死刑,并处没收财产。”那么,骗取国家税款数额较大或者巨大的,也只能以第1款虚开增值税专用发票罪定罪处罚,这说明本罪包括了骗取税款的内容。2011年通过的《刑法修正案(八)》删去第2款的规定,也只是为了废除本罪的死刑。

这说明,本罪的法益侵害结果就是骗取税款,只有当行为人主观上具有骗取、抵扣国家增值税款的故意和目的,客观上也具有骗取、抵扣国家增值税款的危险,才可能成立本罪。换言之,在判断一个行为是否构成虚开增值税专用发票罪时,应当以一般的经济运行方式为根据,判断虚开增值税专用发票的行为是否具有骗取、抵扣国家增值税款的危险。如果行为不具有骗取、抵扣国家增值税款的任何危险,即便有虚开增值税专用发票的行为,也不能认定为虚开增值税专用发票罪。

3. 为限制本罪的处罚范围,能否认为本罪实际上是诈骗犯罪,而且是实害犯,要求行为人主观上必须具有骗取增值税款等税收财产的故意与非法占有目的?

案2:S公司与T公司签订虚假的买卖合同,S公司将9000万元的货款打给T公司,由T公司扣除17%的增值税和2%的手续费后,再将剩余的款项打回S公司账户。S公司向税务机关抵扣了17%的税款。T公司则不仅不缴纳17%的税款,而且找W公司给其虚开增值税专用发票,发票的内容是手机款,与T公司开给S公司的增值税发票没有关联性;T公司又向税务机关抵扣税款,S公司对此并不知情。

该案中,T公司构成虚开增值税专用发票罪是没有任何问题的,问题是S公司是否成立虚开增值税专用发票罪。虽然从客观方面看,S公司让T公司虚开增值税专用发票的行为,似乎与T公司抵扣增值税款有关联,但事实上并非如此。一方面,S公司已经让T公司扣除了17%的增值税,而且还另外给了2%的手续费。即使T公司向税务机关缴纳了17%的增值税,他们也还可以得到2%的好处。另一方面,T公司要抵扣税款,还必须找上家再虚开增值税专用发票,但T公司找上家虚开的增值税专用发票,与T公司给S公司虚开的发票没有任何关联性。既然如此,就不能将T公司抵扣税款的行为与结果归属于S公司,S公司不构成虚开增值税专用发票罪。

以前,理论和实务将虚开增值税专用发票罪看作行为犯和抽象危险犯,认为只要虚开了就构成本罪,而且是既遂。近年来,有学者开始反思这一问题,认为该罪不是行为犯、抽象危险犯,而是实害犯。例如,张明楷教授认为,本罪是实害犯而不是危险犯,才可能有利于本罪的认定,理由是:(1)《刑法修正案(八)》删除第205条原第2款的规定,只是为了废除本罪的死刑,而且删除该款规定后,就意味着骗取国家税款数额特别巨大的行为,也只能适用第1款。(2)《刑法》

第205条第1款规定的行为包括虚开可以用于骗取出口退税的发票,但《刑法》第204条却仅规定了骗取出口退税罪,没有规定骗取增值税罪,所以骗取增值税或者说利用虚开的增值税专用发票抵扣增值税的行为,只能适用《刑法》第205条第1款,这也表明虚开增值税专用发票罪是实害犯,而不是危险犯。(3)如果将虚开增值税专用发票罪理解为抽象危险犯或者行为犯,就意味着不管行为人是否抵扣增值税,所受处罚完全相同,这明显不符合罪刑相适应原则。概言之,由于本罪实际上是诈骗犯罪,而且是实害犯,所以行为人主观上必须具有骗取国家增值税款的故意和非法占有目的。如果行为人虚开增值税专用发票,进而骗取、抵扣了国家增值税款,成立本罪的既遂;如果虚开、代开增值税专用发票的行为客观上具有骗取、抵扣国家增值税款的具体危险,行为人主观上也具有骗取、抵扣国家增值税款的故意与非法占有目的,则成立本罪的未遂犯。否则,就不能认定为本罪,只能认定为《刑法》第205条之一规定的虚开发票罪。[①]

本书认为,既然认为本罪存在未遂,还是将本罪看作结果犯更为妥当。因为实害犯是以实际的法益侵害结果的发生作为犯罪的成立条件和处罚根据的犯罪,如滥用职权罪,对违法票据承兑、付款、保证罪。而结果犯,是行为终了和结果发生之间存在时间间隔的犯罪,如故意杀人罪,结果犯有未遂。张明楷教授认为,要成立虚开增值税专用发票罪,行为人主观上必须具有骗取、抵扣国家增值税款的故意和非法占有目的,客观上虚开行为必须具有造成国家增值税款损失的危险。单纯的虚开增值税专用发票的行为,不构成虚开增值税专用发票罪。本书也是持这一立场,所以将本罪看作结果犯更为合适。

4. 本罪的既遂标准是完成了虚开,还是需要进而骗取、抵扣了国家增值税款?

本罪是结果犯,不是行为犯与抽象危险犯,出于骗取、抵扣国家增值税款的目的完成了虚开,只是成立本罪的未遂,只有实际骗取、抵扣了国家的增值税款,才能成立本罪的既遂。

---

① 参见张明楷:《刑法学》(第6版),法律出版社2021年版,第1059页。

5. 该罪的实行行为是单纯的虚开，还是包括为他人虚开、为自己虚开、让他人为自己虚开、介绍他人虚开？

《刑法》第 205 条第 3 款规定，虚开增值税专用发票或者虚开用于骗取出口退税、抵扣税款的其他发票，是指有为他人虚开、为自己虚开、让他人为自己虚开、介绍他人虚开行为之一的。

为此，我国刑法理论通说认为，虚开增值税专用发票罪的实行行为包括为他人虚开、为自己虚开、让他人为自己虚开、介绍他人虚开四种情形。事实上，该款并非对本罪实行行为的规定，而是提醒司法人员注意对虚开增值税专用发票犯罪的共犯的打击。也就是说，虚开增值税专用发票罪的实行行为只有虚开，包括“为他人虚开”和“为自己虚开”。而“让他人为自己虚开”，只是教唆犯，“介绍他人虚开”只是帮助犯。

6. 在伪造的增值税专用发票上虚开的，能否成立本罪？

虽然一般而言，刑法中的概念或者对象应当限于真实的，而不包括虚假的、伪造的。比如，故意杀“人”罪的对象必须是活人，持“枪”抢劫必须限于持真枪抢劫，贩卖“毒品”罪的对象必须是真毒品，而不能是面粉，强奸罪的对象必须是活着的妇女，必须有妇女存在，不能包括强奸女尸和男人等。但个别条文从其表述和所保护的法益考虑，可能包括虚假的、伪造的。例如，《刑法》第 280 条规定的买卖国家机关公文、证件、印章罪的对象，就既包括买卖真实的国家机关公文、证件、印章，也包括买卖伪造、变造的国家机关公文、证件、印章，因为第 280 条前段就是将“买卖”与“伪造”“变造”并列规定的。

虚开增值税专用发票罪所保护的法益是国家的税收财产以及发票的公共信用。在伪造的增值税专用发票上虚开，同样能够导致国家的增值税款的损失和侵害发票的公共信用，所以，在伪造的增值税发票上虚开，也能成立虚开增值税专用发票罪。

7. 逃税罪与虚开增值税专用发票罪的区别何在？

逃税罪是通过虚假申报或者不申报的方式逃避缴纳国家税款的行为，而虚开增值税专用发票罪，是通过虚开增值税专用发票的手段骗取、抵扣国家的增值税款。二者的区别在于手段和税种不同。如果行为人虽然采取了虚开增值税专用发票的手段，但目的不在于骗取、抵扣国家增值税款，而是旨在逃避缴纳消费税等税款则不成立虚开增值税专用发票罪，只能成立虚开发票罪与逃税罪。

8. 虚开增值税专用发票罪与虚开发票罪之间是什么关系？

二者的区别在于两点：一是虚开的发票种类不同；二是行为人的目的不同。但不能认为二者构成要件之间是对立、互斥关系，否则会形成处罚漏洞。例如，行为人误以为自己虚开的是普通发票，而实际上虚开的是增值税专用发票，或者相反，都只能成立虚开发票罪。如果行为人虽然虚开了增值税专用发票，但主观上不具有骗取、抵扣国家增值税款的目的，客观上也不具有造成国家增值税款损失的危险，不能成立虚开增值税专用发票罪，只可能成立虚开发票罪与逃税罪。

9. 对于通过变更发票品名虚开增值税专用发票逃税的，是认定虚开增值税专用发票罪，还是虚开发票罪与逃税罪？

双方存在实际的交易，只是通过变更发票品名而开具数量、金额属实的增值税专用发票的，由于没有骗取、抵扣国家的增值税款，只有逃避缴纳消费税等税款的危险，所以不能成立虚开增值税专用发票罪，只能成立虚开发票罪与逃税罪。

10. 行为人（受票方）与对方有实际交易，但由于对方不能出具增值税专用发票，行为人因为无法取得进项发票，请其他一般纳税人如实代开增值税专用发票的，构成虚开增值税专用发票罪吗？

成立虚开增值税专用发票罪，要求行为人主观上必须具有骗取、抵扣国家增值税款的故意和非法占有目的，客观上必须具有造成国家增值税款损失的具体危险。如果行为人（受票方）与对方存在实际交易，由于对方不能出具增值税专用发票，行为人无法取得进项发票，而请其他一般纳税人为其如实代开增值税专用发票，表面上属于“让他人为自己虚开”而成立虚开增值税专用发票罪，但由于存在实际的交易，行为人主观上不具有骗取、抵扣国家增值税款的故意和非法占有目的，事实上也没有造成国家增值税款的损失，所以不能成立虚开增值税专用发票罪。

11. 抢劫、抢夺、敲诈勒索、侵占、故意毁坏增值税专用发票等发票的，能否以抢夺罪、抢劫罪、敲诈勒索罪、侵占罪、故意毁坏财物罪定罪处罚？

应认为，增值税专用发票等发票，作为一种财产权利的凭证，具有价值性、管理可能性和转移可能性，因而可以成为财产犯罪的对象。所以，《刑法》第 210 条关于盗窃、使用欺骗手段骗取增值税专用发票或者可以用于骗取出口退税、抵扣税款的其他发票以盗窃、诈骗罪定罪处罚的规定，可谓注意性规定；抢劫、抢夺、敲诈勒索、侵占、故意毁坏发票的，能够以抢劫、抢夺、敲诈勒索、侵占、故意毁坏财物罪定罪处罚（不考虑数额）。

12. 就虚开增值税专用发票罪的认定而言，司法实践中应遵循哪些裁判规则？

为防止扩大打击面，避免错案，就虚开增值税专用发票罪而言，司法实践中值得特别关注的裁判规则主要有以下几点：(1)对于有实际生产经营活动的企业基于虚增业绩、上市、融资、贷款、把账目“做平”等并非漏税的考虑，虚开增值税专用发票且未进行抵扣，没有造成国家税款损失的，不以本罪论处，可以由税务机关给予行政处罚。(2)行为人以其他单位（如被挂靠单位）名义对外签订销售合同，由该单位收取货款、开具增值税专用发票，不具有骗取国家税款的目的，未造成国家税款损失，其行为不构成本罪。(3)认定本罪，需要考虑某些行业的特殊性。例如，废旧物资收购行业、煤炭销售行业的交易行为和开具增值税专用发票的行为不能完全对应，但经营单位在开具增值税专用发票时确实收取了同等金额的货款，并确有大致同等数量的货物销售的，其开具增值税专用发票的行为不构成本罪。(4)作为第三方的开票者为交易双方代开发票的，只要交易关系真实，对开票者也不应以本罪追究刑事责任。①

---

① 参见周光权：《刑法各论》（第 4 版），中国人民大学出版社 2021 年版，第 339 页。

第六节 虚开发票罪

·导 读·

误以为虚开的是增值税专用发票,而实际上是普通发票,或者相反的,均成立虚开发票罪。行为人虚开增值税专用发票或者用于骗取出口退税、抵扣税款的发票,但并不用于骗取、抵扣税款,成立虚开发票罪。虚开发票罪的实行行为只有虚开,让他人为自己虚开、介绍他人虚开只是虚开发票罪的共犯行为。行为人所开具的发票品名不真实但无本质差异,且金额属实的,不成立虚开发票罪。如果品名有本质差异,尤其是将不能报销的商品或服务名称写为可以报销的商品或服务,构成虚开发票罪。税法上的虚开增值税专用发票,在刑法上完全可能只是虚开普通发票。本罪并非行为犯,只要虚开了发票就构成犯罪。对于没有逃税的目的,事实上也如实缴纳了税款的虚开发票的行为,不宜作为犯罪处理。

条 文

第二百零五条之一 【虚开发票罪】虚开本法第二百零五条规定以外的其他发票,情节严重的,处二年以下有期徒刑、拘役或者管制,并处罚金;情节特别严重的,处二年以上七年以下有期徒刑,并处罚金。

单位犯前款罪的,对单位判处罚金,并对其直接负责的主管人员和其他直接责任人员,依照前款的规定处罚。

罪名精释

1. 误以为虚开的是增值税专用发票，实际上是普通发票，或者相反的，如何处理？

《刑法》第205条之一中“本法第二百零五条规定以外”，只是表面的构成要件要素，或者说是分界要素。凡是虚开发票的行为，均符合本罪的构成要件(不考虑数额和面额)，因而可能构成本罪。本罪可谓普通法条，而虚开增值税专用发票、用于骗取出口退税、抵扣税款的发票罪可谓特别法条。特别法条规定的行为当然符合普通法条规定的构成要件。所以，误以为虚开的是增值税专用发票，而实际上虚开的是普通发票，或者相反的，应当以本罪论处。

2. 行为人虚开增值税专用发票或者用于骗取出口退税、抵扣税款的发票，但并不用于骗取、抵扣税款的，如何处理？

虚开增值税专用发票或者用于骗取出口退税、抵扣税款的发票罪可谓目的犯、诈骗犯、结果犯。行为人主观上必须具有骗取增值税款、出口退税、抵扣税款的目的，才能构成虚开增值税专用发票、用于骗取出口退税、抵扣税款发票罪。当行为人虽然虚开了增值税专用发票或者用于骗取出口退税、抵扣税款的发票，但主观上并不具有骗取出口退税、抵扣税款的目的，不能成立虚开增值税专用发票、用于骗取出口退税、抵扣税款发票罪，但由于增值税专用发票、用于骗取出口退税、抵扣税款的发票也是发票，所以可能构成虚开发票罪。

3. 让他人为自己虚开、介绍他人虚开普通发票的，是否构成虚开发票罪？

理论上似乎将《刑法》第205条第3款关于“虚开增值税专用发票或者用于骗取出口退税、抵扣税款的其他发票，是指有为他人虚开、为自己虚开、让他人为自己虚开、介绍他人虚开行为之一的”的规定看作是特殊规定，认为虚开行为包括为他人虚开、为自己虚开、让他人为自己虚开、介绍他人虚开四种情形。①

---

① 参见周光权：《刑法各论》(第4版)，中国人民大学出版社2021年版，第338页。

其实,该款只是提醒司法人员对共同犯罪进行打击的注意性规定。无论是虚开增值税专用发票、用于骗取出口退税、抵扣税款的发票,还是虚开普通发票,实行行为都只有虚开,包括为他人虚开、为自己虚开。而让他人为自己虚开,是虚开发票罪的教唆行为;介绍他人虚开发票,属于虚开发票罪的帮助行为。

4. 行为人所开具的发票品名不真实但无本质差异(如将手提电脑写成台式电脑),且金额属实的,成立虚开发票罪吗?

行为人所开具的发票品名不真实但并无本质差异的,如将手提电脑写成台式电脑,将照相机写成收录机,且金额属实的,由于税率相同,不会导致国家税款损失,所以不应将其认定为本罪。

5. 如果品名有本质差异,尤其是将不能报销的商品或服务名称写为可以报销的商品或服务名称的(如将餐饮服务写成办公用品),构成虚开发票罪吗?

行为人所开具的发票品名不真实且有本质差异,尤其是将不能报销的商品或服务名称写为可以报销的商品或者服务名称,如将餐饮服务写成办公用品,由于税率存在差异,可能导致国家税款损失,所以能够成立虚开发票罪。

6. 能否认为税法上的虚开增值税专用发票,在刑法上完全可能只是虚开普通发票?

税法的目的与刑法的目的并不完全相同。刑法上所规制的虚开增值税专用发票的行为,旨在禁止通过虚开增值税专用发票的手段骗取抵扣国家的增值税款。因此,行为人不具有骗取抵扣国家增值税款的目的而虚开增值税专用发票的,虽然也可谓税法上的虚开增值税专用发票的行为,但不是刑法上的虚开增值税专用发票的行为,不能构成虚开增值税专用发票罪,只可能构成虚开发票罪。

7. 能否认为本罪是行为犯,只要虚开了发票就构成犯罪?

有观点认为,本罪是典型的行为犯,以维护发票管理秩序为最终目标。因此，有虚开发票行为，即便没有造成国家税款损失的，也可以构成本罪。①

本书不赞同上述观点。本罪的法定最高刑与逃税罪持平，都是7年有期徒刑。如果认为即便行为人没有逃税的目的，事实上也如实缴纳了税款，只要虚开了没有实际交易或者超出实际交易数额开具发票的，就作为犯罪处理，就与逃税罪的处罚明显不协调，而不当扩大了处罚范围。所以，本书认为，即便条文没有明文规定虚开发票必须以逃税为目的，但为了限制处罚范围，也应要求成立本罪必须具有逃税的目的（包括帮助他人逃税的目的）。对于没有逃税的目的，事实上也如实缴纳了税款的虚开发票的行为，不宜作为犯罪处理。

第七节　伪造、出售伪造的增值税专用发票罪

·导　读·

不能因为本罪中未规定“擅自制造”，就认为擅自制造增值税专用发票的行为无罪。本罪中的“伪造”，包括无形伪造、有形变造和无形变造。伪造增值税发票并出售的，应作为包括的一罪，以出售伪造的增值税专用发票罪定罪处罚。伪造增值税专用发票后虚开的，应作为包括的一罪，以虚开增值税专用发票罪定罪处罚。本条不是选择性罪名，而是并列罪名。行为人伪造增值税专用发票，同时出售他人伪造的增值税专用发票的，应当以伪造增值税专用发票罪与出售伪造的增值税专用发票罪数罪并罚。

条　文

第二百零六条　【伪造、出售伪造的增值税专用发票罪】伪造或者出售伪造的增值税专用发票的，处三年以下有期徒刑、拘役或者管制，并处二万元以上二十

① 参见周光权：《刑法各论》（第4版），中国人民大学出版社2021年版，第340页。

万元以下罚金;数量较大或者有其他严重情节的,处三年以上十年以下有期徒刑,并处五万元以上五十万元以下罚金;数量巨大或者有其他特别严重情节的,处十年以上有期徒刑或者无期徒刑,并处五万元以上五十万元以下罚金或者没收财产。

单位犯本条规定之罪的,对单位判处罚金,并对其直接负责的主管人员和其他直接责任人员,处三年以下有期徒刑、拘役或者管制;数量较大或者有其他严重情节的,处三年以上十年以下有期徒刑;数量巨大或者有其他特别严重情节的,处十年以上有期徒刑或者无期徒刑。

罪名精释

1. 能否因为本罪中未规定"擅自制造",就认为擅自制造增值税专用发票的行为无罪?

虽然《刑法》第209条规定了擅自制造增值税专用发票以外的发票的行为,本罪中仅规定"伪造",但不能认为擅自制造增值税专用发票的行为无罪。虽然增值税专用发票是由国家税务总局指定中国印钞造币总公司印制的,但也不能绝对排除擅自制造的可能性。例如,国家税务总局下达的任务是印制1亿份增值税专用发票,但印钞造币总公司擅自多印制5000万份,就是擅自制造。

2. 除无形伪造外,本罪的"伪造",是否包括变造?

本罪中的"伪造"是广义的,不仅包括无形伪造,还包括变造。所谓无形伪造,就是具有制作权限的人制作形式真实而内容虚假的发票。中国印钞造币总公司"超额完成任务"的,属于擅自制造增值税专用发票,其实就是无形伪造增值税专用发票。而变造,也包括有形变造与无形变造。

3. 伪造增值税专用发票并出售的,如何处理?

伪造增值税发票并出售的,由于仅侵害一个法益,所以应作为包括的一罪,以出售伪造的增值税专用发票罪定罪处罚。当然,如果行为人在伪造增值税专用发票的同时,出售他人伪造的增值税专用发票,则应以伪造增值税专用发票罪与出售伪造的增值税专用发票罪定罪处罚。

4. 伪造增值税专用发票后虚开的,如何处理?

伪造增值税专用发票后虚开的,由于“伪造”与“虚开”两种行为都侵害了国家的税收管理秩序,所以应作为包括的一罪处理,以虚开增值税专用发票罪定罪处罚即可。当然,如果伪造的增值税专用发票只有部分用于虚开,则应以伪造增值税专用发票罪与虚开增值税专用发票罪数罪并罚。

5. 本条是选择性罪名吗?

通说认为本罪是选择性罪名。其实,本条规定了两个犯罪构成,理解为并列罪名更合适。行为人伪造增值税专用发票,同时出售他人伪造的增值税专用发票的,应当以伪造增值税专用发票罪与出售伪造的增值税专用发票罪数罪并罚。

第八节　非法出售增值税专用发票罪

·导　读·

误以为出售的是真实的增值税专用发票,实际上出售的是伪造的增值税专用发票,或者相反,按照客观定罪。误以为出售的是增值税专用发票,实际上出售的是用于骗取出口退税、抵扣税款的发票或者普通发票,或者相反,按照危害性轻的发票定罪。例如,误以为出售的是增值税专用发票,实际上出售的是普通发票的,或者相反,均以非法出售发票罪定罪处罚。在没有实际经营业务的情况下,对于提供和接受并使用这种发票的行为,应分别评价为“出售”、“虚开”和“购买”。“虚开”和“出售”的区别并不在于是收取开票费、好处费还是以固定价格出售,而是在于转让的是空白发票还是填写了开票信息的发票。

条　文

第二百零七条　【非法出售增值税专用发票罪】非法出售增值税专用发票的，处三年以下有期徒刑、拘役或者管制，并处二万元以上二十万元以下罚金；数量较大的，处三年以上十年以下有期徒刑，并处五万元以上五十万元以下罚金；数量巨大的，处十年以上有期徒刑或者无期徒刑，并处五万元以上五十万元以下罚金或者没收财产。

罪名精释

1. 误以为出售的是真实的增值税专用发票，实际上出售的是伪造的增值税专用发票，或者相反，如何处理？

认识错误的本质就在于超过责任的程度进行评价。由于非法出售增值税专用发票罪与出售伪造的增值税专用发票罪的法定最高刑均为无期徒刑，可以认为，二者的不法和责任程度没有差别。因而在行为人误以为出售的是真实的增值税专用发票，而实际上出售的是伪造的增值税专用发票时，应按照客观定罪，即按照出售伪造的增值税专用发票罪定罪处罚并没有违反责任主义，即没有违反责任的程度进行评价。相反，行为人误以为出售的是伪造的增值税专用发票，而实际上出售的是真实的增值税专用发票的，也应按照客观定罪，即按照非法出售增值税专用发票罪定罪处罚。

2. 误以为出售的是增值税专用发票，实际上出售的是用于骗取出口退税、抵扣税款的发票或者普通发票，或者相反，如何处理？

由于非法出售增值税专用发票罪、非法出售用于骗取出口退税、抵扣税款发票罪、非法出售发票罪的法定最高刑分别是无期徒刑、15 年有期徒刑和 7 年有期徒刑，所以误以为出售的是增值税专用发票，而实际上出售的是用于骗取出口退税、抵扣税款的发票或者普通发票的，或者相反，都只能按照危害性轻的发票犯罪定罪。例如，误以为出售的是增值税专用发票，而实际上出售的是用于骗取出口退税、抵扣税款的发票的，按照非法出售用于骗取出口退税、抵扣税款发票罪定罪处罚。误以为出售的是用于骗取出口退税、抵扣税款的发票，实际上出售的是增值税专用发票的，也只能按照非法出售用于骗取出口退税、抵扣税款的发票罪定罪处罚。

3. 在没有实际经营业务的情况下，对于提供和接受并使用这种发票的行为，应如何定性？

有观点认为，如果在没有实际经营业务的情况下，单位或者个人接受并且使用这种发票，应区分两方涉票的行为人进行不同的处理：第一，对于提供发票方，应按照其行为方式来定性，如果其收取开票费或好处费，则属于“虚开”；若以固定价格出售，则属于“出售”型的发票类犯罪。第二，对于接受发票方，应以其使用发票的目的行为来定性，如果其直接将发票用于抵扣税款或者骗取出口退税，则属于“虚开”；若其不具有骗取税款的目的，只是用于冲减营业额或项目收入、虚增营业开支或业绩，以便不缴或者少缴税款的，则属于“逃税”，而非“虚开”。如果接受发票方是通过非法购买真票，或者购买假票的手段行为而获得发票，构成“购买”型的发票类犯罪，同时又将该发票实施抵扣税款或者逃避缴纳税款的目的行为，分别构成虚开型的发票类犯罪或者逃税罪的，应以目的行为来定性，而不宜实行数罪并罚。①

应该认为，“出售”与“虚开”的区别是将发票本身作为财物进行有偿转让，还是在发票上填写开具发票所必要的信息后进行转让。也就是说，转让接受空白的发票的，叫出售和购买，而填写开票信息后转让的，叫为他人虚开和让他人为自己虚开。质言之，“虚开”和“出售”的区别并不在于是收取开票费、好处费还是以固定价格出售，而是转让的是空白发票还是填写了开票信息的发票。所以，在没有实际经营业务的情况下，有偿转让空白发票的，是“出售”，接受空白发票的，是“购买”；发票上填写开具发票所必要的信息后转让的，是“为他人虚开发票”，接受这种发票的，是“让他人为自己虚开”；接受空白发票后虚开的，同

---

① 参见王新：《刑法分论精解》，北京大学出版社 2023 年版，第 187 页。

时构成虚开发票犯罪和骗取出口退税罪、逃税罪等犯罪；接受开具的发票后使用的，又构成骗取出口退税罪或者逃税罪。

第九节 非法购买增值税专用发票、购买伪造的增值税专用发票罪

·导读·

单纯寻找卖主的行为不是本罪的着手。同时购买真、伪两种发票的，应当认定成立非法购买增值税专用发票罪与购买伪造的增值税专用发票罪，实行数罪并罚。本条并非选择性罪名，而是并列罪名。误以为购买的是真实的增值税专用发票，实际上买到的是伪造的增值税专用发票的，按照客观定罪，即按照购买伪造的增值税专用发票罪定罪处罚；误以为购买的是伪造的增值税专用发票，实际上买到的是真实的增值税专用发票的，按照客观定罪，即按照非法购买增值税专用发票罪定罪处罚。

条 文

第二百零八条第一款 【非法购买增值税专用发票、购买伪造的增值税专用发票罪】非法购买增值税专用发票或者购买伪造的增值税专用发票的，处五年以下有期徒刑或者拘役，并处或者单处二万元以上二十万元以下罚金。

罪名精释

1. 寻找卖主的行为是本罪的着手吗？

就购买事项与出卖者进行具体协商时，可以认定为本罪的着手。但单纯寻找卖主的行为不是着手，因为还未对本罪所保护的法益形成具体的、现实的、紧

迫的危险。

2. 同时购买真、伪两种发票的，如何处理？

本罪规定了两个不同的犯罪构成，所以同时购买真、伪两种发票的，应当认定成立非法购买增值税专用发票罪与购买伪造的增值税专用发票罪，实行数罪并罚。

3. 本罪是选择性罪名吗？

本罪并非选择性罪名，而是并列罪名。同时非法购买真实的增值税专用发票与伪造的增值税专用发票的，应当认定为数罪，实行并罚。

4. 误以为购买的是真实的增值税专用发票，实际买到的是伪造的增值税专用发票的，或者相反，如何处理？

案1：被告人想购买真实的增值税专用发票，他两次在互联网上购买7张票面金额总计为62万元的增值税专用发票，被告人去抵扣税款时，税务人员发现这7张发票均系伪造。

有观点认为，如果行为人不明知是伪造的发票而购买，无论客观上购买的是真实的发票还是伪造的发票，都能认定为非法购买增值税专用发票罪。所以本案中被告人的行为构成非法购买增值税专用发票罪。①

本书认为，由于非法购买增值税专用发票罪与购买伪造的增值税专用发票罪的法定刑相同，说明二罪的违法性与有责性没有差别。所以，在行为人误以为购买的是真实的增值税专用发票，而实际上买到的是伪造的增值税专用发票时，应按照客观定罪，即按照购买伪造的增值税专用发票罪定罪处罚，并没有超过责任的程度进行评价，没有违反责任主义。该案中，被告人的行为应构成购买伪造的增值税专用发票罪，而不是非法购买增值税专用发票罪。

概言之，误以为购买的是真实的增值税专用发票，实际上买到的是伪造的增

① 参见张明楷：《刑法的私塾（之三）》（上册），北京大学出版社2022年版，第300页。

值税专用发票的，按照客观定罪，即按照购买伪造的增值税专用发票罪定罪；误以为购买的是伪造的增值税专用发票，实际上买到的是真实的增值税专用发票的，按照客观定罪，即按照非法购买增值税专用发票罪定罪处罚。

第十节　非法制造、出售非法制造的用于骗取出口退税、抵扣税款发票罪

·导　读·

所谓“擅自制造”，其实就是无形伪造。对于购买伪造、擅自制造的用于骗取出口退税、抵扣税款的其他发票的行为，不能认定成立本罪的共犯。本罪的“伪造”，包括变造。同时出售三类发票的，应当数罪并罚。误以为出售的是真实的可以用于骗取出口退税、抵扣税款的其他发票，而实际上出售的是伪造、擅自制造的可以用于骗取出口退税、抵扣税款的其他发票的，应以出售非法制造的用于骗取出口退税、抵扣税款发票罪定罪处罚；误以为出售的是伪造、擅自制造的可以用于骗取出口退税、抵扣税款的其他发票，而实际上出售的是真实的可以用于骗取出口退税、抵扣税款的其他发票的，应以非法出售用于骗取出口退税、抵扣税款发票罪定罪处罚。行为人就出售事项与买主进行具体协商时，可以认定为本罪的着手，而单纯寻找买主的行为，不能认定为本罪的着手。

条　文

第二百零九条第一款　【非法制造、出售非法制造的用于骗取出口退税、抵扣税款发票罪】伪造、擅自制造或者出售伪造、擅自制造的可以用于骗取出口退税、抵扣税款的其他发票的，处三年以下有期徒刑、拘役或者管制，并处二万元以上二十万元以下罚金；数量巨大的，处三年以上七年以下有期徒刑，并处五万元

以上五十万元以下罚金;数量特别巨大的,处七年以上有期徒刑,并处五万元以上五十万元以下罚金或者没收财产。

罪名精释

1. 所谓“擅自制造”,是否就是无形伪造?

所谓“擅自制造”,是指发票印制的指定企业,超出税务机关批准的范围,私自印制上述发票。这其实就是制作形式真实、内容虚假的无形伪造。

2. 购买伪造、擅自制造的用于骗取出口退税、抵扣税款的其他发票的,能否成立本罪的共犯?

这是片面对向犯的问题。按照立法者意思说,对于购买者不应评价为本罪的共犯,否则立法者会像规定非法买卖枪支罪那样进行规定本罪。

3. 本罪的“伪造”,包括变造吗?

虽然因为存在“擅自制造”的明文规定,使本罪中的“伪造”不再包括无形伪造,但应认为本罪中的“伪造”包括了变造(包括有形变造与无形变造)。

4. 同时出售三类发票的,是想象竞合还是应数罪并罚?

因为《刑法》对出售增值税专用发票、可以用于骗取出口退税、抵扣税款的其他发票、普通发票做出了不同的规定,所以同时出售三类发票的,应从规范性意义上认定存在三个行为,应当数罪并罚。

5. 误以为出售的是真实的可以用于骗取出口退税、抵扣税款的其他发票,实际上是伪造的,或者相反,如何处理?

由于出售真实的可以用于骗取出口退税、抵扣税款的发票与出售伪造、擅自制造的可以用于骗取出口退税、抵扣税款的其他发票的法定刑一样,所以,如果行为人误以为出售的是真实的可以用于骗取出口退税、抵扣税款的其他发票,而实际上出售的是伪造、擅自制造的可以用于骗取出口退税、抵扣税款的其他发票，应按照客观定罪，即以出售非法制造的用于骗取出口退税、抵扣税款发票罪定罪处罚；如果误以为出售的是伪造、擅自制造的可以用于骗取出口退税、抵扣税款的其他发票，而实际上出售的是真实的可以用于骗取出口退税、抵扣税款的其他发票，按照客观定罪，即以非法出售用于骗取出口退税、抵扣税款发票罪定罪处罚。

6. 寻找买主的行为是不是本罪的着手？

只有行为人就出售事项与买主进行具体协商时，才能认定为本罪的着手。而单纯寻找买主的行为，由于尚未对本罪所保护的法益形成具体、现实、紧迫的危险，所以不能认定为本罪的着手。

第十一节　非法制造、出售非法制造的发票罪

·导　读·

“前款规定以外”，不是真正的构成要件要素，而是表面的构成要件要素、分界的要素。所谓“擅自制造”，其实就是无形伪造。本罪中的“伪造”，包括变造。误以为出售的是真实的普通发票，实际上出售的是伪造的普通发票的，以出售非法制造的发票罪定罪处罚；误以为出售的是伪造的普通发票，实际上出售的是真实的普通发票的，以非法出售发票罪定罪处罚。行为人就购买事项与买主进行具体协商时，可以认定为本罪的着手，但单纯寻找买主的行为，不能认定为本罪的着手。

条　文

第二百零九条第二款　【非法制造、出售非法制造的发票罪】伪造、擅自制

造或者出售伪造、擅自制造的前款规定以外的其他发票的，处二年以下有期徒刑、拘役或者管制，并处或者单处一万元以上五万元以下罚金；情节严重的，处二年以上七年以下有期徒刑，并处五万元以上五十万元以下罚金。

罪名精释

1."前款规定以外"，是真正的构成要件要素吗？

所谓"前款规定以外"，并非真正的构成要件要素，而是表面的构成要件要素、分界的要素。所以，误以为出售的是伪造的普通发票，而实际上出售的是伪造的增值税专用发票，也能认定成立出售非法制造的发票罪的既遂。

2.所谓"擅自制造"，是否就是无形伪造？

一般认为，所谓擅自制造，是指发票印制的指定企业，超出税务机关批准的范围，私自印制发票。可见，所谓"擅自制造"，其实就是一种无形伪造。

3.本罪中的"伪造"，包括变造吗？

虽然因为"擅自制造"的规定使本罪中的伪造不包括无形伪造，但不能否认的是，本罪的"伪造"包括了变造(有形变造与无形变造)。

4.误以为出售的是真实的普通发票，实际上出售的是伪造的普通发票，或者相反，如何处理？

由于出售非法制造的发票罪与非法出售发票罪法定刑相同，所以，误以为出售的是真实的普通发票，实际上出售的是伪造的普通发票的，应按照客观定罪，即以出售非法制造的发票罪定罪处罚；误以为出售的是伪造的普通发票，实际上出售的是真实的普通发票的，也应按照客观定罪，即以非法出售发票罪定罪处罚。

5.寻找买主的行为是本罪的着手吗？

行为人就购买事项与买主进行具体协商时，可以认定为本罪的着手，但单纯寻找买主的行为，由于尚未对本罪所保护的法益形成具体、现实、紧迫的危险，所以不能认定为本罪的着手。

第十二节　非法出售用于骗取出口退税、抵扣税款发票罪

·导　读·

购买用于骗取出口退税、抵扣税款发票的，不能成立本罪的共犯。同时出售三类发票的，应数罪并罚。误以为出售的是真实的用于骗取出口退税、抵扣税款的发票，实际上出售的是伪造的用于骗取出口退税、抵扣税款的发票的，应以出售非法制造的用于骗取出口退税、抵扣税款发票罪定罪处罚；误以为出售的是伪造的用于骗取出口退税、抵扣税款的发票，而实际上出售的是真实的用于骗取出口退税、抵扣税款的发票的，应以非法出售用于骗取出口退税、抵扣税款发票罪定罪处罚。就出售事项与买主进行具体协商时，可以认定为本罪的着手，但单纯寻找买主的行为，不能认定为本罪的着手。

条　文

第二百零九条第三款　【非法出售用于骗取出口退税、抵扣税款发票罪】非法出售可以用于骗取出口退税、抵扣税款的其他发票的，依照第一款的规定处罚。

罪名精释

1. 购买用于骗取出口退税、抵扣税款发票的，能否成立本罪的共犯？

这是片面对向犯的问题。根据立法者意思说，对于购买用于骗取出口退税、

抵扣税款发票的行为,不能认定成立本罪的共犯。

2. 同时出售三类发票的,是想象竞合还是数罪并罚?

同时出售三类发票(增值税专用发票,用于骗取出口退税、抵扣税款的发票,普通发票)的,应从规范性意义上认定存在三个行为,所以应实行数罪并罚。

3. 误以为出售的是真实的用于骗取出口退税、抵扣税款的发票,而实际上出售的是伪造的用于骗取出口退税、抵扣税款的发票,或者相反,如何处理?

由于非法出售用于骗取出口退税、抵扣税款发票罪与出售非法制造的用于骗取出口退税、抵扣税款发票罪的法定刑相同,所以,行为人误以为出售的是真实的用于骗取出口退税、抵扣税款的发票,实际上出售的是伪造的用于骗取出口退税、抵扣税款的发票的,应按照客观定罪,即以出售非法制造的用于骗取出口退税、抵扣税款发票罪定罪处罚;误以为出售的是伪造的用于骗取出口退税、抵扣税款的发票,而实际上出售的是真实的用于骗取出口退税、抵扣税款的发票的,也应按客观定罪,即以非法出售用于骗取出口退税、抵扣税款发票罪定罪处罚。

4. 寻找买主的行为,是本罪的着手吗?

就出售事项与买主进行具体协商时,可以认定为本罪的着手,但单纯寻找买主的行为,由于尚未对本罪所保护的法益形成具体、现实、紧迫的危险,所以不能认定为本罪的着手。

第十三节　非法出售发票罪

·导　读·

“第三款规定以外”并非真正的构成要件要素，即使行为人误以为出售的是普通发票，而实际上出售的是增值税专用发票的，也能以出售发票罪定罪处罚。购买普通发票的，不能成立本罪的共犯。是收取“开票费”“好处费”还是收取固定价款，不是“出售”与“虚开”发票的本质区别。二者的本质区别在于，是否在发票上填写了抬头、项目、金额等开票所需要的具体信息。没有实际交易为了报销而支付“税点”让他人为自己开具发票的，属于“让他人为自己虚开”发票，不是“购买”发票。收取“税点”开具发票的，是“为他人虚开”发票，不是“出售”发票。当然，由于行为人没有逃税的目的，事实上也如数支付税点、缴纳税款的，不宜作为犯罪处理。同时出售三类发票的，应数罪并罚。误以为出售的是真实的普通发票，实际上出售的是伪造的普通发票的，应以出售非法制造的发票罪定罪处罚；误以为出售的是伪造的普通发票，实际上出售的是真实的普通发票的，应以非法出售发票罪定罪处罚。单纯寻找买主的行为，不是本罪的着手。

条　文

第二百零九条第四款　【非法出售发票罪】非法出售第三款规定以外的其他发票的，依照第二款的规定处罚。

罪名精释

1.“第三款规定以外”，是真正的构成要件要素吗？

“第三款规定以外”并非真正的构成要件要素，而是表面的构成要件要素、分界的要素。也就是说,即使行为人误以为出售的是普通发票,而实际上出售的是增值税专用发票或者用于骗取出口退税、抵扣税款的其他发票的,也能以非法出售发票罪定罪处罚。

2. 购买普通发票的,能否成立本罪的共犯?

这是片面对向犯的问题。根据立法者意思说,对于购买发票的行为,不能认定成立本罪的共犯,否则立法者会像非法买卖枪支罪那样进行规定本罪。

3. 如何区分"出售"、"购买"与"虚开"发票?

有观点认为,如果行为人收取的只是开票费或者好处费,属于"虚开"发票;若以固定价格出售,则属于"出售"发票。①

本书认为,是收取开票费、好处费还是收取固定价款,不是问题的本质。"出售"、"购买"与"虚开"发票的本质区别在于,是否在发票上填写了抬头、项目、金额等开票所需要的具体信息。若发票上填写了具体信息,即使按照发票张数收取开票费或者好处费,也是"虚开",而如果提供的是空白发票,即使收取的是所谓"开票费""好处费",也不是"虚开",只能是"出售",对方行为是"购买"。简单地讲,填写了开具发票所必要的信息的,就是"为自己虚开""为他人虚开"发票,接受这种发票的就是"让他人为自己虚开"发票。如果有偿提供的是空白发票,则是"出售"发票,接受发票的就是"购买"发票。实践中,没有实际交易而为了报销支付"税点"让他人为自己开具发票的,属于"让他人为自己虚开"发票,不是"购买"发票。收取"税点"开具发票的,是"为他人虚开"发票,不是"出售"发票。当然,由于行为人没有逃税的目的,事实上也如数支付税点、缴纳税款的,不宜作为犯罪处理。

4. 同时出售三类发票的,是想象竞合还是数罪并罚?

对行为个数不应仅从自然意义上进行把握,而应从规范性意义上进行认定。

① 参见王新:《刑法分论精解》,北京大学出版社 2023 年版,第 187 页。

同时出售三类发票的,应认为存在三个行为,应当数罪并罚。

5. 误以为出售的是真实的普通发票,实际上是伪造的,或者相反,如何处理?

由于非法出售发票罪与出售非法制造的发票罪的法定刑一样,所以可以认为,误以为出售的是真实的普通发票,实际上出售的是伪造的发票的,应按客观定罪,即以出售非法制造的发票罪定罪处罚;误以为出售的是伪造的普通发票,实际上出售的是真实的普通发票的,也应按客观定罪,即以非法出售发票罪定罪处罚。

6. 寻找买主的行为,是本罪的着手吗?

行为人就出售事项与买主进行具体协商时,可以认定为本罪的着手,但单纯寻找买主的行为,由于尚未对本罪所保护的法益形成具体、现实、紧迫的危险,所以不能认定为本罪的着手。

第十四节　持有伪造的发票罪

·导　读·

该罪中的"伪造的发票",包括三类发票。持有伪造的发票罪不是继续犯,追诉时效应从持有之日起开始计算,而不是从不再持有之日起开始计算。《刑法修正案(八)》之前持有伪造的发票,一直持续到该法生效之后,不能以本罪追究刑事责任。伪造发票后持有的,伪造犯罪超过追诉时效的,可以持有伪造的发票罪追究刑事责任,但追诉时效也只能从持有之日起开始计算。

条 文

第二百一十条之一第一款 【持有伪造的发票罪】明知是伪造的发票而持有,数量较大的,处二年以下有期徒刑、拘役或者管制,并处罚金;数量巨大的,处二年以上七年以下有期徒刑,并处罚金。

罪名精释

1. 该罪中的"伪造的发票",是仅指普通发票,还是包括三类发票?

本罪中"伪造的发票",不仅包括普通发票,而且包括增值税专用发票以及可以用于骗取出口退税、抵扣税款的其他发票。

2.《刑法修正案(八)》之前持有伪造的发票,一直持续到该法生效之后,能否以本罪追究刑事责任?

该罪是2011年通过的《刑法修正案(八)》所增设的罪名。如果认为本罪是继续犯,则行为人在《刑法修正案(八)》生效之前持有伪造的发票,在《刑法修正案(八)》生效之后继续持有伪造的发票的,属于跨法犯,可以适用《刑法修正案(八)》追究行为人持有伪造的发票罪的刑事责任。

本书认为,除非法持有枪支、弹药罪因为存在持续性的抽象危险而可以认为属于继续犯之外,对于其他持有型犯罪,都不宜认为是继续犯。行为人在《刑法修正案(八)》之前就持有伪造的发票,之后一直持有的,由于没有新的积极的动作,不宜适用新法《刑法修正案(八)》追究行为人持有伪造的发票罪的刑事责任。

3. 持有伪造的发票罪的追诉时效如何起算?

持有伪造的发票罪不是继续犯,追诉时效应从持有之日起开始计算,而不是从不再持有之日起开始计算。

4. 伪造发票后持有，伪造犯罪超过追诉时效的，能否以持有伪造的发票罪进行追诉？

虽然从理论上讲，伪造发票后持有的，伪造犯罪超过追诉时效的，可以持有伪造的发票罪追究刑事责任，但由于持有伪造的发票罪不是继续犯，追诉时效也只能从持有之日起开始计算，而不是从不再持有之日起计算。

第七章　侵犯知识产权罪

第一节　假冒注册商标罪

·导　读·

司法解释将制造、储存、运输、销售侵权产品的价值认定为“非法经营数额”，以及将“违法所得数额”作为定罪和法定刑升格的依据，有违罪刑法定和法益保护原则。尚未销售、展现所假冒注册商标的商品的，不能认定为“使用”而成立假冒注册商标罪的既遂。本罪与生产、销售伪劣商品犯罪、非法经营罪、诈骗罪等罪之间是竞合关系。有关“明知他人实施侵犯知识产权犯罪，而为其提供生产、制造侵权产品的主要原材料、辅助材料、半成品、包装材料、机械设备、标签标识、生产技术、配方、贷款、资金、账号、发票、证明、许可证件、生产和经营场所、运输、储存、代理进出口等帮助，或者提供互联网接入、服务器托管、网络存储空间、通信传输通道、代收费、费用结算等服务的，以侵犯知识产权犯罪的共犯论处”的司法解释规定，只是强调对于那些深度参与了假冒他人注册商标而成为犯罪有机组织体的一部分的行为，应当作为共犯进行处罚，而不是将提供中立性、业务性、非追求犯罪目的性、非针对特定对象性的中立的帮助行为，也作为共犯进行处罚。反向假冒行为不成立本罪。行为人收购他人使用过的标有注册商标的商品后，通过清洗和修补商品外表，使用原注册商标将商品出卖给他人并说明真相的，不构成假冒注册商标罪。只有实际销售了假冒他人注册商标的商品或者展现了所假冒的他人注册商标，才可能评价为“情节(特别)严重”，而不能将所谓“非法经营数额”与“违法所得数额”，认定为“情节(特别)严重”。消费者知情购买仿制的名牌包包，若包包本身没有质量问题，则只能追究销售者假冒注册商标罪的刑事责任。

条 文

第二百一十三条 【假冒注册商标罪】未经注册商标所有人许可，在同一种商品、服务上使用与其注册商标相同的商标，情节严重的，处三年以下有期徒刑，并处或者单处罚金；情节特别严重的，处三年以上十年以下有期徒刑，并处罚金。

罪名精释

1. 司法解释关于制造、储存、运输、销售侵权产品价值即为“非法经营数额”，以及将“违法所得数额”作为定罪和法定刑升格的依据，是否有违罪刑法定和法益保护原则？

2004年最高人民法院、最高人民检察院《关于办理侵犯知识产权刑事案件具体应用法律若干问题的解释》第12条规定，该解释所称“非法经营数额”，是指行为人在实施侵犯知识产权行为过程中，制造、储存、运输、销售侵权产品的价值；已销售的侵权产品的价值，按照实际销售的价格计算；制造、储存、运输和未销售的侵权产品的价值，按照标价或者已经查清的侵权产品的实际销售平均价格计算；侵权产品没有标价或者无法查清其实际销售价格的，按照被侵权产品的市场中间价计算。该解释第1条规定，非法经营数额在5万元以上或者违法所得数额在3万元以上的，属于“情节严重”；非法经营数额在25万元以上或者违法所得数额在15万元以上的，属于“情节特别严重”。该解释规定可能有违罪刑法定和法益保护原则。

《刑法》第213条规定本罪的成立条件是,“未经注册商标所有人许可,在同一种商品、服务上使用与其注册商标相同的商标,情节严重的”。若假冒注册商标的商品尚处于制造、储存、运输过程中,是不可能侵害他人的注册商标专用权,不可能属于侵害他人注册商标专用权“情节严重”的。正如,如果只是生产了伪劣产品尚未销售,就不可能已经侵害了生产、销售伪劣产品罪所保护的法益——市场经济秩序、产品质量管理制度和消费者的合法权益。本罪中的“情节严重”与“情节特别严重”,一定是已经对他人的注册商标专用权实际造成了法益侵害的结果。所谓“非法经营数额”,根本不是反映法益侵害程度的数额,称为预备数额可能更为妥当。另外,所谓违法所得数额,应是指行为人实际获取的利润数额,而这种数额显然也不能反映假冒他人注册商标的法益侵害程度。

2. 尚未销售、展现所假冒注册商标的商品的,能认定为“使用”而成立该罪的既遂吗?

2011年最高人民法院、最高人民检察院、公安部《关于办理侵犯知识产权刑事案件适用法律若干问题的意见》第7条指出,在计算制造、储存、运输和未销售的假冒注册商标侵权产品价值时,对于已经制作完成但尚未附着(含加贴)或者尚未全部附着(含加贴)假冒注册商标标识的产品,如果有确实、充分证据证明该产品将假冒他人注册商标,其价值计入非法经营数额。也就是说,即便商标还未贴附到商品上尚未销售,就能成立假冒注册商标罪的既遂。司法实践的这种做法可能存在疑问:假冒注册商标罪是侵害他人注册商标专用权的实害犯,假冒的商标尚未贴附到商品上尚未销售的,怎么可能已经侵害到他人的注册商标专用权而成立该罪的既遂?

应认为,只有通过商品销售、展销和商品广告等方式展现于外,能让人感知到其所销售的商品是他人享有注册商标专用权的商品,才能认定为侵害了他人注册商标专用权,才可能成立本罪的既遂。具体而言,本罪中的所谓“使用”,是指将他人注册商标用于商品、商品包装或者容器以及产品说明书、商品交易文书,采用他人的服务商标签订合同或在提供服务的过程中使用他人商标,或者将他人的注册商标用于广告宣传、展览以及其他商业活动等行为。总而言之,没有以消费者可以感知的方式显露于外的，都不能称为“使用”。商标尚未贴附到商品上尚未销售的，只是本罪的预备。开始销售、展示假冒注册商标的商品，才是本罪的着手。实际售出、展现的，才能成立本罪的既遂。

3. 本罪与生产、销售伪劣商品罪、非法经营罪、诈骗罪等罪之间是什么关系？

案1：甲买进普通白酒后，装入飞天茅台酒的瓶中以茅台酒的价格出售，获利54万元。经鉴定，该白酒本身没有质量问题，是合格的白酒。

对于该案，张明楷教授认为属于典型的以次充好、以假充真，构成诈骗罪，生产、销售伪劣产品罪，假冒注册商标罪，销售假冒注册商标的商品罪。①

本书认为，既然甲购入的白酒具有白酒的通常使用性能，质量没有任何问题，是合格的白酒，就不能认定构成生产、销售伪劣产品罪。甲假冒了茅台酒商标，当然构成假冒注册商标罪。将普通白酒冒充茅台酒出售，还侵害了消费者的财产，构成诈骗罪。由于只有一个行为，故成立假冒注册商标罪与诈骗罪的想象竞合，从一重处罚即可。

有观点认为，在生产、销售的伪劣商品上假冒他人注册商标的，该种情况中行为人实际上实行了两个行为：一个是假冒注册商标犯罪，一个是生产、销售伪劣商品犯罪，而且前者是手段行为，后者是目的行为，两者间是手段与目的牵连关系，因而应以牵连犯按从一重罪从重处罚即可。②

应该认为，由于生产、销售伪劣产品罪是以“销售金额5万元以上”为犯罪成立条件，生产、销售伪劣产品罪的实行行为只有销售，生产行为只是预备行为，所以，在生产、销售的伪劣产品上假冒商标的，行为的主要部分是重合的，生产、销售伪劣产品罪与假冒注册商标罪，形成只有一个行为的想象竞合关系，应从一重处罚，而不是成立存在数个行为的牵连犯。

如果假冒他人注册商标的商品属于专营专卖的商品，如香烟，则同时成立非法经营罪。若所假冒商标的商品质量有问题，则还成立生产、销售伪劣产品罪。

---

① 参见张明楷：《刑法的私塾（之二）》（上册），北京大学出版社2017年版，第370～371页。

② 参见高铭暄、马克昌主编：《刑法学》（第10版），北京大学出版社、高等教育出版社2022年版，第442页。

假冒他人商标，若消费者不知情，则因为侵害了消费者的财产而还成立诈骗罪。所以，本罪与生产、销售伪劣产品罪，非法经营罪，诈骗罪之间可能形成竞合关系，竞合时从一重处罚即可。

4. 有关"明知他人实施侵犯知识产权犯罪，而为其提供生产、制造侵权产品的主要原材料、辅助材料、半成品、包装材料、机械设备、标签标识、生产技术、配方、贷款、资金、账号、发票、证明、许可证件、生产和经营场所、运输、储存、代理进出口等帮助，或者提供互联网接入、服务器托管、网络存储空间、通讯传输通道、代收费、费用结算等服务的，以侵犯知识产权犯罪的共犯论处"的司法解释规定，有无疑问？

如果机械地理解《关于办理侵犯知识产权刑事案件适用法律若干问题的意见》第15、16条规定，则意味着向假冒他人注册商标的企业提供通用的原材料、设备、技术、场地、运输等"帮助"，都能成立假冒注册商标罪的共犯。这样理解显然过于扩大了本罪共犯的处罚范围。其实，该规定只是强调，对于那些深度参与了假冒他人注册商标而成为犯罪有机组织体的一部分的行为，应当作为共犯进行处罚，而不是将提供中立性、业务性、非追求犯罪目的性、非针对特定对象性的中立的帮助行为也作为共犯进行处罚。

5. 反向假冒行为是否成立本罪？

所谓反向假冒，就是在他人的商品上使用自己的商标，例如，"二锅头"酒厂将茅台酒装入自家的瓶子里销售。由于行为人只是使用了他人的商品，而没有使用他人的商标，可谓一种不正当竞争行为，不构成本罪。

6. 行为人收购他人使用过的标有注册商标的商品后，通过清洗和修补商品外表，使用原注册商标将商品出卖给他人并说明真相的，构成假冒注册商标罪吗？

由于行为人并没有假冒他人注册商标，所以不成立假冒注册商标罪。如果产品质量有问题，则构成生产、销售伪劣产品罪。

7. 如何把握本罪中的“情节严重”与“情节特别严重”?

刑法的目的是保护法益,犯罪的本质是侵害法益。《刑法》分则中的“情节(特别)严重”,只能是客观方面反映法益侵害程度的要素。就假冒注册商标罪而言,作为犯罪成立条件的“情节严重”,只能是反映假冒行为对他人注册商标专用权的侵害程度严重,如销售假冒他人注册商标的商品的数额、规模和影响大。需要指出的是,只有实际销售了假冒他人注册商标的商品或者展现了所假冒的他人已注册的商标,才可能评价为“情节(特别)严重”,而不能将所谓“非法经营数额”与“违法所得数额”大,认定为“情节(特别)严重”。

8. 对于消费者知情购买名牌仿制包包的,如何处理?

如果消费者知情购买的名牌仿制包包不具有包包通常的使用性能,则对于销售者,当然能以销售伪劣产品罪论处。但如果仿制包包本身没有质量问题,就不能追究销售者销售伪劣产品罪的刑事责任,只能追究其假冒注册商标罪的刑事责任。

第二节　销售假冒注册商标的商品罪

·导　读·

“违法所得数额较大或者有其他严重情节”,是犯罪成立的条件,不是既遂的条件,本罪没有未遂成立的余地。销售假冒注册商标的商品罪与销售伪劣产品罪、非法经营罪和诈骗罪之间可能发生竞合,竞合时从一重处罚即可。“违法所得”不同于“销售金额”。“违法所得”应是扣除成本之后的纯利润,而“销售金额”只是商品单价乘以销售数量后的乘积。销售金额是不扣除成本的,所以销售金额通常都会远远大于违法所得。本罪的行为主体是假冒注册商标以外的人。如果不能查明所销售的假冒他人注册商标的商品是行为人自己假冒的,还是他人假冒的,完全可以而且应当以销售假冒注册商标的商品罪定罪处罚。

条 文

第二百一十四条 【销售假冒注册商标的商品罪】销售明知是假冒注册商标的商品,违法所得数额较大或者有其他严重情节的,处三年以下有期徒刑,并处或者单处罚金;违法所得数额巨大或者有其他特别严重情节的,处三年以上十年以下有期徒刑,并处罚金。

罪名精释

1."违法所得数额较大或者有其他严重情节",是犯罪成立条件还是既遂条件?

2011 年 1 月 10 日最高人民法院、最高人民检察院、公安部《关于办理侵犯知识产权刑事案件适用法律若干问题的意见》第 8 条第 1 款规定,假冒注册商标的商品尚未销售,货值金额在 15 万元以上,以及假冒注册商标部分销售,已销售金额不满 5 万元,但与尚未销售的假冒注册商标的商品的货值金额合计在 15 万元以上的,以销售假冒注册商标的商品罪(未遂)定罪处罚。显然,该解释将"违法所得数额较大"看作是犯罪既遂条件,而不是犯罪成立条件。不过,当时规定的犯罪成立条件是"销售金额数额较大"。

本书认为,立法者之所以没有将该罪规定为"销售明知是假冒注册商标的商品,处……"的行为犯,一则,因为在立法者看来,单纯销售假冒注册商标的商品还不构成犯罪,只有销售假冒注册商标的商品违法所得数额较大或者有其他严重情节的,才达到值得科处刑罚的程度,否则只是一般的商标违法行为。二则,虽然我国《刑法》规定原则上处罚所有故意犯罪的未遂犯,但实际上仅处罚极少部分犯罪的未遂。销售假冒注册商标的商品罪显然不属于性质严重的犯罪,所以即使本罪存在未遂,也属于《刑法》第 13 条但书所规定的"情节显著轻微危害不大的,不认为是犯罪"的情形。所以,与《刑法》第 140 条将"销售金额 5 万元以上"规定为犯罪成立条件一样,本罪也是将"违法所得数额较大或者有其他严重情节"作为犯罪成立条件,而不是犯罪既遂条件进行规定的。违法所得数额实际没有达到较大或者没有其他严重情节的,不是成立本罪的未遂,而是根本就不成立犯罪。

2. 本罪与销售伪劣产品罪、非法经营罪、诈骗罪之间是什么关系?

如果所销售的假冒他人注册商标的商品系伪劣产品,则在成立销售假冒注册商标的商品罪的同时,还成立销售伪劣产品罪。倘若假冒注册商标的商品是烟草专卖品,还可能构成非法经营罪。隐瞒假冒他人注册商标的事实销售假冒注册商标的商品的行为,因为侵害了消费者的财产,还能构成诈骗罪。所以,销售假冒注册商标的商品罪与销售伪劣产品罪、非法经营罪和诈骗罪之间可能发生竞合,竞合时从一重处罚即可。

3. "违法所得"与"销售金额"是一个概念吗?

1997 年《刑法》规定本罪的成立条件是"销售金额数额较大",《刑法修正案(十一)》将本罪的成立条件修改为"违法所得数额较大或者有其他严重情节"。如果认为"销售金额"就是"违法所得",就完全没有必要进行修改。这说明,在立法者看来,"违法所得"与"销售金额"不是同一个概念。可是,2001 年最高人民法院、最高人民检察院《关于办理生产、销售伪劣商品刑事案件具体应用法律若干问题的解释》第 2 条第 1 款指出,"刑法第一百四十条、第一百四十九条规定的'销售金额',是指生产者、销售者出售伪劣产品后所得和应得的全部违法收入";刑法理论通说也认为,"违法所得"是指销售假冒注册商标的商品后所得和应得的全部违法收入①,似乎是将"违法所得"与"销售金额"等同看待。

应该认为,"销售金额不是违法所得,是生产者、销售者生产、销售伪劣产品没有扣除成本、税收的所得、应得的全部违法收入。违法所得指生产、销售伪劣产品获利的数额"②。可见,"违法所得"不同于"销售金额"。"违法所得"应是扣除成本之后的纯利润,而"销售金额"只是商品单价乘以销售数量后的乘积。

① 参见张明楷:《刑法学》(第 6 版),法律出版社 2021 年版,第 1068 页。

② 周光权:《刑法各论》(第 4 版),中国人民大学出版社 2021 年版,第 240 页。

销售金额是不扣除成本的,所以销售金额通常都会远远大于违法所得。一则,1997年修订《刑法》时之所以将原单行刑法中规定的生产、销售伪劣产品罪的成立条件"违法所得",修改为"销售金额",就是考虑到将"违法所得"作为犯罪成立条件,一是难以查清,二是相当于给犯罪人发工资,三是"违法所得"不能准确反映生产、销售伪劣产品犯罪行为的法益侵害程度。二则,《刑法》第64条规定的是"犯罪分子违法所得的一切财物,应当予以追缴或者责令退赔",人们也一直提的是"没收违法所得",而从未有人提"没收销售金额"或者"没收销售所得"。这也说明,违法所得就是行为人通过违法犯罪行为所获得的利益。当然,如果认为所谓"销售假冒注册商标的商品后所得和应得的全部违法收入",是指纯收入、纯利润,也没有什么问题。但问题是,理论与实践显然是把"违法所得"和"销售金额"在等同意义上进行把握的,这就存在问题了。

我们姑且不论《刑法修正案(十一)》将原来的"销售金额"修改为"违法所得"是否合理,但从作出的修改来看,应能得出"违法所得"不同于"销售金额"的肯定结论,应当认为所谓"违法所得",是指行为人销售假冒注册商标的商品后的实际获利,即扣除成本后的纯利润,而不是所谓的销售金额或者销售收入。

4. 本罪的行为主体是否包括假冒注册商标的人?

假冒注册商标的犯罪人销售自己假冒注册商标的商品的,只成立假冒注册商标罪,不另外成立销售假冒注册商标的商品罪。从这个意义上讲,本罪的行为主体只能是假冒注册商标以外的人。如果行为人既假冒此商品的商标,又销售他人假冒的被注册商标的商品,则成立数罪,实行并罚。不过,如果不能查明所销售的假冒他人注册商标的商品是行为人自己假冒的,还是他人假冒的,完全可以而且应当以销售假冒注册商标的商品罪定罪处罚。

第三节 非法制造、销售非法制造的注册商标标识罪

·导 读·

本罪中的"擅自制造",其实就是无形伪造。本罪的"伪造",虽然不包括无形伪造,但包括变造(有形变造和无形变造)。本条规定的不是选择性罪名,而是并列罪名。行为人不仅非法制造他人注册商标标识,还销售他人非法制造的注册商标标识的,应当以非法制造注册商标标识罪与销售非法制造的注册商标标识罪数罪并罚。误以为销售的是他人真实的注册商标标识,实际上是伪造、擅自制造的注册商标标识,或者相反,都不能成立销售非法制造的注册商标标识罪。

条 文

第二百一十五条 【非法制造、销售非法制造的注册商标标识罪】伪造、擅自制造他人注册商标标识或者销售伪造、擅自制造的注册商标标识,情节严重的,处三年以下有期徒刑,并处或者单处罚金;情节特别严重的,处三年以上十年以下有期徒刑,并处罚金。

罪名精释

1."擅自制造"是否属于无形伪造?

所谓擅自制造,是指依法获得印制商标标识资格的行为人,擅自超数量或者不按照样式去印制商标标识的行为,所以,擅自制造其实就是无形伪造。也就是说,即便没有擅自制造的规定,对于所谓擅自制造,也可以评价为"伪造"。

2. 变造他人注册商标标识的，构成犯罪吗？

应该认为，虽然因为“擅自制造”的明文规定使得本罪中的“伪造”不再包括无形伪造，但本罪的“伪造”不能排除变造，包括有形变造和无形变造。当然，在真实的商标上加以变更的，一般而言直接评价为伪造即可。

3. 本条规定的是选择性罪名吗？

应该认为，本条规定了两个犯罪构成——伪造、擅自制造他人注册商标标识和销售伪造、擅自制造的注册商标标识，所以不是选择性罪名，而是并列罪名。虽然非法制造他人注册商标标识后销售的，因为仅侵害了一个法益而应作为包括的一罪从一重处罚，但如果行为人不仅非法制造他人注册商标标识，还销售他人非法制造的注册商标标识，应当以非法制造注册商标标识罪与销售非法制造的注册商标标识罪数罪并罚。

4. 误以为销售的是他人真实的注册商标标识，实际上是伪造、擅自制造的注册商标标识，或者相反，如何处理？

既然行为人以为销售的是真实的注册商标标识，就说明行为人主观上没有销售非法制造的注册商标标识的故意，所以不构成销售非法制造的注册商标标识罪。相反，若行为人误以为销售的是非法制造的注册商标标识，而实际上销售的是他人真实的注册商标标识，由于客观上不存在非法制造的注册商标标识，所以不能成立销售非法制造的注册商标标识罪（包括未遂犯）。质言之，成立销售非法制造的注册商标标识罪，不仅要求行为人主观上必须具有销售非法制造的注册商标标识罪的故意，而且客观上必须销售的是非法制造的注册商标标识。

第四节 假冒专利罪

·导 读·

将非专利产品冒充专利产品出售,没有侵害他人专利权的,也能成立本罪。行为人只是伪造或者变造他人的专利证书、专利文件或者专利申请文件的,还只是假冒专利罪的预备,不能认为行为人已经着手实施了假冒专利的行为而成立假冒专利罪的既遂。未经专利权人同意,假冒专利权人许可或委托他人实施专利的,属于假冒专利。

条 文

第二百一十六条 【假冒专利罪】假冒他人专利,情节严重的,处三年以下有期徒刑或者拘役,并处或者单处罚金。

罪名精释

1. 何谓"假冒他人专利"?

在司法实践中,所谓"假冒他人专利",有以下几种表现形式:(1)未经许可,在其制造或者销售的产品、产品的包装上标注他人专利号的;(2)未经许可,在广告或者其他宣传材料中使用他人的专利号,使人将所涉及的技术误认为是他人专利技术的;(3)未经许可,在合同中使用他人的专利号,使人将合同涉及的技术误认为是他人专利技术的;(4)伪造或者变造他人的专利证书、专利文件或者专利申请文件的。

2. 将非专利产品冒充专利产品出售，没有侵害他人专利权的，是否成立本罪？

由于本罪是破坏社会主义市场经济秩序罪中的罪名，本罪所侵犯的法益除个人的专利权外，还包括专利在市场经济秩序中的公信力。将非专利产品冒充专利产品出售的，侵害了专利在市场经济秩序中的公信力，所以成立本罪。

3. 有关"伪造或者变造他人的专利证书、专利文件或者专利申请文件属于'假冒他人专利'的行为"的司法解释规定，有无疑问？

《关于办理侵犯知识产权刑事案件具体应用法律若干问题的解释》第 10 条第(4)项规定存在疑问。行为人只是伪造或者变造他人的专利证书、专利文件或者专利申请文件的，还只是假冒专利罪的预备，不能认为行为人已经着手实施了假冒他人专利的行为而成立假冒专利罪的既遂。

4. 未经专利权人同意，假冒专利权人许可或委托他人实施专利，是否属于假冒专利？

一般认为，这种情形属于冒充专利权人的行为，行为人并不直接从事假冒专利产品的生产，所以该行为不构成本罪。这种观点存在疑问。本罪所保护的法益是专利在市场经济秩序中的公信力和专利权人的专有权。冒充专利权人许可或委托他人实施专利的行为，侵犯了专利权人的独占许可权，使他人能够利用该专利生产产品，从而使专利权人的合法权利事实上受到侵害，所以属于假冒专利，成立假冒专利罪。

第五节 侵犯著作权罪

·导 读·

单纯“复制”“制作”,不“发行”“出售”的,不能构成侵犯著作权罪。出租作品属于复制发行。提供深度链接服务的行为扩大了侵权作品的传播范围,属于“通过信息网络向公众传播”,构成侵犯著作权罪。只有实际发行,通过信息网络向公众传播、出版、出售,才可能实际侵害他人著作权,才是本罪的实行行为。本罪与生产、销售伪劣产品罪,诈骗罪等罪之间,可能发生竞合。行为人在自己制作的美术作品上假冒他人(如著名画家)署名的,不成立本罪,但可能成立诈骗罪。没有必要为了和销售侵权复制品罪相区分,而将侵犯著作权罪中的“发行”“出售”,限定为总发行、批量销售或者大规模销售。本罪的成立条件是“违法所得数额较大或者有其他严重情节”。2003年公安部《关于对侵权复制品如何计算非法经营数额问题的批复》中有关“对于行为人尚未印制完成侵权复制品的,应当以侵权复制品的定价数额乘以承印数量所得的数额计算其经营数额,认定为犯罪未遂”的“批复”规定,存在疑问。对于非法出版、复制、发行他人作品,只能认定为侵犯著作权罪,不能认定为非法经营罪。在实施本罪行为的过程中以刊登收费广告等方式直接或者间接收取费用的,也属于“以营利为目的”。

条 文

第二百一十七条 【侵犯著作权罪】以营利为目的,有下列侵犯著作权或者与著作权有关的权利的情形之一,违法所得数额较大或者有其他严重情节的,处三年以下有期徒刑,并处或者单处罚金;违法所得数额巨大或者有其他特别严重情节的,处三年以上十年以下有期徒刑,并处罚金:

（一）未经著作权人许可，复制发行、通过信息网络向公众传播其文字作品、音乐、美术、视听作品、计算机软件及法律、行政法规规定的其他作品的；

（二）出版他人享有专有出版权的图书的；

（三）未经录音录像制作者许可，复制发行、通过信息网络向公众传播其制作的录音录像的；

（四）未经表演者许可，复制发行录有其表演的录音录像制品，或者通过信息网络向公众传播其表演的；

（五）制作、出售假冒他人署名的美术作品的；

（六）未经著作权人或者与著作权有关的权利人许可，故意避开或者破坏权利人为其作品、录音录像制品等采取的保护著作权或者与著作权有关的权利的技术措施的。

罪名精释

1. 单纯“复制”“制作”不“发行”“出售”的，能构成侵犯著作权罪吗？

虽然本罪行为方式规定了“复制”（第1、3、4项）和“出售”（第5项），但应该认识到，单纯复制、制作而不发行、出售侵权作品的，对他人著作权的侵害还只是具有抽象性危险，而对于侵犯著作权罪这种轻罪，不至于处罚抽象危险犯。所以，应当认为，单纯复制、制作而不发行、出售侵权作品的，不值得科处刑罚。立法者之所以将“复制”与“发行”、“制作”与“出售”并列规定，只是为了说明无论发行、出售自己复制、制作的侵权作品，还是发行、出售他人复制、制作的侵权作品都构成犯罪。正如，之所以同时规定生产、销售伪劣产品，旨在提醒司法人员注意，无论销售自己生产的伪劣产品，还是销售他人生产的伪劣产品都构成犯罪，而不是说，生产行为是生产、销售伪劣产品罪的实行行为，单纯生产而不销售伪劣产品的行为也能构成犯罪。

总之，从实质违法性的角度判断，单纯复制、制作而不发行、出售侵权作品的，不构成侵犯著作权罪，至多成立侵犯著作权罪的预备，通常不值得科处刑罚。

2. 未经许可出租他人录音录像制品，是否属于“复制发行”他人作品？

《刑法》第217条第1款第3项规定“未经录音录像制作者许可，复制发行、通过信息网络向公众传播其制作的录音录像的”，构成侵犯著作权罪。我国《著作权法》规定著作权的发行权只包括出售和赠与两种形式。问题是，未经录音录像制作者许可，出租其制作的录音录像的，是否属于“发行”录音录像？从当然解释的角度讲，既然赠与都可以认定为发行，出租当然也能认定为发行。应认为，发行的本质特征就是传播、扩散作品，出租作品当然也是传播、扩散作品的一种方式，所以属于发行。

本罪第1项和第3项都规定了“复制发行”，关于如何理解复制发行，理论上曾经存在争议。显然理论与实务的共识是，所谓“复制发行”，包括复制或者发行以及复制且发行的行为。在《刑法修正案(十一)》明确将“通过信息网络向公众传播”纳入侵犯著作权罪行为方式之前，实践中也一直认为对于通过信息网络向公众传播的行为，也属于“发行”。因为发行的本质就是传播、扩散，而通过信息网络向公众传播无疑属于一种传播、扩散，而且，相对于传统的纸质媒体的传播途径而言属于一种更快捷的传播、扩散方式。

3. 如何评价提供深度链接服务行为的性质？

案1：甲申请注册网站域名后设立X网站，并租用服务器，通过安装相关软件完成网站和服务器的链接。然后未经著作权许可，通过X网站管理后台，链接至Y资源网获取影视作品的种子文件索引地址，以设置目录、索引等方式向用户推荐作品，并通过强制提供特定播放软件等方式，为X网站用户提供浏览、下载上述影视作品的网络服务。

链接又称超文本链接、超链接，是指通过使用超文本标记语言编辑包含标记指令的文本文件，通过通用资源定位符指向其他内容，在两个不同的文档或同一文档的不同部分之间建立联系，使访问者可以通过一个网址访问不同网址的文件或通过一个特定的栏目访问同一站点上的其他栏目。按照对象和形式的不同，链接可以分为普通链接、深度链接、加框链接。普通链接的对象通常是被链网站的首页，点击普通链接后，用户清楚地知道已经从一个网站跳到另一个网站的首页上。深度链接的对象是被链网站的某一特定除首页之外的网页，如正在观看被链网站上的一部电影。加框链接是深度链接的一种，但较其他深度链接更为先进，即设链者运用加框技术将被链网站上的影视等作品嵌入设链网站的网页，使用户在设链网站上直接就能看到所链接的作品内容，无须跳转到被链网站上，容易使用户误以为作品内容系设链网站提供的。

虽然从语言分类角度，深度链接也是一种链接，它提供的只是网络通道，没有直接上传作品置于网站，是一种"间接提供作品"的行为。但深度链接不是一种正常的链接行为，它是对他人视频网站中影视作品文件的直接链接，用户点击后不经跳转程序，即可一键式直接打开第三方网站的影视作品，因而从网络用户角度看，这种行为实质上就是直接向公众提供作品的行为。

案 1 中，甲提供的就是一种深度链接网络服务，这种服务扩大了侵权产品的传播范围，宜认定为侵犯著作权罪的正犯行为，构成侵犯著作权罪。

司法实践中也有判例肯定提供深度链接服务构成侵犯著作权罪。例如，(1)江苏省徐州市中级人民法院(2015)徐知刑初字第 13 号刑事判决书认定，被告人袁某在网站上增加了影视剧的在线播放功能，利用程序自动采集的方式，从境外影视网站上深度链接 7000 余部影视作品，在虾滚影视网上供用户在线浏览，并发布广告牟利；被告人谭某明知被告人袁某经营非法的影视剧网站，仍继续提供链接服务。法院认为，被告人袁某以营利为目的，未经著作权人许可，通过信息网络传播其影视作品，情节特别严重；被告人谭某明知被告人袁某经营非法的影视剧网站，仍继续提供链接服务，情节特别严重，二被告人的行为构成侵犯著作权罪。

(2)上海市杨浦区人民法院(2018)沪 0110 刑初 150 号刑事判决书认定，被告人潘某负责编写爬虫软件从互联网上抓取小说数据库储存至租用的阿里云服务器内，当用户在该手机 App 中点击阅读某小说(仅有书名和目录)时，爬虫软件即从互联网上抓取用户所需的小说内容，发送并缓存至上述服务器内，供用户免费阅读。被告人金某某负责对该软件进行推广并联系广告商在该 App 中登载广告，通过用户点击量牟取广告收益。法院认为，被告人金某某、潘某结伙，以营利为目的，未经玄霆公司许可，复制玄霆公司享有信息网络传播权的文字作品 1024

部，并通过信息网络向公众传播，情节严重，其行为均已构成侵犯著作权罪。

（3）湖北省鄂州市华容区人民法院（2021）鄂0703刑初97号刑事判决书认定，三名被告人在未经小明太极（湖北）国漫文化有限公司授权的情况下，将互联网上其他网站刊登的该公司享有著作权的漫画650部及大量未获取著作权人授权的网络小说进行源代码解析并链接至上述手机App中供网民免费观看，同时在App中提供收费广告服务，收取广告商广告费。法院认为，被告人程某某、赵某某、刘某某以营利为目的，未经著作权人许可，通过信息网络向公众传播他人漫画、小说作品，情节特别严重，其行为构成侵犯著作权罪。

（4）河北省石家庄市新华区人民法院（2020）冀0105刑初409号刑事判决书认为，对于辩护人提出的“××××”“××××”其仅提供链接，没有实施复制发行涉案侵权作品行为的辩护意见，经查：根据三被告人供述，一般用户通过“××××”“××××”App查看相关作品内容时，实际浏览相关作品内容时并未脱离“××××”“××××”App，其功能不仅仅是搜索的服务范围。虽然本案并无证据表明相关作品的内容实际存储在“××××”“××××”的服务器上，但是三被告人明知通过其App提供的服务能够让用户不离开其App便可浏览相关网站内容，从而替代了第三方网站直接向用户提供内容，故其行为符合我国《刑法》规定的侵犯著作权罪的行为。故对吴某某、黄某某辩护人提出的无罪辩护意见不予采纳。关于三被告人主观上是否有“营利目的”，经查，三被告人均明知其所参与的App是通过免费阅读提高点击量的模式赚取广告费，故对辩护人提出的被告人没有“营利目的”的辩护意见不予采纳。被告人吴某某、黄某某、康某某构成侵犯著作权罪。

综上，提供深度链接服务的行为扩大了侵权作品的传播范围，属于“通过信息网络向公众传播”，构成侵犯著作权罪。

4. 本罪前五项的实行行为是什么？

有观点认为，为发行而复制，即使发行行为尚未实施，也成立本罪既遂。①

① 参见周光权：《刑法各论》（第4版），中国人民大学出版社2021年版，第351页。

应认为，虽然本罪罪状规定的行为方式有“复制”和“制作”，但单纯复制和制作只具有抽象危险，只是该罪的预备。只有实际发行，通过信息网络向公众传播、出版、出售，才可能实际侵害他人著作权，才是本罪的实行行为。

5. 该罪与生产、销售伪劣产品罪、诈骗罪等罪之间是什么关系？

如果所制作、销售的侵权复制品属于伪劣产品，还能构成生产、销售伪劣产品罪。行为人隐瞒真相销售的，由于还侵害了消费者的财产权，所以还可能构成诈骗罪。由于只有一个行为，应认定为竞合，从一重处罚。

6. 行为人在自己制作的美术作品上假冒他人（如著名画家）署名的，成立本罪吗？

从严格意义上讲，行为人在自己制作的美术作品上假冒他人署名的，并没有侵犯他人的著作权，而只是侵犯了他人的署名权，不构成侵犯著作权罪。出售这种作品的，由于还侵害了购买者的财产权，所以成立诈骗罪。

7. 为了和销售侵权复制品罪相区分，应否将侵犯著作权罪中的“发行”“出售”限定为总发行、批量销售或者大规模销售？

侵犯著作权罪的法定最高刑为10年有期徒刑，而销售侵权复制品罪仅为5年有期徒刑。为了使销售侵权复制品罪不至于没有适用的余地，张明楷教授主张，将侵犯著作权罪中的“发行”理解为总发行、批量销售或者大规模销售，而将销售侵权复制品罪中的“销售”理解为零售；将侵犯著作权罪中的“出售”，也限制解释为批量销售或者大规模销售。①

本书认为，没有必要作出这种限制解释。销售侵权复制品罪的法定刑之所以轻于侵犯著作权罪，是因为其所销售的侵权复制品是他人复制、制作的，而不是自己复制、制作的。若是行为人自己复制、制作后发行、出售的，应以法定刑更重的侵犯著作权罪定罪处罚。所以，即便不对侵犯著作权罪中的“发行”“出售”

① 参见张明楷：《刑法学》（第6版），法律出版社2021年版，第1072页。

作出限制解释,也能区分和协调二罪,不至于使销售侵权复制品罪没有适用的余地。

8. 本罪的成立条件和既遂标准是什么?

本罪的成立条件是“违法所得数额较大或者有其他严重情节”。也就是说,本罪没有既未遂之分,只有成立不成立的问题。没有实际发行、出版、出售(第6项除外),就不可能达到“违法所得数额较大或者有其他严重情节”的程度。换言之,只有实际发行、出版、出售侵权作品的,才可能达到“违法所得数额较大或者有其他严重情节”,才可能成立本罪。本罪相当于实害犯。所以,与其讨论本罪既未遂标准,不如讨论本罪的成立条件。

9. 有关“对于行为人尚未印制完成侵权复制品的,应当以侵权复制品的定价数额乘以承印数量所得的数额计算其经营数额,认定为犯罪未遂”的“批复”规定,有无疑问?

公安部《关于对侵权复制品如何计算非法经营数额问题的批复》存在疑问。由于该罪的成立条件是“违法所得数额较大或者有其他严重情节”,应当认为该罪没有未遂成立的余地,只是制作、复制了侵权作品而未实际发行、出售的,不可能达到“违法所得数额较大或者有其他严重情节”的程度,不成立该罪。

10. 向公众提供这类装置或者部件,以及故意为他人避开或者破坏技术措施提供技术服务的,如何处理?

虽然《刑法》第217条第6项将直接规避著作权技术保护措施的行为规定为构成要件行为,但并不意味着间接规避行为不可能触犯刑法。例如,以避开或者破坏技术保护措施为目的制造、进口有关装置或者部件的,成立本罪的预备犯;以避开或者破坏技术保护措施为目的向公众提供有关装置或者部件的,以及故意为他人避开或者破坏技术保护措施提供技术服务的,可能构成本罪的共犯。

11. 对于非法出版、复制、发行他人作品，是认定为侵犯著作权罪，还是非法经营罪？

司法实践中曾将复制、发行非法出版物的行为认定为非法经营罪，但是应当认为，非法出版、复制发行他人享有著作权的作品，不属于专营专卖行为，没有扰乱市场秩序，只是侵犯了他人著作权，不构成非法经营罪。也就是说，对于这种行为，若不符合侵犯著作权罪构成要件，不构成侵犯著作权罪，不能反而认定为法定刑更重的非法经营罪，不应承认侵犯著作权罪与非法经营罪之间的竞合。

12. 在《刑法》保留了以营利为目的的前提下，对于在网络环境的侵犯著作权的认定，应否尽可能包括间接营利的情形？

从法益保护角度讲，行为人是否具有“以营利为目的”，不影响行为的法益侵害程度的评价，而且在司法实践中，对于通过信息网络向公众传播，很难查明行为人是否具有营利目的，所以从立法论上讲，应当取消“以营利为目的”这一构成要件要素。在《刑法》保留“以营利为目的”的现状下，对于赚取网络流量后通过刊登收费广告的形式获取收益的所谓间接营利的，应当认定为“以营利为目的”，从而肯定本罪的成立。

13. 能否认为在实施本罪行为的过程中以刊登收费广告等方式直接或者间接收取费用的，也属于“以营利为目的”？

成立侵犯著作权罪要求“以营利为目的”，而《著作权法》将赠与方式也规定为发行的一种表现形式。表面上看，这种赠与方式发行的，不能构成侵犯著作权罪，其实不然。本罪中的“以营利为目的”，包括以刊登收费广告等方式直接或者间接收取费用。而所谓赠与发行，不排除行为人在赠与的书刊中刊登广告获取利益，所以还是可能构成侵犯著作权罪。而通过信息网络向公众传播，虽然表面上有的商家为下载 App 软件的用户提供免费的浏览、下载服务，可实际上商家是在赚取网络流量后通过刊登收费广告的方式获取收益，所以不排除侵犯著作权罪的成立。

14. 为何本罪第6项特别规定"故意",是否意味着其他行为类型可以由过失构成?

本罪第6项特意强调"故意",只是为了提醒司法人员注意,过失避开或者损坏著作权技术保护措施的行为不构成犯罪,并不是说其他五项行为类型可以由过失构成。因为根据《刑法》第15条第2款"过失犯罪,法律有规定的才负刑事责任"之规定,只要不是"法律有规定",就得认为只能由故意构成。所以,本罪前五项也只能由故意构成。

第六节 销售侵权复制品罪

·导 读·

没有必要为了与侵犯著作权罪相区分,而将本罪中的"销售"限定为"零售"。有关"违法所得数额虽未达到数额标准,但尚未销售的侵权复制品货值金额达到30万元以上,应予立案追诉"的立案标准规定,存在疑问。不构成本罪的,不能认定成立非法经营罪。本罪与侵犯著作权罪的区别在于,所销售的侵权复制品是自己制作还是他人制作的。制作侵权复制品后自己销售的,成立侵犯著作权罪,明知是他人制作的侵权复制品而销售的,成立销售侵权复制品罪。本罪中的"违法所得数额巨大或者有其他严重情节",是本罪成立的条件,而非既遂的条件,本罪没有未遂成立的余地。

条 文

第二百一十八条 【销售侵权复制品罪】以营利为目的,销售明知是本法第二百一十七条规定的侵权复制品,违法所得数额巨大或者有其他严重情节的,处五年以下有期徒刑,并处或者单处罚金。

罪名精释

1. 为了与侵犯著作权罪相区分，应否将本罪中的"销售"限定为"零售"？

张明楷教授认为，为了与侵犯著作权罪相区分，应将本罪中的"销售"限制解释为"零售"。①

本书不赞成上述主张。本罪法定刑之所以轻于侵犯著作权罪，是因为本罪行为人没有制作侵权复制品，只是明知是他人制作的侵权复制品而加以销售，所以相对来说法益侵害性程度较轻。行为人制作侵权复制品后销售的，应当成立法定刑相对较重的侵犯著作权罪。

2. 有关"违法所得数额虽未达到数额标准，但尚未销售的侵权复制品货值金额达到30万元以上，应予立案追诉"的立案标准规定，有无疑问？

最高人民检察院、公安部《关于公安机关管辖的刑事案件立案追诉标准的规定(一)》第27条第2项存在疑问。1997年《刑法》规定本罪的成立条件是"违法所得数额巨大"，2020年《刑法修正案(十一)》将本罪的成立条件修改为"违法所得数额巨大或者有其他严重情节"。应认为，无论本罪成立条件是"违法所得数额巨大"，还是"违法所得数额巨大或者有其他严重情节"，本罪都是实害犯，只有成立不成立的问题，没有既未遂问题。没有实际销售，就不可能存在"违法所得数额巨大或者有其他严重情节"。所以上述关于"尚未销售的侵权复制品货值金额达到30万元以上，应予立案追诉"的立案标准规定存在疑问，应予废除。

3. 不构成本罪的，能成立非法经营罪吗？

侵权复制品通常不是专营专卖物品，销售侵权复制品的行为，没有扰乱市场秩序，而只是侵犯他人著作权。不能认为，销售侵权复制品的，没有达到本罪的成立标准，反而可以成立法定刑更重的非法经营罪，否则，明显有违罪刑相适应

① 参见张明楷:《刑法学》(第6版)，法律出版社2021年版，第1072页。

原则。

4. 如何区分本罪与侵犯著作权罪?

本罪与侵犯著作权罪的区别在于,所销售的侵权复制品是自己制作还是他人制作的。也就是说,制作侵权复制品后自己销售的,成立侵犯著作权罪,明知是他人制作的侵权复制品而销售的,成立销售侵权复制品罪。当然,在行为人所销售的侵权复制品是自己制作的还是他人制作的难以查明时,完全可以而且应该以销售侵权复制品罪定罪处罚。

5. "违法所得数额巨大或者有其他严重情节",是本罪成立的条件还是既遂的条件?

本罪的法定最高刑只有 5 年有期徒刑,显然属于轻罪。我国《刑法》虽然原则上处罚所有故意犯罪的未遂,但事实上仅处罚重罪的未遂而不处罚轻罪的未遂。所以可以认为,本罪中的"违法所得数额巨大或者有其他严重情节",是本罪成立的条件,而非既遂的条件,本罪没有未遂成立的余地。

第七节　侵犯商业秘密罪

·导　读·

根据修改后的罪状表述,有可能认为本罪的实行行为并不限于披露和使用,还可能包括非法获取,即非法获取后即便不披露、使用,也可能认定为"情节严重"而构成本罪的既遂。由于《刑法修正案(十一)》将该罪的成立条件修改为"情节严重",不仅实际给商业秘密的权利人造成重大损失的构成犯罪,非法获取他人重要的商业秘密,非法披露和使用他人商业秘密规模大、时间长、影响恶劣等,都可能被评价为情节严重。如果科技人员参与本单位科研项目,其擅自以个人设计的名义与其他单位签订所谓技术转让协议，将本单位商业秘密转让给对方获取转让费归自己所有的，可能同时触犯本罪与职务侵占罪，属于想象竞合，从一重处罚。盗窃他人商业秘密的，成立侵犯商业秘密罪与盗窃罪的想象竞合，从一重处罚。

条 文

第二百一十九条 【侵犯商业秘密罪】有下列侵犯商业秘密行为之一，情节严重的，处三年以下有期徒刑，并处或者单处罚金；情节特别严重的，处三年以上十年以下有期徒刑，并处罚金：

（一）以盗窃、贿赂、欺诈、胁迫、电子侵入或者其他不正当手段获取权利人的商业秘密的；

（二）披露、使用或者允许他人使用以前项手段获取的权利人的商业秘密的；

（三）违反保密义务或者违反权利人有关保守商业秘密的要求，披露、使用或者允许他人使用其所掌握的商业秘密的。

明知前款所列行为，获取、披露、使用或者允许他人使用该商业秘密的，以侵犯商业秘密论。

本条所称权利人，是指商业秘密的所有人和经商业秘密所有人许可的商业秘密使用人。

罪名精释

1. 本罪关于犯罪成立条件的修改，是否意味着从结果犯变为情节犯？

《刑法修正案（十一）》对侵犯商业秘密罪最重要的修改，就是将原来的犯罪成立条件“给商业秘密的权利人造成重大损失”修改成“情节严重”。这并非意味着本罪是从结果犯变成情节犯。应认为，以前规定的是实害犯，也就是没有给商业秘密的权利人造成重大损失的，根本就不成立犯罪。若认为是结果犯，如故意杀人罪，意味着没有造成法定结果，只是不成立既遂，而不是不成立犯罪。所以只能说该罪由实害犯修改成了情节犯。

2. 非法使用他人商业秘密制造产品并假冒他人注册商标的,是想象竞合从一重处罚还是应数罪并罚?

张明楷教授认为,对于以盗窃、贿赂、欺诈、胁迫等不正当手段获取他人商业秘密,然后使用该商业秘密制造产品并假冒他人注册商标的,原则上应以侵犯商业秘密罪和假冒注册商标罪实行并罚。同样,对于单纯非法使用他人商业秘密制造产品并且假冒他人注册商标的,由于存在两个行为并且侵害了两个法益,应当实行数罪并罚。①

本书认为上述观点可能存在疑问。如果认为因为《刑法修正案(十一)》将侵犯商业秘密罪的犯罪成立条件由“给商业秘密的权利人造成重大损失”修改为“情节严重”,非法获取也因此成为实行行为,则非法获取他人商业秘密即为本罪的既遂,之后使用该商业秘密制造产品并假冒他人注册商标的,属于另外的行为,应该说以侵犯商业秘密罪与假冒注册商标罪数罪并罚,还是可能的。正如制造枪支后用之杀人应当数罪并罚一样。但对于单纯非法使用他人商业秘密制造产品并且假冒他人注册商标的,却只有一个行为,正如在生产、销售的伪劣产品上假冒他人注册商标的只有一个行为,只能认定成立侵犯商业秘密罪与假冒注册商标罪的想象竞合,从一重处罚,而非数罪并罚。

3.《刑法修正案(十一)》出台前普遍认为“本罪真正的实行行为是行为人使用、允许他人使用或者披露商业秘密”,现在将犯罪成立条件由原来的“造成重大损失”修改为“情节严重”,那么,对于本罪的实行行为是否还应坚持以前的观点?

因为以前规定本罪的成立条件是“给商业秘密的权利人造成重大损失”,很显然,即便非法获取了权利人的商业秘密,只要行为人不实际披露、使用或者允许他人使用权利人的商业秘密,就不可能给权利人造成重大损失,所以“获取”并非该罪的实行行为,披露、使用才是该罪的构成要件行为。《刑法修正案(十

① 参见张明楷:《刑法学》(第6版),法律出版社2021年版,第1078页。

一）》将该罪的成立条件修改为“情节严重”，因而从理论上讲，单纯非法获取权利人的商业秘密，也可能被认定为“情节严重”。所以，根据修改后的罪状表述，有可能认为该罪的实行行为并不限于披露和使用，还可能包括非法获取，即非法获取后即便不披露、使用，也可能认定为“情节严重”而构成本罪的既遂。

4. 如何理解认定“情节严重”？

案1：甲公司帮助苹果公司生产手机屏幕等部件。据保密协议规定，若所涉屏幕的商业秘密泄露，甲公司需要面临巨额赔款。但是，由于流程问题，该商品秘密事实上很容易被泄露，如在安检的时候，工作人员拿一块玻璃出去。甲公司的员工张某因此将该商业秘密泄露，导致甲公司遭受重大损失。但甲公司报案时公安机关不立案，理由是甲公司不是商业秘密的权利人。

应认为，甲公司帮助苹果公司加工产品时，就知悉了这个商业秘密，同时就有了保密义务。商业秘密的权利人不同于商业秘密的所有人，商业秘密的使用人也可能是权利人。本案中甲公司就是权利人，有权要求其员工以及其他人不得泄露该商业秘密。其员工泄露了该商业秘密，因此给甲公司造成了经济损失，员工的行为应构成侵犯商业秘密罪。

目前还未出台关于本罪“情节严重”认定的司法解释。张明楷教授认为，情节严重并不仅限于给商业秘密的权利人造成重大损失，而是还包括多次实施本罪行为，窃取他人商业秘密载体导致他人丧失商业秘密等情形。①

应认为，以前的侵犯商业秘密罪是实害犯。现在虽然也可以简单归类为情节犯，但从严格意义上讲，正如老人不能与男人和女人并列一样，情节犯也并非一种可以与行为犯、结果犯、危险犯、实害犯相并列的一种犯罪分类。情节犯也完全可能是行为犯、结果犯、危险犯、实害犯。既然《刑法修正案（十一）》将该罪的成立条件修改为“情节犯”，则不仅实际给商业秘密的权利人造成重大损失的构成犯罪，非法获取他人重要的商业秘密，非法披露、使用他人商业秘密规模大、时间长、影响恶劣等，都可能被评价为“情节严重”。

---

① 参见张明楷：《刑法学》（第6版），法律出版社2021年版，第1077页。

5. 如何处理科技人员侵犯本单位商业秘密的行为？

案2：甲是A公司的业务骨干，基于职务行为研发了一种产品，其中含有商业秘密。甲代表A公司负责签订合同，合同约定，由B公司按A公司的商业秘密生产产品，产品给A公司使用；商业秘密的所有权归B公司，使用权归A公司。甲离职后成立C公司，让B公司给C公司生产前述产品，使用该产品进行后续营利活动。

应认为，如果B公司只能在为A公司制造这个产品的前提下“使用”该商业秘密，甲离职后让B为自己的C公司使用该商业秘密生产这种产品，则甲与B公司构成侵犯商业秘密罪的共犯。

如果科技人员参与本单位科研项目，则可以认为科技人员基于职务占有了本单位的科技成果，其在未取得本单位同意的情况下，擅自以个人设计的名义与其他单位签订所谓技术转让协议，将本单位商业秘密转让给对方获取转让费归自己所有的，则同时触犯本罪与职务侵占罪，属于想象竞合，从一重处罚。如果科技人员违反保密约定，披露、使用或者允许他人使用其所掌握的本单位所有的商业秘密，应以侵犯商业秘密罪定罪处罚。

6. 盗窃他人商业秘密后出售，能否构成盗窃罪？

在1997年修订《刑法》增设本罪之前，理论界与实务界均认为，盗窃技术成果的，可以构成盗窃罪。但增设本罪后，理论界和实务界普遍认为，盗窃商业秘密的，不再成立盗窃罪，只能构成侵犯商业秘密罪。张明楷教授认为，盗窃罪的行为是转移财物的占有。盗窃罪中的转移占有强调的是一种零和关系，就是说，行为人转移了占有之后，被害人就不再占有此财物。所以，盗窃罪中的窃取不同于侵犯商业秘密罪中的窃取。在后一种场合，虽然可以说行为人窃取了商业秘密，但权利人依然可能享有商业秘密，因而不是零和关系。除非行为人把商业秘密的载体一起盗走，权利人不再享有商业秘密，则与盗窃罪中的窃取含义相同。①

① 参见张明楷：《侵犯人身罪与侵犯财产罪》，北京大学出版社2021年版，第175页。

本书认为，虽然对于有体物而言，所谓盗窃就是转移占有，就是零和关系；但商业秘密作为无形财产有其特殊性，也就是盗窃商业秘密未必形成零和关系，权利人并不完全丧失商业秘密，丧失的只是独占状态，权利人还能继续使用该商业秘密；对于商业秘密这种无形财产而言，即便没有完全丧失占有，也有必要以盗窃罪进行评价，否则就会形成一种悖论：盗窃可口可乐公司的10万箱饮料，属于数额特别巨大，能以盗窃罪判处无期徒刑；而盗窃可口可乐公司的秘密配方（商业秘密）后转手以一个亿卖掉，却不构成盗窃罪，只能以侵犯商业秘密罪定罪而最高判处10年有期徒刑。对于可口可乐公司而言，显然秘密配方被盗比10万箱可口可乐被盗，损失要大得多。所以本书认为，盗窃他人商业秘密的，成立侵犯商业秘密罪与盗窃罪的想象竞合，从一重处罚。

第八节　为境外窃取、刺探、收买、非法提供商业秘密罪

·导　读·

本罪的实行行为是窃取、刺探、收买、非法提供。虽然这四种行为都可谓实行行为，但因为法益侵害的危险程度不同，故在量刑上应当区别对待，对为境外非法提供商业秘密的定罪处罚应相对重一些。本罪强调“为境外的机构、组织、人员”窃取、刺探、收买、非法提供，在如今的互联网时代，没有太多实际意义。非专门为境外机构、组织、人员而窃取，之后在境内互联网上扩散而被境外的机构、组织、人员所知悉的，不能认定成立本罪。若扩散的是国家秘密，则可能构成故意或过失泄露国家秘密罪。所谓夺取、劫取、骗取、索取（敲诈勒索），完全可以评价为“窃取”。即便认为不能认定为“窃取”，也可以评价为“刺探”，因而均可认定成立本罪。

条 文

第二百一十九条之一 【为境外窃取、刺探、收买、非法提供商业秘密罪】为境外的机构、组织、人员窃取、刺探、收买、非法提供商业秘密的，处五年以下有期徒刑，并处或者单处罚金；情节严重的，处五年以上有期徒刑，并处罚金。

罪名精释

1. 本罪的立法目的是什么？

本罪是《刑法修正案(十一)》所增设的罪名，俗称“商业间谍罪”。立法者之所以在侵犯商业秘密罪之外专门增设本罪，显然不只是保护商业秘密，而是要保护重要的商业利益。也就是说，为境外的机构、组织、人员窃取、刺探、收买、非法提供商业秘密，不只是侵犯了国内个人或单位的商业秘密权，还侵害了作为国家重要竞争战略的商业利益。因此，设立本罪旨在保护作为国家重要竞争战略的商业利益。

2. 对于本条规定之罪为何没有采用“商业间谍罪”罪名？

本罪虽然侵害了作为国家重要竞争战略的商业利益，但其未必是危及国家安全的国家秘密。若使用“商业间谍罪”罪名，就会与间谍罪和为境外窃取、刺探、收买、非法提供国家秘密、情报罪相混淆。

3. 本罪的实行行为是什么？

从《刑法》第 219 条之一的条文表述看，本罪的实行行为是窃取、刺探、收买、非法提供。

4. 各种行为类型侵害或威胁法益的程度有无差异，量刑时应否区别对待？

虽然从条文表述看，本罪的实行行为包括了窃取、刺探、收买、非法提供，但应认识到，单纯地为境外的机构、组织、人员窃取、刺探、收买商业秘密，对法益还只是威胁，或者说只具有抽象性危险，而为境外非法提供商业秘密，则已经实际造成法益侵害。所以，虽然这四种行为都可谓实行行为，但因为法益侵害的危险程度不同，故在量刑上应当区别对待，对于为境外非法提供商业秘密的定罪处罚应相对重一些。

5. 非专门为境外而窃取，之后在境内互联网上扩散被境外机构、组织、人员知悉的，能否认定为本罪？

在互联网时代，即便只是在境内网上扩散，也完全可能被境外机构、组织、人员知悉。所以，本罪强调"为境外的机构、组织、人员"窃取、刺探、收买、非法提供，在如今的互联网时代，没有多大实际意义。或者说，这种立法已经不能适应互联网时代的要求。按照本条的规定，非专门为境外机构、组织、人员而窃取，之后在境内互联网上扩散而被境外的机构、组织、人员所知悉的，不能认定成立本罪。若扩散的是国家秘密，则可能构成故意或过失泄露国家秘密罪。

6. 为境外的机构、组织、人员夺取、劫取、骗取、索取商业秘密的，如何处理？

盗窃罪是转移占有的犯罪（夺取罪）的兜底性犯罪，所以，所谓夺取、劫取、骗取、索取（敲诈勒索），完全可以评价为"窃取"。即便认为不能认定为"窃取"，也可以评价为"刺探"，因而均可认定成立本罪。

第八章　扰乱市场秩序罪

第一节　损害商业信誉、商品声誉罪

·导　读·

本罪是单行为犯，不是复行为犯，实行行为不是“捏造＋散布”，而是只有散布。捏造也不是预备行为，单纯捏造不散布的，不值得科处刑罚。本罪与故意毁坏财物罪之间存在竞合，损害商业信誉、商品声誉给企业造成重大损失的，能以故意毁坏财物罪最重判处7年有期徒刑。成立本罪，不需要公然实施。

条　文

第二百二十一条　【损害商业信誉、商品声誉罪】捏造并散布虚伪事实，损害他人的商业信誉、商品声誉，给他人造成重大损失或者有其他严重情节的，处二年以下有期徒刑或者拘役，并处或者单处罚金。

罪名精释

1. 本罪的实行行为是"捏造 + 散布"吗?

由于本条表述的就是"捏造并散布虚伪事实",所以理论上普遍认为,"本罪的客观方面表现为捏造并散布虚伪事实"①;"鉴于两者之间是由并列连词来衔接,必须同时具备方可构成本罪"②;"单纯捏造或者只是散布虚伪事实的,不构成本罪"③。

的确,单纯从条文表述来看,本罪的实行行为是"捏造 + 散布",本罪属于复行为犯,似乎单纯散布虚伪事实的行为,不可能构成本罪。其实,"捏造"并非本罪的实行行为,"散布"才是本罪的实行行为。也就是说,本罪是单行为犯,实行行为只有"散布"。理由如下:

首先,由于实行行为必须是具有侵害法益的紧迫危险性的行为,而单纯捏造虚伪事实的行为本身,并不具有法益侵害的紧迫危险性。

其次,具有侵害法益的紧迫危险或者说能够造成法益侵害的,是散布虚伪的有损他人商业信誉、商品声誉事实的行为。

再次,"捏造"本身就包含了向外部传达的意思。《刑法》第 221 条使用"捏造并散布虚伪事实"这种重复的表述,实际上只是为了防止将误以为是真实事实而散布的行为认定为犯罪,或者说是为了防止处罚没有犯罪故意的行为。故应将本条中的"捏造并散布虚伪事实"解释为"散布捏造的虚伪事实"。自己捏造并散布的构成本罪,明知是他人捏造的虚伪事实而加以散布的也构成本罪。

最后,虽然"捏造"可谓预备行为,但即使将捏造行为认定为预备行为,也不利于保障国民的思想自由,因为这意味着写日记和在私人电脑上写文章的行为,都可能成为犯罪的预备行为。

概言之,本罪是单行为犯,不是复行为犯,实行行为不是"捏造 + 散布",而

---

① 高铭暄、马克昌主编:《刑法学》(第 10 版),北京大学出版社、高等教育出版社 2022 年版,第 449 页。

② 王新:《刑法分论精解》,北京大学出版社 2023 年版,第 202 页。

③ 周光权:《刑法各论》(第 4 版),中国人民大学出版社 2021 年版,第 359 页。

是只有“散布”虚伪的事实。捏造也不是预备行为,单纯捏造不散布的,不值得科处刑罚。

2. 本罪的行为有哪些表现形式?

实践中,本罪的行为表现形式有:(1)通过发布对比性广告、声明性广告,散布公开信或者召开新闻发布会等形式散布捏造的虚伪事实,恶意贬低、诋毁他人的商业信誉、商品声誉;(2)组织人员以客户或消费者的名义向市场监管部门、消费者协会或新闻单位等虚假投诉,诋毁和损害他人商业信誉、商品声誉;(3)在业务洽谈等公开场合故意向竞争对手的客户或者消费者散布捏造的虚伪事实,贬低和诋毁他人的商业信誉、商品声誉;(4)恶意诉讼,即捏造侵权事实并通过诉讼向社会公众散布这种虚伪事实,贬低和损害他人的商业信誉、商品声誉;(5)在商品包装或者说明书上,贬低和诋毁他人生产、销售的同类产品,损害他人的商品声誉;等等。①

3. 本罪法定最高刑只有 2 年有期徒刑,其与故意毁坏财物罪能否形成竞合而从一重处罚?

对于企业来说,商业信誉、商品商誉是比企业里的电脑、桌椅等有形资产更有价值的财产。按照效用侵害说,损害商业信誉、商品声誉也是毁坏企业财物的行为。所以从理论上讲,本罪与故意毁坏财物罪之间存在竞合,损害商业信誉、商品声誉给企业造成重大损失的,能以故意毁坏财物罪最重判处 7 年有期徒刑。

4. 成立本罪,需要公然实施吗?

虽然本罪可谓商业诽谤,但成立本罪并不需要像诽谤罪一样必须公然实施,即便针对他人固定的合作伙伴“点对点”地散布捏造的虚伪事实,只要使他人因商业信誉、商品声誉受到破坏而无法正常开展经营活动,就能构成本罪。

---

① 参见冯军等主编:《中国刑法评注》(第 2 卷),北京大学出版社 2023 年版,第 1892 页。

第二节　虚假广告罪

·导　读·

具有夸大性质的广告，并不都是虚假广告。只有对商品或者服务的夸大宣传，足以使一般人陷入认识错误的，才是虚假广告。广告内容越抽象越不可能是虚假广告，越具体越可能是虚假广告。本罪与损害商业信誉、商品声誉罪，生产、销售伪劣商品罪，诈骗罪等罪之间可能形成竞合或者牵连关系，从一重处罚即可。最高人民检察院、公安部《关于公安机关管辖的刑事案件立案追诉标准的规定(二)》第 67 条第 4 项将违法所得数额大以及受过行政处罚 2 次以上认定为“情节严重”的立案标准规定，存在疑问。

条　文

第二百二十二条　【虚假广告罪】广告主、广告经营者、广告发布者违反国家规定，利用广告对商品或者服务作虚假宣传，情节严重的，处二年以下有期徒刑或者拘役，并处或者单处罚金。

罪名精释

1. 声称某种产品“性能优良、经久耐用”的夸大广告，是虚假广告吗？

应该认为，有关商品或者服务的广告，大多带有夸张性质。也就是说，广告或多或少都是夸大广告，消费者也都认识到了广告的夸大性质，故不能将具有夸大性质的广告都认定为虚假广告。只有对商品或者服务的夸大宣传，足以使一般人陷入认识错误后，才是虚假广告。而是否使一般人陷入认识错误，要根据行为当时的具体情况考察,其中最为重要的是考察广告的内容。广告的内容极为抽象时,通常不能使一般人陷入认识错误,而广告的内容比较具体时,就可能足以使一般人陷入认识错误。比如,声称某种产品"性能优良、经久耐用"时,即使并不符合客观事实,一般也不能将其认定为虚假广告。但如果将某种野山椒说成是抗癌物质,就属于虚假广告了。

2. 本罪与损害商业信誉、商品声誉罪,生产、销售伪劣商品罪,诈骗罪等罪之间是什么关系?

本罪与损害商业信誉、商品声誉罪,生产、销售伪劣商品罪,诈骗罪之间可能发生竞合,或者形成手段与目的的牵连关系,竞合或者牵连时,从一重处罚即可。

3. 将违法所得数额大以及受过行政处罚 2 次以上认定为"情节严重"的立案标准规定,有无疑问?

最高人民检察院、公安部《关于公安机关管辖的刑事案件立案追诉标准的规定(二)》第 67 条第 4 项存在疑问。应该认为,违法所得数额与行为的法益侵害程度之间并非正相关关系。将违法所得数额大认定为"情节严重"的立案标准规定,有违法益保护原则。《刑法》分则中的"情节严重",应当是客观方面的反映法益侵害程度的要素,而"受过行政处罚 2 次以上",只是反映行为人再犯罪可能性大即特殊预防必要性大的预防要素,不能反映行为的不法程度。这种立案标准规定,显然是混淆了预防要素与责任要素,会导致处罚范围过大和宣告刑过重。

第三节 串通投标罪

·导 读·

本罪所保护的法益是公平竞争的市场经济秩序。司法解释关于违法所得数额大、采取贿赂手段以及受过行政处罚 2 次以上又串通投标应予立案追诉的规定，存在疑问。“损害招标人或者其他投标人利益”与“情节严重”之间，是并列递进关系，而非选择关系。串通拍卖、挂牌竞价的，不构成串通投标罪。不能因为《招标投标法》规定的招标人与投标人是指法人或者其他组织，而认为本罪的主体不能是自然人。不能认为第 223 条第 2 款规定的投标人与招标人串通投标成立本罪不以“情节严重”为要件。

条 文

第二百二十三条 【串通投标罪】投标人相互串通投标报价，损害招标人或者其他投标人利益，情节严重的，处三年以下有期徒刑或者拘役，并处或者单处罚金。

投标人与招标人串通投标，损害国家、集体、公民的合法利益的，依照前款的规定处罚。

罪名精释

1. 该罪所保护的法益是什么？

案 1：甲公司想获得一个建筑工程，自己投标后，又与并不想投标的乙、丙、丁公司约定谁中标就将工程转包给甲公司，并帮他们缴纳了保证金。乙公司中标后按约定转包。

该案中，由于甲、乙、丙、丁四家公司的标书都不一样，各写各的标书，各投各的标，并没有“串通投标报价”，不构成串通投标罪。即使甲公司与乙、丙、丁三家公司串通投标报价，也不构成串通投标罪，因为表面上是四个公司投标，但实际上是一个公司投标，所以这四家公司不管谁中标，都是由甲公司承建。既然如此，就不会损害招标人的利益，也没有损害其他投标人的利益，因而不可能成立犯罪。

串通投标罪属于《刑法》分则第三章第八节扰乱市场秩序罪的罪名，其所保护的法益应该是公平竞争的市场经济秩序。之所以国家鼓励和提倡进行公开的招投标，就是为了营造公平竞争的市场经济环境，最大限度地维护招投标各方的利益，实现社会资源的合理配置。

2. 司法解释关于违法所得数额大、采取贿赂手段以及受过行政处罚 2 次以上又串通投标应予立案追诉的规定，有无疑问？

最高人民检察院、公安部《关于公安机关管辖的刑事案件立案追诉标准的规定(二)》第 68 条第 5 项规定存在疑问。违法所得数额大小与法益侵害程度并非正相关关系，将违法所得数额较大作为定罪量刑的标准，违反了法益保护原则。采取贿赂手段串通投标，超出了本罪构成要件所能评价的范畴，不能反映本罪的违法有责程度，应当另外认定为行贿罪。将 2 年内受过 2 次以上行政处罚又串通投标的认定为情节严重，实际上是将成立犯罪后量刑阶段才需要考虑的、反映再犯罪可能性大小，即特殊预防必要性大小的预防要素当作犯罪成立要素对待，混淆了影响责任刑情节的责任要素与影响预防刑情节的预防要素。

3. “损害招标人或者其他投标人利益”与“情节严重”之间，是并列递进关系还是选择关系？

所谓“情节严重”，显然是指“损害招标人或者其他投标人利益”情节严重，而不可能是其他方面情节严重。所以，“损害招标人或者其他投标人利益”与“情节严重”之间，只能是并列递进关系，而不可能是选择关系。也就是说，投标人相互串通投标，只有损害了招标人或者其他投标人利益，并且具备情节严重的条件，才能成立本罪。情节严重不仅包括结果严重，还包括其他客观方面的情节严重。

4. 串通拍卖、挂牌竞价的，构成串通投标罪吗？

由于立法上将串通投标罪的行为类型明确限定在“招标、投标”过程中的串通，在拍卖、挂牌竞价过程中的串通行为，就不可能符合本罪的客观构成要件。以拍卖、挂牌竞价与招投标具有实质的相似性为由，将拍卖、挂牌竞价中的串通行为认定为本罪，属于类推解释。

5.《招标投标法》规定的招标人与投标人是指法人或者其他组织，能否据此认为本罪的主体不能是自然人？

虽然刑法具有一定的从属性，但其更有独立性，具有不同于其他部门法的任务和目的。不能完全按照《招标投标法》的规定解释本罪中的投标人与招标人，而应将本罪中的招标人与投标人解释为主管、负责、参与招标、投标事项的人，即不限于法人和组织，还包括自然人。这一解释虽然不符合《招标投标法》的规定，但符合《刑法》的规定。符合《刑法》规定的解释，不会违反罪刑法定原则。

6. 能否认为第 2 款规定的投标人与招标人串通投标成立本罪不以“情节严重”为要件？

张明楷教授认为，由于这一种行为的法益侵害重于投标人之间的串通投标行为，故其成立犯罪不以情节严重为要件。① 不过，2022 年最高人民检察院、公安部《关于公安机关管辖的刑事案件立案追诉标准的规定（二）》第 68 条第 1 款规定，“投标人相互串通报价，或者投标人与招标人串通投标，涉嫌下列情形之一的，应予立案追诉”。可见，在司法实践中，对于两种行为类型确定了同样的

① 参见张明楷：《刑法学》（第 6 版），法律出版社 2021 年版，第 1082 页。

立案追诉标准，或者说“投标人与招标人串通投标”成立犯罪也要求情节严重。

本书认为司法实践的做法是正确的。的确，“依照前款的规定定罪处罚”存在两种可能的理解：一种认为只是援引前款的法定刑，前款规定的情节严重、严重后果等犯罪成立条件，不适用后款规定的行为类型；另一种认为不仅援引法定刑，还同时援引前款规定的情节严重等犯罪成立条件。具体应如何理解，只能根据条文表述、法益保护、罪刑均衡等方面进行实质性判断。本书认为，得不出投标人与招标人串通的法益侵害性重于投标人相互串通投标的结论。而且，所谓“损害国家、集体、公民的合法利益”与“损害招标人或者其他投标人利益”，只是表述不同，实质是一样的。从实质违法性角度看，投标人与招标人串通投标，也只有达到情节严重的程度，才值得科处刑罚。所以，投保人与招标人串通投标，也需要情节严重，才成立本罪。

第四节　合同诈骗罪

·导　读·

合同诈骗罪所保护的法益是市场秩序与对方当事人的财产。合同诈骗罪的构造是：行为人在签订、履行合同过程中实施欺骗行为→对方当事人产生认识错误→对方当事人基于认识错误处分财产→行为人或第三者取得财产→对方当事人遭受财产损失。只要是利用经济合同实施的诈骗行为，符合合同诈骗罪的构造，具有诈骗故意与非法占有目的，倘若不符合前 4 项的规定，就必然符合第 5 项的兜底规定。不应承认所谓“事后故意”与“事后非法占有目的”。合同诈骗罪中的合同，应当是平等市场主体之间签订的、反映市场经济(交易)关系、具有财产交付内容的合同。所谓“没有实际履行能力”，包括客观上没有实际履行能力与主观上没有实际履行的想法两种情形。行为人提供真实有效的产权证明，但该产权被法律规定不得作为担保物的，属于以虚假的产权证明作担保。在合同诈骗罪中，仍然可能将超出抵押物价值重复担保解释为使用虚假的产权证明作担保。行为人提供了真实的足额担保,但没有履行合同的真实想法,骗取对方财物后转移担保物,导致担保权不能行使的,构成合同诈骗罪。行为是否成立合同诈骗罪与该合同在民法上是否有效,没有关系。骗租汽车后伪造相关证件,再利用骗取的汽车与伪造的相关证件,将汽车“质押”给他人,骗取他人现金的,应以合同诈骗罪同种数罪并罚,或者累计数额以一罪论处(犯罪数额为汽车价值与借款金额的总和)。未达合同诈骗罪立案标准,但达到诈骗罪立案标准的,能以诈骗罪既遂定罪处罚。不能以案件事实属于民事欺诈为由,否认构成刑法上的合同诈骗罪。单纯携物逃匿并非实行行为,只是判断行为人当初有无非法占有目的的一种资料。实行行为仍是当初利用合同形式实施的欺骗行为,取得对方交付的货物、货款、预付款或者担保财产后就成立合同诈骗罪既遂。

条　文

第二百二十四条　【合同诈骗罪】有下列情形之一,以非法占有为目的,在签订、履行合同过程中,骗取对方当事人财物,数额较大的,处三年以下有期徒刑或者拘役,并处或者单处罚金;数额巨大或者有其他严重情节的,处三年以上十年以下有期徒刑,并处罚金;数额特别巨大或者有其他特别严重情节的,处十年以上有期徒刑或者无期徒刑,并处罚金或者没收财产:

(一)以虚构的单位或者冒用他人名义签订合同的;

(二)以伪造、变造、作废的票据或者其他虚假的产权证明作担保的;

(三)没有实际履行能力,以先履行小额合同或者部分履行合同的方法,诱骗对方当事人继续签订和履行合同的;

(四)收受对方当事人给付的货物、货款、预付款或者担保财产后逃匿的;

(五)以其他方法骗取对方当事人财物的。

罪名精释

1. 本罪所保护的法益是什么?

案1:环保局向社会公开招标,让具有污泥处理技术的企业为环保局处理污泥。甲企业不具有处理污泥的技术,却伪造相关资料与环保局签订合同,通过将污泥直接运往外地填埋的方法,从环保局骗取大量污泥处理费用。

该案中,甲企业的行为不仅侵害了环保局的财产,而且扰乱了公平竞争的市场秩序,亦即,导致其他具有污泥处理技术的企业未能正常参与市场活动,侵害了合同诈骗罪的保护法益,应当认定为合同诈骗罪。

合同诈骗罪,是指以非法占有为目的,在签订、履行合同过程中,使用欺骗手段,骗取对方当事人财物,数额较大的行为。经济合同是市场经济活动的重要方式,利用经济合同骗取对方当事人财物的行为,使人们对合同这种交易方式丧失信心,从而侵犯了市场秩序。与此同时,利用经济合同诈骗他人财物的行为,也侵犯了对方当事人的财产。所以,合同诈骗罪所保护的法益是市场秩序与对方当事人的财产。

2. 如何把握第5项“以其他方法骗取对方当事人财物”?

案2:被告人李某通过非正常程序为一客户办理POS机升级,导致该机无法升级而被停用,但李某因为自身经济拮据,明知该机不能使用,仍对客户谎称可以对POS机进行升级。2015年3月,李某将绑定其妻子银行卡的POS机与被害人的POS机进行调换,并将调换后的POS机邮寄给客户使用。2015年5月26日,被害人在不知情的情况下使用该POS机收取货款9万元,次日扣除手续费后的89922元被转入李某妻子的银行卡中,随后李某将该款取出用于个人消费。因发现货款迟迟没有到账且多次联系李某无果,被害人于2017年1月3日向公安局报案。10天后,民警将李某抓获归案。庭审时,被告人李某及其辩护人提出,李某的行为应构成合同诈骗罪。但法院判决认为,李某以非法占有为目的,盗窃他人财物,其行为构成盗窃罪。被告人最初隐瞒真相调换被害人 POS 机并不是为了骗取财物,且被害人对欠款将进入被告人账户也完全不知情,不存在基于错误认识而产生的处分行为,故被告人的行为不构成合同诈骗罪。①

应认为,该案中,被害人并没有因为受骗而处分财产,或者说被害人并没有转移财产的意思。李某之所以取得货款,是其违背被害人的意志将他人占有下的财物转移为自己占有,因而完全符合盗窃罪的构成要件。

诈骗罪的构造是所谓"五步走":欺骗行为→认识错误→处分财产→取得财产→遭受财产损失。合同诈骗罪是诈骗罪的特殊类型,所以必须符合诈骗罪的构造。具体为:行为人在签订、履行合同过程中实施欺骗行为→对方当事人产生认识错误→对方当事人基于认识错误处分财产→行为人或第三者取得财产→对方当事人遭受财产损失。

理解适用合同诈骗罪的每一种行为类型,都必须以符合合同诈骗罪的构造为基础。《刑法》第 224 条第 5 项规定"以其他方法骗取对方当事人财物的",这是合同诈骗罪的兜底规定,并不是所谓扩张性的规定,也不是所谓不明确或抽象性的规定。要求对该兜底规定进行限制解释,既缺乏实质理由,也缺乏形式根据。对兜底规定的解释当然要符合同类解释的规则(前 4 项所规定的行为类型均可谓没有履行合同的诚意),但只要是利用经济合同实施的诈骗行为,符合合同诈骗罪的构造,具有诈骗故意与非法占有目的,倘若不符合前 4 项的规定,就必然符合第 5 项的兜底规定。从司法实践看,其他方法大致包括:(1)虚构货源或其他合同标的、签订空头合同的,如行为人将暂时借来充数、并不属于自己的货物向被害人出示,在取得被害人信任后签订合同骗取货款的,或者将他人的库房作为自己所有的财物指示给被害人的;(2)将违法、犯罪所得财物作为担保物、利用欺骗手段诱使对方签订合同的,如将伪造的货币提供给对方作担保,骗取对方财物的;(3)利用虚假广告和信息,诱人签订合同,骗取中介费、立项费、培训费等费用的;(4)假冒联合经商、投资、合作协作名义,签订合同骗取对方当

① 参见王鑫、王月诗、梁映桃:《偷换客户 POS 机截取货款近 9 万 盗窃手段如此隐蔽要提防》,载《人民法院报》2018 年 5 月 19 日,第 3 版。

事人财物的;(5)采用贿赂手段与国家机关、国有公司、企业、事业单位签订、履行合同骗取国有资产的;(6)行为人作为债务人,向第三人隐瞒未经债权人同意的事实,将合同的义务全部或部分违法转移给第三人,从而逃避债务的,如一些皮包公司以非法占有为目的,在与他人签订供货合同、取得对方当事人货物、定金或部分货款后,采取欺诈方法将合同义务转让给第三人,待被害人发觉上当受骗时仍借故不履行合同义务,亦不返还收取的货物、定金或货款;等等。

3. 应否承认所谓"事后故意"与"事后非法占有目的"?

合同诈骗罪条文第4项规定"收受对方当事人给付的货物、货款、预付款或者担保财产后逃匿的",似乎表明事后单纯携带款物逃匿就能构成合同诈骗罪。应该认为,不能因为该项的规定,就认为诈骗故意与非法占有目的可以产生于财产损害之后,即不能承认所谓事后故意与事后非法占有目的。一方面,根据责任主义原理,故意与主观目的必须存在于行为时,而不能产生于行为后,更不可能产生于结果发生后。另一方面,《刑法》第224条的项前规定已明文要求行为人"以非法占有为目的",即只有"以非法占有为目的,在签订、履行合同过程中""收受对方当事人给付的货物、货款、预付款或者担保财产后逃匿的",才成立合同诈骗罪。而不是任何"收受对方当事人给付的货物、货款、预付款或者担保财产后逃匿的"行为都成立合同诈骗罪。也就是说,在诈骗罪中,对方之所以交付财物,是因为陷入了认识错误,而之所以陷入认识错误,是因为行为人实施了欺诈行为。

质言之,所取得的财物是行为人出于非法占有目的骗来的。因此,行为人在签订、履行合同过程中没有实施任何欺骗行为,确实打算履行合同、也具有履行合同的能力,在收受对方当事人给付的货物、货款、预付款或者担保财产后,产生非法将对方当事人给付的财产据为己有、自己不再履行合同的想法,也没有实施任何欺骗行为,只是单纯逃匿的,不可能成立合同诈骗罪。如果所取得的是所有权保留的财物,行为人产生不法所有目的后携物逃匿的,可以评价为"易占有为所有"的侵占罪。若行为人实施新的欺骗行为,使对方作出了免除债务的承诺,则可能成立免除债务的财产性利益诈骗罪,而不是先前的财物诈骗罪。

4. 如何理解和认定合同诈骗罪中的“合同”？

案 3：某县政府为搞活农业经济，鼓励全县有关人员、企业开发本县境内贫瘠土地，每开发一亩贫瘠土地，县政府补偿人民币 2 万元。该县甲农业公司集体研究决定开发贫瘠土地 300 亩，遂与县政府签订土地开发合同。然而，甲农业公司开发了 300 亩非贫瘠土地，并通过不正当手段获得了开发贫瘠土地 300 亩的虚假证明，骗取了县政府土地开发补偿款 600 万元。

对于该案，有观点认为，甲农业公司利用行政合同，而非市场经济活动中的合同骗取财物，因而不能认定为合同诈骗罪，只能以诈骗罪追究甲农业公司直接责任人员的刑事责任。① 应该认为，甲农业公司虽然利用的是行政合同，但该合同实际上具有经济合同的特点，甲农业公司的行为不只是侵害了财产，而且扰乱了公平竞争的市场秩序，没有理由否认合同诈骗罪的成立。

案 4：乙得知自己的朋友丙（一般公民）有大量存款，便产生诈骗故意。乙声称，自己有一笔绝对赚钱的生意，投资 50 万元后，3 个月内可以赚 100 万元，但自己一时没有 50 万元。希望丙借给自己 30 万元，3 个月后返还 60 万元。乙按上述内容起草了一份书面合同，双方在合同上签字后，丙交付 30 万元给乙，乙获得丙的 30 万元后逃匿。

该案中的乙虽然也利用了合同，但应属于典型的借款诈骗，乙的行为成立普通诈骗罪，而非合同诈骗罪。因为这种行为并不具有扰乱市场秩序的性质。当然，如果乙与丙签订的是投资协议，而不是借款协议，则因为具有扰乱市场秩序的性质，而可能构成合同诈骗罪。

案 5：被告人范某甲在担任某包装厂法定代表人期间，以在某经济技术开发区迎宾大路附近新建厂房为由，指使该厂负责人范某乙筹集资金。之后，范某乙找到尤某借款，尤某以没有抵押物不予借款为由拒绝。被告人范某甲在得知此事后，伪造了位于某小区 1 号楼 6 单元 4 楼的房屋产权证，于 2011 年 9 月间在包装厂的厂房内，由范某乙代表包装厂，以伪造的房屋产权证作抵押，签订了借款协议，骗取尤某人民币 30 万元。此后，范某乙在范

① 参见沙君俊：《论合同诈骗罪的合同》，载《国家检察官学院学报》2003 年第 1 期。

某甲的指使下，以包装厂的名义，在没有任何抵押物的情况下，多次与尤某签订借款协议，骗取人民币25万元。

由于借款协议的内容是为了新建厂房筹集资金，借款人是市场主体，所以，一、二审法院均认定两名被告人的行为构成合同诈骗罪。①

案6：2004年至2005年，被告人梁某某以在义马市第一中学对面开发商品房为名，先后收取张某某等23人2万～4万元不等的预付房款共计68万元。梁某某与受害人约定了楼层及户型，并开具加盖“河南省上蔡县百尺建筑公司”和“梁某某”印章的收据；收款后梁某某一直未建房也未退还预付房款，受害人多次找梁某某催要住房，梁某某以种种理由推辞。2006年1月梁某某携款潜逃，2011年8月9日被公安机关抓获归案。对于本案，一审法院以合同诈骗罪判处梁某某有期徒刑13年，并处罚金30万元。二审法院认为，被告人梁某某虽然与受害人约定了楼层及户型，开具加盖“河南省上蔡县百尺建筑公司”和“梁某某”印章的收据，但是梁某某与受害人没有对所购买的商品房做出具体确定的约定，对购买房屋的约定并不具有明确性、唯一性，故不能确认梁某某的诈骗行为，是在签订、履行购买商品房的合同过程中实施的。梁某某的行为不构成合同诈骗罪，原判以合同诈骗罪对其定罪量刑不当。梁某某以非法占有为目的，以开发商品房为名骗取他人预付房款后逃匿，数额特别巨大，其行为已构成诈骗罪，应以诈骗罪论处。②

应认为，二审法院的判决结论是正确的。虽然二审判决否认合同诈骗罪的理由是梁某某的诈骗行为并非在签订、履行购买商品房的合同过程中实施的，但其实应以双方的约定还没有形成真正的合同为由否认合同诈骗罪的成立。

合同诈骗罪与普通诈骗罪之间是一种特别关系的法条竞合。符合诈骗罪的犯罪构成，且利用了合同的行为，就成立合同诈骗罪。因此，如何理解和认定合同，就成为判断某种行为是否成立合同诈骗罪的一个关键，其中包括合同性质与合同形式两个方面的问题。

---

① 参见吉林省吉林市中级人民法院刑事裁定书，(2018)吉02刑终98号。

② 参见河南省义马市人民法院刑事判决书，(2012)义刑初字第12号；河南省三门峡市中级人民法院刑事判决书，(2012)三刑二终字第14号。

从合同性质来说，合同诈骗罪中的合同，应当是平等市场主体之间签订的、反映市场经济（交易）关系、具有财产交付内容的合同。这是由合同诈骗罪所保护的法益决定的。

首先，部分行政合同实际上是经济合同，可以成为合同诈骗罪中的合同。

行政合同大致包括三类：一是地方政府以及政府部门之间签订的行政协议；二是行政机关与相对人订立的代替行政处理而设立、变更或者消灭行政法权利义务的协议；三是国家作为公共财产所有者与他人订立的合同。除了第一类行政合同以外，第二类、第三类行政合同都可能成为合同诈骗罪中的合同。在行政合同与民事合同没有明确界限的情况下，一概将行政合同排除在合同诈骗罪的合同之外的观点，会人为地增加认定犯罪的难度。概言之，在认定合同诈骗罪时，没有必要先区分合同性质，而是要看行为人利用合同实施诈骗的行为，是否侵害了对方当事人的财产与市场秩序。只要得出肯定结论，就可以认定为合同诈骗罪。

其次，合同诈骗罪中的合同可以包括民间借贷合同。

张明楷教授认为，普通公民之间的借款合同不属于本罪中的合同，但公司、企业利用民间借款合同实施的诈骗行为可能成立合同诈骗罪。[①] 本书认为，不应区分个人与公司、企业，而应从合同内容是否属于市场经济行为以及借款人与出借人是否属于市场主体的角度判断民间借贷合同是否属于本罪中的合同。公民之间的借款合同也可能具有这一特征，从而成立合同诈骗罪。

再次，就违禁品的买卖所签订的合同，不可能成为本罪的合同，但若合同内容针对的是取得经营许可才能买卖的物品，如烟草，则仍然可能属于本罪中的合同。

复次，虽然只有体现经营活动和交易关系的合同，才能成为合同诈骗罪中的合同，但不能据此认为，利用无偿的保管合同、仓储合同、委托合同等实施的行为不可能成立合同诈骗罪。就无偿的保管合同、仓储合同、委托合同而言，只是无须支付对价的一方不可能成立合同诈骗罪，而保管、仓储、受委托的另一方仍然可能成立合同诈骗罪。就赠与合同而言，只是赠与一方不构成合同诈骗罪，但不

① 参见张明楷：《诈骗犯罪论》，法律出版社 2021 年版，第 1027 ~1028 页。

排除受赠一方构成合同诈骗罪。

最后,无论是书面合同还是口头合同,抑或其他形式的合同,都属于《民法典》合同编所确认的合同,没有理由将口头合同排除在合同诈骗罪中的合同之外。不能简单地认为,凡是利用书面合同实施的诈骗行为就成立合同诈骗罪,没有利用书面合同所实施的诈骗行为就成立普通诈骗罪。行为是否成立合同诈骗罪,要看合同的对方当事人(被害人)是不是市场主体,合同内容是不是体现市场经济(交易)关系,是否具有财产交付内容。如果口头合同具备上述特征,也属于合同诈骗罪中的合同。不过,作为欺骗手段的合同必须具备基本的合同要素,抽象的、不明确的约定,不应作为合同诈骗罪中的合同。

5. 行为人虽然客观上具有实际履行合同的能力,但并没有履行合同的想法,实施本罪第3项行为的,应当如何处理?

合同诈骗罪条文第3项规定“没有实际履行能力,以先履行小额合同或者部分履行合同的方法,诱骗对方当事人继续签订和履行合同的”,不能据此认为,只要行为人具有履行合同的能力,就不具有诈骗故意与非法占有目的。正如行为人虽然兜里揣着大把现金,也可以装着要付钱吃饭的意思在餐馆点菜吃饭而能构成(举动)诈骗罪一样。所以,即使行为人具有履行合同的能力,但如果没有履行合同的想法,而以先履行小额合同或者部分履行合同的方法,诱骗对方当事人继续签订和履行合同的,没有理由否认合同诈骗罪的成立。对于这种情形,倘若要适用第3项的规定,就需要对“没有实际履行能力”进行重新解释,使之包括客观上没有实际履行能力与主观上没有实际履行的想法两种情形。应认为,即使从字面含义来说,也可以作出上述解释。或许对上述情形适用第5项的兜底规定更为合适,但无论兜底规定是否具有明确性,在能够通过解释适用该条前4项基本规定的情况下,不宜适用兜底规定。

6. 行为人提供真实有效的产权证明,但该产权被法律规定不得作为担保物的,能否认定为以虚假的产权证明作担保?

《民法典》第399条第3项规定,学校、幼儿园、医疗机构等以公益为目的成立的非营利法人的教育设施、医疗卫生设施和其他社会公益设施不得抵押。倘若某学校将具有产权的教育设施作为抵押担保物，骗取他人财物能否认定为“以虚假的产权证明作担保”的合同诈骗罪？

答案是肯定的。因为虽然行为人提供的产权证明完全是真实的，但相对于抵押担保而言则是无效的。也就是说，由于合同对方当事人不可能就教育设施行使抵押权，该抵押物相对于合同对方当事人而言实际上没有任何价值。既然如此，当然也可以认为行为人提供了虚假的产权证明。同样，这里的“虚假”，并不是指行为人对教育设施这一不动产的产权证明本身是虚假的，而是在抵押的有效性方面是虚假的。

7. 如何区分合同诈骗罪与普通诈骗罪？

从司法实践的角度看，还是有必要区分合同诈骗罪与普通诈骗罪的。首先，既然是合同诈骗罪，就必须是合同本身对欺骗对方当事人进而骗取财物发挥了重要作用。具体而言：(1)合同诈骗罪的成立要求合同本身成为欺骗对方的手段；(2)合同诈骗罪的成立，要求被害人必须是合同的对方当事人，否则只能成立普通诈骗罪；(3)合同诈骗罪的行为人所获得的财产，必须是作为合同标的的财产，如果行为人获得的是合同标的之外的财产，则只能成立普通诈骗罪。反过来说，虽然在诈骗过程中存在合同，但使对方产生认识错误的并非合同，而是合同之外的欺骗行为，应认定为普通诈骗罪。质言之，并非只要有合同就成立合同诈骗罪。

其次，合同诈骗行为必须发生在签订、履行合同的过程中，在此之前或者之后实施诈骗行为的，不能认定为合同诈骗罪。

8. 对于采用其他虚假担保方式，如超出抵押物价值重复担保，从事合同诈骗行为的，应当适用哪一项规定？

案7：A市的某公司负责人甲伙同某银行副行长乙，通过虚构应收账目方式向银行贷款4000万元。借款到期后，甲无力还款。乙建议甲到资金市场拆借6700万元，其中4000万元用于归还上一笔贷款，余下的2700万元作为开出下一笔6700万元承兑汇票的保证金。甲遂找到B市的丙，采取伪造业务往来、重复担保的方式骗得丙的信任，承诺一旦银行放贷就会还款，丙遂同意借款6700万元。甲与丙签协议时，乙口头作出银行在授信期限内按规定继续放贷的承诺，保证一旦收到6700万元后就会继续给甲续贷。丙向乙转款6700万元后，银行划走4000万元用于偿还甲的上期借款，将本来作为开出下笔承兑汇票保证金的2700万元返还给丙，拒绝再借款给甲。甲无力还款，导致丙损失4000万元。

很显然，该案中甲、乙对丙构成合同诈骗罪的共犯。其中，甲对丙采用了重复担保方式，且该重复担保行为对合同诈骗既遂起到了重要作用。问题是，超出抵押物价值重复担保是否属于使用虚假的证明文件作担保？

合同诈骗罪第2项规定的“以伪造、变造、作废的票据或者其他虚假的产权证明作担保的”，只是虚假担保或者不真实担保的部分表现形式。对于采用其他虚假担保方式从事合同诈骗行为的，如超出抵押物价值重复担保，应当适用哪一项规定，就成为问题。

应该认为，虽然因为《刑法》第193条贷款诈骗罪明文规定了“使用虚假的产权证明作担保或者超出抵押物价值重复担保”，而应认为“超出抵押物价值重复担保”不属于“使用虚假的产权证明作担保”，但刑法用语具有相对性，在合同诈骗罪中仍然可能将超出抵押物价值重复担保解释为使用虚假的产权证明作担保。可以说，此时的“虚假”并非房屋本身在物理上是否存在的虚假，而是房屋是否已被抵押的虚假，是否具有抵押物价值的虚假。基于同样的理由，将所有权、使用权不明或者有争议的财产作担保的，将依法被查封、扣押、监管的财产作担保的，都应当认定为以虚假的产权证明作担保。

9. 行为人提供了真实的足额担保，但没有履行合同的真实想法，骗取对方财物后转移担保物，导致担保权不能行使的，构成合同诈骗罪吗？

由于行为人提供了真实的足额担保，不能认定为“以虚假的产权证明作担保”。虽然行为人提供了真实的足额担保，但行为人具有非法占有目的和不履行合同的想法，完全符合合同诈骗罪的构造，这种合同诈骗行为如果不符合合同诈骗罪中前4项中的其他规定，则只能适用第5项“以其他方法骗取对方当事人财物的”的兜底规定对行为人的行为进行认定构成合同诈骗罪。

10. 行为是否成立合同诈骗罪，与该合同在民法上是否有效，有关系吗？

行为是否成立合同诈骗罪，与该合同在民法上是否有效是两个不同的问题，不能因为合同有效就否认合同诈骗罪的成立，也不能因为合同无效就肯定合同诈骗罪的成立。也就是说，合同诈骗罪的成立不以合同无效为前提。

11. 骗租汽车后伪造相关证件，再利用骗取的汽车与伪造的相关证件，将汽车“质押”给他人，骗取他人现金的，如何处理？

案8：被告人甲利用虚假身份信息向汽车租赁公司租一辆价值20万元的车辆，然后伪造证件，将所租汽车向乙质押后借款10万元。

该案中，存在两个被害人和两个被害内容。甲骗租汽车的被害人是汽车租赁公司，被害内容是汽车本身。甲用骗租的汽车质押借款，被害人是乙，被害内容是10万元借款。前一个行为成立（合同）诈骗罪。关于后一个行为，张明楷教授认为，虽然用了虚假的产权证明作担保，但从合同内容以及双方当事人的主体地位来看，难以认为其行为扰乱了市场秩序，故不宜认定为合同诈骗罪，而宜认定为诈骗罪。关于应否数罪并罚，张明楷教授认为，实行数罪并罚并无不当之处，但由于我国《刑法》分则规定的法定刑过重，又由于这类案件越来越多，即可以认为被告人的手段行为与目的行为之间具有通常的类型性。因此，以牵连犯从一重罪处罚是可以接受的。①

本书认为，既然存在两个行为、两个被害人、两个被害内容，无论认为前后行为是构成合同诈骗罪还是诈骗罪，都应数罪并罚。该案实际上也利用了合同的形式，难以认为行为没有扰乱市场秩序，所以前后两个行为都可以评价为合同诈骗罪，应以合同诈骗罪同种数罪并罚，或者累计数额以一罪论处（犯罪数额为汽车价值与借款金额的总和）。

---

① 参见张明楷：《诈骗犯罪论》，法律出版社2021年版，第1037页。

12. 未达合同诈骗罪立案标准，但达到诈骗罪立案标准的，能否以诈骗罪定罪处罚？

虽然《刑法》第266条诈骗罪条文存在“本法另有规定的，依照规定”的规定，但既然未达合同诈骗罪立案标准，就不属于“另有规定”，达到诈骗罪立案标准而以诈骗罪定罪处罚，就不违反“本法另有规定的，依照规定”的规定。如果认为司法解释关于合同诈骗罪与诈骗罪的立案标准的差别性规定存在合理性，也可以说，立法者只是根据行为对主要法益的侵害程度配置法定刑，但行为对次要法益的侵害超出了根据主要法益侵害程度所配置的法定刑所能评价的程度，就完全可以而且应当以行为对次要法益的侵害所触犯的罪名进行评价。正如盗伐林木的木材体积没有达到盗伐林木罪的立案标准（2立方米以上），但所盗伐的林木价值达到盗窃罪的立案标准，没有理由不以盗窃罪进行评价一样。因此，未达合同诈骗罪立案标准，但达到诈骗罪立案标准的，可以诈骗罪定罪处罚。如果行为人利用合同进行诈骗，主观有骗取数额较大财物的意图，客观上也存在骗取数额较大财物的可能性，则还能成立合同诈骗罪的未遂，与诈骗罪的既遂形成竞合，从一重处罚即可。

13. 能否以案件事实属于民事欺诈为由，而否认其构成刑法上的合同诈骗罪？

民法上的民事欺诈概念，并没有将合同诈骗排除在外，而是包括了刑法上的合同诈骗行为。民事欺诈与合同诈骗其实是一种包容关系，合同诈骗只是民事欺诈中的特殊情形。既然如此，就不应讨论二者之间的区别或者界限问题。不能认为，只要在民法上得出了案件事实属于民事欺诈的结论，就不能从刑法上得出案件事实构成合同诈骗罪的结论。认为民事欺诈案件不构成犯罪的观点，可谓没有以刑法规范为指导归纳案件事实，使以民法规范为指导的归纳与判断，取代了以刑法规范为指导的归纳与判断。如果认为，只要某种案件事实符合其他法律的规定，就不得再适用刑法，那么，刑法必然成为一纸空文。所以，以案件事实符合其他法律为由否认其符合刑法规定的构成要件，并不妥当。基于同样的理由，以案件事实属于民事欺诈为由否认其构成刑法上的合同诈骗罪，明显不当。

所谓民事违法与刑事犯罪的界限，基本上是一个假问题。所谓合同诈骗罪与民事欺诈的界限，实际上只能是诈骗罪与不构成诈骗罪的民事欺诈的界限。于是，问题仅在于，以什么为标准将民事欺诈中构成合同诈骗罪的行为挑选出来以犯罪论处。显然，凡是符合了合同诈骗罪成立条件的行为，就成立合同诈骗罪。所以，有关合同诈骗与民事欺诈的关系，重要的并非二者之间的界限，而是行为是否符合合同诈骗罪的构成要件。如果得出肯定结论，行为就构成合同诈骗罪，此时不得以行为属于民事欺诈为由，否认合同诈骗罪的成立。

不能认为，诈骗必须是“空手套白狼”，合同诈骗罪的成立必须表现为没有交易的情形，只要行为人与对方当事人实施了一定的交易行为，就不成立合同诈骗罪。这是因为，诈骗罪原本大多发生在交易过程中，如果行为人具有非法占有目的，不履行合同所要求的义务，即使表面上为被害人实施了某种行为或者存在交易行为，也不能据此否认合同诈骗罪的成立。不能认为，只要行为人有履行合同的行为，就不成立合同诈骗罪。有履行合同规定的行为，并不能直接否认欺骗行为。况且，外表上的履行合同的行为，完全可能是掩盖合同诈骗的手段。所以，需要根据全部案情判断行为人的行为是否符合合同诈骗罪的成立条件。不能认为，合同诈骗与民事欺诈的关键区别在于行为人有无非法占有目的，因为民法并没有将非法占有目的排除在民事欺诈之外。不能认为，只要可以按民事欺诈处理，就不能认定为合同诈骗罪。

总之，无论案件事实是否属于民法上的民事欺诈，只要其与刑法规定的犯罪构成相符合，就能够适用刑法。

14. 第 4 项的既遂标准和实行行为是什么？

案 9：2015 年 5 月 15 日，被告人郑某为偿还个人债务，向被害单位回民区合生创展钢铁经销部业务经理卫某（被害单位的实际投资、经营、管理和收益人）谎称要购买钢材，双方约定以支票进行结算，不赊欠。2015 年 5 月 16 日，郑某与被害单位业务员姚某签订销货清单后，从被害单位将价值 358999 元的 165.747 吨钢材拉走，未支付货款，其中 120 吨抵账用于偿还个人债务,剩余变卖。2015年5月17日,郑某明知自己的内蒙古闽泰贸易有限公司账户资金不足,以内蒙古闽泰贸易有限公司的名义给被害单位回民区合生创展钢铁经销部开具了一张金额为358999元的转账支票,在支票上加盖了内蒙古闽泰贸易有限公司财务专用章及郑某的个人印章。2015年5月25日,经银行验印与查询,支票上加盖的印鉴与企业开户时预留的印鉴不符,且出票时账户余额不足,无法正常付款。后郑某手机关机,并将自己隐匿起来。对于该案,一、二审法院均认定郑某的行为构成合同诈骗罪。①

该案之所以能够认定郑某的行为成立合同诈骗罪,是因为郑某一开始就没有履行合同的想法或者没有履行合同的能力,却欺骗他人与其签订合同,诱使对方当事人交付财物。郑某事后隐匿的行为,不是合同诈骗罪的构成要件行为,只是表明其具有诈骗故意与非法占有目的的判断资料。

应该认为,单纯携物逃匿并非实行行为,只是判断行为人当初有无非法占有目的的一种资料。实行行为仍是当初利用合同形式实施的欺骗行为,取得对方交付的货物、货款、预付款或者担保财产后就成立合同诈骗罪既遂。

第五节　组织、领导传销活动罪

·导　读·

《刑法修正案(七)》增设组织、领导传销活动罪,目的不在于处罚传销活动中的诈骗行为,而在于处罚诈骗型传销活动(组织)的组织、领导行为。组织、领导传销活动罪的实行行为是组织、领导诈骗型传销活动的行为,故参与传销的行为不能成立本罪,只可能成立集资诈骗罪、诈骗罪等其他犯罪。组织、领导传销活动罪所禁止的传销活动,是指组织者、领导者通过收取"入门费"来非法获取利益的行为。只要行为人组织、领导的传销活动具

① 参见内蒙古自治区呼和浩特市中级人民法院刑事裁定书,(2018)内01刑终56号。

有骗取财物的性质,或者在客观上足以骗取他人财物,就成立组织、领导传销活动罪。如果行为人组织、领导的是提供商品与服务的传销活动(组织),则不可能成立本罪。不能简单地认为"团队计酬"式传销活动就是刑法规制的对象,关键是看这种"团队计酬"式传销活动的运作模式、利润来源、计酬返利依据。本罪与集资诈骗罪、诈骗罪之间存在竞合,从一重处罚即可。

条　文

第二百二十四条之一　【组织、领导传销活动罪】组织、领导以推销商品、提供服务等经营活动为名,要求参加者以缴纳费用或者购买商品、服务等方式获得加入资格,并按照一定顺序组成层级,直接或者间接以发展人员的数量作为计酬或者返利依据,引诱、胁迫参加者继续发展他人参加,骗取财物,扰乱经济社会秩序的传销活动的,处五年以下有期徒刑或者拘役,并处罚金;情节严重的,处五年以上有期徒刑,并处罚金。

罪名精释

1. 本罪的立法目的是什么?

在传销刚刚进入我国的时候,主要以传销商品为主,参与人员用高于商品价值几倍甚至几十倍的价格购买商品,取得发展下线的资格,然后从所有各级下线购买的商品中,以"滚雪球"的方式按照一定比例获取自己的销售收入。但发展到后来,传销组织(活动)不再要求传销人员销售或者购买商品,而只要求缴纳一定的"入门费"取得入门发展下线的资格,并直接按照发展下线的人数获得报酬。这种以发展的人头多少为基本计酬依据的传销方式,被形象地称为"拉人头"。目前这种"拉人头"式的传销方式已经占据所有传销的绝大部分。这种"拉人头"式传销,欺骗他人发展人员或者缴纳一定的费用,才能取得入门资格,既没有商品,也不提供服务,即使存在商品交易,商品也只是道具、幌子。

传销组织许诺或者支付给参加者的回报,来自参加者的“入门费”。由于组织者、领导者需要给参加者一定的返利,所以,要保证传销组织的生存,就必须不断成倍地增加参加者。然而,由于参加者不可能无限量地增加,所以资金链必然断裂,刚参加的人或者最低层级的参加者,就必然成为受害者。由于靠“拉人头”获利,在暴利的驱使下,往往采取引诱、胁迫的方式拉亲戚朋友甚至兄弟姐妹、恋人“入门”,“入门”后组织者、领导者为了维护传销组织的稳定和推动传销活动的开展,往往采取非法拘禁、伤害、强奸等侵害人身自由和身体安全的暴力手段,从而严重影响社会稳定。

在《刑法修正案(七)》增设本罪之前,对于以“拉人头”、收取“入门费”的方式组织传销的违法犯罪活动,司法实践中一般按照非法经营罪、诈骗罪、集资诈骗罪来追究行为人的刑事责任。不过,由于不存在真实的商品交易,实际上也没有“经营活动”,难以适用非法经营罪对传销组织(活动)进行打击,从而给办案带来了困难。可以说,在设立组织、领导传销活动罪之前,就已经可以处罚传销活动中的诈骗行为了。所以,《刑法修正案(七)》专门增设组织、领导传销活动罪,目的不在于处罚传销活动中的诈骗行为,而在于处罚诈骗型传销活动(组织)的组织、领导行为。这就是组织、领导传销活动罪的立法宗旨与目的。

2. 如何认定诈骗型传销活动(组织)?

由于组织、领导传销活动罪所禁止的诈骗型传销活动也属于传销,所以在实践中,传销活动通常都极具迷惑性,而且也会在形式上表现出经营活动的特征,那么,应当如何判断一种经营活动是否属于刑法所禁止的诈骗型传销活动(组织)呢?对此,除了满足人数、层级等方面的条件外,还可以逐步进行以下判断:

首先,判断是否存在商品(包括服务),如果没有商品,符合其他条件的,基本上就可以认定为诈骗型传销活动。

其次,倘若存在商品,则需要进一步判断商品是不是道具(如商品存在于何处、有没有人消费该商品)。如果商品只是道具(如事实上不转移商品,或者名义上转移占有与所有),符合其他条件的,则应认定为诈骗型传销活动。

再次,判断商品发生占有转移时,需要判断是仅转移给参与传销的人员,还是会转移给真正的消费者。如果仅仅在传销活动的参与者之间转移，参与者并不以使用商品为目的，而是为了获得参加资格，并符合其他条件的，也应认定为诈骗型传销活动。

复次，倘若有部分商品转移给真正的消费者时，则需要判断真正的消费者与传销人员的比例，如果大多数商品都是传销人员的道具，只有少数商品转移给真正的消费者时，符合其他条件的，也属于诈骗型传销活动。

最后，倘若有部分商品转移给真正的消费者时，还需要进一步判断行为人是主要通过销售商品获利，还是主要通过收取“入门费”获利。倘若主要通过收取“入门费”获利，符合其他条件，也应认定为诈骗型传销。

总之，是否属于刑法所禁止的传销活动（组织），关键是看其利润的来源是否可持续。若存在真实的商品（包括服务）销售，利润来源于商品销售，以商品销售的数量或者业绩作为计酬或者返利的依据，这种传销就是可持续的，不是刑法禁止的对象。相反，不是以真实的商品销售形成利润，而是以“拉人头”获得的“入门费”作为利润来源和计酬返利的依据，则必然是不可持续的，而成为刑法所打击的对象——诈骗型传销活动（组织）。

3. 何谓本罪的实行行为，参与传销的行为是否成立本罪？

由于诈骗型传销活动（组织）危害社会经济秩序，所以刑法将对诈骗型传销活动（组织）进行组织、领导的行为作为处罚对象。组织、领导传销活动罪的实行行为是组织、领导诈骗型传销活动的行为，故参与传销的行为不能成立本罪，只能成立集资诈骗罪、诈骗罪等其他犯罪。

4. 本罪所规制的是何种性质的传销活动？

传销活动有两类。一类是早期的原始型传销，传销的是商品，以销售商品的数量作为计酬或者返利依据。也就是说，这种传销活动的利润源于实际的商品销售业绩，是真实的、可持续的。组织、领导这类传销活动的，不成立组织、领导传销活动罪。2013 年 11 月 14 日最高人民法院、最高人民检察院、公安部《关于办理组织领导传销活动刑事案件适用法律若干问题的意见》（以下简称《传销意见》)第5条第2款也明确指出,以销售商品为目的、以销售业绩为计酬依据的单纯的“团队计酬”式传销活动,不作为犯罪处理。不过,司法实践中仍然存在不少将这种行为认定为组织、领导传销活动罪的情况,这明显是错误的。

另一类是诈骗型传销,传销的不是真正的商品,只是以发展人员的数量作为计酬或者返利依据,也就是“拉人头”。组织、领导传销活动罪,针对的就是这种传销活动。也就是说,组织、领导传销活动罪所禁止的传销活动,是指组织者、领导者通过收取“入门费”来非法获取利益的行为。加入传销活动的人要么直接缴纳“入门费”,要么以购买商品、服务等为名获得加入资格。而在后一种情形下,商品和服务要么只是名义上的或者虚拟的,要么就是有真实内容但物非所值,参加者购买它们,只是为了获得加入传销组织的资格。加入后参加者要通过发展下线,而不是通过销售商品来获取利益。所以,层级越高的参加者获利越多,上层跑路或者传销组织被公安机关查获时,层级最低的参加者就会成为受害者。

5. 如何理解和认定本罪中的“骗取财物”?

案1:2011年6月,被告人叶某生等人成立宝乔公司,先后开发“经销商管理系统网站”“金乔网商城网站”(以下简称金乔网),并以网络为平台,或通过招商会、论坛等形式,宣传、推广金乔网的经营模式。金乔网的经营模式是:(1)经上线经销商会员推荐并缴纳保证金成为经销商会员,无须购买商品,只需发展下线经销商,根据直接或者间接发展下线人数获得推荐奖金,晋升级别成为股权会员,享受股权分红。(2)经销商会员或消费者在金乔网经销商会员处购物消费满120元以上,向宝乔公司支付消费金额10%的现金,即可注册成为返利会员参与消费额双倍返利,可获一倍现金返利和一倍的金乔币(虚拟电子货币)返利。(3)金乔网在全国各地设立省、地区、县(市、区)三级区域运管中心,各运管中心设区域代理,由经销商会员负责本区域会员的发展和管理,享受区域范围内不同种类业绩一定比例的提成奖励。2011年11月,被告人叶某松经他人推荐加入金乔网,缴纳三份保证金并注册了三个经销商会员。因发展会员积极,经金乔网审批成为浙江省区域总代理，负责金乔网在浙江省的推广和发展。截至案发，金乔网注册会员 3 万余人，其中注册经销商会员 1.8 万余人。在全国各地发展省、地区、县三级区域代理 300 余家，涉案金额 1.5 亿余元。其中，叶某松直接或间接发展下线经销商会员 1886 人，收取浙江省区域会员保证金、参与返利的消费额 10% 现金、区域代理费等共计 3000 余万元，并通过银行转汇给叶某生。叶某松通过抽取保证金、推荐奖金、股权分红、消费返利等提成的方式非法获利 70 余万元。

该案中，注册成为金乔网会员需缴纳诚信保证金 7200 元，成为会员后发展一个经销商就可以获得奖励 1250 元；参与返利，消费要达到 120 元以上，并向公司缴纳 10% 的消费款。保证金及 10% 的消费款显然就是“入门费”。除了收取的保证金和 10% 的消费款费用，金乔网并无其他经营活动，其利润及资金的真实来源系后加入人员缴纳的费用。如果没有新的人员加入，根本不可能维持其“经营活动”的运转，符合传销活动骗取财物的本质特征。[①] 被告人叶某松于 2011 年 11 月加入金乔网，缴纳三份保证金并注册了三个经销商会员号。如果他不发展会员，就成为被害人。但由于叶某松积极发展会员，成为浙江省区域总代理，骗取了他人财物，因而成为被告人。

《刑法》第 224 条之一明确将“骗取财物”规定为组织、领导传销活动罪的成立条件。问题是，如何理解和认定“骗取财物”？是否一定要有具体的被害人被骗取了财物，才能成立本罪？

应该认为，本罪中的“骗取财物”只是对诈骗型传销活动（组织）性质的描述，是诈骗型传销活动（组织）的特征。也就是说，只要行为人组织、领导的传销活动具有骗取财物的性质，或者在客观上足以骗取他人财物，就成立组织、领导传销活动罪［如果行为人组织、领导的是提供商品与服务的传销活动（组织），则不可能成立本罪］。这里的骗取财物，不要求客观上已经骗取了他人的财物，而是指这个组织的发展模式一定会导向骗取财物这个结果。这背后的道理很简单，因为传销组织许诺或者支付参与者的回报来自参与者的“入门费”，而且需

① 叶某生等组织、领导传销活动案，参见最高人民检察院指导案例 41 号（2018 年）。

要给参与者一定的返利。所以,要保证传销组织的生存,就必须不断地成倍增加参与者。然而,参与者是不可能无限量地增加的,所以资金链必然会断裂,资金链断裂时,刚加入的人或者最低层级的参与者,就必然成为受害者。因此,即使是在资金链断裂之前,这样的组织也已经具备了骗取财物的特征,已经构成了组织、领导传销活动罪,而无须等资金链断裂之后才认定为犯罪。

在本罪增设之前,对于骗取财物的传销活动,都是以集资诈骗罪、诈骗罪等罪名处罚的。所以,《刑法修正案(七)》专门增设本罪,目的在于处罚诈骗型传销活动中的组织、领导行为。"骗取财物"只是这种传销活动(组织)的特征。

6. 如何评价所谓"团队计酬"式传销活动?

案2:罗麦公司系国家商务部核准的直销企业,"青春定格原液"为该公司直销产品。2012年年初,郭某甲以恒旭公司名义与罗麦公司达成合作协议,由其负责销售"青春定格原液"等美容产品。郭某甲接受销售"青春定格原液"后,改变经营模式,旗下经销商由代理制改为会员制。具体方式为:"青春定格原液"零售价1680元/支,会员价796元/支,每5支"青春定格原液"为1套产品,至少购买1套产品才能成为会员。购买了1套产品(3980元)成为普通会员,可以按会员价消费产品,但不享有发展下线资格,没有返利;购买2套(7960元)、6套(23880元)、10套(39800元)产品分别成为钻石会员、小加盟店、大加盟店后可以发展下线。采用"倍增"方式发展下线会员,但一个会员只能发展2个直接下线会员,再发展的会员只能按照上述模式成为自己下线会员的会员,并按照加入先后顺序形成上下级关系,依此类推,无限发展。2个下线会员称为上级会员的2个市场,其中销售业绩相对较差的下线会员称为小市场。会员按照发展下线的业绩计酬返利,具体为:(1)报单奖(又称直推奖)。直接发展1名会员,可获得该会员加入时购买产品的金额10%的返利。(2)销售奖。按照小市场每周新增销售业绩5%计算,每周8万元封顶。(3)市场管理奖(领导奖)。按直推会员以下三代会员销售业绩的5%计算,上不封顶。(4)福利奖。销售额12万元晋升为经理,奖励手机1部;销售额达到36万元晋升为高级经理,奖励笔记本电脑1台；销售金额达到120万元晋升为总监，奖励海外游1次；销售额达到800万元晋升为董事，奖励10万元车补；销售额达到2400万元晋升为银董，奖励40万元房补；销售额达到4800万元晋升为金董，奖励50万元豪车补贴。为了便于"青春定格原液"的销售以及对会员的管理、服务，郭某甲相继在互联网设立了OA订货系统和恒易系统。新会员加入后，在OA订货系统取得相应的编号和密码，发展下线会员后在OA订货系统增加相应的积分，1分积分对应人民币1元。积分可直接兑换成现金进入对应的银行账户，也可在发展下线时用积分为会员报单，直接收取现金。会员之间可相互买卖、拆借积分，将积分兑换成现金或产品。多名被告人加入其中，成为组织者、领导者。

对于该案，被告人及辩护人提出，其行为系传销行为，但是以销售商品为目的，以销售业绩为计酬依据的单纯的"团队计酬"式传销活动，不应作为犯罪处理。法院认为，上线会员的计酬依据虽与下线会员的销售业绩有关，但主要以发展下线的人数为主。第一，下线会员无论自己消费多少金额产品不计入销售业绩，上线也无报酬；第二，下线会员即使销售了产品，但如果不与新会员挂钩也只能作为自己消费，会员本人与上线均无报酬；第三，下线销售业绩总量不变时，如果上线会员的两个市场做得不平衡，其报酬会有很大差别，甚至没有报酬，只有当两个市场做到均衡时，上线的报酬才能最大化。因此，下线的销售业绩与上线的报酬并不当然成正比，不是计酬的主要依据。所以，被告人的行为并非以销售商品为目的，以销售业绩作为计酬依据的单纯的"团队计酬"式传销活动，其辩解、辩护意见不能成立，进而认定组织者、领导者成立组织、领导传销活动罪。①

案3：2014年11月，被告人程某成立了康健环保科技有限公司（以下简称康健公司），汪某是该公司股东。公司成立后，程某聘请申某制作开发了康健管理系统，建成具有返利制度的传销模式：用户支付2700元购买一台康健净水机（与市场价相当），即可在康健管理系统注册成为康健公司会员，购买3万元的康健净水机即可成为康健公司旗下社区服务站，购买30

① 参见湖北省松滋市人民法院刑事判决书，（2015）鄂松滋刑初字00119号。

万元的康健净水机则可成为康健公司旗下县区服务中心。康健公司根据会员、服务站与服务中心销售净水机的数量支付推荐奖、管理奖。

该案属于典型的以销售商品为目的、以销售业绩为计酬依据的“团队计酬”式传销活动,不能作为犯罪处理。对此,前述《传销意见》也有明确规定。

需要强调的是,如果确实是以销售商品为目的、以销售业绩为计酬依据的单纯的“团队计酬”式传销活动,司法机关不能以商品销售价格明显高于成本价为由,将该活动认定为组织、领导传销活动罪。

但是,形式上采取“团队计酬”方式,但实质上属于“以发展人员的数量作为计酬或者返利依据”的传销活动,应当以组织、领导传销活动罪定罪处罚。因为在这种场合,表面上是按销售业绩等计酬,但实际上所销售的商品或者服务没有实际价值与意义,参与人员以及购买人员不是为了接受商品与服务,而是为了通过发展人员获利,故属于诈骗型传销活动。

总之,不能简单地认为“团队计酬”式传销活动就是刑法规制的对象,关键是看这种“团队计酬”式传销活动的运作模式、利润来源、计酬返利依据。

7. 将受过刑事处罚、行政处罚、造成参与传销活动人员精神失常、自杀结果的认定为“情节严重”的司法解释规定,有无疑问?

应该认为,受过刑事处罚、行政处罚又犯罪的,只是反映再犯罪可能性大小的预防要素,不是反映不法程度的要素。《刑法》分则中无论是作为基本犯的情节严重,还是作为加重犯的情节严重,都只能是客观方面的反映法益侵害程度的要素。而司法解释的上述规定显然混淆了预防要素与不法要素,这是明显错误的。至于造成参与传销活动人员精神失常、自杀等严重后果,由于传销活动(组织)通常伴随非法拘禁、故意伤害等行为,参与人员精神失常、自杀并不异常,而且本罪的法定刑高达15年有期徒刑,所以将这些结果评价为该罪的情节严重,并没有超出该罪构成要件和法定刑所能评价的范畴。

8. 本罪与集资诈骗罪、诈骗罪之间是什么关系?

案4:2010年12月,徐某与王某经过预谋,虚拟网上电子基金,欲通过出售美元的方式骗取资金。他们先找到了电子基金网络蓝本，并租用美国服务器，然后指使闫某编制“美国科技基金”网站。随后，徐某、王某在该网站最高端根节点，虚构150万美元，承诺投资100～1000美元者，可得50次返利，每天可得投资额的4%，总计可获投资额的200%；投资1100～3000美元者，可得50次返利，每天可得投资额的5%，总计可获投资额的250%；投资3100～5000美元者，可得50次返利，每天可得投资额的6%，总计可获取投资额的300%。被告人还以“推荐红利奖”“推荐培育奖”等鼓励投资者发展下线。从2010年12月中旬至2011年1月，徐某在浙江杭州、宁波、绍兴、江苏镇江等地通过他人发展投资者，伙同王某、闫某从被害人处共计骗取资金人民币888.5万余元。某市中级人民法院以集资诈骗罪判处徐某死刑，缓期2年执行，判处王某无期徒刑，闫某8年有期徒刑。

该案中上述被告人的行为既符合组织、领导传销活动罪的构成要件，也符合集资诈骗罪的构成要件，二者形成竞合，法院以集资诈骗罪判处被告人刑罚是正确的。

“骗取财物”只是诈骗型传销活动（组织）的特征，不需要行为人实际骗取了财物才成立组织、领导传销活动罪。当行为人实际骗取了财物时，除成立本罪外，还成立集资诈骗罪、诈骗罪等罪。由于只有一个行为，对于组织者、领导者而言，应作为想象竞合犯处理，从一重处罚；对于参与者而言，只能成立集资诈骗罪、诈骗罪等罪，不能成立本罪。

9. 本罪与故意伤害、非法拘禁、敲诈勒索、妨害公务、聚众扰乱社会秩序、聚众冲击国家机关、聚众扰乱公共场所秩序、交通秩序罪等罪之间，是什么关系？

在组织、领导传销活动（组织）过程中，通常伴随故意伤害、非法拘禁、敲诈勒索、聚众扰乱社会秩序、聚众冲击国家机关、聚众扰乱公共场所秩序、交通秩序犯罪行为，由于这些行为通常是组织、领导传销活动行为之外实施的，可以认为存在数个行为，侵害了数个法益，如组织、领导传销活动过程中实施非法拘禁、故意伤害行为，应当以本罪与非法拘禁罪、故意伤害罪等罪实行数罪并罚。

第六节 非法经营罪

·导 读·

“其他严重扰乱市场秩序的非法经营行为”的规定使该罪成为新型“口袋罪”。应对本罪构成要件行为进行实质的解释，将没有严重扰乱市场秩序的行为排除在本罪构成要件之外。将使用POS机套现认定为本罪的司法解释规定，存在疑问。应将本罪理解为职业犯、营业犯，经营行为必须是反复继续实施的行为，行为人主观上必须具有反复继续实施的意思。不宜添加“以营利为目的”这一主观要素。

条 文

第二百二十五条 【非法经营罪】违反国家规定，有下列非法经营行为之一，扰乱市场秩序，情节严重的，处五年以下有期徒刑或者拘役，并处或者单处违法所得一倍以上五倍以下罚金；情节特别严重的，处五年以上有期徒刑，并处违法所得一倍以上五倍以下罚金或者没收财产：

（一）未经许可经营法律、行政法规规定的专营、专卖物品或者其他限制买卖的物品的；

（二）买卖进出口许可证、进出口原产地证明以及其他法律、行政法规规定的经营许可证或者批准文件的；

（三）未经国家有关主管部门批准非法经营证券、期货、保险业务的，或者非法从事资金支付结算业务的；

（四）其他严重扰乱市场秩序的非法经营行为。

罪名精释

1. 该罪何以在废除投机倒把罪之后成为新型“口袋罪”？

该罪属于《刑法》分则第三章破坏社会主义市场经济罪第八节扰乱市场秩序罪的罪名，其第 4 项明确规定“其他严重扰乱市场秩序的非法经营行为”，由此可以得出本罪所保护的法益就是社会主义市场经济条件下的正常经营秩序。1979 年《刑法》中曾规定作为典型“口袋罪”的“投机倒把罪”。1997 年全面修订《刑法》的宗旨就是追求构成要件的明确化，为此将原来投机倒把罪所规制的情形拆解成生产、销售伪劣商品罪、强迫交易罪等多个罪名，但立法者担心挂一漏万，于是保留了非法经营罪这一罪名。虽然该罪的前 3 项因为具体描述了构成要件行为，而只需要在“国家规定”中存在明确的一般禁止性规定即可，但就最后一项而言，由于法条缺乏构成要件行为的具体描述，所以需要“国家规定”中存在对具体行为的禁止性规定，才能认定为非法经营罪。而问题就在于，“国家规定”中是否存在对具体行为的禁止性规定，即何谓“其他严重扰乱市场秩序的非法经营行为”，这也正是该罪成为新型“口袋罪”的根源。

2. 如何认定该罪的四种行为类型？

《刑法》第 225 条非法经营罪规定了 4 项即 4 种行为类型。

(1)未经许可经营法律、行政法规规定的专营、专卖物品或者其他限制买卖的物品。

所谓未经许可，是指未经有关主管部门许可。所经营的物品只限于法律与行政法规规定的专营、专卖物品或者其他限制买卖的物品。成立本罪必须以违反国家规定为前提，不能仅因未经许可就认定经营行为为犯罪。对于何谓专营专卖物品，相对比较明确；而对于何谓限制买卖的物品，范围往往不够明确，所以必须予以严格限制。对于取得了许可，只是超过经营范围的行为，不应认定为非法经营罪。对于仅有可能适用第 225 条第 4 项的行为，不能因为最终不符合第 4 项的规定，或者怕麻烦不愿意逐级请示最高人民法院，就适用第 1 项的规定。例如，对于未经批准进口药品，不足以严重危害人体健康的，连法定刑相对较轻的妨害药品管理罪都不构成，反而适用本罪第1项规定，以法定刑更重的非法经营罪定罪处罚。概言之，司法机关不仅要防止本罪的第4项成为“口袋罪”，也要防止第1项成为“口袋罪”。

（2）买卖进出口许可证、进出口原产地证明以及其他法律、行政法规规定的经营许可证或者批准文件。

这些所谓进出口许可证、进出口原产地证明、经营许可证和批准文件，均属于国家机关公文、证件。而买卖国家机关公文、证件的，构成《刑法》第280条规定的买卖国家机关公文、证件罪。所以，为了与买卖国家机关公文、证件罪相区分，必须将本罪中的“买卖”限定为买进并卖出、将买卖作为经营的行为。也就是说，只有以反复继续实施买卖行为的意思买卖上述许可证、证明与批准文件的，才能认定为非法“经营”罪。仅购买或者仅出卖，或者虽然既买又卖，但没有将买卖作为经营活动，即偶尔买卖的，应当按照《刑法》第280条的规定，以买卖国家公文、证件罪追究刑事责任。

（3）未经国家有关主管部门批准非法经营证券、期货、保险业务的，或者非法从事资金支付结算业务。

经营证券、期货、保险业务或者从事资金支付结算业务，都必须经过国家有关主管部门批准。证券、期货、保险业务的范围容易确定，但“资金支付结算业务”的范围则容易被不当扩大。为此，2019年《关于办理非法从事资金支付结算业务、非法买卖外汇刑事案件适用法律若干问题的解释》以及最高人民检察院公诉厅《关于办理涉互联网金融犯罪案件有关问题座谈会纪要》进行了明确。

（4）其他严重扰乱市场秩序的非法经营行为。

本项作为非法经营罪的兜底性条款，缺乏明确性。一方面，经营行为的范围广泛，哪些行为严重扰乱市场秩序，并不明确。另一方面，前3项行为并不具有同类性，难以根据前3项行为进行同类解释。正因为如此，以往的司法实践明显扩大了本项的适用范围。为此，最高人民法院2011年发布了《关于准确理解和适用刑法中“国家规定”的有关问题的通知》，对何谓“违反国家规定”进行了明确。据此，由国务院各部委发布的部门规章，即使经国务院批准，但如果不是以国务院办公厅名义制发且符合上述通知规定的条件，就不能被认定为“国家规定”。也就是说，不能简单地以“经国务院批准”为由将部门规章认定为“国家规定”。上述通知还强调指出，对于被告人的行为是否属于本罪第 4 项规定的“其他严重扰乱市场秩序的非法经营行为”，有关司法解释未作明确规定的，应当作为法律适用问题，逐级向最高人民法院请示。

3. 应否对本罪构成要件行为进行实质的解释，将没有严重扰乱市场秩序的行为排除在本罪构成要件之外？

案 1：2014 年 11 月至 2015 年 1 月，王某军未办理粮食收购许可证，未经工商行政管理局核准登记并颁发营业执照，擅自无证照违法收购玉米，将所收购的玉米卖给分库，经营数额达 21 万余元，非法获利 6000 元。2016 年 4 月，某市某区人民法院以非法经营罪判处王某军有期徒刑 1 年，缓刑 2 年，并处罚金 2 万元。一审宣判后，王某军未上诉，检察机关未抗诉，判决发生法律效力。2016 年 12 月，最高人民法院依法作出再审决定，指令该市中级人民法院对本案进行再审。2017 年 2 月的庭审中，控辩双方一致认为，王某军的行为虽然违反当时的行政法规，但不具备与我国《刑法》第 225 条规定的非法经营行为相当的社会危害性和刑事处罚必要性。经审理，该市中级人民法院认为原审被告人王某军没有办理粮食收购许可证及工商营业执照买卖玉米的事实清楚，其行为违反了当时的国家粮食流通管理有关规定，但尚未达到严重扰乱市场秩序的危害程度，不具备与我国《刑法》第 225 条规定的非法经营罪相当的社会危害性和刑事处罚的必要性，不构成非法经营罪，原判决适用法律错误。

非法经营罪可谓破坏社会主义市场经济秩序的兜底性犯罪，其第 4 项兜底性条款所规定的行为类型内涵不清、外延不明，致使该罪成为“口袋罪”，而有违罪刑法定原则的明确性要求。因而，对非法经营罪的构成要件行为，应当进行实质解释以限缩其成立范围，必须将没有严重扰乱市场秩序的行为排除在该罪构成要件之外。也就是说，在认定该罪时不能忽略“严重扰乱市场秩序”这一结果要件。虽然这一要件难以判断，但司法人员要善于观察社会生活事实，善于进行法益衡量，不能将形式上符合法条的字面含义而实际上有利于社会的行为或者危害不大的行为认定为非法经营罪。只能将存在法律明文的禁止性规定、严重扰乱市场秩序的行为，解释为符合该罪构成要件的行为。

4. 将使用 POS 机套现认定为本罪的司法解释规定，有无疑问？

最高人民法院、最高人民检察院《关于办理妨害信用卡管理刑事案件具体应用法律若干问题的解释》第 12 条第 1 款存在疑问。禁止使用 POS 机套现，只是部门规章做出的规定，不属于“国家规定”。将这种违反部门规章的行为认定为非法经营罪，违反罪刑法定原则。

5. 应否将本罪理解为职业犯、营业犯，经营行为必须是反复继续实施的行为，行为人主观上必须具有反复继续实施的意思？

本罪名是非法“经营”罪，为了限制和明确本罪的处罚范围，应将本罪理解为职业犯、营业犯，经营行为必须是反复继续实施的行为，行为人主观上必须具有反复继续实施的意思，才可能构成非法经营罪。也就是说，应将偶尔为之的经营活动排除在本罪构成要件之外。

6. 应否将“以营利为目的”添加为本罪不成文的主观要素？

虽然应限制本罪的成立范围，但不宜添加“以营利为目的”这一主观要素。因为添加这一主观要素的意义很有限，难以起到控制处罚范围的作用，而且是否以营利为目的，也不能反映行为的法益侵害程度。

第七节　强迫交易罪

·导　读·

即便价格、费用并不悬殊，只要暴力、胁迫手段足以压制他人的反抗，构成的是抢劫罪，而非强迫交易罪。本罪与抢劫罪、敲诈勒索罪构成要件之间不是对立关系。无论是强迫被害人与行为人从事交易活动，还是强迫被害人与第三人从事交易活动，都能成立强迫交易罪。借贷是一种财产性利益，强迫他人借贷的，不仅构成强迫交易罪，还能构成财产性利益的抢劫罪与敲诈勒索罪。

条　文

第二百二十六条　【强迫交易罪】以暴力、威胁手段，实施下列行为之一，情节严重的，处三年以下有期徒刑或者拘役，并处或者单处罚金；情节特别严重的，处三年以上七年以下有期徒刑，并处罚金：

（一）强买强卖商品的；

（二）强迫他人提供或者接受服务的；

（三）强迫他人参与或者退出投标、拍卖的；

（四）强迫他人转让或者收购公司、企业的股份、债券或者其他资产的；

（五）强迫他人参与或者退出特定的经营活动的。

罪名精释

1. 如何认定本罪的具体行为类型？

《刑法》第226条关于强迫交易罪规定了5种行为类型。

（1）强买强卖商品。

所谓“强买强卖商品”，是指强迫他人购买行为人或第三者的商品，或者强迫他人销售商品给行为人或第三者。

（2）强迫他人提供或者接受服务。

所谓“强迫他人提供或者接受服务”，包括强迫他人为行为人或第三者提供服务，以及强迫他人接受行为人或第三者提供的服务。但这里的服务并不是指任何服务，而是仅指商业服务。

(3)强迫他人参与或者退出投标、拍卖。

所谓"强迫他人参与或者退出投标、拍卖",是指在他人没有意愿参与投标、拍卖的情况下强迫他人参与投标、拍卖,或者在他人有意愿参与投标、拍卖的情况下,强迫他人退出投标、拍卖。其中的"退出"并不限于在他人已经投标后撤回标书,或者已经登记参与拍卖后退出。在他人有意愿参与投标、拍卖的情况下,以暴力、威胁手段不准他人参与投标、拍卖的,也成立本罪。

(4)强迫他人转让或者收购公司、企业的股份、债券或者其他资产。

所谓"强迫他人转让或者收购公司、企业的股份、债券或者其他资产",是指强迫他人将公司、企业的股份、债券或者其他资产转让给行为人或第三者,或者强迫他人收购行为人或第三者公司、企业的股份、债券或者其他资产。在强迫他人将公司股份转让给自己但未得逞后,通过依靠股东会决议等将他人股份转移在自己或第三者名下的,应视行为性质认定为盗窃罪或者诈骗罪,不构成本罪。

(5)强迫他人参与或者退出特定的经营活动。

所谓"强迫他人参与或者退出特定的经营活动",是指在他人没有意愿参与特定经营活动的情况下,强迫他人参与特定的经营活动,或者在他人有意愿参与特定的经营活动的情况下,强迫他人退出特定的经营活动。这里的"特定的经营活动",并不是指特许的经营活动,而是指他人没有意愿参与、已有意愿参与或者正在参与的经营活动。

2. 司法实践中试图通过价格、费用是否相差悬殊来区分本罪与抢劫罪、敲诈勒索罪的做法,合理吗?

司法实践中试图通过价格、费用是否相差悬殊来区分本罪与抢劫罪、敲诈勒索罪的观点与做法,其实秉持的就是一种互斥论的立场。应该认为,强迫交易罪与抢劫罪、敲诈勒索罪之间的区别或者界限,并非存在交易关系与否,不是价格、费用相差是否悬殊,而是所使用的暴力、威胁手段是否足以压制对方的反抗。也就是说,即便价格、费用并不悬殊,只要暴力威胁手段足以压制他人的反抗,构成的也是抢劫罪,而不是强迫交易罪。例如,甲以足以压制反抗的暴力、威胁手段强迫乙将其限量版的手机以市场价进行交易,也是成立抢劫罪,而不是强迫交易罪。因为抢劫罪也是对个别财产的犯罪，而不是对整体财产的犯罪。即使价格、费用相差悬殊，但只要所采用的暴力、威胁手段并不足以压制被害人的反抗，也不可能成立抢劫罪，只可能成立强迫交易罪或者敲诈勒索罪。例如，丙采用并不足以压制反抗的暴力、威胁手段，强迫丁用5000元买下其价值仅50元的一个水杯，也不可能成立抢劫罪，只可能成立强迫交易罪或者敲诈勒索罪。

3. 本罪与抢劫罪、敲诈勒索罪构成要件之间是对立关系吗？

我国刑法理论与实践一直以来都固守"互斥论"，认为犯罪构成要件普遍是一种对立排斥关系，因而总是"孜孜不倦"探寻此罪与彼罪之间的区别或者界限。其实，犯罪构成要件之间普遍不是对立排斥关系，而是一种包容竞合关系。强迫交易罪与抢劫罪和敲诈勒索罪之间的关系也是如此。不能认为有交易关系存在的就成立强迫交易罪，没有交易关系存在的就成立抢劫罪或者敲诈勒索罪。其实，即便存在交易关系，也可能同时成立强迫交易罪与抢劫罪或者敲诈勒索罪。

4. 能否认为成立本罪仅限于强迫被害人与行为人从事交易活动，而强迫被害人与第三人从事交易活动的，不构成本罪？

这种观点存在疑问。从法益侵害的角度来说，强迫被害人与第三人从事交易活动，与强迫被害人与行为人从事交易活动，没有任何区别。从《刑法》的规定来看，也没有任何表述显示强迫交易仅限于强迫被害人与行为人交易。也就是说，无论是强迫被害人与行为人从事交易活动，还是强迫被害人与第三人从事交易活动，都能成立强迫交易罪。

5. 强迫借贷的，只能构成强迫交易罪吗？

2014年最高人民检察院《关于强迫借贷行为适用法律问题的批复》指出："以暴力、胁迫手段强迫他人借贷，属于刑法第二百二十六条第二项规定的'强迫他人提供或者接受服务'，情节严重的，以强迫交易罪追究刑事责任；同时构成故意伤害罪等其他犯罪的，依照处罚较重的规定定罪处罚。以非法占有为目的,以借贷为名采用暴力、胁迫手段获取他人财物,符合刑法第二百六十三条或第二百七十四条规定的,以抢劫罪或者敲诈勒索罪追究刑事责任。”

上述司法解释存在疑问。借贷获得的是一种财产性利益,强迫他人借贷的行为,也可能构成财产性利益的抢劫罪与敲诈勒索罪。归还借款本金的,也只是说明对借款本身没有非法占有目的,但对于借贷利益本身仍然具有非法占有目的。质言之,不要试图提出区分强迫交易罪与抢劫罪、敲诈勒索罪、故意伤害罪的标准,而应注意犯罪之间的竞合。

第八节　伪造、倒卖伪造的有价票证罪

·导　读·

本罪中的“伪造”,不仅包括无形伪造(擅自制造),而且包括变造(有形变造和无形变造)。将伪造的国库券出售给知情的对方的,构成倒卖伪造的有价票证罪。误以为是真实的车票、船票而倒卖,实际上是伪造的,或者相反,均成立倒卖车票、船票罪。倒卖伪造的有价票证罪中的“倒卖”,不要求先购入后出售,而倒卖车票、船票罪中的“倒卖”,必须是先购入(或以其他方式获得)后出售。

条　文

第二百二十七条第一款　【伪造、倒卖伪造的有价票证罪】伪造或者倒卖伪造的车票、船票、邮票或者其他有价票证,数额较大的,处二年以下有期徒刑、拘役或者管制,并处或者单处票证价额一倍以上五倍以下罚金;数额巨大的,处二年以上七年以下有期徒刑,并处票证价额一倍以上五倍以下罚金。

罪名精释

1. 本罪中的伪造是否包括“变造”？

本罪中的“伪造”是广义的，不仅包括无形伪造（擅自制造），而且包括变造（有形变造和无形变造）。

2. 将伪造的国库券出售给知情的对方，能否评价为倒卖伪造的有价票证罪？

将伪造的国库券出售给知情的对方，显然不能构成有价证券诈骗罪，但可以将国库券评价为有价票证，所以将伪造的国库券出售给知情的对方的，可以认定为倒卖伪造的有价票证罪。

3. 误以为是真实的车票、船票而倒卖，实际上是伪造的，或者相反，如何处理？

由于倒卖伪造的有价票证罪与倒卖车票、船票罪的法定刑不一样（法定最高刑分别为7年有期徒刑和3年有期徒刑），所以，误以为是真实的车票、船票而倒卖，实际上是伪造的，只能认定为倒卖车票、船票罪。从这个意义上讲，《刑法》第227条第2款中的倒卖车票、船票罪中的“车票、船票”，并没有排除伪造的车票、船票。误以为倒卖的是伪造的车票、船票，实际上倒卖的是真实的车票、船票的，也只能认定成立倒卖车票、船票罪。

4. 能否认为倒卖伪造的有价票证罪中的“倒卖”，不要求先购入后出售，而倒卖车票、船票罪中的“倒卖”，应是先购入（或以其他方式获得）后出售的行为？

本罪中的倒卖，是指出售、贩卖，不要求先购入后再出售。自己伪造有价票证后出售的，也成立倒卖伪造的有价票证罪。而倒卖车票、船票中的“倒卖”，不是单纯的出售、贩卖，而必须是先购入（或以其他方式获得）后出售的行为。

第九节　倒卖车票、船票罪

·导　读·

不能根据当然解释的原理得出倒卖飞机票的也能成立倒卖车票、船票罪的结论。误以为是真实的车票、船票而倒卖，实际上是伪造的，或者相反，均成立倒卖车票、船票罪。倒卖伪造的有价票证罪中的“倒卖”，不要求先购入后出售，而倒卖车票、船票罪中的“倒卖”，应限于先购入(或以其他方式获得)后出售的行为。为特定他人代购车票、船票而收取代购费用的，不成立倒卖车票、船票罪。收购已经使用过了的车票、船票后出卖给他人的，构成本罪。

条　文

第二百二十七条第二款　【倒卖车票、船票罪】倒卖车票、船票，情节严重的，处三年以下有期徒刑、拘役或者管制，并处或者单处票证价额一倍以上五倍以下罚金。

罪名精释

1. 倒卖飞机票的，构成该罪吗?

很显然，不能以“举轻以明重”的当然解释原理得出倒卖飞机票也能成立倒卖车票、船票罪的结论。因为当然解释也必须符合用语可能的含义范围。例如，不能以地铁站告示“禁止携带狗进入地铁”，就拦阻牵着老虎上地铁的人。

2. 误以为是真实的车票、船票而倒卖，实际上是伪造的，或者相反，如何处理？

可以认为，本罪中的“车票、船票”并没有排除伪造的车票、船票，加之本罪的法定刑比倒卖伪造的有价票证罪的法定刑要轻，所以，误以为是真实的车票、船票而倒卖，而实际上是伪造的，或者相反，均应成立倒卖车票、船票罪。

3. 能否认为倒卖伪造的有价票证罪中的“倒卖”，不要求先购入后出售，而倒卖车票、船票罪中的“倒卖”，应是先购入(或以其他方式获得)后出售的行为？

由于倒卖伪造的有价票证罪与伪造有价票证罪并列规定，所以倒卖伪造的有价票证罪，可以是自己伪造后倒卖，而不要求必须先购入后出售。而倒卖车票、船票罪不存在这种情形，所以倒卖车票、船票中的倒卖，应限于先购入(或以其他方式获得)后出售的行为。

4. 为特定他人代购车票、船票而收取代购费用的，成立倒卖车票、船票罪吗？

为特定他人代购车票、船票后而收取代购费用的，显然不符合“倒卖”的要件，不能成立本罪。

5. 收购已经使用过了的车票、船票后出卖给他人的，构成本罪吗？

收购已经使用过了的车票、船票后出卖给他人，也不失为“先购入后出售”的倒卖行为，所以也能成立本罪。当然这种行为还可能触犯贪污罪、职务侵占罪和诈骗罪，应作为想象竞合处理，从一重处罚。

第十节 非法转让、倒卖土地使用权罪

·导 读·

本罪的立法目的不同于非法占用农用地罪，不是旨在保护农用土地资源，而是在于保护土地使用权的流转秩序。直接变卖农村集体土地，将农村土地作为宅基地出售给他人，将承包经营的耕地转让给他人用于开发房地产的，构成本罪。非法出租土地的，不构成犯罪。以土地使用权为内容的股权转让行为，不构成本罪。接受土地使用权转让的一方，不成立本罪的共犯。

条 文

第二百二十八条 【非法转让、倒卖土地使用权罪】以牟利为目的，违反土地管理法规，非法转让、倒卖土地使用权，情节严重的，处三年以下有期徒刑或者拘役，并处或者单处非法转让、倒卖土地使用权价额百分之五以上百分之二十以下罚金；情节特别严重的，处三年以上七年以下有期徒刑，并处非法转让、倒卖土地使用权价额百分之五以上百分之二十以下罚金。

罪名精释

1. 本罪的立法目的是什么？

位于《刑法》分则第六章妨害社会管理秩序罪第六节破坏环境资源保护罪的非法占用农用地罪，显然旨在保护国家有限的农用土地资源，保护国家的粮食安全和环境资源。而非法转让、倒卖土地使用权罪位于《刑法》分则第三章破坏社会主义市场经济秩序罪第八节扰乱市场秩序罪。这充分说明，本罪的立法目的不同于非法占用农用地罪，不是旨在保护农用土地资源，而是在于保护土地使用权的流转秩序。以牟利为目的，违反土地管理法规，非法转让、倒卖土地使用权的行为，必然扰乱土地使用权流转秩序，从而破坏社会主义市场经济秩序。准确适用该罪，一定要从扰乱土地使用权流转秩序的角度去把握。

2. 直接变卖农村集体土地，将农村土地作为宅基地出售给他人，将承包经营的耕地转让给他人用于开发房地产的，构成本罪吗？

未经法定程序，擅自转让、倒卖农民集体所有的土地使用权，如直接变卖农村集体土地，将农村土地作为宅基地出售给他人，将承包经营的耕地转让给他人用于开发房地产的，构成本罪，购买方可能构成非法占用农用地罪。

3. 非法出租土地，是否构成犯罪？

有观点认为，将集体土地租赁给他人投资办厂的，也能构成本罪。① 本书认为，本罪规定的行为方式是转让、倒卖，均是永久性地移交土地使用权。而出租土地，只是一时性让渡土地使用权，所以不属于转让、倒卖，不构成本罪。

4. 以土地使用权为内容的股权转让行为，构成本罪吗？

实践中，出现大量以股权转让方式转让土地使用权的情形。理论与实务均有观点认为，在公司享有土地使用权的情况下，股东转让部分或者全部股份的，实质上就是在非法转让土地使用权，因此可以构成本罪。本书认为，类似行为不属于“以股权转让为名，变相违规转让土地使用权”的情形，不应构成本罪。②

首先，以转让股权方式转让土地使用权益，从股权转让的角度完全符合我国《公司法》《土地管理法》等相关法律的规定。因为形式上转让土地使用权的行为，实质上只不过是转让了公司的非货币财产。即使是股权的价值、价格受公司享有的土地使用权的影响，此类股权转让在公司法上也是允许的。

---

① 参见周光权：《刑法各论》（第 4 版），中国人民大学出版社 2021 年版，第 377 页。

② 参见周光权：《刑法各论》（第 4 版），中国人民大学出版社 2021 年版，第 378 页。

其次,股权转让并不引起目标公司名下土地使用权的转让,因为股权转让不会导致土地使用权主体的变更,土地使用权的享有者仍然是原来的公司。部分股东转让部分股权之前和之后,享有该土地使用权的合法主体都是同一主体。

最后,事实上,房地产企业和非房地产企业大量存在包含土地使用权益的股权转移的情况。股市每天都在进行股权转移,房地产企业与非房地产企业包含土地使用权益的股权变更,其行为完全合法。如果将类似行为作为犯罪处理,将使股权转让行为存在严重的安全风险,从而严重损害市场交易秩序,不利于市场经济的发展。

5. 接受土地使用权转让的一方,构成本罪的共犯吗?

这是片面对向犯的问题。根据立法者意思说,不应将接受土地使用权转让的一方,认定成立本罪的共犯。

第十一节 提供虚假证明文件罪

·导 读·

该条第 2 款的规定,是将原本成立数罪的拟制为一罪的法律拟制规定。非中介组织人员提供虚假证明文件的,只能成立相应犯罪的共犯或者帮助伪造证据罪等罪的正犯。要求中介组织人员提供虚假证明文件的,可能成立本罪的共犯。中介组织人员为他人实施保险诈骗等犯罪提供虚假证明文件的,既成立本罪的正犯,也成立保险诈骗罪等罪的共犯,属于想象竞合,从一重处罚。

条 文

第二百二十九条第一款、第二款 【提供虚假证明文件罪】承担资产评估、验资、验证、会计、审计、法律服务、保荐、安全评价、环境影响评价、环境监测等职责的中介组织的人员故意提供虚假证明文件，情节严重的，处五年以下有期徒刑或者拘役，并处罚金；有下列情形之一的，处五年以上十年以下有期徒刑，并处罚金：

（一）提供与证券发行相关的虚假的资产评估、会计、审计、法律服务、保荐等证明文件，情节特别严重的；

（二）提供与重大资产交易相关的虚假的资产评估、会计、审计等证明文件，情节特别严重的；

（三）在涉及公共安全的重大工程、项目中提供虚假的安全评价、环境影响评价等证明文件，致使公共财产、国家和人民利益遭受特别重大损失的。

【提供虚假证明文件罪】有前款行为，同时索取他人财物或者非法收受他人财物构成犯罪的，依照处罚较重的规定定罪处罚。

罪名精释

1. 该条第 2 款的规定，是注意规定还是法律拟制？

理论与实务普遍认为，受贿渎职的，应当数罪并罚。而该条第 2 款规定收受贿赂提供虚假证明文件的，不是数罪并罚，而是从一重处罚。所以该款是将原本成立数罪的拟制为一罪的法律拟制规定。

2. 非中介组织人员提供虚假的证明文件的，如何处理？

本罪规定的是中介组织人员提供虚假证明文件的行为。如果不是中介组织人员而提供虚假证明文件，只能成立相应犯罪的共犯或者帮助伪造证据罪等罪的正犯。

3. 要求中介组织人员提供虚假证明文件的，是否成立本罪的共犯？

这是片面对向犯的问题。由于要求方不是法律保护的对象，也不缺乏期待可能性，所以要求中介组织人员提供虚假证明文件的，可能成立本罪的共犯。

4. 如何处理本罪与保险诈骗等相关犯罪的罪数问题？

中介组织人员为他人实施保险诈骗等犯罪提供虚假证明文件的，既成立本罪的正犯，也成立保险诈骗罪等罪的共犯，属于想象竞合，从一重处罚。

第十二节　出具证明文件重大失实罪

·导　读·

证明文件的瑕疵本身不等于重大失实，只有当证明文件的内容与事实存在重大出入时，才能认定为重大失实。他人明知中介组织人员提供的证明文件存在重大失实，仍然依照该证明文件实施行为的，不得将严重后果归属于出具证明文件的行为人。根据“公证员严重不负责任，出具的公证书有重大失实的，成立出具证明文件重大失实罪”的司法解释规定，得不出故意实施的无罪的结论。

条　文

第二百二十九条第三款　【出具证明文件重大失实罪】第一款规定的人员，严重不负责任，出具的证明文件有重大失实，造成严重后果的，处三年以下有期徒刑或者拘役，并处或者单处罚金。

罪名精释

1. 能否认为证明文件的瑕疵本身就是重大失实？

证明文件的瑕疵本身并不等于重大失实，只有当证明文件的内容与事实存在重大出入时，才能认定为重大失实。

2. 他人明知证明文件存在重大失实，仍然依照该证明文件实施行为的，能将严重后果归属于行为人吗？

如果他人明知中介组织人员提供的证明文件存在重大失实，仍然依照该证明文件实施行为的，不得将严重后果归属于出具证明文件的行为人。

3. 司法解释规定，公证员严重不负责任，出具的公证书有重大失实的，成立出具证明文件重大失实罪，能否认为故意实施的无罪？

最高人民检察院《关于公证员出具公证书有重大失实行为如何适用法律问题的批复》的规定得不出故意实施的无罪的结论，而应认为，故意实施的，成立提供虚假证明文件罪。

第十三节 逃避商检罪

·导 读·

设立本罪，旨在保护国人的人身财产安全和国家商品出口声誉。本罪系作为犯罪，实行行为是擅自销售、使用未报经检验的进口商品和擅自出口未报经检验的出口商品。

条 文

第二百三十条 【逃避商检罪】违反进出口商品检验法的规定，逃避商品检验，将必须经商检机构检验的进口商品未报经检验而擅自销售、使用，或者将必须经商检机构检验的出口商品未报经检验合格而擅自出口，情节严重的，处三年以下有期徒刑或者拘役，并处或者单处罚金。

罪名精释

1. 本罪的立法目的是什么？

很显然，设立本罪，旨在保护国人的人身财产安全和国家商品出口声誉。

2. 本罪的实行行为是作为还是不作为？

有观点认为，本罪的实行行为是逃避商品检验；未经检验合格擅自出口的，也是本罪的实行行为之一。[①] 从“逃避商品检验”来看，本罪似乎是不作为犯罪，而从“未经检验合格擅自出口”来看，本罪似乎又是作为犯罪。看来该学者认为本罪既是不作为犯罪又是作为犯罪。

本书认为，一个罪名不可能既是作为犯罪又是不作为犯罪。应该认为，本罪系作为犯罪，作为表现为将必须经商检机构检验的进口商品未报经检验而擅自销售、使用和将必须经商检机构检验的出口商品未报经检验而擅自出口。简单地讲，本罪的实行行为为擅自销售、使用未报经检验的进口商品和擅自出口未报经检验的出口商品。

① 参见周光权：《刑法各论》(第4版)，中国人民大学出版社2021年版，第383～384页。